안중근과 한국근대사 2

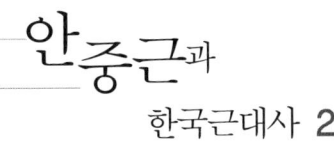

안중근과
한국근대사 2

신운용 지음
안중근평화연구원 편

채륜
CHAE RYUN

의거 직후의 안중근 의사

하얼빈역 의거 장소

안중근 의사를 구금한 일본영사관

순국 직전의 안중근 의사

청계동 전경

청계성당 터

청계동천

안중근 의사가 태어난 황해도 해주 광석동, 수양산

안중근 의사 집터 1

안중근 의사 집터 2

삼흥학교 자리, 남흥중학교

북한의 안중근 의사 친척

남포공원 안중근 유적비 1

남포공원 안중근 유적비 2

　필자가 안중근 연구에 매진한 지 어언 20여 년이 흘렀다. 필자는 안중근과 함께 성장했다고 해도 과언이 아니다. 안중근은 학문을 넘어 필자의 삶의 일부가 되었다.

　안중근 연구논문이 240여 편이 넘게 나왔다는 데서 보듯이 그동안 안중근연구는 괄목할 성과를 거두었다. 필자는 그동안 27여 편의 안중근 연구논문을 발표하였다. 그 성과는 2009년 안중근의거 100주년을 맞이하여 14편으로 이루어진 『안중근과 한국근대사』(2009)로 정리되었다. 『안중근과 한국근대사』 2는 2010년 이후 발표된 10편의 논문을 중심으로 구성되었다.

　이 책은 학계의 안중근 연구성과를 비판적으로 분석하면서 새로운 시각을 제시하는 데 초점을 두었다. 우선 필자는 제1부 제1장에서 학계의 안중근 연구성과를 총정리하였다. 이를 통해 안중근 연구의 경향을 이해할 수 있을 것이다.

　그리고 러시아 측이 작성한 안중근의거 초기 조사문서가 일본 외교사료관에 남아 있다. 필자는 이를 번역하여 『러시아 관헌 취조문서』(2010)로 간행하였다. 이 사료는 러시아에 원본자료가 남아 있지 않다는 점에서 우선 안중근의거에 대한 러시아의 시각을 이해하는 데 그 의미가 깊다. 러시아 정부가 안중근을 일제에 넘긴 이유는 그동안 주로 정치적 부담이라는 측면에서 설명되어 왔다. 하지만 이 사료로 그 이유가 안중근이 한국인이었기 때문이라는 사실이 밝혀졌다. 물론 이는 러시아와 일제의 한국 사법침탈이라는 야합의 결과였다는 필자의 주장을 뒷받침하는 증거이다. 이 사료의 내용과 의미는 제1부 제2장에서 살펴볼 수 있다.

아울러 필자는 안중근과 『대동공보』의 관계에 대해 합작설이 주를 이루는 학계의 분위기 속에서 우덕순의 협조를 얻은 단독설을 주장하였다. 이는 제1부 제3장에 실었다.

제2부에서는 한일 양국의 안중근연구를 국내외로 나누어 비판적으로 검토하였다. 제2부 제1장에서는 국내의 경우는 십자가총알설·의거성공·감사 기도설 등 잘못 알려진 사실을 바로 잡는 데 집중하였다. 그리고 제2부 제2장에서는 안중근장군설·김두성실존설·고종배후설 등을 중심으로 학계의 주장을 재검토하는 데 중점을 두었다. 특히 제2장에서 한국근대사를 보는 시각의 양성을 엿볼 수 있다. 무엇보다 필자는 안중근 평가를 둘러싼 사

관이 역사의 사실을 어떻게 규정하고 있는가 하는 문제를 적나라하게 드러내려고 하였다. 최근 들어와 한국근대사 연구의 한 경향은 고종의 역할과 의미를 강조하는 연구자들이 등장하였다는 것이다. 이들은 독립운동사에서 고종의 역할을 '지나치게' 강조하면서 안중근의거도 고종과 고종추종세력이 추진한 것으로 보고 있다. 결국 이러한 시각에서 본다면 안중근은 고종의 하수인에 지나지 않는 것이다. 이와 관련하여 안중근의사가 아니라 안중근 장군으로 명명해야 한다는 역사 사실과 거리가 먼 주장이 회자되기도 하였다.

필자는 이러한 주장을 구체적으로 반박하면서 한국근대사를 국왕을 중심으로 한 권력관계가 동학농민전쟁 이후 민을 중심으로 해체되고 있었다는 시각에서 안중근연구를 진행하였다. 따라서 고종이 안중근의거와 직접적인 관계가 없다는 사실을 이 책에서 다시 한 번 주장하는 바이다.

한편, 국외 특히 일본에서는 이토와 관련하여 연구되는 경향 속에서 안중근의거 자체를 부정하는 주장들이 일본 언론을 중심으로 광범위하게 펴져 가는 형국이다. 무엇보다도 주목되는 사실은 일본에서 일제의 한국병탄 연구로 저명한 운노 후쿠쥬(海野福壽)가 안중근의거 자체를 부정함으로써 새로운 국면에 진입했다는 점이다. 운노의 주장대로 안중근의거 자체가 허구였다면 이는 한국근대사를 다시 써야 하는 중차대한 문제이다. 필자는 운노의 주장이 몰역사적일 뿐만 아니라 역사연구자로서 기본마저 저버렸다는 사실을 제2부 제3장에서 자세하게 밝혔다. 특히 여기에서 운노 등의 주장은 일본군위안부 존재를 부정하고 독도에 대한 침략야욕을 노골적으로 드러내는 일본 우익의 경향성과 깊은 관계가 있다는 사실을 상기할 필요가 있다. 이러한 의미에서 제3장을 일본어로 특별히 번역해 놓았다.

제3부에서는 유해발굴의 전망과 안중근의 군인관을 다루었다. 제3부 제1장은 안중근유해에 대한 종합적 연구라고 할 수 있다. 안중근유해발굴은 반드시 이루어야 하는 민족의 열망이다. 이러한 점에서 노무현정권기는 물론이고 이명박정권기인 의거와 순국 100주년을 전후하여 유해발굴문제는 대단한 국민의 관심을 끌었다.

그러나 이는 심도 있는 연구의 결과에 따른 것이 아니었다. 무엇보다 발굴시도가 엉성한 논리를 바탕으로 진행되었기 때문에 혈세만 낭비하고 아무런 성과를 거두지 못하였다. 더욱이 "발굴한 곳이 안중근의 묘지임이 밝혀졌다."라고 정부가 국민을 속이고 있다는 데 문제의 심각성이 있다. 안중근묘지는 이미 사라졌다는 것이 필자의 연구결과이다. 이에 대해 안중근묘발굴을 추진한 정부나 이에 참여한 학자들의 어떠한 반론도 없는 실정이다.

아울러 필자는 그동안 군인으로서 안중근에 대한 평가를 본격적으로 시도하였다. 물론 필자의 이 연구는 안중근장군설과 아무런 관련이 없다. 안중근은 나라를 지키기 위한 '무력'의 중요성을 어렸을 때부터 체득하였다. 이는 과거시험에 매달려 있던 당시 지배층과는 상당히 다른 인식의 결과였다. 무엇보다 안중근의 군인관을 이해할 때 그의 사상의 핵심에 접근할 수 있다는 점에서 안중근의 군인관을 살펴보았다.

제4부 제1장과 제2장에서는 '국치투쟁'과 '김성수'를 다루었다. 물론 이 두 편의 글은 안중근과 직접적인 관계가 없다. 하지만 필자가 안중근을 연구하는 가운데서 나온 것이라는 점에서 이 글들을 이 책에 실었다. 제4부 제1장은 국치 100년인 2010년을 전후하여 그동안 1910년 8월 일제의 한국 병탄을 '국치'라고 정의하고서 일제와 투쟁한 민족운동가들의 생각과 배치되는

일부 역사학자들의 주장(강제병합)과 사회의 분위기 속에서 이래서는 안 되겠다는 간절함에서 나온 것이다.

이에 대한 연구는 필자가 몸담고 있는 안중근평화연구원 이사장 함세웅 신부님과의 대화에서 촉발되었다. 강제병합이라는 용어를 퍼트린 세력은 그 용어를 고집하는 이유에 대해 "병탄 100주년을 일본시민단체와 함께해야 하기 때문이다."라고 터무니없는 주장을 하였다. 필자는 일제의 한국병탄 또는 국치로 불려오던 것을 왜곡하여 '강제병합'이라는 용어를 회자시킨 모 단체와도 관계가 있는 함 신부님에게 문제를 제기하였다. 함 신부님은 필자의 주장에 그다지 동의하는 것 같지 않았다. 그래서 필자는 "병합에 대해 어떻게 생각하느냐."라는 미조부치 검찰관의 질문에 대해 안중근이 "병탄은 불가능하다."라고 응수한 사실을 함 신부님에게 설명하였다. 안중근도 '병합'이라는 용어의 함정을 잘 알고 있었다고 판단된다. 필자의 이러한 설명에 깜짝 놀라는 함 신부님의 표정은 지금도 잊을 수 없다. 물론 이후 함 신부님은 강제병합이라는 용어를 사용하지 않았을 뿐만 아니라 그 용어의 부당성을 기회가 있을 때마다 설명하고 있다.

강제병합이라는 용어가 삽시간에 언론과 학자들 사이에 퍼져나가는 데 필자는 크나큰 위기의식과 절박감을 느꼈다. 그래서 이 문제를 같이 고민하는 분들과 학술대회를 개최하고 강제병합이라는 엉터리 용어의 퇴출에 학자로서의 역할을 다하고자 하였다. 필자의 국치투쟁관련 논문은 이러한 과정에서 태어난 것이다.

　제4부 2장은 고려대학교 근처 '개운사길'을 '김성수길'로 바꾸려는 문제에 대해 운암김성숙선생기념사업회가 필자가 몸담고 있던 단체에 저지투쟁을 제안해온 것이 계기가 되었다. 필자는 안중근을 연구하면서 안중근이 친일세력의 목숨을 거둔 적이 있다는 사실을 알게 되었다. 안중근은 역사의 발전을 위해 친일세력을 도저히 용서할 수 없었던 것이다. 안중근의 친일세력에 대한 인식은 필자의 그것과 정확히 맞닿아 있다.

　그래서 안중근연구에 매진하는 데도 버거운 나날이었지만 안중근을 생각하면 가만히 있을 수만은 없었다. 뜻을 같이 하는 사람들과 행동을 함께하였다. 행동을 하면서 느낀 점은 김성수길의 부당성을 알리기 위해서는 우선 동아일보와 고려대학교를 인수하여 경영한 김성수에 대한 연구가 필요하다는 생각이 들었다. 김성수가 어떠한 사람인지 정확하게 알아야 김성수길의 부당성을 알릴 수 있었기 때문이다.

　김성수를 연구하면서 필자는 친일세력이 여전히 한국사회에 큰 힘을 발휘하고 있다는 사실을 절감하였다. 심지어 김성수의 친일행적을 옹호하는 역사학자가 있다는 사실에 자괴감마저 들었다.

　항의시위 몇 번 한다고 역사학자로서의 책임을 다하는 것은 아니라는 생각이 들었다. 그래서 김성수길의 부당성과 김성수의 친일 역사를 본격적으로 드러내기로 마음먹고 학술회의를 개최하였다. 그때 발표한 글이 이 책의 마지막을 장식하였다.

　필자는 역사공부를 하면서 역사에 대한 시각이 얼마나 중요한지 뼈저리게 느꼈다. "사실이 사관(시각)을 규정한다."라는 진리가 역사학의 기본이라고 믿어왔다. 하지만 사관이 사실을 규정할 수 있는 것이 역사현실이다.

　이와 같은 현실에서 필자는 안중근의 삶과 역사경험이 우리시대의 상식으로 자리 잡는 일이 얼마나 중요한지 마음속에 깊이 새겼다. 여기에 역사교육의 중요성을 강조하지 않을 수 없는 이유가 있는 것이다. 역사는 국영

수 이상으로 반드시 교육되어야 한다. 그래야만 우리사회가 친일파의 거짓 역사보다 안중근의 정의로운 역사를 올바른 판단기준으로 받아들여 세계 역사 발전에 조금이라도 도움이 될 수 있기 때문이다. 이 점에 이 책의 출간의미가 있다고 자부한다.

필자가 이 책을 내기까지 많은 분들의 관심과 도움이 있었다. 우선 안중근연구를 계속하도록 물심양면 도움을 준 함세웅 신부님, 윤원일 사무총장님, 조광 교수님을 비롯한 안중근평화연구원과 안중근의사기념사업회 관계자 여러분께 감사를 드린다. 그리고 모교 외대 교수님들과 선후배님들에게도 고마움을 전한다. 특히 이지원·조하정·구지연·오오이시 후미오(大石文雄)·카와치노 요코(川內野 瑤子) 선생님께 깊은 감사 말씀을 올린다. 이 분들의 도움이 없었다면 이 책이 나오기까지 시간이 더 걸렸을 것이다. 그리고 척박한 현실 속에서 역사책을 출판하느라고 온갖 고통을 이겨나가고 있는 술친구이자 인문학의 위대성을 잘 알고 있는 채륜 서채윤 사장에게도 깊은 애정과 고마움을 전하고 싶다. 그리고 사진을 제공해준 안중근평화연구원과 MBC춘천지국 황병훈 피디께도 감사의 말씀을 드린다. 이외 이 책이 나오는 데 도움을 준 많은 분들이 있다. 한 분 한 분 거명하지 못하는 점 넓은 아량으로 이해해주시기 바란다.

끝으로 돌아가신 부모님을 떠올리며 아내 은정과 딸 서영이에게 남편과 아버지로서 더욱 노력하는 모습을 보이겠다는 다짐을 하면서 그동안 버텨준 것에 대한 고마움과 무한한 사랑을 전한다.

안중근평화연구원 연구실에서
안중근의사 순국일 2013년 3월 26일
신 운 용 씀

차례

1부 안중근연구의 현황과 사료

1

안중근연구의 현황과 쟁점

1. 들어가는 말

안중근은 최근 들어 한국근대 역사인물 가운데서도 가장 많이 연구된 인물이다. 안중근에 대한 관심은 의거 당시부터 폭발적으로 표출되었다. 1909년 10월 26일은 일제가 대한제국 병탄을 결정한 지 6개월이나 흐른 시점이었다. 국내에서는 일제의 이른바 '남한대토벌작전'으로 의병세력이 거의 고사상태에 빠져들고 국외의 항일세력도 침체기에 들어섰다. 국제적으로는 일제의 대한제국에 대한 독점적 지위가 굳어져 가는 분위기였다.

이러한 상황에서 안중근의거는 국내는 물론이고 국외의 한국 사람들이 대일투쟁의지를 다시 다지게 하는 역할을 하였다. 그뿐만 아니라 일제는 안중근의거를 러시아 한인 세력의 대규모 반격으로 보고 당황하지 않을 수 없었다. 안중근의거는 국내외에서 높은 평가를 받았다. 또한 그는 존경의 대상이자 평화운동의 모델이었다.

이러한 안중근연구는 안중근의거와 순국 100주년을 전후하여 폭발적으로 증가하였다. 조광에 따르면 2009년 10월경까지 224편의 논문이 발표되었다고 한다.[1] 안중근연구는 6기로 나누어 살펴볼 수 있다. 제1기는 의거이후 1960년대 중반까지이다. 이 시기의 안중근연구는 작자미상의 『근세역사』(1910년) · 박은식(朴殷植)의 『안중근』(1914년경) · 이전(李全)의 『안중근혈투기』(1949년) 등 전기류들이 주종을 이루었다.

제2기는 1960년대 중반부터 1970년대이다. 1960년대 학술적으로 의미가 있는 최초의 안중근연구는 북한 학자 김영숙의 논문이다.[2] 일본에서 1969년 최서면 · 1978년 와나타베 쇼시로(渡邊庄四郎)의 『안응칠역사』 발굴과 1979년 시치카와(市川正明)의 『안응칠역사』 · 『동양평화론』 발견은 안중근연구의 기폭제가 되었다. 1969년 조동걸은 한국 최초의 안중근관련논문을 발표하였다. 1975년에 들어와 김갑득이 안중근을 주제로 최초의 교육학 석사학위 논문 「안중근에 관한 일연구 : 국권회복운동과의 관련에서」를 발표하였다. 국사편찬위원회는 1976년 『한국독립운동사』 자료 6과 1977년 『한국독립운동사』 자료 7을 각각 간행하였다. 이처럼 이 시기에 안중근연구의 토대가 구축되었다.

제3기는 1980년대로 볼 수 있다. 1980년 본격적인 안중근논문이라고 할수 있는 신용하의 「안중근의 사상과 의병운동」이 발표되었다. 이 무렵에 윤경로의 「사상가 안중근의 생애와 활동」에서 보듯이 안중근의 사상적 측면이 본격적으로 다루어졌다.[3] 이 시기의 안중근연구는 일본에서도 활발하게 이루어졌다. 그 대표적인 연구자는 나카노 야스오(中野泰雄)이다.[4]

---

1 조광, 「안중근연구 백년 : 현황과 과제」, 『안중근 연구의 성과와 과제』(안중근의거 100주년기념 연구논문집 3), 안중근의사기념사업회, 2010, 31쪽.
2 김영숙, 「열렬한 반일 애국렬사 안중근의 생애와 그의 옥중 투쟁」, 『력사과학』 3, 평양사회과학원 력사연구소, 1965.
3 윤경로, 「안중근 사상연구 ─ 의병론과 동양평화론을 중심으로」, 『민족문화』 3, 한성대민족문화연구소, 1985.
4 中野泰雄, 『安重根 ─ 日韓關係の原像』, 亞紀書房, 1984.

제4기는 1990년대이다. 이 시기의 특징은 안중근의거와 천주교의 관계, 동양평화론 등의 안중근사상이 집중적으로 조명되었다는 데 있다. 이는 1994년 11월에 발행된 『교회사연구』9에 수합되었다. 1995년 국가보훈처의 『아주제일의협 안중근』1·2·3과 독립기념관 한국독립운동사연구소의 『안중근전기전집』의 발간으로 안중근연구의 폭이 넓어졌다. 1999년 러시아의 박보리스(Б.Д.Пак)와 중국의 김우종과 리동원이 연구성과를 출간하였다.[5] 1993년 안중근을 주제로 한 최초의 문학석사 학위논문인 신운용의 「안중근의 생애와 사상에 대한 일고―그의 군주관과 동양평화론을 중심으로」가 발표되었다.

제5기는 2000년부터 2008년까지이다. 이 시기의 특징은 안중근 가문, 안중근의 동양평화론과 대일인식, 공판투쟁과 안중근의거에 대한 국내외의 인식과 국제적 의의, 안중근이 추구한 정체 등이 집중적으로 조명되었다. 2000년에 한국교회사연구소가 주최한 학술대회에서 발표된 5편의 논문은 『교회사연구』16(2001년)에 종합되었다. 2005년 이후의 연구는 안중근의사기념사업회가 주도하였다. 2005년 안중근의사기념사업회가 주최한 학술대회에서 발표된 4편의 연구논문은 『한국근현대사연구』33으로 출간되었다. 2005년부터 2009년까지 안중근의사기념사업회의 주최로 약 55편의 연구결과가 발표되었다. 2007년 신운용은 안중근에 대한 최초의 문학박사 학위논문 『안중근의 민족운동』을 내놓았다.

제6기는 안중근의거 100주년인 2009년부터 현재까지이다. 이 시기의 안중근연구는 다방면으로 넓혀져 폭발적으로 증가하였다. 안중근의사기념사업회가 주최한 학술대회에서 그동안 발표된 연구성과와 사료를 모아 2009년과 2010년에 『안중근과 동양평화론』등 연구서 5권, 『하얼빈 역의 보복』(박보리스 지음 / 신운용·이병조 옮김) 번역서 1권, 『러시아 관헌 취조문서』(신운용

---

5 Б.Д.Пак, 『Возмездие На Харбинском Вокзале』, Москва-Иркутск, 1999; 김우종·리동원 편저, 『론문·전기·자료 안중근의사』, 흑룡강조선민족출판사, 1999.

편역) 등 자료 5권 총 11권을 간행하였다. 여기에서 보듯이 안중근의사기념
사업회는 안중근연구를 주도하였다.

이러한 안중근의 연구성과에 대한 분석은 조광이 두 번에 걸쳐 시도하였
다.[6] 또한 장석홍·한철호·한시준은 한·중·일의 안중근연구와 쟁점에 대
한 논문을 발표하였고,[7] 강성은은 일본의 안중근 연구현황과 과제를 발표하
였다.[8]

그러나 주제별로 그 내용과 쟁점을 구체적이고 종합적으로 파악하는 데
까지 이르지는 못한 것 같다. 또한 최근에 안중근 관계자료들이 출간되는
등 안중근 관계 사료의 의미를 종합적으로 분석할 필요성도 제기되고 있다.

이 점에서 필자는 안중근연구의 의미를 더하는 논문들을 중심으로 '안중
근 관계 사료의 현황', '안중근의 생애와 활동', '안중근의 사상', '안중근의거
의 국제 정치적 배경·인식·재판' 등에 대한 연구의 현황과 쟁점을 살펴보
는 데 이 글의 목적을 두었다. 이러한 작업이 안중근연구를 심화시키고 그
폭을 넓히는데 일조하였으면 한다.

2. 안중근 관계 사료의 현황

국권회복 이후 안중근연구의 기초를 이룬 작업은 박성강이 1946년 만주
일일신문사의 『안중근사건공판속기록』을 번역하여 『안중근선생공판기』를
출간한 일이다.[9] 1961년에 일본 외무성이 편찬한 『일본외교문서』에도 안중

---

6 조광, 위의 논문; 「안중근연구의 현황과 과제」, 『한국근현대사연구』 12, 한국근현대사학회,
 2000.
7 장석홍, 「한국 학계의 안중근 연구 쟁점과 과제」, 『안중근 연구 100년의 쟁점과 과제』, 안중근
 기념관 건립위원회·한국근현대사학회, 2010; 한철호, 「일본 학계의 안중근 연구 쟁점과 과제」,
 『안중근 연구 100년의 쟁점과 과제』; 한시준, 「중국 학계의 안중근 연구 쟁점과 과제」, 『안중근
 연구 100년의 쟁점과 과제』.
8 강성은, 「안중근 의거 100년」, 『영원히 타오르는 불꽃』, 지식산업사, 2010.

근 관계 사료의 일부가 담겨 있다.[10] 1964년 최서면이 일본어로 번역된 『안중근자전(안응칠역사)』을 일본인으로부터 구입해 국내에 소개하였다.[11] 1975년 최홍규는 만주일일신문사에서 1910년 3월 간행된 『안중근사건공판속기록』을 교역(校譯)하여 『안중근사건공판기』를 간행하였다.[12]

안중근 관계 사료 가운데 가장 중요한 심문(訊問)기록은 1970년 일본에 있던 한국사료연구소가 국사편찬위원회의 소장본 『안중근등살인피고공판기록』을 탈초하여 간행하였다.[13] 이후 국사편찬위원회가 『안중근등살인피고공판기록』[14]을 번역한 『한국독립운동사』 자료 6(1976년) 과 『주한일본공사관기록』을 번역한 『한국독립운동사』 자료 7(1977년)[15]을 각각 간행하였다. 자료 6은 심문기록과 공판기록을 묶은 것이고, 자료 7은 일제의 조사기록을 종합한 것이다. 1978년에는 일본인 와타나베 쇼시로(渡邊庄四郎)가 한문본 「안응칠역사」를 발굴하여 주일한국대사관에 기증하였다. 1979년에는 이치카와 마사아키(市川正明)가 일본국회도서관의 시치죠 기요미(七條淸美)문서에서 한문본 『동양평화론』과 『안응칠역사』를 발견하였다.[16] 같은 해 이치카와는 『동양평화론』과 『안응칠역사』에 신문기록과 재판기록을 덧붙여 『안중근과 일한관계사』를 출판하였다.[17] 특히 이치카와의 『안응칠역사』 발견은 그 진위 논쟁을 촉발시켰다. 일본국회도서관에서 발견된 것이 『안응칠역사』 원본이

9 박강성, 『안중근선생공판기』, 경향잡지사, 1946.
10 日本外務省 編, 「伊藤公凶變ニ關スル件」, 『日本外交文書』 第四十二卷 第一冊, 1961.
11 이는 일본 공문서관의 사료에서도 확인된다(日本 公文書館, 『韓國警察報告資料』 卷ノ三 (內務省警保局)).
12 최홍규, 『안중근사건공판기』, 정음사, 1975.
13 김정주, 「安重根等殺人被告公判記錄」, 『朝鮮統治史料』 5, 한국사료연구소, 1970.
14 이는 조선사편찬위원회가 1939년에 여순법원에 직원을 파견하여 심문·재판기록을 필사해 온 것이다(국사편찬위원회, 「해설」, 『한국독립운동사』 자료 6, 398쪽.
15 이는 국사편찬위원회에서 1994년 『주한일본공사관기록』 38·39·40으로 영인 출판되었다. 이후 2000년 이를 탈초한 『統監府文書』 7이 발간되었다.
16 『경향신문』, 1979년 9월 18일자, 「安重根의사 최후의 著述 東洋平和論 日서 발견」.
17 市川正明, 『安重根と日韓關係史』, 原書房, 1979.

라고 주장한 이치카와의 연구에 대해 최서면은 부정적 견해를 제시하였다.[18] 이후 1979년 안중근의사숭모회는 이은상이 번역한 「안응칠역사」를 국사편찬위원회에서 발간한 자료 6·자료 7의 대한매일신보의 기사와 함께 엮어 『안중근의사자전』을 출간하였다.

1990년 최이권이 만주일일신문사에서 1910년 3월에 간행한 『안중근사건공판속기록』을 번역하고 안중근의사숭모회가 발간한 『안중근의사자서전』에 편철되어 있는 「안응칠역사」를 한데 묶어서 출판하였다. 1992년 국가보훈처는 안중근의거관계 중국신문 기사가 담겨 있는 『해외의 한국독립운동사료(VI)』 중국편 ②를 발간하였다.

1990년대 안중근연구사에서 주목할 만한 사건은 1995년 국가보훈처가 일본 외교사료관의 안중근 관계 사료를 모아 『아주제일의협 안중근』(1·2·3)이라는 제목으로 발간한 일이다.[19] 특히 이 자료집의 의미는 안중근의 동양평화론을 구체적으로 알 수 있는 「청취서」가 실려 있다는 데 있다.[20] 이 청취서는 안중근이 1910년 2월 17일 관동도독부 고등법원장과 나눈 면담내용을 담고 있다. 1995년 국가보훈처는 안중근전기 관계자료를 윤병석이 한데 모아 『안중근전기전집』을 출간하였다. 1999년에는 김우종·리동원이 안중근 관계논문·안응칠역사·심문기록을 종합하여 한국어본과 중국어본으로 출간하였다.[21]

---

18 市川正明, 「安重根の獄中記(自筆)發見を まぐって」, 『安重根と日韓關係史』, 原書房, 1979, 1~4쪽; 최서면, 「안중근자전고」, 『淸坡盧道陽博士 古稀紀念文集』, 청파노도양박사고희기념문집간행위원회, 1979.

19 『아주제일의협 안중근』 1·2·3은 日本 外交史料館에 소장되어 있는 『倉知政務局長旅順出張中發受書類』 2冊(문서번호: 4.2.5, 245-1), 『伊藤公爵遭難ニ關シ各國人ノ態度並新聞論調』 1冊(문서번호: 4.2.5, 245-2), 『伊藤公爵遭難ニ關シ倉知政務局長旅順ヘ出張中犯人訊問一件』 3冊(문서번호: 4.2.5, 245-3)을 국가보훈처가 영인 출판한 것이다. 이 사료들은 『한국독립운동사』 자료 7과 많은 부분이 겹치지만 새로운 내용도 담고 있다. 무엇보다 「이토공작조난에 관한 각국의 태도 및 신문논조」는 각국의 반응을 살펴보는 데 도움이 되는 사료이다.

20 「청취서」는 국가보훈처 광복회, 『21세기와 동양평화론』(51~57쪽, 1996)에 번역되어 있다.

21 김우종·리동원 편저, 『론문·전기·자료 안중근의사』, 흑룡강조선민족출판사, 1999.

1997년 국사편찬위원회는 러시아국립극동역사문서보관소·러시아현대사문서보관 및 연구센터의 사료를 번역하여 『한국독립운동사』 자료 34를 간행하였다. 이는 안중근의 의병투쟁과 그 의미를 확인하는 데 유용한 사료이다. 1999년에도 독립기념관 한국독립운동사연구소는 1911년 1월 홍종표(洪宗杓)가 짓고 미국 하와이의 신한국보사가 발행한 『대동위인안중근전』과 박성강이 1946년에 출간한 『안중근선생 공판기』를 함께 묶은 『안중근의사자료집』을 간행하였다.

국사편찬위원회는 2001년 일본 외교사료관에 소장된 사료 중에 안중근연구에 참고될 만한 사료인 『요시찰외국인의 거동관계잡찬(要視察外國人ノ擧動關係雜纂)』에 편철되어 있는 「한국인지부(韓國人之部)」를 탈초하여 일본어본 『요시찰한국인거동(要視察韓國人擧動)』 3을 발행하였다.[22] 이는 『불령단관계잡건(不逞團關係雜件)』과 중복되는 경향도 있으나, 안중근연구에 참고될 부분도 많다. 국사편찬위원회는 2003년 『한국독립운동사』 자료 39, 2004년 『한국독립운동사』 자료 40을 각각 간행하였다. 이 두 책은 일본 외교사료관에 소장되어 있는 『불령단관계잡건 재만주지부』에 담겨져 있는 한국독립운동사에 중요한 사료를 추려서 묶은 것이다. 여기에서 안중근의거와 안중근의 정신을 계승하려는 민족운동가들의 활동을 읽을 수 있다.

2010년에는 2009년 안중근의거 100주년으로 안중근연구의 열기가 고조되는 분위기 속에서 신운용이 그동안 사료의 오류를 수정하여 편역한 『안중근 자료집』(2·3·4·9·10)을 안중근의사기념사업회 안중근연구소에서 출간하였다.[23] 특히 『안중근 자료집』 2는 러시아 관헌의 안중근의거 조사기록(일본어본)을 번역하여 실었다는 데서 의미를 찾을 수 있다. 이는 원본사료가

---

22 국사편찬위원회, 『요시찰한국인거동』 3, 2002.
23 신운용 편역, 『러시아 관헌 취조문서』(안중근 자료집 2), 안중근의사기념사업회 안중근연구소, 2010; 『안중근 신문기록』(안중근 자료집 3); 『우덕순·조도선·유동하 신문기록』(안중근 자료집 4); 『안중근·우덕순·조도선·유동하 신문기록—안중근사건공판속기록』(안중근 자료집 9); 『안중근·우덕순·조도선·유동하 신문기록—공판시말서』(안중근 자료집 10).

현재 러시아에 남아 있지 않다는 점, 안중근의거 직후 러시아의 대응을 알 수 있다는 점에서 안중근연구에 반드시 참고해야 할 사료이다.

이외에 독립기념관 한국독립운동사연구소는 2010년 손염홍이 안중근 관계 중국신문기사를 번역한 『중국신문 안중근의거 기사집』을, 윤소영이 일본 신문 『門司新報』을 번역한 『일본신문 안중근의거 기사집』 I 을, 강효숙이 『大阪每日新聞』을 번역한 『일본신문 안중근의거 기사집』 II을 출간하였다. 이외 2010년 같은 연구소에서 윤병석이 편역한 『안중근전기전집』과 같은 내용의 『안중근문집』이 출간되었다.

천주교의 안중근에 대한 인식을 엿볼 수 있는 사료로는 『뮈텔문서』・『뮈텔주교일기』(II・III・4)(1993・1993・1998)[24]・『조선교구통신문』(1990)[25]・『한국여행기』(1923)[26]・『SEOUL PRESS』(1986)[27]・『황해도천주교회사』(1984)[28]・『빌렘신부서한집』 등을 들 수 있다. 이들 사료들 가운데 『뮈텔문서』・『빌렘신부서한집』은 간행되지 않은 채 한국교회사연구소 서고에 그대로 남아 있다. 특히 『빌렘신부서한집』 가운데서 ① 「1911년 2월 20일 황해도 청계동에서 뮈텔주교에게 보낸 사목현황 연례보고서에 덧붙인 항의서한」, ② 「1912년 3월 19일 청계동에서 로렌 지방 고향 친지들에게 보낸 감사서한」, ③ 「1919년 8월 27일 로렌 지방 메츠 교구 빌렘 본당에서 파리외방전교회 파리본부로 보낸 서한」, ④ 「1919년 8월 27일 결단서한」에서 안중근의 행적과 그의 의거에 대한 천주교세력의 인식을 확인할 수 있다. 이 중에서 ①과 ③은 일부가 번역되었다. ②는 최근에 정양모 신부가 번역하여 공개하였다.[29] ④는 조현범이 번역하였다.[30] 무엇보다 시급한 일은 안중근 관계 천주

---

24 한국교회사연구소, 『뮈텔주교일기』 II・III・4, 1993・1993・1998.

25 천주교정의구현전국사제단, 「조선교구통신문」, 『안중근(도마)의사 추모자료집』, 1990.

26 Weber Norbert, 『Im Lande der Morgenstille : Reise-Erinnerungen an Korea』, Missionsverlag St.Ottilien, 1923.

27 아세아문화사, 『SEOUL PRESS』(영인본), 1986.

28 한국교회사연구소 편, 『황해도천주교회사』, 황해도천주교회사간행사업회, 1984.

29 정양모, 「안중근 의사와 프랑스 선교사들과의 관계―안중근 의사에 대한 선교사들의 인식과

교 측 사료를 종합적으로 정리하는 일이다. 이는 천주교의 안중근인식을 종합적으로 파악하기 위해 반드시 필요한 작업이기 때문이다.

그러나 위와 같은 노력에도 안중근 관계자료가 모두 취합되었다고는 볼 수 없다. 앞으로 종합적인 안중근 자료집이 나온다면 다음과 같은 자료도 엮어져야 한다. 우선 계몽운동 이전 안중근의 행적은 『각사등록(各司謄錄)』·『공문편안(公文編案)』·『내부거래안(內部去來安)』·『기안(起案)』·『외부소장(外部訴狀)』·『사법품보(司法稟報)』등 대한제국 정부가 남긴 관찬사료에서 확인할 수 있다. 특히『각사등록』의 「황해도편」[31]에서 안중근 가문이 천주교를 통하여 주변지역을 장악해 들어가는 상황을 구체적으로 엿볼 수 있다. 또한 법부에서 생산한『외부소장(外部訴狀)』[32] 중에 안중근 관계 사료가 남아 있다. 이는 안중근의 아버지 안태훈을 폭행한 청나라 의사 서원훈(舒元勛)을 고발한 「청원서」로 안중근과 그의 친구 이창순(李敞淳)이 당시 외무대신에게 제출한 문서이다.

또한『황해도장토문적(黃海道庄土文績)』[33]은 안중근의 경제관념과 민권의식을 살펴보는 데 의미 있는 사료이다. 아울러 『사법품보(司法稟報)』에는 1899년 10월경에 일어난 '한원교의 이경주(이경룡, 안중근의 친구) 살해사건'이 기록되어 있다.[34] 이 사료들은 안중근의 현실인식을 이해하는 데 도움이 될 만한 문서들로 러일전쟁 이전의 안중근활동을 규명하는 데 유익하다.

평가」,『안중근의사 순국 102주년 학술대회』, 안중근의사기념사업회·(사)안중근평화연구원, 2012, 12~22쪽.

30 조현범, 「안중근 의사와 빌렘 신부」,『안중근 연구의 성과와 과제』, 안중근의사기념사업회, 2010, 373~375쪽.

31 국사편찬위원회,『각사등록』제25권(황해도편 4), 1987.

32 서울대 규장각,『外部訴狀』, 2002.

33 서울대 규장각 소장, 「黃海道信川郡所在庄土安重根提出圖書文績類」,『黃海道庄土文績』(문서번호 : 奎 19303-v.60).

34 서울대 규장각,『司法稟報』갑 제82권(문서번호 : 奎 17278). 한원교의 약력은 일본 외교사료관, 「陸軍步兵副尉 韓元教履歷書」,『倉知政務局長統監府參事官兼任中ニ於ケル主管書類雜纂(來住公信)』第一卷(문서번호 : 7.1.8-21) 참조.

일본 외교사료관에 보관되어 있는 『불령단관계잡건(不逞團關係雜件)』은 특히 주목된다. 이 자료는 안중근의 의병투쟁, 동의회(同義會)관계, 정천동맹(正天同盟, 단지동맹) 등에 대한 정보를 담고 있어 독립전쟁기의 안중근과 그와 함께 한 민족운동가들의 활동을 살펴보는 데 반드시 참조해야 한다. 그뿐만 아니라, 이는 안중근의거에 대한 재외한인의 인식과 반응을 이해하고 기술하는 데 도움이 될 만한 사료이다.

일본 외교사료관의 『이토공작만주시찰일건』에 편철되어 있는 「이토공작 조난에 관한 구라치정무국장여순출장 및 범인신문일건」 2권[35]은 안중근을 비롯한 사건연루자 신문기록, 하얼빈 한인 신문기록, 일본인 신문기록, 러시아인 신문기록 등 다른 기록에서 찾아볼 수 없는 풍부한 내용이 담겨 있다.[36] 특히 필자는 이 사료에 실려 있는 우덕순이 안중근과 함께 썼던 미공개 사료인 「이토척결을 읊은 시(詩)」와 유동하가 그의 부친에게 보낸 편지를 발굴하여 소개한 적이 있다.[37] 유동하의 편지는 안중근과 대동공보사의 관계를 검토할 때 참고가 된다.

또한 안중근재판의 성격과 관련해서는 일본 외교사료관에 소장되어 있는 『청국에 있어 한국신민치외법권향유에 관한 하얼빈제국총영사노국총영사와 교섭일건』[38]과 『재외한국민보호 및 동국민에 대한 제국영사의 직무집행방 관계일건』도[39] 참고가 된다. 이 자료에서 안중근재판은 일제의 재외한인 사법권 침탈과정에서 이루어진 극치임을 읽을 수 있다. 더욱이 여기에서 러시

---

35 日本 外交史料館, 『伊藤公爵遭難ニ關シ倉知政務局長旅順出張竝ニ犯人訊問之件(聽取書)』2册(문서번호 : 4.2.5, 245-4).
36 특히 이는 『한국독립운동사』 자료 6과 대체로 같으나 다른 부분도 상당히 있으므로 비교 검토가 요구된다.
37 『중앙일보』, 2002년 10월 25일자, 「우덕순 '의거歌' 원문 발견」.
38 日本 外交史料館, 『淸國ニ於ケル韓國臣民治外法權享有ニ關シ在哈爾賓帝國總領事露國總領事ト交涉一件』(문서번호 : 4.1.2. 39).
39 日本 外交史料館, 『在外韓國民保護竝ニ同國民ニ對スル帝國領事ノ職務執行方關係一件』(문서번호 : 6.1.2-47).

아가 안중근을 그토록 신속하게 일제에 넘겨준 이유를 확인할 수 있다.

이외에 일본국회도서관 헌정자료실에 보관되어 있는 안중근 관계 사료도 안중근연구에서 그 중요성을 더한다. 특히 산조가문서(三條家文書) 중『이토 히로부미 암살사건 앨범(伊藤博文暗殺事件アルバム)』은 안중근 관계 사진을 살펴볼 수 있는 사료이다.[40] 이외에도 카츠라 타로관계문서(桂太郎關係文書)·고토 신페이문서(後藤新坪文書) 등에도 안중근 관계 사료가 남아 있으나 특별한 의미는 없는 것으로 보인다.

러시아가 남긴 대표적인 안중근 관계 사료로는『군 첩보원 비류꼬프(Бир юков Н.Н.) 보고서』[41]·『이토 히로부미의 암살범 안중근의사의 공범체포에 관한 보고서』[42]·『안중근의거 첩보 보고서』[43]·『재상의 극동 출장과 하얼빈 역 이토 히로부미(伊藤博文)사살 사건』[44]·『까깝쵸프 회고록』[45] 등을 들 수 있다. 박보리스는 이 러시아 사료들을『하얼빈 역의 보복(Возмездие На Хар бинском Вокзале)』[46]의 저술에 활용하였다.

이외에 박환이 블라디보스토크의 극동문서보관서에 소장되어 있는 안중근 관계자료를 국내에 소개하였다.[47] 박환이 소개한 사료 일부가 국사편찬 위원회에서 번역 출판되었다.[48] 이러한 러시아의 사료에서 까깝쵸프·이토

---

40 안중근 관계 사진에 대한 분석은 윤병석,「안중근의 사진」,『한국독립운동사연구』 37, 독립 기념관 한국독립운동사연구소, 2010 참조.

41 РГВИА(러시아국립군역사자료보관소), фонд No.2000, опись No.1, дело No.4134.

42 РГИА(러시아국립역사자료보관국), фонд No.2000, опись No.1, дело No. 41349.

43 РГВИА фонд No.2000, опись No.1, дело No.4107. 이는 박종효,『러시아 국립문서 보관소 소장 한국 관련 문서 요약집』(한국국제교류재단, 2002, 665~666쪽)에 일부가 번역되어 있다.

44 РГВИА фонд No.150, опись No.493, дело No.1379.

45 Графъ В.Н. Коковцов,『Из Моего прошлого воспоминания 1903~1919гг』 Книга 1, МОСКВА, 1992. 까깝쵸프 회고록 가운데 안중근 관계 기술은 신운용·이병조가 번역하여 출간하였다(박보리스 지음 / 신운용·이병조 옮김,「코코프츠프 회고록」,『하얼빈 역의 보복』, 안중근의사기념사업회, 2009, 173~240쪽).

46 박보리스 지음 / 신운용·이병조 옮김, 위의 책.

47 박환,「러시아 소재 한인독립운동 자료현황」,『재소한인민족운동사－연구현황과 자료해설』, 국학자료원, 1998, 108~109쪽·127쪽.

48 국사편찬위원회,『한국독립운동사』 자료 34, 1997.

의 회담과 안중근의거에 대한 러시아의 인식과 대응을 확인할 수 있었다. 아울러 안중근의 독립전쟁에 대한 러시아의 평가를 엿볼 수 있다. 이러한 측면에서 안중근연구에 러시아의 사료들은 적극 활용되어야 한다.[49]

3. 안중근의 생애와 활동

안중근의 생애와 활동에 대한 연구성과는 다음과 같이 나누어 살펴볼 수 있다. (1) 안중근 가문의 천주교 수용과정과 그 의미, (2) 애국계몽활동, (3) 동의회 참여와 의병전쟁, (4) 의병전쟁 이후부터 의거 이전까지의 활동, (5) 의거과정, (6) 재판투쟁과 옥중생활로 나누어 살펴볼 수 있다.

(1)에 대하여는 다음과 같이 정리할 수 있다. 우선 대표적인 연구성과로 오영섭의 「안중근 가문의 독립운동」을 들 수 있다. 그는 안중근 가문의 상무적 가풍이 의병전쟁과 이토 포살 의거로 표출되었으며 향후 안중근 가문 독립운동의 추진력이 되었다고 평가하였다. 아울러 안태훈의 개화 지향적 정치성향, 동학진압, 천주교 수용과정, 향촌사회 장악과정, 중앙정부와의 마찰 등을 다루면서 안태훈에 대한 종합적 검토를 시도하였다.[50] 신운용은 안중근 가문이 천주교를 전교하는 과정에서 생긴 향촌사회와의 마찰과 향촌사회에 가문의 세력을 확장시키는 데 천주교를 어떻게 활용하고 있는지를

---

49 안중근 관계 사료에 대한 것은 다음의 논문이 참고된다. 신운용, 「안중근 관계자료와『滿洲日日新聞』」, 『남북문화예술연구』 2, 남북문화예술학회, 2008; 한상권·김현영, 「안중근 공판기록 관련 자료에 대하여」, 『안중근연구의 기초』; 홍웅호, 「안중근의 이토사살 사건과 러일관계」, 『사학연구』 100, 한국사학회, 2010; 윤병석, 「안중근의 사진」, 『한국독립운동사연구』 37, 독립기념관 한국독립운동사연구소, 2010; 「安重根의사 傳記의 종합적 검토」, 『한국근현대사연구』 9, 한국근현대사학회, 1998; 「안중근의사의 저술과 유묵─『안중근전집』 편찬을 위한 기초작업」, 『안중근 연구의 기초』; 오영섭, 「한국 근현대 민족운동가 전집간행 현황과 "안중근의사전집"」, 『안중근 연구의 기초』.
50 오영섭, 「안중근 가문의 독립운동」, 『한국민족운동사연구』 30, 2002.

자세하게 기술하였다.[51]

안중근 가문 중에서 현재까지 전문적으로 연구된 인물은 안태훈·안정근·안공근·안명근이다. 안태훈에 대한 의미 있는 논문은 2편,[52] 안정근에 대한 논문은 2편,[53] 안공근에 대한 논문은 2편,[54] 안명근에 대한 논문은 3편[55]으로 파악된다.[56] 의거 이후 안중근 직계에 대한 연구는 조광과 도진순에 의해 종합되었다.[57]

(2)에 대해서는 조광과 신운용의 연구가 참고 된다. 조광은 안중근의 계몽활동을 천주교와 관련하여 파악하면서 구체적으로 안중근의 계몽활동 전개과정을 밝히며 계몽활동과 일정하게 연동하여 독립전쟁을 전개하였다는 점을 강조하였다.[58] 신운용의 논문은 천주교에 기반을 둔 안중근의 민권·민

---

51 신운용, 「안중근 가문의 천주교 수용과 향촌사회」, 『남북문화예술연구』 8, 남북문화예술학회, 2011.

52 장석흥, 「백범과 안중근집안의 인연과 독립운동」, 『백범과 민족운동』 2, 백범학술원, 2004; 오영섭, 「安泰勳(1862~1905)의 생애와 활동」, 『한국근현대사를 수놓은 인물들』(Ⅰ), 경인문화사, 2007.

53 송우혜, 「독립운동가 안정근의 생애」, 『수촌박영석교수화갑기념 한민족독립운동사논총』, 탐구당, 1992; 오영섭, 「일제시기 안정근의 항일독립운동」, 『남북문화예술연구』 2, 남북문화예술학회, 2008.

54 한시준, 「안공근의 생애와 독립운동」, 『교회사연구』 15, 2000; 오영섭, 「안공근의 항일독립운동」, 『안중근과 그 시대』(안중근의거 100주년기념 연구논문집 1), 안중근의사기념사업회, 2009.

55 이동언, 「안명근의 생애와 독립운동」, 『안중근과 그 시대』; 장석흥, 「안명근(安明根)선열 : 15년 옥고 치른 군자금 모집의 전설, 1879. 9. 17.~1927. 7. 7.」, 『순국』 225, 대한민국순국선열유족회, 2009.

56 이외 안정근과 안공근을 함께 다룬 논문도 있다(이재호, 「안창호와 안정근·공근 형제」, 『도산학연구』 10, 도산학회, 2004).

57 조광, 「안중근 의거 이후 그 가문의 동향」, 『안중근 연구의 성과와 과제』(안중근의거 100주년기념 연구논문집 3), 안중근의사기념사업회, 2010. 특히 여기에서 조광은 안중근의 둘째 아들 안우생의 친일행위를 자세히 언급하면서 안중근의 첫째 아들 안우생이 독살당하였고 주장하고 있다. 안우생의 사망과 관련하여 신운용은 『권업신문』의 기사를 인용하여 병사설을 주장하였다(신운용, 「한국의 안중근연구에 대한 비판적 검토(하나)-십자가홍알설, 의거성공·감사기도설 등을 중심으로」, 『남북문화예술연구』 10, 남북문화예술학회, 2012, 243~244쪽, 도진순, 「안중근 가문의 백세유방과 망각지대」, 『안중근의 동양평화론과 동북아 평화공동체의 미래』, 안중근 하얼빈학회·동북아역사재단, 2010).

58 조광, 「안중근의 애국계몽운동과 독립전쟁」, 『교회사연구』 9, 한국교회사연구소, 1994.

족의식의 형성과정을 그렸다는 점에서 의미가 있다.[59] 특히 대학건립을 뮈 텔주교에 건의한 시기에 대해 조광이 1907년이라고 주장하는 데 반하여 그 는 가장 이른 시기인 1898년 4월~1899년 10월 사이의 일이라고 주장하고 있다.[60]

아울러 안중근의 간도망명 추동력과 그 의미에 대해 신운용은 안중근의 간도망명을 계몽운동으로 한계를 드러낸 운동 방략을 모색한 결과라고 보 고 있다. 특히 신용하는 안중근의 독립전쟁론이 신민회의 독립전쟁방략에 영향을 끼쳤다고 주장하였다. 반면에 한상권은 오영섭과 같이 신민회의 영 향으로 안중근이 의병전쟁으로 전환하였다고 주장하였다. 그리고 독립전쟁 으로 전환한 계기에 대해 신운용은 간도에 도착한 이후 일제의 폭압으로 말 미암은 간도의 피폐한 상황을 직접 보고서 의병전쟁으로 나아갔다고 주장 하고 있다.[61] 반면 윤선자는 국내에서 이미 의병전쟁을 목적으로 간도로 망 명하였다고 기술하고 있다.

(3)에 대해서는 박민영·박환·신운용·오영섭·반병률 등의 연구가 참 고 된다. 박민영은 안중근부대의 의병전쟁 과정을 자세하게 기술하였다.[62] 박환은 동의회의 창립과정과 정천동맹에 대해 기술하였다.[63] 신운용은 동의

---

59 신운용, 「안중근의 민권·민족의식과 계몽운동」, 『안중근과 한국근대사』, 안중근의사기념사 업회 안중근연구소, 2010.

60 안중근이 뮈텔주교에게 대학설립을 건의한 시기에 관한 주장은 1900년설(최석우), 1902년설 (원재연·윤선자·장석흥), 1907년설(조광)로 나누어 볼 수 있다. 신운용은 이에 대해 다음과 같이 주장하고 있다. "안중근이 공판과정에서 대학설립 시기를 '10년 전쯤'이라고 한 것(국사 편찬위원회, 「피고인 안응칠 제8회 신문조서」, 『한국독립운동사』 자료 6, 233쪽)을 보면 적어 도 1907년설은 그 가능성이 없는 것으로 보아야 한다. 그런데 안중근이 「안응칠역사」를 대체 로 연대기 순으로 서술하였다는 것을 인정한다면, 그 시점은 청계동 본당이 완공되고 빌렘신 부가 청계동에 부임한 1898년 4월 이후 1899년 10월 이경주사건 이전의 일이다. 따라서 1900 년설보다는 앞선 시기로 보는 것이 타당하다고 생각된다. 또한 1897년 12월 1일 안중근은 뮈 텔주교의 길 안내를 해준 인연으로 뮈텔주교에게 대학건립을 건의할 수 있었던 것으로 보인 다."(신운용, 위의 논문, 96쪽)

61 신운용, 위의 논문.

62 박민영, 「러시아 연해주지역의 의병」, 『대한제국기 의병연구』, 한울, 1998.

63 박환, 「러시아 연해주에서의 안중근」, 『한국민족운동사연구』 30, 국학자료원, 2002; 신운용,

회가 의병부대로 전환되는 과정을 살펴보면서 안중근이 최재형부대에서 활동한 사실과 도영장 전제익을 정점으로 하는 의병조직에서 우영장의 신분으로 의병전쟁에 참여한 사실을 처음으로 밝혔다.[64] 그리고 신용하는 안중근이 이범윤세력에서 활동한 것으로 보고 있으나 박환은 최재형세력으로 파악하였다.[65] 최근의 경향은 박환의 설이 지지를 얻고 있는 것 같다.

안중근의 의병전쟁 과정에서 가장 논쟁이 되는 부분은 김두성의 존재 여부이다. 이 문제에 대해 최초로 언급한 이는 조동걸이다. 그는 김두성을 유인석으로 비정하였다.[66] 이 설을 지지하는 연구자는 윤병석과 박민영이다.[67] 신용하는 김두성이 평양군 송종동의 27세 김무원이라고 주장하여 김두성실존설을 내세웠다. 신용하와 같이 김두성실존설을 주장하는 오영섭은 김두성이 1867년에 태어나 중추원 의관(議官)·내장원 수륜과(水輪課)와 봉상사(奉常司)의 주사(主事)를 역임하고서 1904년 6월 이승재(李承宰)·여(오)영조(呂(吳)永祚)·오주혁(吳周赫) 등과 함께 한일의정서 배척투쟁을 시도한 김두성이라는 인물이 안중근이 언급한 김두성이라고 주장하였다.[68] 이태진은 오영섭설을 지지하면서 "안중근을 안중근의사가 아닌 안중근장군으로 불러야 한다."라고 주장하였고, 더 나아가 고종을 안중근의거의 배후세력이라고 강조하였다.[69] 반병률은 의병세력 가운데 김두성 역할을 할 수 있는 사람은 최재형

위의 논문; 반병률, 「안중근(安重根)과 최재형(崔在亨)」, 『역사문화연구』 33, 한국외국어대학교 역사문화연구소, 2009; 오영섭, 「간도지역 독립운동과 안중근이 지도한 의병전선」, 『동북아 평화와 안중근 의거 재조명』, 안중근 하얼빈학회·동북아역사재단, 2008.

64 신운용, 위의 논문.

65 신용하, 「안중근의 사상과 의병운동」, 을유문화사, 1895, 163쪽; 박환, 「구한말 러시아 연해주 최재형의병 연구」, 『한국독립운동사연구』 13, 독립기념관 한국독립운동사연구소, 2000, 69쪽.

66 조동걸, 「안중근의사 재판기록상의 인물 김두성고─구한말 연해주지방 의병사의 단면」.

67 윤병석, 「안중근의 연해주 의병운동과 동의단지회」, 『한국독립운동사연구』 14, 독립기념관 한국독립운동사연구소, 2000; 박민영, 「러시아 연해주지역의 의병」, 『대한제국기 의병연구』, 한울, 1998, 292쪽.

68 오영섭, 「후기의병운동에 미친 고종세력의 역할」, 『고종황제와 한말의병』, 선인, 2007, 181쪽; 오영섭, 「안중근의 의병운동」, 『영원히 타오르는 불꽃』, 지식산업사, 2010.

밖에 없다는 점을 강조하면서 최재형을 김두성이라고 주장하였다.[70]

한편, 신운용은 김두성이 실존인물이라고 한다면 그의 역할을 할 만한 이는 최재형밖에 없다는 점에서 일면 반병률설이 타당성이 있다고 하였다. 하지만 그는 안중근의 최재형에 대한 부정적인 인식으로 볼 때 김두성이 최재형일 가능성을 낮게 보고 있다. 결론적으로 김두성의 실체를 안중근이 만들어 낸 가공의 인물이라고 주장하였다. 그는 그 이유를 김두성 실존론을 내세우는 안중근의 주장, 신용하설, 오영섭설은 나이·출생·활동지역·경력 등에서 전혀 일치하지 않고 무엇보다 일제의 기록과 민족운동가들의 증언과 기록 어디에서도 김두성이라는 인물이 확인되지 않고 있다는 점에서 찾고 있다. 더욱이 그는 안중근이 가공인물을 만들어 낸 이유에 대해 국내진격작전 이후 최재형의 부정적 의병 시각과 부러 성향 그리고 재판을 위한 포석 때문이라고 기술하였다.[71]

(4)에 대해서는 박환·윤병석·신운용이 주로 연구를 하였다. 박환은 안중근이 연추한인일심회 창립에 참여하면서 의병조직의 재기를 모색한 사실을 지적하면서 정천동맹에 대해 기술하였다. 특히 정천동맹 결성장소를 옌치아, 다지치프라고 비정한 윤병석의 주장[72]에 대해 그는 정천동맹 결성장소에 대한 엄밀한 검토가 요구된다고 강조하였다.[73] 정천동맹의 확실한 위치는 여전히 오리무중으로 앞으로 해결해야 할 과제이다.

신운용은 안중근이 공립협회의 블라디보스토크 지회에서 우덕순과 함께 활동한 사실을 밝히면서 안중근의 의병 재기 모색을 구체적으로 기술하였

69 이태진, 「안중근의 '하얼빈 대첩'과 평화주의」, 『동북아평화와 안중근 의거 재조명』, 안중근 하얼빈학회·동북아역사재단, 2008; 「안중근의 하얼빈 의거와 고종황제」, 『안중근의 동양평화론과 동북아 평화공동체의 미래』, 안중근 하얼빈학회·동북아역사재단, 2010.
70 반병률, 위의 논문.
71 신운용, 「한국의 안중근연구에 대한 비판적 검토(둘)-안중근장군설·김두성실존설·고종배후설을 중심으로」, 『남북문화예술연구』 11, 남북문화예술학회, 2012.
72 윤병석, 「안중근의 연해주 의병운동과 동의단지회」, 『한국독립운동사연구』 14, 2000, 122쪽.
73 박환, 「러시아 연해주에서의 안중근」, 74쪽.

다. 특히 그는 안중근의 의병제기 움직임을 최재형세력에서 벗어난 독자적인 안중근세력의 형성이라고 평가하였다. 그러한 연장선에서 의병의 단결과 항일투쟁에 활력을 불어넣기 위한 독립전쟁의 방략을 모색하는 방편으로 연추한인일심회와 정천동맹을 조직하였고, 이는 러시아 한인사회에 안중근이 깊이 뿌리를 내리고 있었다는 증표였다고 기술하였다.

그리고 그는 연추한인일심회의 발기일는 2월 15일이고, 안중근의 정천동맹 창립일은 그 이후의 일이므로 정천동맹이 2월 15일 이전에 성립되었다는 주장은 타당성이 없다고 하면서 정천동맹이 3월 중에 성립된 것이 확실하다고 주장하였다. 그는 정천동맹의 창립일시를 일제의 사료를 근거로 1908년 3월 2일이라고 비정하였다.[74] 아울러 그는 단지동맹의 공식명칭이 종교의 의미를 갖는 '정천동맹'임을 신문기록을 근거로 밝혔다. 또한 정천동맹 회원들의 활동을 자세하게 분석하였다. 무엇보다 정천동맹 때 자른 손가락이 민족운동가와 러시아 한인의 대일투쟁을 지속시킨 정신적 역할을 하였다고 강조하였다. 또한 1909년 3월 일진회원을 처단한 사실에서 그의 일진회에 대한 인식을 엿볼 수 있다고 주장하였다.

(5)에 대해서는 신용하와 신운용에 의해 연구되었다. 신용하는 일제의 첩보에 근거하여 안중근의거를 하얼빈 한인의 도움을 얻은 대동공보사와의 합작이라고 주장하였다.[75] 반면, 신운용은 안중근 단독의거로 판단하고 있

---

74 정천동맹 결성시점에 대한 기왕의 주장은 다음과 같이 정리될 수 있다. 즉, ① 1908년 10월 12일설(국사편찬위원회, 「피고인 안응칠 제8회 신문조서」, 『한국독립운동사』자료 6, 246쪽; 최서면, 『大韓國人 안중근』, 문화체육부 · 한국문화예술진흥원, 1993, 13쪽; 박민영, 「러시아 연해주지역의 의병」, 『대한제국기 의병연구』, 한울, 1998, 306쪽). ② 1908년 12월 또는 1909년 정월설(국사편찬위원회, 「境경시의 신문에 대한 안응칠의 공술」, 『한국독립운동사』자료 7, 400쪽; 신용하, 위의 논문, 176쪽). ③ 1909년 2월 7일설(계봉우, 「안중근전(9회)」, 『권업신문』 1914년 4월 29일자; 박환, 위의 논문, 74쪽). ④ 1909년 3월 5일설(윤병석, 「안중근의 연해주 의병운동과 동의단지회」, 『한국독립운동사연구』14, 12~13쪽). 그런데 일심회가 발기한 것이 2월 15일이고 안중근이 정천동맹을 맺은 것은 그 이후의 일이다. 따라서 정천동맹이 2월 15일 이전에 성립되었다는 주장은 타당성이 없다. 그러므로 3월 중에 성립된 것이 확실하다.

75 신용하, 위의 논문. 합작설을 지지하는 논문들은 다음과 같다. 장석흥, 「이등박문의 포살 계

다. 1909년 10월 10일 대동공보사에 있었다는 시국담은 안중근이 10월 19일에 블라디보스토크에 도착하였으므로 시간상 성립될 수 없다는 점, 시국담에 참가했다는 윤병일은 러시아 첩자였다는 점, 우덕순과 이강의 증언이 다른 점, 시국담에 참여했다는 조도선은 하얼빈에 있었다는 점, 의거모의 장소·의거자금·의거무기에 대한 일치하는 증언이 없다는 점, 김형재가 의거에 관여하였다는 증거가 없다는 점, 합작설로 몰아가던 일제 조사 당국의 결론이 합작설을 부인하고 있다는 점 등에서 그는 안중근 단독의거를 주장하고 있다.[76]

(6)에 대한 연구는 한상권과 신운용에 의해 진행되었다. 한상권은 미조부치가 강조한 일제가 대한제국을 문명 개화시켰다는 문명개화론·이토가 조선독립과 내정개혁을 주도했다는 은인론·의거가 단순한 살인행위이라는 '살인론'에 대해 안중근이 통감정치의 폭압성을 비판하면서 평화주의와 인도주의에 기반을 둔 대한제국의 문명개화론과 자신의 의거론으로 대응하였다고 보았다.[77]

신운용은 안중근이 재판투쟁을 목적으로 한 사실, 일제의 침략논리(식민지 근대화론)에 대해 청일 러일전쟁의 침략성·을사늑약의 불법성·이토의 대한

획과 대동공보사」,『안중근의 생애와 구국운동』, 독립기념관 독립운동사연구소, 1992; 최서면, 「단지동맹의 열두 동지」,『새로 쓴 안중근의사』, 집문당, 1994; 원재연, 「안중근연보」,『교회사연구』9, 1994; 안천, 「침략원흉 이등박문처단」,『신흥무관학교』, 교육과학사, 1996; 김옥희, 「안중근의사의 자주독립운동과 동양평화사상」,『안중근의사 순국87주년기념 국제학술회의 안중근과 동양평화』, 재단법인 여순순국선열기념재단, 1997; 박환, 위의 논문; 이태진, 「안중근(安重根)—불의·불법을 쓴 의병장」,『한국사시민강좌』30, 일조각, 2002; 이명화, 「안중근의 거와 이강의 독립운동」,『안중근의거를 도와준 인물』(안중근의거 99주년 기념학술회의), 안중근의사숭모회, 2008; 반병률, 위의 논문.

76 신운용, 「안중근의거와 대동공보사의 관계에 대한 재검토」,『한국사연구』150, 한국사연구회, 2010; 「안중근의거 과정과 그 의의」,『안중근과 한국근대사』. 안중근의 단독의거임을 주장하는 논문은 다음과 같다. 姜德相, 「安重根の思想と行動」,『朝鮮獨立運動の群像』(青木書店 東京), 1984; 최서면,『大韓國人 안중근』, 문화체육부·한국문화예술진흥원, 1993.

77 한상권, 「안중근의 하얼빈거사와 공판투쟁(1)—검찰관과의 논쟁을 중심으로」,『역사와 현실』54, 한국역사연구회, 2004; 「안중근의 하얼빈거사와 공판투쟁(2)」,『덕성여대논문집』33, 덕성여자대학교, 2004.

침략정책·병탄불가론·대한제국의 문명론 등을 내세워 신문(訊問)투쟁을
전개한 사실, 의거의 정당성을 천주교 교리에 근거하여 논증한 사실, 빌렘
신부·공근·정근과의 만남, 유언·순국상황 등을 구체적으로 기술하였다.
또한 그는 안중근의 공판투쟁 과정과 그 의미를 부여하면서, 일제 재판의
불법성과 동양평화론을 설파한 1910년 2월 17일 히라이시 고등법원장과의
면담내용을 분석하였다.[78]

한편, 안중근의거에 대한 평가도 활발하게 이루어졌다. 이는 김창수·신
운용·윤병석 등에 의해 이루어졌다. 김창수는 안중근을 의열투쟁과 항일민
족운동의 연원으로 보고 있다.[79] 신운용은 안중근의거가 1904년 7월에 구상
한 하야시와 부일세력 처단이라는 의열투쟁의 연장선에서 이루어진 것으로
보고, 의병전쟁의 한계성을 실천적으로 극복하였다는 점에서 의열투쟁의 선
구로 보아야 한다고 강조하였다. 무엇보다 그는 안중근의거를 한국의 독립
과 동양의 평화라는 천명의 실천이라고 보았다.[80] 윤병석은 의열투쟁과 독
립전쟁을 감행한 순국선열로 받들어야 한다고 강조하였다.[81]

4. 안중근의 사상

안중근의 사상은 (1) 의거의 사상적 배경, (2) 일본인식, (3) 동양평화론,
(4) 정치사상을 중심으로 연구되었다.

(1)에 대한 논의는 주로 천주교와 관련하여 진행되었다. 안중근의거의 배

---

78 신운용, 「안중근의 재판투쟁과 옥중생활」, 『안중근과 한국근대사』.
79 김창수, 「안중근의거의 역사적 의의」, 『한국민족운동사연구』 30, 한국민족운동사학회, 2002.
80 신운용, 「안중근의거 과정과 그 의의」, 『안중근과 한국근대사』, 195쪽; 「안중근의거의 사상
   적 배경」, 『한국사상사학』 25, 한국사상사학회, 2005, 327~333쪽.
81 윤병석, 「안중근 의사의 하얼빈 의거의 역사적 의의」, 『한국학연구』 21, 인하대학교 한국학
   연구소, 2009.

경을 천주교로 본 것은 안중근이 천주교신자라는 점에서 당연한 현상이다.[82] 본격적으로 안중근사상을 종교성과 관련하여 주목한 연구는 1980년대에 들어와서 시작되었다. 이 시기 안중근사상을 천주교와 관련하여 집중적으로 설명한 이는 이주호이다. 그는 "안중근은 어디까지나 한국의 천주교인이요, 애국자였으며 평신도 사도직 운동의 관점에서도 모범적인 선구자였다."라고 하여 안중근의거가 종교적 차원에서도 정당하다고 강조하면서 평신도의 모범적 선구자이자 토착화의 모델이라고 평가하였다.[83] 이는 이때까지 이루어진 안중근의 종교성과 관련한 가장 적극적인 평가였다는 점에서 의미가 크다.

이후 안중근사상은 1990년대에 들어와 본격적으로 연구되기 시작하였는데, 이는 주로 천주교 사가들이 이끌었다. 이 시기의 대표적 연구자로 노길명을 들 수 있다. 그는 안중근의 전교활동·민권수호활동·애국계몽활동과 독립전쟁이 모두 하느님의 사랑과 평화를 이 세상에 구현시키려는 종교적 동기와 깊은 관련이 있다고 주장하였다.[84] 하지만 그의 논문은 천주교의 어떠한 사상이 안중근의 민족운동을 추동시켰는지에 대한 구체적인 연구까지 발전되지 못하는 한계를 보였다.

---

82 안중근의 종교사상에 대한 연구성과는 다음과 같다. 김동원, 「안중근의 천주교 신앙과 사상적 성격」, 『안중근 연구의 성과와 과제』, 안중근의사기념사업회, 2010; 김춘호, 「안중근의거는 정당한가?-사회윤리학적 관점에서」, 『신학과 철학』 2, 서강대학교 비교사상연구원, 2000; 「살인하지 말라는 계명의 사회적 차원-현대 '살인'(환경파괴)과 현대적 '살인'(안중근의거)」, 『가톨릭신학과사상』 35, 가톨릭대학교, 2001; 신운용, 「안중근의거의 사상적 배경」; 이주호, 「신앙인 안중근론-평신도사도직운동의 선구자」, 『최석우신부회갑 논총』, 1982; 정인상, 「안중근의 신앙과 윤리」, 『교회사연구』 16, 한국교회사연구소, 2001; 전수홍, 「안중근 사건의 신학적 고찰」, 『안중근 연구의 성과와 과제』, 안중근의사기념사업회, 2010; 차기진, 「安重根의 천주교 신앙과 그 영향」, 『교회사연구』 16; 황종렬, 「"안중근편 교리서"에 나타난 천·인·세계 이해」, 『안중근의 신앙과 사상』, 안중근의사기념사업회, 2005; 「"천명"인식 살기의 두 유형 : 통합형과 분열형」, 『신앙과 민족의식이 만날 때』(안중근 토마스의 이토 히로부미 저격에 관한 신학적 응답), 분도출판사, 2000; 최석우, 「안중근의 의거와 교회의 반응」, 『교회사연구』 9, 1994; 윤선자, 「민족운동과 교회」, 『한국근대사와 종교』, 국학자료원, 2002.
83 이주호, 「신앙인 안중근론-평신도사도직운동의 선구자」, 『최석우신부회갑 논총』, 1982.
84 노길명, 「안중근의 가톨릭 신앙」, 『교회사연구』 9.

안중근사상을 천주교와 관련지어 본격적으로 기술한 연구자는 신운용이다. 그는 1993년 석사논문[85]에 이어서 2005년에 발표한 논문[86]에서 안중근을 천주교 토착화의 전범이라고 평가하면서 안중근의거의 사상적 배경을 천명론에서 찾았다. 더욱이 그는 안중근이 종교인으로서 천명이 무엇인가 하는 문제에 천착하였고, 그 결과 천명이 한국의 독립과 동양평화임을 깨달았으며 그 천명을 실천한 결과가 바로 이토 히로부미의 처단이었음을 강조하였다. 더 나아가 그는 안중근의 일본천황에 대한 긍정적인 평가 원인을 군주를 소천주로 보는 천주교의 왕권신수설에 근거한다고 주장하면서 안중근이 죽는 그 순간에도 종용자약(從容自若)할 수 있었던 것도 바로 천명을 실현했기 때문이라고 설명하였다.

이외에 천명론을 근거로 안중근의거의 배경을 기술한 연구자는 황종렬과 차기진이다. 황종렬은 신학이라는 측면에서 안중근의 천명론을 주목하였으며,[87] 안중근이 『안응칠역사』에서 언급한 천주교의 교리를 분석하였다.[88] 차기진은 안중근의 천주교사상이 『주교요지』와 정하상의 『상재상서』의 영향을 크게 받았다고 기술하였다.[89]

(2)에 대한 2009년까지의 논의는 다음과 같이 정리된다. ㉠ 안중근이 러일전쟁 이전에는 일본의 침략의도를 인식하지 못하였고 러일전쟁 당시 일제의 승리를 지지하였다.[90] ㉡ 러일전쟁 이후 안중근은 일제의 침략의도를

---

85 신운용, 「안중근의 생애와 사상에 대한 일고―그의 군주관과 동양평화론을 중심으로」, 한국외국어대학교 대학원 석사학위논문, 1993.
86 신운용, 「안중근의거의 사상적 배경」.
87 황종렬, 「"천명"인식 살기의 두 유형 : 통합형과 분열형」, 『신앙과 민족의식이 만날 때』(안중근 토마스의 이토 히로부미 저격에 관한 신학적 응답), 분도출판사, 2000.
88 황종렬, 「"안중근편 교리서"에 나타난 천·인·세계 이해」, 『안중근과 그 시대』(안중근의거 100주년기념 연구논문집 1), 안중근의사기념사업회, 2005.
89 차기진, 「안중근의 천주교 신앙과 그 영향」, 『교회사연구』 16.
90 박창희, 「안중근의 동양관과 아시아의 어제와 오늘」, 『안중근의사 연구의 어제와 오늘』, 안중근의사기념관, 1993, 37쪽; 최기영, 「안중근의 『동양평화론』」, 『한국근대계몽사상연구』, 일조각, 2003, 102쪽; 윤경로, 「안중근의거와 <동양평화론>의 현대사적 의의―동아시아의 평화

인식하고 반일독립투쟁에 투신하였다는 것이다.[91] 이러한 주장은 장석홍의 논문에서 종합적으로 정리되었다.[92]

그러나 이러한 장석홍의 주장에 대해 신운용은 2009년에 발표한 「안중근의 대일인식」이라는 논문에서 본격적으로 반론을 펼쳤다. 그는 안중근의 일본인식이 일제의 침략 강도에 비례하여 발전하였다고 주장하였다. 더욱이 그는 이토가 명성황후 시해를 지시하였다고 안중근이 확신한 점, 안중근이 러일전쟁의 원인을 일제의 청국침략(청일전쟁)으로 여겼다는 점, 러일전쟁의 결과에 따라 한국은 두 나라의 관할하에 들어갈 것이라는 빌렘신부의 말에 대해 "신문잡지와 각국의 역사를 통하여 과거 현재 미래의 일들을 추측하였다."라는 『안응칠역사』의 기록 등에서 안중근이 러일전쟁이 일어나기 이전 일본의 침략성을 인식하였다고 주장하였다.

더 나아가 그는 러일전쟁 와중에 시도한 하야시 콘스케(林權助) 일본공사 처단계획 등에서 안중근의 일본인식이 확대되었음을 확인할 수 있으며, 을사늑약과 고종의 퇴위 그리고 정미7조약을 거치면서 항일의식이 더욱 깊어져 결국 독립전쟁과 의거로 이어졌다고 보았다. 특히 그는 안중근의 일본인식이 일본전체를 적으로 보는 평면적 관점이 아니라, 침략세력·천황·일본인민으로 나누어 본 것에서 알 수 있듯이 분석적이고 입체적인 시각이었다고 주장하였다.

(3)에 대해 살펴보면 크게 동양평화론의 배경을 탐구한 논문과 동양평화론의 내용 그리고 의미를 밝힌 연구로 나누어 볼 수 있다.[93] 전자의 대표적

미래를 전망하며」,『안중근의거의 국제적 영향』(광복64주년 및 개관 22주년 기념학술심포지엄), 독립기념관 한국독립운동사연구소, 2009, 168쪽.

91 신용하, 위의 논문, 157쪽, 박창희, 「안중근의 동양관과 아시아의 어제와 오늘」,『안중근 의사 연구의 어제와 오늘』, 1993, 37쪽, 조광, 「안중근의 애국계몽운동과 독립운동」,『교회사연구』9, 45·74쪽; 윤선자, 「안중근의 애국계몽운동」,『한국근대사와 종교』, 국학자료원, 2002, 184쪽.

92 장석홍, 「안중근의 대일본인식과 하얼빈 의거」,『교회사연구』16.

93 안중근의 동양평화론에 대한 연구의 대표적 성과는 다음과 같다. 홍순호, 「안중근의『동양

인 연구자로 현광호·신운용·최기영·허동현 등을 들 수 있다. 이들은 안중근의 동양평화론을 상반된 입장에서 해석하였다. 현광호는 안중근의 동양평화론이 반침략의 성격을 갖고 있고 삼국제휴론의 연장선에 있다고 보면서 그 독창성은 민권에 바탕을 둔 '민중'을 중시한 점에 있다고 주장하였다.[94] 신운용도 현광호의 논리를 지지하면서 안중근의 동양평화론은 서구의 침략에 공동으로 대항하자는 내용의 삼국공영론이 군사동맹에 무게를 둔 삼국동맹론으로 이어졌고, 삼국동맹론은 다시 러일전쟁 과정에서 드러난 일제의 침략논리에 대항하는 이론에서 나온 것으로 보았다.[95]

특히 그는 이토 히로부미의 극동평화론과 안중근의 동양평화론을 비교하면서 안중근의 동양평화론은 한국의 독립과 동양의 평화라는 천명을 실천

평화론」」,『교회사연구』 9; 김호일, 「구한말 안중근의 '동양평화론' 연구」,『중앙사론』 10·11, 중앙사학연구회, 1998; 김옥희, 위의 논문; 최기영, 「안중근의『동양평화론』」,『한국근대계몽사상연구』, 일조각, 2003; 김현철, 「개화기 한국인의 대외인식과 '동양평화구상'」,『평화연구』 11, 고려대학교 평화연구소, 2002; 현광호, 「안중근의 동양평화론과 그 성격」,『아세아연구』 46, 고려대학교 아세아문제연구소, 2003; 김홍수, 「안중근의 생애와 동양평화론」,『논문집』, 공군사관학교, 2002; 김길룡, 「동양평화론에 나타난 안중근의사의 미래지향 정신」,『순국』 139, 순국선열유족회, 2002; 윤병석, 「안중근의사의 하얼빈 의거와 '동양평화론'」 (1)·(2),『순국』 166·7, 순국선열유족회, 2004; 강동국, 「동아시아의 관점에서 본 안중근의 동양평화론」,『안중근과 그 시대』, 안중근의사기념사업회, 2009; 김현철, 「20세기 초 한국인의 대외관과 안중근의『동양평화론』」,『안중근과 그 시대』; 박영준, 「러일전쟁 이후 동아시아 질서구상－야마가타 아리토모(山縣有朋)의 전후경영론과 안중근의 동양평화론 비교」,『안중근과 그 시대』; 신운용, 「안중근의 동양평화론과 이등박문의 극독평화론」,『역사문화연구』 23, 한국외국어대학교 역사문화연구소, 2005;「안중근의『동양평화론』연구와 실천을 위한 방안」,『안중근과 그 시대』; 김형묵, 「안중근의 동양평화구상」,『안중근과 동양평화론』; 최봉룡, 「안중근 동양평화론의 현대적 의미」,『안중근과 동양평화론』; 조홍식, 「유럽통합과 동양평화론」,『안중근과 동양평화론』; 최태욱, 「동양평화론의 21세기적 계승」,『안중근과 동양평화론』; 문우식, 「안중근의 동양평화론과 아시아 금융통화협력」,『안중근과 동양평화론』; 손열, 「동아시아협력과 한일관계」,『안중근과 동양평화론』; 서영희, 「한국근대 동양평화론의 기원과 계보－그리고 안중근」,『영원히 타오르는 불꽃』(안중근의 하얼빈 의거와 동양평화론), 지식산업사, 2010; 이태진, 「안중근의 동양평화론 재조명」,『영원히 타오르는 불꽃』; 쉬용, 「일본의 확장주의와 안중근의 동양평화론」,『영원히 타오르는 불꽃』.

94 현광호, 「안중근의 동양평화론과 그 성격」,『아세아연구』 46, 고려대학교 아세아문제연구소, 2003.

95 신운용, 위의 논문.

하는 방안이었다고 주장하였다. 이와는 반대로 최기영과 허동현은 안중근의 동양평화론이 일본의 아시아연대주의의 연장선에 있다고 분석하였다.[96] 특히 최기영은 인종론적 시각에서 안중근의 동양평화론을 파악하였다. 반면 신운용은 안중근이 천주교 신자라는 점에서 인종주의를 극복하였다는 시각을 제시하였다.[97]

후자는 신용하의 연구가 주목된다. 그는 안중근의 동양평화론의 대략적인 내용을 소개하면서 동양평화론이 안중근의 독자적인 사상체계라고 주장하였다.[98] 윤경로는 안중근의 동양평화론이 일제의 침략정책 변경을 목적으로 한 것으로 침략적인 아시아연대주의와는 다르다고 주장하였다.[99] 윤경로로 대표되는 1980년대의 동양평화론 연구 경향은 90년대에 들어와 홍순호·김옥희·김호일이 계승하였다.[100] 특히 홍순호의 연구는 안중근의 동양평화론을 종교사상과 관련지어 설명하였다는 데 연구사적 의미가 있다. 그는 안중근의 천주교사상과 정치사상, 의병활동 등을 중심으로 동양평화론을 분석하면서 안중근의 동양평화론을 정의·사랑·평화의 그리스도교 정신을 토대로 인류의 사랑과 평화를 염원한 안중근의 독자적인 사상체계이며 가톨릭 신앙이 독자적 행동주의와 결합한 것이라고 간파하였다.[101]

2000년에 들어와 신운용은 안중근의 동양평화를 구체적으로 분석하면서 그 내용을 "① 세계 각국의 신용을 얻는 일이다. ② 일본이 해야 할 급선무는 현재의 재정을 정리하는 것이다. ③ 평화회의를 정착시키는 방법을 강구해야 한다. ④ 세계 각국의 지지를 얻는 일이다."라고 정리하였다. 또한 그

---

96 최기영, 「한말 사회진화론의 수용」, 『한국근대계몽사상연구』, 2003, 32쪽; 허동현, 「개화기 (1876~ 1910) 한국인의 일본관」, 『사학연구』 76, 2005, 221쪽.
97 신운용, 위의 논문.
98 신용하, 위의 논문.
99 윤경로, 「안중근 사상연구―의병론과 동양평화론을 중심으로」, 『민족문화』 3, 한성대민족문화연구소, 1985.
100 홍순호, 위의 논문; 김옥희, 위의 논문; 김호일, 위의 논문.
101 홍순호, 위의 논문.

는 그 특징으로 "① 종교적 절대성을 근간으로 하고 있다. ② 물질문명(사회진화론)에 대한 경고를 하고 있다. ③ 구체적이고 실천적이다. ④ 개방적이다. ⑤ 평화 지향적이다. ⑥ 현재적이다."라는 것을 제시하였다.[102]

안중근의 동양평화론에 대한 연구는 안중근의거 100주년과 순국 100주년을 계기로 폭발적으로 늘어났다. 특히 안중근의 동양평화론을 다룬 논문은 안중근연구를 주도한 안중근의사기념사업회에서 2005년과 2009년에 걸쳐 16편이나 발간되었다. 또한 안중근·하얼빈학회에서는 5편의 연구논문이 발표되었다. 의거와 순국 100주년을 맞이하여 이루어진 안중근의 동양평화론 연구특징은 그 내용을 파악하는 데서 벗어나 유럽의 평화론과 비교하거나 동양삼국의 평화를 담보하기 위한 이론적 기초로 안중근의 동양평화론을 평가하는 경향을 보였다. 또한 안중근의 동양평화론을 오늘날 어떻게 구체화할 것인가 하는 문제의식을 드러내는 논문들이 발표되었다.

전자는 노명환의 연구가 주목된다. 그는 안중근의 동양평화론이 유럽통합론자들이 보인 초국가주의 지역통합사상과 같은 선상에 있다고 하면서 동양공동체·세계공동체를 위해 의거를 하였고 동양평화론을 집필했다고 주장하였다.[103]

후자는 최태욱·문우식·손열 등의 주장에서 발견된다.[104] 이들 연구의 공통점은 안중근의 동양평화론이 동아시아공동체 구상의 기반이 되고 있으며, 한국이 그 중심에 서야 한다는 것이다. 이는 안중근의 동양평화론이 100년이 지난 오늘날에도 살아있는 이론으로 작동되고 있음을 보여주는 것이다. 특히 최태욱은 안중근의 동양평화론의 계승자를 김대중이라고 하면서

---

102 신운용, 위의 논문.
103 노명환, 「유럽통합사상과 역사에 비추어 본 안중근 동양평화론의 세계사적 의의」, 『안중근과 동양평화론』.
104 최태욱, 「동양평화론의 21세기적 계승」, 『안중근과 동양평화론』; 문우식, 「안중근의 동양평화론과 아시아 금융통화협력」, 『안중근과 동양평화론』; 손열, 「동아시아협력과 한일관계」, 『안중근과 동양평화론』.

김대중의 제안으로 2001년 제5차 ASEN+3 정상회의에서 채택된 'EAVG 보고서'를 주목하였다. 이는 경제금융협력·지역평화를 위한 정치안보협력, 인간적 진보를 위한 사회문화협력을 목표로 한 것이었다. 반면 그는 노무현의 동북아시대 구상은 ASEN을 배제하였다는 점에서 ASEN을 동양평화론의 대상으로 삼은 안중근의 동양평화론과는 거리가 있다고 주장하였다.

윤경로는 "인류가 지향해야 할 여러 모양과 색깔과 향기들이 어우러진 '꽃밭을 만들려고 한 진정한 의미의 세계화를 향한 평화운동이었다."[105]라고 동양평화론의 현대사적 의미를 부여하였다. 박명림은 안중근의 평화개념과 구상은 기실 동아시아 영구평화를 위한 조건이자 조항으로서의 의미가 있다고 평가하였다.[106]

안중근의거와 순국 100주년기념 학술대회의 또 다른 특징은 외국연구자가 대거 참여했다는 점이다. 이들은 주로 중국과 일본의 학자들로 특히 안중근의 동양평화론에 집중되었다. 중국학자로는 서용(徐勇)과 중국교포 역사학자 최봉룡을 들 수 있다. 서용은 안중근이 중국에 끼친 영향을 분석하면서 안중근의 사상과 행동은 중국을 포함한 동아시아 역사에 무시할 수 없는 광범위한 영향을 끼쳤음을 실증하였다. 특히 그는 안중근의 동양평화론에 대한 연구는 진정한 동아시아 학문발전과 평화실현을 위한 기반임을 강조하였다.[107]

최봉룡은 동아시아 국제관계의 동향에 대한 분석으로 비범한 총체적 인식과 뛰어난 통찰력을 지닌 안중근이 진정어린 인내심을 가지고 일본을 계도하려는 의도를 가졌다고 평가하였다.[108] 아울러 그는 안중근의 동양평화

---

105 윤경로, 「안중근의거 배경과 「동양평화론」의 현대사적 의의 : 동아시아의 평화와 미래를 전망하며」,『안중근의거의 국제적 영향』, 독립기념관 한국독립운동사연구소, 2009.
106 박명림, 「안중근의 동양평화론의 현대적 의의」,『21세기 동아시아 평화와 안중근』, 외교통상부·성균관대학교 동아시아역사연구소, 2011.
107 서용, 「안중근의 동양평화론의 역사적 의의」,『안중근과 동양평화론』.
108 서용, 「일본의 확장주의와 안중근의 동양평화론」,『안중근의 동양평화론과 동북아평화공동체의 미래』, 안중근 하얼빈학회·동북아역사재단, 2009.

론의 배경에 대한 기왕의 연구성과를 중심으로 기술하면서 동양평화론을 인종주의의 한계를 넘어서 인간의 자유와 평등 및 공존의 보편적 가치를 지향하는 인류평화사상으로 승화된 것이라고 평가하였다. 더 나아가 그는 북한을 포함한 동아시아국가연합체를 이루어야 하는 오늘날에 안중근의 동양평화론은 이론적 기틀을 제공하고 있다고 평가하였다.[109]

일본 학자 도츠카 에츠로(戶塚悅郎)는 안중근의 동양평화론에 대해 일본을 파멸에서 구하고, 일본이 밝은 동아시아 일부로서, 인류사회에 공헌할 수 있는 길이라고 평가하였다.[110] 마키노 에이지(牧野英二)는 안중근의 동양평화론이 칸트의 영구평화론에 영향을 받은 것이라고 주장하였다. 물론 이는 근거 없는 주장이기는 하지만 안중근사상의 지평을 넓혔다는 점에서 의미 있는 연구이다. 더욱이 그는 일본의 과거사에 대한 반성을 촉구하면서 안중근에 대한 공동연구를 통하여 안중근을 동아시아가 공유할 수 있는 인물로 만들자고 역설하였다.[111]

한편, 안중근의 사상은 타자와의 비교를 통해서 그 참모습이 드러나기 마련인데 이는 변기찬과 신운용의 연구에서 엿볼 수 있다. 변기찬은 프랑스의 영웅 잔 다르크(Jeanne d'Arc)의 행적과 라틴 아메리카의 식민지화 및 그 극복 과정에 나타난 성직자들의 활동을 검토하면서 안중근의 탁월한 신앙심과 애국심을 강조하였다. 더 나아가 그는 안중근의거에 대해 살인 여부를 논하는 일은 그만두어야만 한다고 강조하였다.[112]

---

109 최봉룡, 「역사기억과 해석의 만남 : 안중근 동양평화론의 현대적 의미」, 『안중근과 동양평화론』(안중근의거 100주년기념 연구논문집 4), 안중근의사기념사업회, 2010.

110 도츠카 에츠로, 「안중근재판의 불법성과 동양평화론」, 『안중근의 동양평화론과 동북아 평화공동체의 미래』.

111 마키노 에이지, 「안중근 의사의 동양평화론의 현대적 의의」, 『영원히 타오르는 불꽃』, 지식산업사, 2010.

112 변기찬, 「안중근의 신앙과 현양에 대한 비교사적 검토」, 『교회사연구』 16. 하지만 천주교 내부의 안중근의거에 대해 살인행위로 보는 시각이 여전히 존재하는 것도 사실이다(이동호, 「안중근의 시복시성 가능한가 : 안중근 생애에 관한 재인식(의병기와 수인기의 목적을 중심으로)에 대한 논평」, 『서울대교구 시복시성을 위한 심포지엄』, 서울대교구 시복시성 준비위원회,

신운용은 안중근과 우찌무라 간죠의 평화론을 비교하였다. 그는 한국의 독립과 동양평화라는 안중근의 동양평화론이 구체적이고 개방적이며 평화지향적이고 현재적이며, 천명(하느님의 명령)론과 의전론에 기반을 두고 있는 종교적 절대성을 내용으로 하고 있다고 주장하였다. 반면, 우찌무라 간죠는 재림론을 바탕으로 한 절대평화론을 주장하였지만, 대단히 모순적인 양상을 드러냈다고 평가하였다. 더 나아가 그는 종교사상을 바탕으로 인류의 도덕 회복에 진력하였다는 점에서 안중근과 우찌무라의 공통점을 발견할 수 있지만, 이들은 각자의 역사적 문화적 배경에 따라 현실인식과 성경 해석을 달리하였기 때문에 이들의 종교사상이 합치될 가능성이 낮은 것으로 보았다.[113]

(4) 안중근의 정치사상에 대한 논의는 안중근이 지향한 정체가 무엇인가 하는 문제에 집중되었다. 이는 크게 공화주의자(입헌군주주의자)로 보는 견해와 근왕주의자라는 주장이 대립되고 있다. 전자는 윤경로와 한상권의 주장이다. 윤경로는 안중근이 추구한 정체가 입헌 국민국가였다고 주장하였다.[114] 한상권은 윤경로의 견해에서 한발 더 나아가 안중근이 공화주의자라고 주장하였다.[115]

반면 박성수는 안중근을 위정척사파로 보았고,[116] 신운용은 전제군주제와 독립을 유지하면서 세계사의 흐름에 뒤처지지 않기 위해 사회개혁을 추진하려고 한 인물이라고 주장하였다.[117] 특히 오영섭은 신민이 황실에 대해 불경한 태도를 가져서는 안 된다고 한 점, 한국황제를 위해 의거를 했다는

2011).

113 신운용, 「안중근과 우찌무라 간조의 평화론 연구」, 『신학전망』 176, 광주가톨릭대학교, 2012.
114 윤경로, 「사상가 안중근의 생애와 활동」, 『한국근대사의 기독교사적 이해』.
115 한상권, 「안중근의 국권회복운동과 정치사상」, 『한국독립운동사연구』 21, 한국독립운동사연구소, 2003.
116 박성수, 「1907~1910년간의 의병투쟁에 대하여」, 『한국사연구』 1, 한국사연구회, 1968.
117 신운용, 「안중근의거의 사상적 배경」, 『한국사상사학』 25.

점 등을 들어 그는 안중근을 근왕주의자로 보았다.[118]

5. 안중근의거의 국제 정치적 배경·인식·재판

안중근의거의 국제 정치적 배경에 대한 본격적인 연구는 박종효와 신운용이 주도하였다. 박종효는 까깝쵸프(Графъ В.Н. Коковцов)의 하얼빈행은 극동방위 상황을 보고하라는 러시아황제의 명으로 이루어졌다는 점, 까깝쵸프·이토회담은 만주문제에 대한 전반적인 협의를 요청한 이토 측의 요구로 촉박하게 이루어졌다는 점을 밝혔다.[119]

신운용은 이토의 방만 배경으로 미국의 만주간섭이라는 점, 러시아의 간도협약에 따른 국제사회의 팽배한 불만의 해소라는 점, 까깝쵸프와 이토 회담이 러일간의 현안을 해결하여 민주와 대한제국의 지배력을 강화시키려는 포석에서 일제의 요청으로 급하게 이루어졌다는 점, 러일간의 회담이 실패할 경우 청국을 회유하여 만주에서의 이권을 강화하려는 목적이었다는 점 등을 들었다.[120] 또한 이규태의 논문도 참고 된다.[121]

안중근의거에 대한 국내의 인식에 대한 연구는 2005년 안중근의사기념사업회의 학술대회를 계기로 본격화되었다. 이는 크게 국내와 국외로 나누어 볼 수 있다. 국내의 인식은 ㉠ 의거 직후의 국내 제세력의 인식과 반응, ㉡ 천주교의 인식과 반응으로 나누어 볼 수 있다. ㉠은 신운용·임수경(전영란)·윤효정·김윤희 등이 주도하였다. 신운용은 독립운동계열과 종교 학생

---

118 오영섭, 「안중근의 정치사상」, 『안중근과 그 시대』.
119 박종효, 「안중근의사의 하얼빈의거 진상과 러시아의 반응」, 『안중근의사 의거 제95주년 국제학술회의-안중근의사의 위업과 사상 재조명』, 안중근의사숭모회·안중근의사기념관, 2004.
120 신운용, 「안중근의거의 국제 정치적 배경에 관한 연구」, 『역사문화연구』 33, 한국외국어대학교 역사문화연구소, 2009.
121 이규태, 「안중근 의거를 둘러싼 일본의 인식과 대한정책」, 『안중근과 동양평화론』.

층, 대한제국 황실·정부와 민간 부일세력으로 나누어 안중근의거에 대한 국내의 인식과 반응을 기술하였다.[122] 그는 독립운동계열이 안중근의거를 열렬히 지지한 사실을 언급하면서 지지와 반대로 나뉜 종교계의 양상을 기술하였다. 아울러 황실·정부의 사죄단 일본 파견이 권력 유지를 위한 수단이었다고 평가하면서 민간 부일세력의 사좌단 파견소동에 대해 자세히 서술하였다. 특히 그는 한국 천주교가 안중근의거를 부정적으로 본 기왕의 견해[123]에서 벗어나 천주교 내부에도 긍정과 부정이 섞여있었음을 논증하였다.

임수경과 전영란은 대한매일신보가 안중근의 의거로부터 죽음에 이르기까지 반복적으로 보도함으로써 안중근을 국민들의 마음속에 각인시켰다고 강조하였다. 윤효정도『대한매일신보』와『황성신문』을 중심으로 국내 안중근인식을 기술하였다.[124] 김윤희는 정치기획이라는 관점에서『황성신문』과『대한매일신보』를 비교 분석하였다. 그는 안중근의 동양평화론과 무력수단 동원은 대한제국 지식인들의 정치기획과정에서 출현한 상반된 정치담론을 개인이 어떻게 내면화했는지를 보여준다고 평가하였다.[125]

ⓛ의 연구자로 최석우·프랭클린 라우시(Franklin Rausch)·윤선자·신운용을 들 수 있다. 최석우는『뮈텔주교일기』·『경향신문』·『조선교구통신문』을 분석하였다.『경향신문』과『뮈텔주교일기』가 안중근의거를 부정적으로 인식한 반면에『조선교구통신문』은 그래도 긍정적으로 평가한 사실을 강조하였다. 또한 그는 빌렘이 안중근에게 종부성사를 베풀어준 것은 종교와 정치를 구별했기에 가능했다고 평가하였다.[126]

---

122 신운용,「안중근 의거에 대한 국내의 인식과 반응」,『한국근현대사연구』 33.

123 안천,『신흥무관학교』, 교육과학사, 1996, 45~53쪽.

124 윤효정,「'하얼빈 사건'에 대한『대한매일신보』의 여론 형성 연구」,『한국사학보』 42, 고려사학회, 2011;「'하얼빈 사건'에 대한 국내 언론지의 인식-『황성신문』과 대한매일신보의 비교를 중심으로」,『안중근(토마스)의사 하얼빈의거 102주년 기념미사 및 학술대회』, 안중근평화신학연구원·안중근의사기념사업회, 2011.

125 김윤희,「한국에서 바라본 안중근의거」,『21세기 동아시아 평화와 안중근』.

미국인 사학자 프랭클린 라우시(Franklin Rausch)는 『서울프레스』를 중심으로 한국 천주교의 안중근인식을 분석하였다. 그는 『서울프레스』가 종교를 이용하여 이토 히로부미로 상징되는 일제의 침략세력이 종교의 자유를 존중하는 개화된 옹호자라는 이미지를 창조한 반면, 안중근으로 대표되는 대한제국이 미신에 의해 위험에 빠져 개조가 절실한 나라라는 이미지를 만들어냈다고 기술하였다. 그의 연구는 뮈텔을 중심으로 하는 당시 한국 천주교의 안중근에 대한 인식을 적나라하게 그리고 있다.[127]

한국 현대 천주교의 안중근에 대한 인식을 본격적으로 연구한 윤선자는 의거 당시 천주교의 안중근인식, 안중근의거에 대한 천주교의 연구, 1970년대 이후 한국 천주교의 안중근인식을 다루었다. 특히 그는 한국 천주교가 의거 직후 안중근을 살인자로 인식한 사실을 밝히면서 그 원인을 정교분리라는 프랑스 선교사들의 선교방침에서 찾았다. 더 나아가 그는 1979년 노기남주교와 1993년 김수환 추기경이 안중근을 단죄한 교회의 행동을 반성하는 모습을 그리면서도 천주교 상층부가 안중근과 그의 의거를 신앙의 차원에서 밀도 있게 다루지 못한 한계점도 지적하였다. 아울러 안중근의거의 정당성을 제기하는 천주교 측의 논문도 축적되었지만 윤리신학 측면에서 안중근을 부정적으로 평가하는 등 천주교계의 안중근인식 한계를 지적하였다.[128]

한편, 한국 천주교의 안중근인식을 통사적으로 기술한 신운용은 의거 당시부터 최근까지 한국 천주교계가 보인 일련의 안중근인식과 행보를 기술하였다. 그는 천주교 내에 안중근을 보는 두 가지의 시각이 있고, 그에 따라 천주교인들이 안중근에 대한 인식과 평가를 달리하는 것으로 파악하였다.

---

126 최석우, 「안중근의 의거와 교회의 반응」, 『교회사연구』 9, 1994.

127 프랭클린 라우시, 「종교와 폭력의 정당성 – 안중근 의거의 종교적 의미에 관한 논쟁」, 『안중근 연구의 성과와 과제』.

128 윤선자, 「해방 후 안중근기념사업의 역사적 의의」, 『안중근 연구의 성과와 과제』.

그는 한국정의구현전국사제단의 안중근인식과 활동을 집중적으로 부각하였다. 특히 그는 천주교 내의 안중근에 대한 시각차는 안중근을 '순교자'로 보느냐 보지 않느냐 하는 문제에 기인한 것으로 파악하면서, 시복시성은 일제에 의한 전쟁범죄를 단죄하고 제2차 바티칸 공의회 정신을 구현하여 한국천주교계의 분열을 해소하고 일반 국민과 천주교인들 사이의 안중근에 대한 인식의 격차를 줄일 수 있는가 하는 문제와 직결된다고 진단하였다. 하지만 그는 한국 천주교의 역사를 보건대, 안중근에 대한 시복시성이 이루어지기까지 상당한 시일이 걸릴 것이라고 예상하였다.[129]

천주교의 안중근인식과 관련하여 천주사교사가들의 관심은 뮈텔주교와 빌렘신부에 집중되었다. 전자의 연구는 노길명·최석우·윤선자 등이 주도하였다. 이들은 안중근의거와 그에 대한 뮈텔의 인식이 대체로 부정적이었다는 점을 지적하고 있다. 이에 반하여 황종렬은 뮈텔을 일방적으로 비난해서는 안 된다며 반론을 펼치고 있다.[130]

후자는 윤선자·조현범 등이 연구하였다. 윤선자는 황해도 천주교세력의 급성장 배경을 안태훈가문과 빌렘신부의 결합으로 설명하였다. 또한 그는 양대인자세(洋大人藉勢)와 정교분리원칙에 따라 빌렘이 안중근의 민족운동을 긍정하진 않았으나 안중근의거로 한국의 독립운동에 대한 커다란 인식전환을 하였다고 평가하였다.[131]

반면에 조현범은 빌렘신부는 끝까지 안중근의거를 부정적으로 보았다고 주장하고 있다. 그 근거로 윤선자가 "죽은 채로 개선했다."라는 것을 "이토가 죽은 것은 잘된 일."이라고 빌렘신부의 서한의 일부 내용을 잘못 해석한

---

129 신운용, 「한국가톨릭계의 안중근 기념사업 전개와 그 의미」, 『역사문화연구』, 한국외국어대학교 역사문화연구소, 2012.
130 황종렬, 「정양모 신부의 "안중근 의사와 프랑스 선교사들과의 관계-안중근 의사에 대한 선교사들의 인식과 평가"에 대한 응답」, 『안중근의사 순국 102주년 학술대회』.
131 윤선자, 「'한일합방'전후 황해도 천주교회와 빌렘신부」, 『한국근대사와 종교』, 국학자료원, 2002.

사실을 들고 있다.[132] 이는 기왕의 빌렘에 대한 평가와는 전혀 다른 주장이라는 점에서 주목된다. 이러한 조현범의 주장은 정양모와 미야자키 요시노부(宮崎善信)로 이어지고 있다.[133] 특히 미야자키는 안중근의거를 부정적으로 본 일본천주교의 안중근인식으로까지 연구의 폭을 넓혔다.

이와 같은 국내의 안중근인식은 북한으로 확대되었다. 이는 정현기와 윤경섭의 연구로 정리되었다. 전자는 림종상의 『안중근 이등박문을 쏘다』를 중심으로 북한의 문학에 녹아 있는 안중근을 연구대상으로 하였다면[134] 후자는 북한의 역사와 출판물에 언급된 안중근을 분석하였다.[135] 특히 윤경섭은 최창익의 애국테러운동이라는 개념에서 안중근의거를 부정적으로 본 북한의 인식이 점차 긍정적으로 변해가는 과정을 기술하였다.

안중근의거에 대한 국외한인의 인식에 대해서는 한상권·신운용 등의 연구가 주목된다. 한상권은 『신한민보』를 중심으로 분석하였다.[136] 그는 『신한민보』가 제국주의 문명관을 극복하지 못하였지만, 일제의 한국지배를 비판하였다고 지적하였다. 그러면서 그는 안중근의거가 이천만 동포를 대표하여 일으킨 독립전쟁이므로 모든 국민이 각성하고 단합하여 독립혈전에 나서야 한다는 것이 『신한민보』의 주장이었다고 보았다. 특히 그는 『신한민보』가 국민적 저항이 일어날 수 있다면 고종황제를 희생양으로 삼을 수 있다고 보았다. 이 점에서 그는 『신한민보』가 군주정을 폐기하고 국민주권에 입각한 민주공화정을 정치이념으로 수용하고 있다고 주장하였다.

신운용은 러시아·미국·중국 한인들의 안중근의거에 대한 인식을 종합적으로 다루었다.[137] 그는 재러 한인이 『대동공보』와 『권업신문』을 중심으

132 조현범, 「안중근 의사와 빌렘 신부」, 『안중근 연구의 성과와 과제』, 370쪽.
133 정양모, 「안중근 의사와 프랑스 선교사들과의 관계」, 『안중근의사 순국 102주년 학술대회』; 미야자키 요시노부, 「일본천주교회의 안중근인식」, 『안중근의사 순국 102주년 학술대회』.
134 정현기, 「북한의 안중근인식―림종상의 『안중근 이등박문을 쏘다』를 중심으로」, 『안중근 연구의 기초』.
135 윤경섭, 「북한에서 본 안중근」, 『21세기 동아시아 평화와 안중근』.
136 한상권, 「안중근의거에 대한 미주한인의 인식」, 『한국근현대사연구』 33.

로 안중근의거의 정당성과 재판의 불법성, 그리고 안중근유지를 계승하는데 앞장선 사실을 기술하였다. 특히 그는 안중근의거를 지지한 이범진의 인터뷰 기사를 소개하면서 김기룡의 안중근 구출기도, 조창호 등의 활동, 안중근 가족 구제, 연극 등을 통한 유지 계승운동, 안중근 손가락의 신성화 등을 기술하였다.

그뿐만 아니라 그는 미주『신한민보』·『신한국보』의 안중근의거·불법적인 안중근재판 등 안중근인식을 구체적으로 소개하였고, 특히 한인교보사의 활동을 다루었다. 더 나아가 그는 안중근유지 계승운동의 하나로『대동위인 안중근』을 발간한『신한국보』주필 홍종균의 활동과 한재명의 안중근을 위한 의연금 모금활동 등을 기술하였다.

그는 박은식 등 재중 한인들이 안중근전기를 발간한 일과『독립신문』·『대동민보』의 안중근 관련기사를 소개하였다. 아울러 하얼빈 한인의 안중근 묘지와 기념비 건립운동·연극·배일창가·사진·영화 등을 통한 안중근유지 계승운동을 자세하게 다루었다. 특히 그는 안중근이 한중우호의 상징이 되었으며, 안중근의거가 이후의 의열투쟁에 큰 영향을 끼친 사실도 지적하였다.

안중근의거와 그에 대한 각국의 인식과 반응에 대한 연구로는 일본·중국·러시아·프랑스·미국 신문의 논조를 분석한 이상일의 논문을 들 수 있다. 이상일은 대체로 일본·프랑스·미국은 부정적이었고, 중국은 긍정적이었고 러시아는 부정과 긍정이 뒤섞여 있다고 진단하였다.[138]

중국인의 안중근인식은 한시준·김춘선·손염홍 등이 주도하였다. 한시준은 박은식과 중국인 정원(鄭沅)의『안중근』을 중심으로 중국의 안중근인식을 다루었다.[139] 김춘선은 청국신문에 나타난 대략적인 안중근인식을 소개

---

137 신운용, 「안중근의거에 대한 국외한인사회의 인식과 반응」, 『한국독립운동사연구』 28, 2007.

138 이상일, 「안중근의거에 대한 각국의 동향과 신문논조」, 『한국민족운동사연구』 30.

하면서 박은식과 장원의 안중근과 그 의거에 대한 평가를 기술하였다. 특히 그는 5·4 운동기 주은래 등의 안중근연극이 중국인들의 대일투쟁력을 높였다는 점을 기술하였다.[140]

손염홍은 중국인의 안중근에 대한 인식이 그 정치적 성향에 따라 다르게 나타났음을 강조하였다. 혁명파는 안중근의거를 높이 평가한 데 반하여 입헌파는 안중근을 비방하거나 안중근과 이토를 같이 평가하는 중립적인 태도를 보였고, 그 결과가 전기와 신문에 반영되었다고 주장하였다. 더불어 그는 중국인들이 안중근의 담력과 애국정신을 존중했지만, 안중근과 그 의거를 체계적으로 이해하지 못한 점도 지적하였다.[141] 중국학자들도 의거와 순국 100주년을 맞이하여 중국의 안중근인식에 대한 연구에 참여하였다. 그 대표적인 연구자는 이범·서용을 들 수 있다.[142]

안중근(의거)인식에 대한 연구는 역사학계뿐만 아니라, 한중문학계로 확대되었다. 그 대표적인 연구자는 김진욱·양귀숙(김희성)·문정진·정현기·김용희·장화방 등을 들 수 있다.[143] 정현기는 송원희의 『대한국인 안중근』과 이청의 『안중근』을 분석의 대상으로 삼았다. 특히 그는 송원희의 작품을 안중근이 한 영웅이 되기까지에는 어떤 가로 거침과 어려움, 고된 나날들이

---

139 한시준, 「중국인이 본 안중근─박은식과 정원의 안중근을 중심으로」, 『충북사학』 11·12, 충북대학교 사학회, 2000.
140 김춘선, 「안중근 의거에 대한 중국인의 인식」, 『한국근현대사연구』 33.
141 손염홍, 「안중근 의거와 중국의 반제민족운동」, 『안중근의거의 국제적 영향』, 독립기념관 한국독립운동사연구소, 2009.
142 이범, 「안중근 의거가 보여준 민족정신과 중국에 대한 영향」, 『안중근 연구의 기초』, 안중근의사기념사업회, 2009; 서용, 「중국에서의 안중근 의거에 대한 반응과 그 인식」, 『안중근 연구의 기초』.
143 김진욱, 「안중근 의거를 통한 중국 지식인의 조선인식 연구」, 『중국인문과학』, 중국인문학회, 2005; 梁貴淑·金喜成·蔣曉君, 「中國近代關於安重根形象的文學作品分析」, 『中國人文科學』 39, 2008; 문성진, 「중국 근대소설과 안중근」, 『안중근 연구의 기초』; 정현기, 「안중근의거와 한국소설」, 『안중근과 동양평화론』; 김용희, 「아동문학에 나타난 안중근 의사」, 『안중근과 동양평화론』; 장화방, 「민국시기 중국문예작품과 안중근의 형상」, 『안중근과 동양평화론』.

이어지고 있는지를 소설쓰기 특유의 자상한 눈 돌림으로 밝혀 놓아, 영웅됨으로 나아가는 피어린 고난을 옮겨, 읽기에 아주 편안한 느낌을 갖도록 하였다고 평가하였다.

한편, 일본과 러시아의 안중근인식에 대한 연구도 진행되었다. 전자는 이규태와 이규수가 주도하였다.[144] 이규태와 이규수의 연구 공통점은 일본이 안중근을 부정적으로 보았고 이토를 영웅시하였는데, 그 원인은 바로 일본의 제국주의적인 정책과 관련이 있다고 분석하였다.

후자는 박보리스(Пак Борис)・박 벨라(Пак Бэлла), 따찌야나 심비르체바(Татьяна Симбирцева) 등이 주도하였다. 특히 박보리스는 러시아 측의 입장에 대한 종합적 연구를 하였고, 박 벨라는 러시아 신문의 안중근인식을 다루었다.[145] 러시아신문의 인중근인식은 대체로 관변신문들이 부정적이었고, 『동방의 노을』 등 사회주의 성향의 신문들은 긍정적으로 보도한 것으로 파악하였다.[146]

따찌야나 심비르체바는 여러 출판물을 검토대상으로 하여 연구한 결과, 러시아의 안중근인식은 재정러시아 시대에는 다양한 인식과 평가가 있었으나 소련시대에는 '개인테러'에 대한 부정적인 견해가 주를 이루는 천편일률적인 주장이 지배하였고, 최근에는 다시 다양한 평가가 나타나기 시작했다고 진단하였다. 특히 그는 안중근에 대한 최초의 러시아논문은 안중근의거의 배경을 봉건주의자들의 조직으로 본 그리고리 쩨비치의 「러시아극동에서의 한인들의 항일민족해방 투쟁(1906~1916)」임을 밝혔다.

안중근인식에 대한 연구는 신주백・이신철의 연구에서 보듯이 한일 교과

---

144 이규태, 「안중근 의거를 둘러싼 일본의 인식과 대한정책」, 『안중근과 동양평화론』; 이규수, 「안중근 의거에 대한 일본 언론계의 인식」, 『안중근의거의 국제적 영향』.
145 박보리스 지음/신운용・이병조 옮김, 위의 책; 박 벨라 보리소브나, 「안중근 의거에 대한 조선과 해외의 반응―러시아, 조선 및 일본 사료를 중심으로」, 『안중근 연구의 기초』; 박보리스 드미트리예비치・박 벨라 보리소브나, 「안중근 의사의 위업에 대한 러시아 신문들의 반응」, 『안중근 연구의 기초』.
146 따찌야나 심비르체바, 「러시아의 안중근인식」, 『안중근 연구의 성과와 과제』.

서에 나타난 안중근인식으로 확대되었다.[147] 신주백은 한일 역사교과서의 안중근 관계기사를 분석하였다. 그는 한국에서 안중근의 이미지가 독립운동가에서 사상가로 변하는 과정을 논증하면서, 독립운동가로 기술하는 일본교과서도 있지만, 대체로 이토와 관련하여 부정적인 평가와 일제의 한국병탄원인이 안중근의거라는 주장이 주를 이루고 있다는 점을 기술하였다. 이신철의 연구는 신주백의 그것과 큰 차이는 없었다.

한편, 안중근재판에 대한 연구는 ㉠ 안중근을 러시아가 일제에 넘긴 이유, ㉡ 재판의 불법성, ㉢ 일제의 재판공작, ㉣ 안중근재판에 대한 국내외의 평가와 대응 등으로 나누어 볼 수 있다.

㉠에 대해서는 박보리스·박종효·신운용의 논문이 도움이 된다. 박보리스는 동청철도 구역 내에 있는 한국 국적자들이 러시아의 사법권하에 있었다고 주장하였다. 하지만 러시아가 그토록 재빨리 안중근을 일제에 넘긴 이유를 수수께끼라고 하였을 뿐 그 원인을 밝히지 못했다.[148]

박종효는 러시아가 안중근을 일본에 넘긴 이유를 러시아 관할구역인 하얼빈 역에서 사건이 발생했기 때문이라는 정치적 부담 또는 역학관계에서 찾았다.[149] 박종효는 러시아가 일제에 안중근을 넘긴 것은 안중근의거가 러시아 조차지인 동청철도 하얼빈 역에서 발생했기 때문이라고 하면서, 이는 러시아가 정치적 책임과 부담을 덜려는 조치라고 주장하였다.

신운용은 이에 대해 2편의 논문에서 자신의 견해를 밝혔다. 하나는 「일제의 국외한인에 대한 사법권침탈과 안중근재판」,[150]이고, 다른 하나는 「안중근의거 관련 『노국관헌취조번역문』의 내용과 그 의미」,[151]이다. 그는 전자의

---

147 신주백, 「한일 역사교과서는 안중근을 어떻게 기술해 왔는가(1945~2007)」, 『안중근 연구의 기초』; 이신철, 「한일 교과서의 안중근 인식」, 『21동아시아 평화와 안중근』.

148 박보리스 지음/신운용·이병조 옮김, 위의 책.

149 박종효, 「안중근(安重根)의사의 하얼빈(哈爾賓)의거 진상(眞相)과 러시아의 대응」, 『안중근의사의 위업과 사상 재조명』, 안중근의사숭모회·안중근의사기념관, 2004.

150 신운용, 「일제의 국외한인에 대한 사법권침탈과 안중근재판」, 『한국사연구』 146, 한국사연구회, 2009.

논문에서 러시아가 신속하게 안중근을 일제에 넘긴 원인을 김재동(金在同)·서재근(徐在根)의 일본인 살해사건(1907)에서 그 선례를 찾았다. 다시 말해 러시아가 안중근을 일제에 넘긴 이유는 한국사법권의 침탈과정에서 러시아와 일제의 야합에 따른 결과라는 주장이다. 그리고 박종효의 논지에 대해 신운용은 카와카미 토시츠네(川上 俊彦) 하얼빈 주재 총영사의 하얼빈 역 일본인 출입자유보장 요청에 따랐다는 점에서 신빙성이 없다고 반박하였다.

그는 후자의 논문에서 일제가 러시아의 안중근 조사자료를 번역한 『노국관헌취조번역문』이 안중근이 일제에 넘겨진 보다 정확한 이유를 밝힐 수 있는 증거라고 주장하였다. 즉, 안중근이 대한제국의 국민이었기 때문에 러시아가 일제에 넘겼다는 것이다. 만약 안중근이 김성백과 같이 러시아 국적자였다면 적어도 사형을 면할 수 있었을 것이라고 분석하였다.

ⓒ 재판의 불법성은 재판 관할권 문제와 직결되는 문제이다. 이 문제는 일본인 변호사 가노 다쿠미(鹿野琢琢見)가 본격적으로 제기하였다. 그는 1910년 2월 12일 관동도독부지방법원에 출정, 변론하는 것을 가정하여 안중근의 거의 정당성을 인정하면서 일제의 재판을 초법규적 위법저각사유(超法規的 違法阻却事由)라는 측면에서 안중근의 무죄와 재판의 무효를 주장하였다. 물론 이는 역사적 맥락보다는 안중근 변호를 맡은 미즈노 기치타로(水野吉太郞)·카마다 세이지(鎌田正治) 변호사와 같은 법리론에서 이루어진 것이다.[152] 도츠카 에츠로는 을사늑약의 불법성에 초점을 두면서 변호인이 일본인이었다는 점 등에서 재판의 불법성을 지적하였다.[153]

이 문제에 대한 본격적인 연구는 명순구와 신운용 등이 주도하였다. 명순구는 법리적 관점에서, 신운용은 사적(史的) 측면에서 주로 연구하였다. 명순

---

151 신운용, 「안중근의거 관련 『노국관헌취조번역문』의 내용과 그 의미」, 『한국민족운동사연구』 63, 한국민족운동사학회, 2010.
152 최이권 편역, 「안중근무죄론(安重根無罪論)」, 『애국충정안중근의사』, 법경출판사, 1992.
153 도츠카 에츠로, 위의 논문.

64   안중근과 한국근대사 2

구는 재판 관할권이 일제의 관동도독부 지방법원에 속한다고 볼 수 없다는 점, 적용해야 할 법은 일제의 법률 또는 국내형법이 아니라 국제법이라는 점, 안중근은 군인이었으므로 '흉한'이라고 부를 수 없는 법적 이유가 있다는 점에서 안중근재판의 부당성을 지적하였다. 그의 연구는 안중근재판의 불법성에 대한 '연구부재'라는 상황 속에서 국제법을 근거로 비판적으로 검토하였다는 점에 의미가 있다. 이장희는 비정규군의 교전권을 인정하는 국제법적 분석을 통하여 안중근의거의 정당성을 주장하였다.[154] 이에 반하여 류부곤은 "안중근재판의 불법성이 없다."라는 과감한 주장을 하였다.[155]

신운용은 1904년 9월 일제의 한국외교기관철폐가 1907년 김재동·서재근 재판에서 보듯이 재청 한인의 법적 지위에 영향을 끼쳤고, 이는 안중근재판 관할권에 결정적인 근거가 되었음을 밝혔다. 아울러 그는 김재동·서재근 재판이 법적 요건을 갖춘 것이 아니라 '사법상의 편의'를 위한 것임을 일제가 스스로 실토하고 있다는 점, 일본 국내법을 한국인에게 적용한다는 1910년 4월 5일 칙령 제196호의 국내법조차 어긴 점에서 일제의 안중근재판은 재판 관할권이 없을 뿐만 아니라 국제법과 국내법을 어긴 것임을 증명하였다.

그는 안중근의거가 정치사건이 아니라 단순한 살인사건이라는 일제의 주장과 달리, 의거가 조직적으로 이루어진 정치적으로 의미가 있는 사건이라는 점을 『노국관헌취조번역문』에서도 확인할 수 있다고 강조하였다.[156] 한성민도 신운용과 비슷한 논조의 논문을 작성하였다.[157]

ⓒ에 대해서는 신운용의 연구가 주목된다. 그는 안중근 단독의거로 결론

---

154 이장희, 「안중근재판에 대한 국제법적 평가」, 『외법논집』 33-2, 한국외국어대학교 전문분야 연구센터 법학연구소, 2009.

155 류부곤, 「안중근 재판에 대한 법리적 검토」, 『한국 사법 정치의 근대화, 그리고 이토히로부미』, 성균관대학교 법학연구소, 울산대학교 인권·법학연구센터, 2011.

156 신운용, 위의 논문.

157 한성민, 「일본정부의 안중근 재판 개입과 그 불법성」, 『사학연구』 96, 한국사학회, 2009.

을 내린 일제는 오오쓰사건과 스티븐슨사건의 경험에서 안중근의거에 대한 조사와 재판을 지휘한 구라치(倉知) 정무국장이 법원을 통하여 미조부치 검찰관에게 안중근에게 사형을 구형하도록 하고, 설사 지방법원이 무기형을 선고하더라도 고등법원에 미조부치(溝淵)로 하여금 항소하도록 하면서 우덕순이 안중근의거에 가담한 사실을 부인하지 못하도록 하는 등 안중근사형공작을 벌였다고 기술하였다.[158]

ㄹ에 대해서는 신운용・한상권 등의 연구가 참고 된다. 신운용은 안중근 재판에 대한 국제적 평가를 "재판 관할권을 일제가 행사할 권리가 없고 대한제국 재판소로 이송되어야 한다."라고 주장한 상해에서 발행된 1910년 2월 22일자 『내셔날리브』(『上海週報』 제19호)를 통하여 드러냈다.[159] 특히 그는 안중근구출시도와 재판을 위해 미하일로프를 여순에 파견하는 등의 러시아 한인사회의 움직임을 주목하면서 안중근재판에 대한 국내외 신문들의 비판적 논조에 대해 언급하였다.[160] 한상권은 『신한민보』를 중심으로 미주한인의 안중근재판인식을 기술하였다.[161]

2012년 안중근연구의 특징은 그동안의 연구에 대한 비판적 검토가 이루어지고 있다는 점이다. 이는 신운용이 주도하였다. 그는 한국의 안중근에 대한 연구를 비판적으로 검토한 2편의 논문과 일본의 안중근연구(제3의 저격설)를 비판적으로 검토한 1편의 논문을 발표하였다.

전자는 크게 천주교 사가들의 주장에 대한 검토와 안중근장군설・김두성 실존설・의거의 고종배후설에 대한 재검토로 나뉜다. 그는 안중근이 이토처단을 위해 기도를 했으며 이토가 죽었다는 소식을 듣고 감사의 기도를 올렸

---

158 신운용, 위의 논문.

159 신운용, 「안중근 관계자료와 『만주일일신문』」, 『남북문화예술연구』 2, 남북문화예술학회, 2008.

160 신운용, 「안중근의거에 대한 국외 한인사회의 인식과 반응」.

161 한상권, 「안중근의거에 대한 미주 한인의 인식─『신한민보』를 중심으로」, 『한국근현대사 연구』 33.

다는 천주교 사가들의 주장에 대해, 안중근이 늘 기도를 올렸다는 점, 안중근이 이토의 사망소식을 안 시점이 1909년 12월이라는 점에서 비판하였다. 더욱이 일제가 보복을 위해 이토가 죽은 날(26일)에 안중근을 사형하였다는 주장에 대해서도 사형집행은 일제의 법령에 따라 이루어진 것이라고 반박하였다.[162]

그리고 김두성실존설·의거의 고종배후설에 대한 재검토는 앞서 언급한 바와 같고, 안중근장군설에 대해 신운용은 안중근의사라는 호칭이 의사칭호 부여의 전통에서 나온 것이라는 점, 국제적으로 공인된 용어라는 점에서 안중근장군이라는 칭호의 문제점을 지적하였다. 그렇다고 그가 군인으로서의 안중근의 성격을 부정한 것은 아니었다.[163] 그는 안중근이 교육가·군인·시인·독립운동가·사상가·여행가 등 많은 면을 갖고 있고, 이를 총체적으로 표현한 것이 '의사'였다는 점을 강조하였다.[164]

후자는 신운용이 주도하였다. 논픽션 작가 카미가이토 켄이치(上垣外憲一)·오오노 카오루(大野芳)·역사학자 운노 후쿠쥬(海野福壽) 등이 안중근의거를 부정하는 무로다 요시아아(室田義文, 1847~1938)의 제3의 저격설을 지지하는 저술과 연구서를 출간하였다.[165] 이에 대해 신운용은 무로다가 의거

---

162 신운용, 「한국의 안중근연구에 대한 비판적 검토(하나)」.
163 신운용, 「안중근의 군인관의 형성과 전개」, 『군사연구』 129, 육군본부, 2010.
164 신운용, 「한국의 안중근연구에 대한 비판적 검토(둘)」, 71~78쪽.
165 안중근의거에 대한 제3의 저격의 대표적 주장은 다음과 같다. 田谷廣吉·山野辺義智 編纂, 『室田義文翁譚』, 常陽明治記念會東京支部, 1938; 室田義文, 「伊藤博文公ハルピン驛頭の凶變」, 『あの事件の思出を語る』(森田英亮 編), 金星堂, 1939; 木村孝子·增本寬, 「故伊藤公爵遭難時の肌着に就ての法醫學的考察」, 『犯罪學雜誌』 26-3, 日本犯罪學會, 1960; 藤田幸男, 「伊藤博文暗殺事件犯人は安重根でない」, 『文藝春秋』 1966年 4月號; 平川綺一, 「伊藤博文ノ暗殺をめぐって」, 『工學院大學研究論叢』 5, 工學院大學, 1966; 全日本新聞聯盟, 「犯人は安重根か」, 『近世日本世上史』, 全日本新聞聯盟新聞時代社, 1971; 上垣外憲一, 「暗殺·伊藤博文」, 筑摩書房, 2000; 『週刊新潮』 2003年 12月 4日字, 「安重根の他にもいた「伊藤博文暗殺犯」」; 大野芳, 『伊藤博文 暗殺事件』, 新潮社, 2003; 海野福壽, 『伊藤博文と韓國併合』, 青木書店, 2004; 若狹和朋, 「伊藤博文暗殺 安重根は犯人ではない」, 『歷史通』(特集 韓國併合100年目の眞實) 2010年 7月号.

장면을 보지 못했다는 점, 현장에 있었던 다수의 일본인과 러시아인이 의거를 증언하고 있는 점, 조사를 받은 러시아인과 일본인 중에 오직 무로다만이 총성의 진원지를 하얼빈 역 2층이라고 강조하고 있다는 점, 1909년 11월 20일의 진술과 달리 1938년에 간행된 『室田義文翁談』에 저격 장소가 '역 2층'으로, 사용된 무기가 프랑스 기마총으로 바뀐 점, 무로다의 탄도방향 설명과 무로다의 「이토 피탄 추정 인체도」가 다른 점, 일제의 모든 공식기록이 제3의 저격론을 부정하고 있다는 점, 『만주신보』가 의거장면이 찍힌 활동사진을 상영한 사실을 기록한 점 등에서 사료의 자의적 해석, 사료비판의 의도적 외면, 무로다설에 대한 학문적 비판의 결여 등으로 침략의 역사를 부인하는 일본의 현실과 맞물려 확대 재생산된 허구라고 단정하였다.[166]

6. 나오는 말

이상에서 필자는 안중근에 대한 연구현황과 쟁점을 '안중근 관계 사료 현황', '안중근의 생애와 활동', '안중근의 사상', '안중근의거의 국제 정치적 배경·인식·안중근재판을 중심으로 살펴본 바, 다음과 같은 결론에 이르게 되었다.

안중근연구는 안중근의거와 순국 100주년을 전후로 폭발적으로 증가하였다. 현재 230편이 넘는 논문이 발표되었다. 이는 안중근이 한국사에서 차지하는 위치가 얼마나 큰지를 단적으로 보여주는 증거이다. 하지만 안중근 관계 사료를 모두 모은 『안중근 자료집』이 출간되지 않은 것이 안중근연구의 현실이다. 이 점은 연구의 열의를 떨어뜨리는 원인이 되고 있다. 안중근연구의 발전을 위해서도 하루 빨리 『안중근 자료집』이 간행되어야 한다.

---

166 신운용, 「일본의 안중근연구에 대한 비판적 검토—제3의 저격설을 중심으로」, 『한국민족운동사연구』 71, 한국민족운동사학회, 2012.

'안중근의 생애와 활동'은 가문적 배경, 천주교수용, 계몽운동, 독립전쟁, 정천동맹 등의 재기모색, 의거, 재판투쟁과 감옥생활 등에 집중되었다. 안중근 가문의 배경에 대해서는 오영섭 등의 연구가 주목되고, 천주교수용의 의미는 신운용·조광·윤선자 등이 연구를 주도하였다. 계몽운동과 독립전쟁은 조광·윤선자·신운용·오영섭·반병률 등의 연구가 주목된다. 정천동맹 등의 의병 재기 모색은 윤병석·신운용의 연구가 참고 된다. 그리고 재판투쟁과 감옥생활은 한상권·신운용 등의 논문을 참조할 필요가 있다.

'안중근의 생애와 활동'에서 가장 큰 쟁점은 김두성이 실존했는가 하는 문제이다. 김두성의 실존설을 주장하는 학자들도 김두성이 누구인가 하는 문제에 대한 해답은 각기 다르다. 조동걸은 유인식설을, 신용하는 김무원을, 오영섭은 한일의정서 반대투쟁을 시도한 김두성을, 반병률은 최재형을, 신운용은 가공설을 각각 주장하고 있다.

이와 관련하여 또 하나의 논쟁은 안중근에 대한 호칭문제이다. 이태진은 의거 100주년을 전후하여 안중근장군설을 들고 나왔다. 이는 단순한 호칭문제가 아니라 한국근대를 어떻게 보느냐 하는 사관의 문제와 관련이 있다. 안중근의거의 배경이 바로 고종이고 김두성은 안중근과 고종을 연결하는 매개체라는 것이다. 다시 말해 김두성의 신분과 역할 그리고 활동의 성격에 따라 안중근의거의 해석이 달라질 수 있는 것이다. 신운용은 의사라는 호칭은 역사적 정당성이 있다는 점에서 안중근장군이라는 호칭의 부적절함을 논증하였다.

또한 안중근의거가 대동공보사와의 합작으로 이루어졌는가 하는 문제도 쟁점으로 부각되었다. 신용하는 합작으로 보았고 신운용은 우덕순의 도움을 받은 단독의거로 보았다.

'안중근의 사상'에 대한 연구성과는 안중근의거의 사상적 배경을 밝히는 것과 동양평화론에 집중되었다. 전자는 천주교 사가들을 중심으로 안중근의 천주교사상과 관련하여 설명되었다. 특히 신운용과 황종렬은 안중근의 천명론이 의거의 배경이라고 주장하였다. 후자의 경우, 노명환은 안중근의 동양평화론이 천주교의 교리에 바탕을 둔 것으로 초국가적 발상이라고 주장하였다. 또한 안중근의 동양평화론이 새로운 평화체제를 모색하는 이론적 길잡이로 본 최태욱 등의 주장은 눈여겨볼 만하다. 그리고 동양평화론에 대한 연구는 서용·마키노 에이지 등 중국과 일본의 연구자로 확대되었다.

이와 더불어 '안중근의 대외인식에 대한 연구'도 진전되었고, 그 중심은 일본에 대한 인식이다. 이는 학계의 중요한 논쟁점 중의 하나이다. 안중근이 인종론적인 입장에서 러일전쟁에서 일본을 지지하였다는 주장이 제기되었다. 이에 대해 신운용이 안중근의 일본관은 명성황후시해사건을 계기로 점차 확대 발전하여 이토를 처단하기에 이르렀다는 점을 강조하고 있다.

'안중근의거에 대한 인식'은 크게 국내와 국외로 나누어 볼 수 있다. 국내의 인식은 한국 천주교 인식과 비천주교의 인식으로 나누어 볼 수 있다. 전자는 윤선자 등의 연구에서 보듯이 대체적으로 부정적이라는 결론이다. 이에 대해 신운용은 천주교 내에도 안중근인식의 다양성을 엿볼 수 있다는 사실을 밝혔다. 후자는 임수경·윤효정 등이 『대한매일신보』와 『황성신문』의 안중근인식을 분석하였고, 신운용은 황실·정부·재야 학생세력·부일세력 등의 안중근인식을 살펴보았다.

해외한인의 안중근인식 연구는 한상권과 신운용의 논문이 주목된다. 그리고 제삼국의 안중근에 대한 인식은 중국의 경우, 한시준·김춘선·손염홍 등이 주도하였다. 러시아의 안중근인식에 대한 연구는 박보리스·박 벨라·따찌야나 심비르체바 등이 이끌었다. 일본의 안중근인식은 이규태와 이규수의 연구가 주목된다.

아울러 안중근인식에 대한 연구는 정현기·장화방 등에서 보듯이 역사학을 넘어 문학으로 확대되었다. 정현기·윤경섭의 안중근에 대한 인식연구는 북한으로 확대되었다. 또한 신주백 등은 연구의 범위를 한일 양국의 교과서로 넓혀졌다.

'안중근의거에 대한 국제 정치적 배경'은 신운용과 박종효의 연구로 어느 정도 드러났다. 이토의 방만은 간도협정으로 인한 미·러 공조에 대항하고 청국 내에서 이권을 강화하기 위한 것이었다. 그런데 러시아가 안중근을 그토록 신속하게 일제에 넘긴 이유에 대해 박종효는 정치적 부담이라는 이유를 들었고, 신운용은 서재근·김재동의 연장선에서 이루어진 사법침탈의 결과라고 보았다.

한편, 안중근재판에 대한 연구는 '재판의 불법성'에 대한 연구가 주를 이룬다. 이는 명순구·신운용 등의 연구가 참고 된다. 특히 명순구는 관동도독부 지방법원이 재판 관할권을 행사할 권한이 없다는 점, 적용해야 할 법은 국제법이라는 점, 안중근이 군인이므로 흉한이 아니라는 점을 강조하였다. 신운용은 일제 한국 사법 침략의 정점에서 이루어진 불법행위임을 밝혔다.

이외에 다양한 방면에서 안중근연구가 이루어지고 있다. 앞으로의 과제는 안중근의거가 갖는 국제적 위상에 대한 연구가 이루어져야 한다. 각국의 평화론자들과의 비교연구도 앞으로 해야 할 과제이다.

2

안중근의거관련 『러시아 관헌 취조문서』의
내용과 그 의미

1. 들어가는 말

1909년 10월 26일 오후 9시 30분경 안중근은 한국침략의 원흉 이토 히로
부미(伊藤博文)를 처단하였다. 일제는 대한제국이 자진하여 일제의 식민지가
되려고 한다는 흑색선전을 광범위하게 전개하고 있었다. 이러한 상황에서
안중근의 최종목적은 이토 제거에만 두었던 것이 아니라 재판을 통하여 일
제의 잔악성을 폭로하고 한국인은 결코 일제의 식민지가 되기를 원하지 않
는다는 사실을 세계에 알리는 데 있었다. 따라서 안중근재판은 그의 진면목
을 이해하는 데 반드시 검토해야 할 부분이다.

안중근재판을 살펴보기 위해서는 우선 러시아가 안중근을 일제에 넘긴
이유를 밝혀내는 데서부터 시작하여야 한다. 왜냐하면 안중근재판은 일제의
한국사법침탈, 특히 해외한인에 대한 사법침해와 밀접한 관련성이 있기 때
문이다. 안중근재판의 연구는 무엇보다 일제의 한국병탄이 국제법적으로 옳

다고 주장하는 일본의 논리[1]를 전면적으로 해체하는 데 꼭 필요한 작업이기도 하다.

안중근은 오전 9시 30분경의 의거 이후 러시아의 조사를 받고서 12시간 40분 만인 오후 10시 10분에 일본 하얼빈 총영사관에 넘겨졌다. 이처럼 빠른 시간 내에 러시아가 안중근을 일제에 인계한 이유에 대해서는 박보리스 · 박종효 · 신운용 등이 주로 연구하였다.[2] 박보리스는 동청철도 구역 내에 있는 한국 국적자들은 러시아의 사법권하에 있었다고 주장하면서도[3] 재빨리 안중근을 일제에 넘긴 이유를 수수께끼라고 하였을 뿐 그 원인을 밝히지 못했다.[4]

박종효는 러시아가 안중근을 일본에 넘긴 이유를 러시아 관할구역인 하얼빈 역에서 사건이 발생했기 때문이라는 정치적 역학관계에서 찾았다.[5] 박종효의 연구는 안중근의거 장소가 러시아 조차지인 동청철도 하얼빈 역에서 발생했기 때문에 정치적 책임과 부담을 덜기 위한 러시아의 조치라는 논리 위에서 이루어진 것이다. 그러나 이는 카와카미 토시츠네(川上 俊彦) 하얼빈 주재 총영사의 하얼빈 역 일본인 출입자유보장 요청에 따른 것이므로[6] 그다지 설득력은 없어 보인다.

위 연구성과의 한계는 신운용에 의해 일정하게 극복되었다. 그는 러시아가 안중근을 일제에 신속하게 넘긴 원인을 김재동(金在同) · 서재근(徐在根)의 일본인 살해사건(1907)에서 그 선례를 찾는 동시에 안중근재판에 대한 일제

---

1 운노 후쿠쥬 지음 / 정재정 옮김, 『한일병합사연구』, 논형, 2008.
2 박보리스 지음 / 신운용 · 이병조 옮김, 『하얼빈 역의 보복』, 2009, 채륜, 72~87쪽; 박종효, 「안중근(安重根)의사의 하얼빈(哈爾賓)의거 진상(眞相)과 러시아의 대응」, 『安重根義士의 偉業과 사상 再照明』, 안중근의사숭모회 · 안중근의사기념관, 2004; 신운용, 「일제의 국외한인에 대한 사법권침탈과 안중근 재판」, 『안중근과 한국근대사』, 채륜, 2009.
3 박보리스 지음 / 신운용 · 이병조 옮김, 위의 책, 72쪽.
4 위의 책, 78쪽.
5 박종효, 위의 논문, 124쪽.
6 신운용 편역, 「신문조서(예브게니 바실리예비치 다니엘)」, 『러시아 관헌 취조문서』, 안중근의사기념사업회 안중근연구소, 2010, 19~20쪽.

의 관할권 행사가 일본 국내법조차 어긴 불법적인 행위임을 증명하였다.[7]

그런데 여기에서 안중근 등에 대한 예심서류가 러시아에 남아 있지 않다는 사실에 주목할 필요가 있다. 그 이유는 러시아 측이 안중근 관계 예심서류의 복사본을 남기지 않을 정도로 급하게 일제에 넘겼기 때문이다.[8] 하지만 다행스럽게도 일제가 러시아 사법당국의 예심 조사문서를 『노국관헌취조번역문』이라는 제목을 붙여 일본어로 번역하여 남겼다.[9] 이 사료는 안중근의사기념사업회 안중근연구소가 안중근의거 100주년을 기념하여 이 책을 번역 탈초하여 『러시아 관헌 취조문서』라는 이름으로 출판한 것이다.[10]

러시아가 안중근을 예심에 회부한 이유와 안중근을 일제에 넘긴 원인을 정확하게 밝혀내기 위해서는 러시아 예심서류의 분석이 필요하다. 이러한 측면에서 이 책은 러시아에 예심서류가 남아 있지 않다는 점, 러시아가 안중근을 일제에 넘긴 이유를 밝힐 수 있는 중요한 사료라는 점, 러시아의 안중근의거에 대한 입장과 의거상황을 구체적으로 파악할 수 있다는 점, 안중근의거에 대한 일제의 초기 조사가 러시아 관헌의 취조기록을 확인하는 일에서 시작되었다는 점 등에서 사료적 가치가 매우 높다.

2. 구성과 내용

이 책은 1) 결정서, 2) 조서, 3) 통지문,[11] 4) 보고서, 5) 진술서 등으로 구

---

7 신운용, 위의 논문, 477쪽.

8 박보리스 지음 / 신운용 · 이병조 옮김, 위의 책, 78쪽.

9 日本 外交史料館, 『露國官憲取調飜譯文』(『伊藤公爵遭難ニ關シ倉知政務局長旅順出張並ニ犯人訊問之件(聽取書)』 第2卷(문서번호 : 4.2.5, 245-4)).

10 신운용 편역, 『러시아 관헌 취조문서』(안중근 자료집 2), 안중근의사기념사업회 안중근연구소, 2010.

11 이 책에는 통지문이라는 형식문서는 없다. 필자가 러시아사법당국이 일제에게 보낸 문서를 편의상 통지문이라고 한 것이다.

성되어 있다. 이 중에 가장 많은 부분을 차지하는 것은 결정서와 조서이다. 결정서는 크게 예심집행결정서, 신문결정서, 구류결정서, 안중근 등을 일제에 넘긴다는 결정서 등으로 분류할 수 있다. 조서는 의거현장에 있던 러시아인에 대한 신문조서, 채가구 역의 헌병과 역장 등의 신문조서, 주요 하얼빈 한인에 대한 신문조서, 김성백 집에 세 들어 있던 러시아인 두 사람의 신문조서 등이 있다. 그리고 통지문은 주로 밀레르 검사가 하얼빈 주재 일본총영사 카와카미와 여순지방재판소 검사 미조부치 타카오(溝淵孝雄)에게 보낸 것으로 예심보충서류와 물증을 보낸다는 내용이 주종을 이루고 있다. 보고서는 하얼빈 형사탐정국장 기병 1등 대위 폰큐 겔겐이 국경지방재판소 검사 밀레르에게 보낸 것으로 4건이 있다. 진술서는 국경지방재판소 검사인 콘스탄틴 콘스탄치노비치 밀레르가 진술한 2건이 있다.

1) 결정서

결정서는 국경지방재판소 제8구 시심판사 스트라조프의 안중근예심결정서, 안중근·우덕순·조도선·유동하·하얼빈 한인들에 대한 입감과 구류결정서, 조사를 담당했던 하얼빈 형사탐정국장 기병 1등 대위 폰큐 겔겐의 구인·가택수사·증인 신문을 결정한 결정서, 동청철도 채가구 역에 근무하는 철도경무국 하얼빈지서 하사 게오르기 꾸지미치 세민의 우덕순·조도선·유동하 신체조사 결정서 등이 있다.

특히 안중근과 관련하여 중요한 결정서는 두 가지가 있다. 하나는 예심결정서이다. 이는 "러시아 대장대신 까깝쵸프가 직접 이토공의 옆에서 수행하여 저격의 표적이 된 사실과 범죄장소에서 체포된 한국신민 안응칠(安應七)이라고 자칭하는 범인의 국적이 전혀 확정되지 않아 국경지방재판소 검사의 구두요구에 의해 형사소송법 제288호, 제289호 및 제297호에 따라 이 건에 관해 형법 제1454조 및 동조9에 근거하는 죄적에 의해 예심집행에 착수하기로 결정한다."[12]는 것이다.

이처럼 러시아 사법당국이 안중근에 대한 예심에 착수한 이유는 까갑쵸프가 표적이 되었다는 것과 더불어 안중근의 국적이 불명했기 때문이라는 것이다.[13] 여기에서 주목되는 부분은 밀레르 검사의 공식적인 요구에 의한 예심착수가 아니라 구두요청에 따른 것이다. 이는 안중근의 국적이 확실히 밝혀지지 않았기 때문이었다. 안중근의 국적에 따라 상당한 변수가 발생할 가능성을 열어두는 대목이다.

다른 하나는 안중근을 일제에 넘기기로 한 국경지방재판소 제8구 시심재판소 판사 스트라조프의 결정서이다. 이는 안중근을 러시아가 그렇게 빠른 시일에 일제에 넘긴 이유를 문서로 확인할 수 있다는 면에서 의미를 더한다.

2) 조서

(1) 신문조서

안중근에 대한 러시아 측의 신문조사는 의거당일 두 방면에서 진행되었다. 하나는 하얼빈 국경지방재판소 검사 밀레르가 한 것이고,[14] 다른 하나는

---

12 신운용 편역, 「결정서」, 위의 책, 5쪽.

13 박보리스 지음/신운용·이병조 옮김, 위의 책, 71쪽. 박보리스는 러시아 사료를 근거로 러시아가 안중근에 대한 예심에 착수한 이유는 이외에도 사건현장이 동청철도였기 때문이라고 주장하였다(박보리스 지음, 신운용·이병조 옮김, 위의 책, 72쪽). 그런데 『러시아 관헌 취조문서』에는 번역상의 문제인지 알 수 없으나 이 부분이 확실하게 드러나 있지 않다. 만약 안중근에 대한 러시아의 예심착수의 중요한 이유가 사건발생지가 동청철도이기 때문이라고 한다면 이는 안중근재판의 중요한 변수로 작동되었을 것이다. 그러나 러시아는 러시아의 사법권 속에 있는 동청철도 내의 사건발생 장소보다는 안중근이 어느 나라 국적인 것인가 하는 문제를 재판관할권의 열쇠로 보았음이 분명하다.

14 신운용 편역, 「조서」, 위의 책, 4쪽.

제8구 시심재판소 판사 스트라조프가 한 것이다.[15] 밀레르의 신문조서보다 스트라조프의 그것이 『노국관헌취조번역문』에 자세하게 기록되었다. 스트라조프는 러시아 형법 제443조에 의해 스테판 페트로비치 박(朴)의 통역으로 일본 총령사관 서기 스기노 호타로(杉野鋒太郎)가 입회하여 하얼빈 러시아 법정에서 안중근을 신문하였다.

이때 안중근은 "성명 안응칠, 신분 농민, 출생지 및 재적지 북한 평안도 평양생, 연령 31세, 현주소 일정한 주소 없음, 가족관계 독신자, 양친은 일찍이 사망, 친척의 유무 모름, 재산 전혀 없음, 국적 한국신민, 종교 로마가톨릭교, 직업 사냥꾼, 형의 유무 형을 받은 일이 없음"이라는 자신의 대략적인 신상정보를 언급하면서 이토를 처단한 사실을 인정하였다.[16]

이어서 안중근은 다음과 같이 진술을 이어 갔다. "이토를 죽일 목적으로 하얼빈으로 왔다. 거사는 스스로의 의지로 했다. 이토의 하얼빈 행은 한국에서 신문을 보고 알았다. 한국을 떠나 원산을 거쳐 4일 전 오후 5시에 블라디보스토크에 도착하였다. 그다음 날 우편열차로 25일 오후 8시에 하얼빈에 도착하고 나서 대개 정거장에 있었고 3등 대합실 청국인 음식점에서 차를 두 번 마셨다. 동지들을 처형한 복수로 이토를 죽였다. 권총은 한국에서 갖고 왔다."[17]는 등의 진술을 하였다. 이는 사실과는 거리가 먼 진술이었다. 그가 이처럼 의거의 진상을 숨긴 것은 우덕순·조도선·유동하와 하얼빈 한인에 끼칠 피해를 우려한 결과로 보인다.

안중근의거에 대한 증거를 확보하기 위해 스트라조프는 하얼빈 법정에서 형법 제443조에 의해 의거현장에 있었던 러시아 대장대신 블라디미르 니콜라예비치 까깝쵸프, 육군중장 독립호경군단장 니콜라이 아폴로노비치 프이하체프, 대장대신 관방장 5등관 예브게니 드미트리예비치 르보프 등 러시아

---

15 신운용 편역, 「피고신문조서(역문)」, 위의 책, 14~15쪽.
16 위의 책, 14쪽.
17 위의 책, 16쪽.

관헌에 대한 증인신문을 실시하였다. 이들은 모두 안중근의거 과정을 상세하게 진술하였다.[18]

의거 전날과 당일 새벽의 행적에 대한 안중근의 진술을 신뢰하지 않았던 형사탐정 국장 기병 2등 대위 폰큐 겔겐은 하얼빈 경찰분서 소속 하사(기병 조장 파노프)와 졸병(안토노프·보니다렌코·구로즈프·그리고리예프)을 신문하였다.[19] 이들은 10월 25일 오전 6시부터 10월 26일 12시에 이르는 사이 정거장에 출입하거나 또는 그 부근에서 배회한 한인은 한 사람도 본 적이 없다고 진술하였다. 동청철도경찰 하얼빈분서장 기병 1등 대위 크나프의 신문에 대해 하얼빈정거장 1·2·3·4등 대합실 음식점 주인과 상인 우두머리들, 헌병 하사는 10월 25일 밤부터 의거당일인 26일 아침까지 음식점을 폐쇄하거나 물품을 팔지 않는다고 하면서 한인이나 일본인을 본 적이 없다고 진술하였다. 이처럼 안중근이 의거 전날인 25일 도착하여 하얼빈 역에 머문 사실이 없음이 밝혀졌다.

아울러 러시아 사법당국은 25일 8시에 하얼빈에 도착하였다는 안중근 진술의 진위여부를 조사하기 위해 차장장(車掌長) 표도르 모이세이비치 그리샨코프, 차장 세르게이 라디오노비치 다라센코 등을 신문하였다.[20] 그 결과 25일 저녁 하얼빈에 도착하는 열차에 일본인으로 보이는 사람은 없었다는 사실이 드러났다. 또한 고급 차장 스테판 이바노프 베사라보프도 3등 차에 한인과 일본인은 한 사람도 없었고, 2등 차에는 안중근과 모습이 다른 일본인 2명이 승차하였다고 진술하였다. 이처럼 안중근이 의거 전날에 하얼빈에 도착하지 않은 사실이 밝혀졌다.

이제 러시아 사법당국은 안중근의 근거지를 확인하는 데 주력하였다. 이는 안중근이 유동하에게 보낸 전보를 통해 확인할 수 있다.[21] 전보의 수신

---

18 신운용 편역, 「조서(역문)」, 위의 책, 7~9·10·11~12쪽.
19 신운용 편역, 「신문조서」, 위의 책, 29쪽.
20 신운용 편역, 「취조서」, 위의 책, 30~32쪽.

주소는 김성백 집이었다. 이에 대한 증거를 확보하기 위해 폰큐 겔겐은 김성백 집에 세 들어 있는 러시아인 부인 프라스코비야 찌모페브나 마라페예바와 제본업자 안드레이 알렉산드로비치 쿠스토프를 신문하였다.[22] 이들은 안중근·우덕순·유동하가 김성백의 부인의 안내로 24일 김성백 집에 머문 사실을 확인해 주었다. 특히 쿠스토프는 안중근이 유동하에게 보낸 전보를 배달부에게서 받아 수취증을 써 주고서 김성백의 부인에게 준 사실을 진술하였다.[23]

이처럼 러시아 사법당국은 전보를 통해 안중근과 유동하가 친밀한 관계에 있는 것으로 단정하면서 김성백을 비롯한 김성백 집에 출입하는 김택신·홍시준·이진옥·장명수 등 한인 7명을 혐의자로 체포하여 신문하였다.[24] 물론 하얼빈 한인사회를 이끌던 김성백도 이때 체포되어 신문을 받아야 했다. 러시아 국적자인 그는 안중근의거와 관계가 없음을 적극적으로 주장하여 석방되었다.

밀레르는 첨부한 조서 중에서 쿠스토프의 신문조서를 가장 중요하다고 평가하면서 김성백의 진술에 의해 유동하라는 인물의 존재를 확인한 것은 한 줄기의 광명이라고 해도 좋을 것이라고 평가하였다.[25] 이는 러시아 사법당국이 유동하·조도선·우덕순을 안중근의거의 진상을 파악할 수 있는 열쇠로 보고 있음을 의미하는 것이다.

이러한 맥락에서 러시아사법당국이 10월 24일 안중근이 유동하에게 보낸 전보의 발신지 조사에 착수한 것은 당연한 수순이었다. 그리하여 밀레르는 철도경찰 하얼빈지서 채가구(蔡家溝)정거장에 근무하는 군조(軍曹, 하사) 게오르기 꾸지미치 세민을 신문하였다. 세민은 다음과 같이 진술하였다. "조도

21 신운용 편역, 「등본」, 위의 책, 29쪽.
22 신운용 편역, 「신문조서」, 위의 책, 75~76·77~78쪽.
23 신운용 편역, 「보고서」, 위의 책, 65쪽.
24 신운용 편역, 「보고서」, 위의 책, 123~126쪽.
25 신운용 편역, 「통지문」, 위의 책, 121쪽.

선이 삼협하까지 가까운지 관성자에서 오는 열차가 있는지 물었으며, 한 사람은 가죽가방을 갖고 있었고 다른 사람은 이불을 갖고 있었으며, 또 다른 사람은 빈손이었다. 세 사람 모두 나에게 여권을 보여주어 한국인임을 알았다. 우덕순과 조도선의 여권은 확실히 보았다. 안중근의 이름은 기억나지 않는다. 이들이 일거리가 없는 채가구에 머문 것을 이상하게 여겼다. 안중근이 먼저 채가구로 간 것은 약국의 주인이 현재 부재중이기 때문이다. 그러한 이유로 그들은 그 친구를 그곳으로 보내기로 결정하였다."[26]

전보에 대해 세민은 "안중근이 출발한 후 2시간을 지나 러시아어를 잘 하는 한국인은 하얼빈 프리스타니 레스나야가(街) 제28호 한국인 유동하 앞으로 「채가구 역에서 기다린다. 만약 그들이 하얼빈에 도착하면 타전하라. 안응칠」이라는 전보를 보냈다. 1시간이 지나 하얼빈 유동하에게서 「내일 아침 그들은 이곳에 도착할 것이다」라는 전보가 왔다."고 진술하였다.[27] 이러한 주장은 채가구 역장 오그네프의 증언에서도 엿볼 수 있다.[28]

우덕순·조도선이 안중근의 공모자임을 러시아 사법당국이 확신한 배경에는 채가구를 경비하던 군인들에 대한 다음과 같은 증언신문이 있었다. 11월 2일 동청철도 철도경찰국 하얼빈지부장 1등 대위 크나프는 연흑용 제2철도대대 제9중대 오장(伍長) 채가구 역 조역(助役) 치모프에이 미하일로비치 그바시야[29]와 호경군 제4중대 군조 야코프 스테파노비치 소코로프[30]를 신문하였다. 이들은 다음과 같이 진술하였다. 즉, 조도선과 우덕순이 하얼빈으로 향해 통과할 이토를 살해할 목적으로 채가구에 왔다고 자백하였으며, 이토

---

26 신운용 편역, 「조서」, 위의 책, 23~24쪽.
27 유동하에게 전보를 친 사람은 조도선이 아니라 안중근이 10월 24일 오후 1시 45분 전보를 친 것이다(신운용 편역, 「등본」, 위의 책, 41쪽). 전보와 관련하여 주목되는 것은 24일 유동하가 대동공보의 유진률에게 임의로 100루블을 보내라는 전보를 친 사실이다(신운용 편역, 「제141호」, 위의 책, 143쪽).
28 신운용 편역, 「조서」, 위의 책, 39쪽.
29 신운용 편역, 「신문조서」, 위의 책, 113~114쪽.
30 신운용 편역, 「신문조서」, 위의 책, 117~118쪽.

가 살해되었다는 소식을 듣고 이들은 기뻐하며 이토를 죽인 그들과 함께 채가구에 왔다. 만약 채가구에서 이토를 살해하지 못할 경우 하얼빈에서 이루려는 목적으로 하얼빈으로 돌아간 자는 그들 동행자 중 제3자이다. 이러한 진술은 세민의 주장과 일치하는 것이었다.[31]

위의 진술이 사실이라면 조도선이 안중근의거에 깊이 관여된 것은 부정할 수 없는 사실이다. 그러나 이후 안중근의 동지임을 자처한 우덕순뿐만 아니라 조도선도 미조부치 검사의 신문에서 이를 전면적으로 부정하였고, 일제도 위의 진술을 구체적으로 증명할 수 있는 근거를 제시하지 못하였다. 이러한 측면에서 이상과 같은 러시아 군인들의 주장은 전적으로 신뢰할 수 없다.[32]

우덕순과 조도선도 동청철도 경찰국 하얼빈지부장 기병 1등 대위 크나프의 단독 신문을 받았다. 우덕순은 직업을 구하기 위해 하얼빈에 왔고 권총은 남부선 여행이 위험하기 때문에 소지하였으며 권총은 하바로프스크시에서 8루블에 샀다고 진술하면서 안중근의거와 관계없음을 강조하였다.[33]

조도선은 하얼빈에서는 김성옥 집에 머물고 있으며 하얼빈에 온 것은 처를 맞이하기 위해서이고, 채가구에 간 것은 우덕순의 부탁으로 정대호를 마중하기 위해서라고 진술하면서 채가구에서 어떠한 한국인도 배웅하지 않았다고 하여 안중근의거와 관계가 없음을 밝혔다.[34]

---

31 신운용 편역, 「조서」, 위의 책, 140쪽.
32 신운용, 「안중근의거와 대동공보사의 관계에 대한 재검토」, 『한국사연구』 150, 한국사연구회, 2010 참고.
33 신운용 편역, 「조서」, 『러시아 관헌 취조문서』(안중근 자료집 2), 35쪽.
34 신운용 편역, 「조서」, 위의 책, 34쪽.

(2) 가택수색조서

폰큐 겔겐은 1909년 10월 26일 안중근이 채가구에서 보낸 전보의 수신지가 김성백의 집이라는 사실을 확인하고 나서 하얼빈 한인사회의 유력인사인 그의 집에 대한 가택수사를 하였다.[35] 그 결과 김성백 집에서 총알 7발이 장전된 브라우닝 권총 1정, 브라우닝 권총용 총알 7발이 장전된 예비 탄장기(彈裝器) 1개와 서류, 유동하의 서류를 압수하였다.

또한 같은 날 경부 트세프는 하얼빈 유력한인 김성옥의 집에서 한국어 신문 1건, 중국어 신문 1건, 불명문서 5건을 압수하였다.[36] 또한 1909년 11월 17일에도 폰큐 겔겐은 안중근의 가방을 압수할 목적으로 김성백의 집에 가서 그 가방의 인도를 요구했으나 김은 이에 응하지 않았다. 다만 크기가 수색하려는 가방과 비슷한 여행 가방 1개를 압수하였다.[37]

하얼빈의 동흥학교가 안중근의거에 관련되어 있다고 본 일제는 하얼빈 탐정국장 폰큐 겔겐에게 안중근의거에 관계된 서신 및 물건을 수색할 목적으로 비르지에바야가(街) 제47번지 가옥의 동흥학교 등의 가택수색집행을 요구하였다.[38] 이에 따라 폰큐 겔겐은 1909년 10월 30일 의사 김성옥의 집(약국)을 수색하여 한국어 서적 1권, 봉투에 들어 있는 서신 5통, 한국어로 된 서류 6통을 압수하였다. 동흥학교 교사(校舍)에서는 한국어 서적 1권, 한국어로 된 서류 4매를, 그리고 동흥학교 러시아어 교사 김려수의 주택에서는 서류, 서신, 한국어·러시아어 신문 55점, 수첩 2책, 한국어 수첩 1책, 사진 1매를 각각 압수하였다.[39]

하얼빈 구(舊)프리스타니 경찰서장 1등 대위 게베르민은 10월 28일 김성

---

35 신운용 편역, 「가택수색조서」, 위의 책, 42쪽.
36 신운용 편역, 「가택수색조서」, 위의 책, 48쪽.
37 신운용 편역, 「가택수색조서」, 위의 책, 147쪽.
38 신운용 편역, 「가택수색집행결정서」, 위의 책, 72쪽.
39 위와 같음.

백 집에 있던 정대호에게 '안중근관련서류'의 제출을 요구하였으나 거절당하였다. 이에 강제 수색을 하여 한국문으로 된 서면과 청국 세무사 코바로프가 발부한 증명서를 압수하였다.[40] 이처럼 러시아 사법당국은 안중근과 하얼빈 한인의 관계를 조사하기 위해 유력한인의 가택을 수색하였으나 이들이 안중근의거에 관련되었다는 증거를 찾지 못하였다.

(3) 신체검사조서

하사 세민은 10월 26일 안중근의거 소식을 들은 직후 우덕순의 신체검사를 실시하여 상의 속에 있던 탄약 8발(그중 6발은 상두부가 십자가 모양으로 단절되어 있음)을 장전한 브라우닝 권총 1정, 연해주 부지사가 발부한 제1560호 감찰 1매, 지폐 10루블이 들어 있는 검은 가죽으로 만든 지갑, 브라우닝 권총용 총알 등 8발, 한국문 편지 1매를 압수하였다.[41] 또한 조도선의 신체를 검사하여 상의 왼쪽 옷 속에서 연제(鉛製)총알 5발이 장전된 스미스웨슨 권총 1정, 스미스웨슨 권총용 총알 18발, 예니세이현 발부 330호 감찰 1매, 러시아문 서간 7통, 한국의사 탄친치킨 명함 1매, 한국문 수첩 1책 및 한국문 편지 1매를 압수하였다.[42]

그리고 1909년 10월 26일 신부두구 경찰분서 경부 조세비치는 김 손얀의 신체검사를 하여 한국문으로 된 서류 7통 및 수첩에서 꺼낸 것 같은 편지에 한국문으로 쓴 5매를 압수하였다.[43]

1909년 10월 26일 조세비치와 헌병 하사 치크신은 김성옥의 몸을 수색하여 포크라니치느이 촌락(村落) 한국거류민장 김성옥에게 발부된 제5호 의사

---

40 신운용 편역, 「가택수색조서」, 위의 책, 98쪽.
41 신운용 편역, 「신체검사조서」, 위의 책, 52쪽.
42 위와 같음.
43 신운용 편역, 「신체수색조서」, 위의 책, 54쪽.

면허장 1매, 한국문으로 쓴 서류 및 서신 10통, 한국문을 방기(傍記)한 러시아어 초등교과서 1책(사본) 등을 압수하였다.[44]

이외에 1909년 10월 26일 스트라조프의 명령으로 하얼빈시 경찰서장 직무대리 1등 대위 체르노글라조프가 안중근의 권총을 분해하여 검사한 것을 기록한 검사조서도 있다. 이에 따르면 총구 속에서 1개의 장탄약포(裝彈藥包)를 발견하였고 권총의 총신은 화약의 초연(硝煙)으로 더럽혀져 있으며 그 권총의 탄소는 7개의 장탄약포로 장전된 것이다. 또한 그 탄알 외피에는 십자형으로 자른 흔적이 있으며 총알의 외피에는 총신의 강선을 통과한 흔적이 있다고 한다.[45]

3) 통지문

통지문은 주로 러시아 사법당국과 일제의 협조관계를 엿볼 수 있다는 데에 의미가 있다. 러시아 사법당국이 안중근의거 관계서류 일체를 복사본도 남기지 않고 일제에 넘겨주었다는 것은 박보리스의 연구로 알려진 사실이다. 이를 구체적으로 확인할 수 있는 자료가 바로 통지문이다.

일제는 사건당일 러시아 사법당국에 안중근의 신병인도를 요청하였다.[46] 이에 대해 의거당일 오후 10시 밀레르는 안중근을 송치한 이후 어떠한 조치를 취해야 하는지를 일제에 문의하면서 조서원본을 보낸 사실을 카와카미 하얼빈 총영사에게 통보하였다.[47] 또한 밀레르는 안중근을 일본영사관에 넘기겠다고 하면서 예심서류 원본 1책(46쪽)과 증거물건을 넣은 상자 2개를

---

44 신운용 편역, 「제81호 신체수색조서」, 위의 책, 55쪽.
45 신운용 편역, 「검사조서」, 위의 책, 6쪽.
46 국사편찬위원회, 「전보」, 『한국독립운동사』 자료 7, 8쪽.
47 신운용 편역, 「제9723호」, 『러시아 관헌 취조문서』(안중근 자료집 2), 83쪽.

하얼빈 주재 일본총영사에게 송부하였다.[48]

그리고 밀레르는 10월 27일 카와카미에게 정대호에 대한 신문에서 얻은 것이 없고 정대호가 포그라니치나야로 가면 감시원을 두고 그의 행동을 일본 측에 보고하겠다[49]고 하면서 안중근 사진 1매를 제출하겠다고 통지하였다.[50]

10월 28일에는 검사 대리 데르좌비치가 카와카미에게 정대호를 김성백 집에서 체포하고 구금한 구류사본을 보낸다고 통보하였다.[51]

이어 11월 2일 밀레르는 미조부치에게 그 자신의 진술서, 정거장 지도, 안중근이 채가구에서 유동하에게 보낸 전보 원본으로 보이는 것을 저녁까지 송치할 것이라고 통지하였다.[52] 특히 밀레르는 이 통지문에서 송부할 조서 중 김성백의 진술에 의해 한 줄기의 광명이라고 해도 좋을 유동하라는 인물이 있음을 알린다고 하여 유동하와 안중근의 연관성을 강하게 주장하였다.

11월 17일 밀레르는 하얼빈경찰 형사탐정국장 폰큐 겔겐이 자신에게 제출한 보고서와 사진 10매를 카와카미 하얼빈 총영사에게 이송한다고 하면서 그 보고서에 첨부한 쿠스토프의 진술조서를 가장 중요한 자료라고 강조하였다.[53] 그러면서 블라디보스토크에 보낸 요구는 아직 완료되지 않았다. 다만 곧 수령할 것이라고 믿는다고 통지하였다고 하였다.

---

48 신운용 편역, 「제9724호」, 위의 책, 85쪽; 박보리스는 예심서류의 양이 64쪽에 이른다고 하였다(박보리스 지음 / 신운용 · 이병조 옮김, 『하얼빈 역의 보복』, 78쪽).
49 신운용 편역, 「제852호」, 위의 책, 86쪽.
50 신운용 편역, 「제854호」, 위의 책, 90쪽.
51 신운용 편역, 「제99호」, 위의 책, 99쪽.
52 신운용 편역, 「의거상황도」, 위의 책, 121~122쪽.
53 신운용 편역, 「통지문」, 위의 책, 122쪽.

4) 보고서

보고서는 4가지가 있다. 첫째는 폰큐 겔겐이 밀레르에게 보낸 것(날짜 미상)으로 이는 두 부분으로 나누어진다. 하나는 의거당일인 26일 폰큐 겔겐의 행동에 대한 보고서이다. 이는 안중근이 전보를 유동하 앞으로 보낸 사실을 전달받은 하얼빈 형사탐정국장 폰큐 겔겐이 김성백의 수색결과를 밀레르에게 보고한 것이다.[54] 그 내용은 의거당일 김성백 집 수색과정, 한인 7명 체포, 김성백 집의 구조, 김성옥 가택수색과 구인, 김성백 집 세입자 쿠스토프 신문, 김성백 집에 유동하가 머문 사실을 확인한 내용을 담고 있다. 다른 하나는 10월 30일 오후 1시 경찰서장의 명령으로 폰큐 겔겐이 일본관헌과 함께 하얼빈 한인을 수색한 결과에 대한 보고서이다.[55] 그 내용은 김성백의 집, 동흥학교와 그 교사의 집, 김성옥의 집 3곳에 대한 폰큐 겔겐의 수색집행, 하얼빈 한인회, 김성백에 대한 보고서로 구성되어 있다.

둘째는 1909년 11월 4일 밀레르의 명령을 받은 폰큐 겔겐의 홍시준·김택신·장수명·방사담·이진옥·김성엽·정서우에 대한 조사보고서이다. 셋째는 하얼빈 주재 일본총영사가 밀레르에게 의뢰한 사항에 대한 폰큐 겔겐의 보고서이다. 이는 주로 유동하에 대한 것이다.[56] 넷째는 폰큐 겔겐이 『대동공보』의 사장을 역임한 콘스탄틴 미하일로프로 추정되는 인물에 대한 신문조서 보고서이다.

---

54 신운용 편역, 「보고서」, 위의 책, 63~67쪽.
55 신운용 편역, 「보고서」, 위의 책, 65~67쪽.
56 여기에서 폰큐 겔겐은 유동하가 안중근이 전날 밤 김성옥의 집에서 숙박하였다고 틀린 보고를 하였다. 안중근은 김성백 집에 머물렀던 것이다.

5) 진술서

이는 밀레르의 진술서로 의거상황, 안중근 신문과 그 과정, 하얼빈 한인에 대한 수색과 구인, 관계서류와 한인을 일제에 넘긴 상황, 의거 당시 하얼빈 역 약식도의 설명 등으로 이루어졌다.[57]

3. 주목되는 대목과 그 의미

『노국관헌취조번역문』에서 가장 주목해야 할 부분은 안중근재판 관할권이 일제에 있다는 러시아 사법당국의 결정서이다.[58] 이는 다음에서 보듯이 러시아가 일제에 12시간 40분 만에 넘긴 이유를 밝힐 수 있는 구체적인 사료라는 면에서 의미가 크다.

> 결정서
>
> 1909년 10월 26일 아래 국경지방재판소 제8구 시심재판소 판사 스트라조프는 본건을 심사하여 아래의 사실을 발견하였다.
>
> (1) 증인으로 신문한 철도경무부 하사 세민이 진술한 바와 같이 증인이 동청철도 채가구 역에서 체포된 한국신민 치도센[59] 및 우엔데이유니[60]는 신분을 증명한 비밀서류에 의해 본인임과 한국에 국적을 갖고 있다는 것을 진술하였다.
>
> (2) 또한 세민의 진술에 의하면 본관이 피고로 구인한 한국신민 우

---

57 신운용 편역, 「국경지방재판소 검사 「콘스탄틴 콘스탄치노비치 밀레르」의 진술」, 위의 책, 68~70쪽.
58 신운용 편역, 「결정서」, 위의 책, 56~57쪽.
59 이는 조도선이다.
60 이는 우연준, 즉 우덕순이다.

치 안[61]이라고 자칭하는 자는 지난 10월 11일[62] 위의 한국인과 함께 앞에서 언급한 정거장으로 와서 다음날인 10월 12일[63] 다시 하얼빈으로 향하여 귀환하였다. 그는 채가구에 왔을 때 연해주 지사가 발부한 한국신민 신원증명서를 전기 하사 세민에게 제시하였다.

(3) 또한 세민의 진술에 의하면 채가구에서 체포된 한국인 치도힌[64] 및 우엔 쥬 니[65]는 이토공작 살해에 대해 한인 우치 안과 공모하였음을 그에게 자백하였다.

(4) 이리하여 상기 여러 사실은 본관이 피고로 구인한 우치 안은 한국에 국적을 갖고 있음을 인정할 만한 증거가 충분하다. 따라서 본건은 러시아 재판에 회부할 성질의 것이 아니다.

결정사항은 아래와 같다.

형법 제175조 단서 제2에 의해 본건을 그 소속관헌에게 돌리기 위해 국경지방 재판소 검사에게 인도함과 동시에 한국신민 운치 안[66]을 검사의 보관(保管) 아래 이부(移附)하기로 결정하였다.

운치 안으로 정정한다.

시심재판소판사 엠 스트라조프

검사 밀레르

여기에서 알 수 있듯이, 우덕순과 조도선이 이토를 처단할 목적으로 안중

---

61 이는 안중근이다.
62 이는 러시아력으로 서력으로는 10월 24일이다.
63 이는 러시아력으로 서력으로는 10월 25일이다.
64 이는 조도선이다.
65 이는 우덕순이다.
66 이는 안중근이다.

근과 공모하여 함께 하얼빈에 왔고 결국 안중근이 이토를 죽였다는 세민의 증인진술과, 안중근이 한국 국적자이라는 사실을 근거로 안중근재판 관할권이 일제에 있다고 판단하여 안중근을 신속하게 넘겼던 것이다. 위의 결정서는 안중근재판을 일제가 주도할 수 있었던 이유를 확실히 밝힐 수 있다는 면에서 특히 주목되는 사료이다. 물론 이는 1907년의 「동청철도훈령 19호」를 둘러싼 일제의 하얼빈 한인에 대한 사법권 침탈과, 「김재동·서재근의 일본인 살해사건」이라는 선례에 따른 것으로 해석된다.[67]

그리고 안중근의거 과정과 상황을 정확하게 알 수 있는 내용이 담겨 있다는 면에서 『노국관헌취조번역문』은 사료적 가치가 크다. 이는 다음과 같이 의거현장에 있었던 밀레르의 진술에서 확인할 수 있다.

> 공작 및 대장대신은 5보 내지 7보를 진행하였다. 일본인 집단에 못 미쳤을 때 이 집단과 러시아 의장병 사이에서 여러 번 총을 발사하는 저음(低音)이 났다. 처음 2회 발사 후 나는 다른 사람과 함께 발사한 곳으로 달려갔는데 범인으로 보이는 자가 왼손으로 오른쪽 팔꿈치를 받치고[68] 1발을 의장병의 전면을 지나가고 있던 공작을 향해 쏘았다. 그곳으로부터 급히 방향을 바꾸어 공작의 수종자에게 발사하였다. 그 발사 회수는 대략 3, 4발인데 마지막으로 발사한 것은 지상 가까이에서 쏘았다고 생각된다. 이 탄알은 타나카(田中) 씨를 부상 입혔을 것이다. 이 발사가 있은 후 동청철도 회사 철도경찰서장 대리 기병대위 니키포르프는 제2회 또는 제3회 발사가 있은 후 곧바로 흉행자에게 돌진하였

---

67 신운용, 「일제의 국외한인에 대한 사법권침탈과 안중근재판」, 『한국사연구』 146, 한국사연구회, 2009.

68 안중근은 미조부치 검찰관의 신문(신운용 편역, 「안중근 제2회 신문조서」, 『안중근 신문기록』(안중근 자료집 3), 45쪽)과 공판에서 마나베 쥬조(眞鍋十藏) 재판관의 심문(신운용 편역, 「공판시말서 제1회」, 『안중근·우덕순·조도선·유동하 공판기록─공판시말서』(안중근 자료집 9), 안중근의사기념사업회 안중근연구소, 2010, 54쪽)에서 오른손 한 손으로 쏘았다고 진술하였다.

으나 흉행자의 완력이 강하여 처음에는 그를 진압할 수 없었다. 격투를 한 후 달려온 다른 러시아 장교의 도움을 받아 흉행자의 권총을 빼앗아 흉행자는 더는 발사할 수 없었다. 흉행자는 전력을 다해 완강하게 격투를 벌였는데 이는 대체로 남은 1발로 자살하려고 한 것이 아니겠는가.[69] 하여튼 격투 때 권총을 쥔 손을 자기 쪽으로 향하려는 행동을 하였다. 흉행자 7회 발사 시간은 3, 40초도 채 못 되었다.[70]

이어서 밀레르는 철도경찰 숙직실에 안중근을 신문한 그때의 상황에 대해 다음과 같이 진술하였다. "처음에는 매우 흥분(격하게 격투했기 때문이 아닐까)하였으나 곧 평정을 되찾아 명료하게 통역을 통하여 자기 자신 및 흉행의 동기에 대해 진술을 하였다. (…중략…) 그는 이처럼 흥분한 후에 다시 냉정을 되찾아 침착하게 진술했다. 다만 흉행의 동기를 신문한 것만으로 흥분하였다. 이때 그는 오만한 음성으로 고국을 위해 원수를 갚았다고 하였다."[71] 이처럼 안중근은 의거 직후 당당하면서도 침착하게 이토처단 이유를 천명하였다.

또한 밀레르는 안중근이 이토의 사망소식을 듣고서 벽에 걸린 성상 앞에서 "너무나 기뻐하며 기도를 올렸다. 통역의 말에 의하면 흉행자는 이 사명 즉 이토공 암살을 행한 것을 신에게 감사하였다."고 주장하였다.[72]

이토가 죽었다는 사실을 들은 안중근이 기쁜 나머지 기도를 올렸다는 밀

---

69 이에 대해 안중근은 "한국의 독립과 동양평화를 위해서는 단지 이토를 죽이는 것만으로 죽을 수 없다."라고 자살할 의사가 전혀 없었음을 밝혔다(신운용 편역, 「첫째 날의 공판」, 위의 책, 55쪽).
70 신운용 편역, 「국경지방재판소 검사 「콘스탄틴 콘스탄치노비치 밀레르」의 진술」, 『러시아관헌 취조문서』(안중근 자료집 2), 68~69쪽.
71 위의 책, 69쪽.
72 위와 같음. 이는 철도경찰서 하얼빈지부 군조 카르프 그리고리예비치 아르케비치 신문조서, 철도경찰서 하얼빈지서 군조 안드레이 페트로비치 이바센코프 신문조서에서 확인할 수 있다. 특히 이바센코프는 "(안중근이) 공의 죽음을 듣고 성상을 향해 기도를 하였다. 조국에 대한 의무를 다할 수 있었음을 신에게 감사하였다."라고 증언하고 있다(신운용 편역, 「신문조서」, 위의 책, 103쪽).

레르의 주장은 신뢰할 만한 진술은 아니다. 왜냐하면 안중근이 이토의 사망 사실을 안 것은 미조부치의 제10회 신문이 있던 1909년 12월 22일의 일이었다.[73] 이때 안중근은 이토가 "병원에서 죽었는지 한국 때문임을 알고 죽었는지" 미조부치에게 되물었을 정도였다. 또한 이는 러시아 국경지방재판소 제8구 시심판사 스트라조프의 신문에 참석한 스기노 호타로(杉野鋒太郞)가 이토의 사망과 관련된 말을 들은 적이 없다고 하면서 "통역의 말이 알아듣기 어려운 데도 있었다."라고 한 데서도 확인된다.[74] 따라서 스트라조프의 신문조서에 이토사망과 관련된 내용이 기록되어 있지 않은 것은 당연한 결과이다.[75]

아울러 이 책을 통하여 안중근이 일본인의 이토 평가에 대해 궁금하게 여긴 사실도 알 수 있다. 이는 "안응칠이 하얼빈 일본총영사관 서기 스기노에게 통역을 통하여 일본영사관 서기와의 담화 허가를 청하고 또 통역을 통하여 그 서기에게 일본에서는 이토공을 선인(善人)으로 여기는지 또는 악인(惡人)으로 여기는지 물어보았는데, 서기는 이에 대해 아무 대답을 하지 않았다."라고 한 11월 2일 철도경찰서 하얼빈지서 군조 바실리 오시포비치 밀로노프의 증언에서 확인된다.

밀레르의 진술서를 통하여 밀레르 검사와 스트라조프 판사가 의거당일 안중근을 각각 신문한 사실도 확인할 수 있다. 조서형태의 문서로는 스트라조프의 신문조서가 실려 있다. 그리고 안중근의거에 대한 러시아 측의 조사는 밀레르가 "본건 취조에 대해서는 동청철도회사 철도경찰서장 기병 1등 대위 니키포로프, 철도경찰 하얼빈분서장 기병 1등 대위 크나프, 하얼빈시 경찰서장 대리 기병 1등 대위 체르노그라조프, 하얼빈 형사탐정국장 기병 2

73 신운용 편역, 「안중근 제10회 신문조서」, 『안중근 신문기록』(안중근 자료집 3), 189쪽.

74 신운용 편역, 「證人 訊問調書 證人 杉野鋒太郎」, 『일본인 신문·청취기록』(미정고)(日本外交史料館, 『伊藤公爵遭難ニ關シ倉知上政務局長旅順出張竝ニ聽犯人訊問之件(聽取書)第一卷』(문서번호 : 4.2.5, 245-4)).

75 신운용 편역, 「피고신문조서(역문)」, 『러시아 관헌 취조문서』(안중근 자료집 2), 14~15쪽.

등 대위 폰큐 겔겐 기타 일반관리 및 하얼빈시 경찰관리는 밀접하게 도움을 주었다."고 한 데서도 알 수 있듯이 동청철도 철도경찰, 하얼빈시 경찰서, 하얼빈 형사탐정국 3개의 방면에서 이루어진 사실을 확인할 수 있다.

한편, 러시아 사법당국은 우덕순·조도선을 안중근의거의 공모자로 본 증거로 채가구에서 안중근이 유동하에게 보낸 전보와 22일 하얼빈의 김성백 집에 도착한 것을 목격한 김성백 집 세입자 쿠스토프·마라페예바의 진술을 들고 있다. 또한 러시아 사법당국은 유동하를 공모자로 본 증거로 안중근이 유동하에게 보낸 전보와 유동하가 자신의 집에 머물고 있다는 김성백의 진술을, 정대호를 공모자로 본 증거로 정대호를 마중하러 채가구에 왔다고 한 조도선의 진술을 각각 들고 있다. 결국 이러한 러시아의 시각은 일본의 안중근의거 조사에도 큰 영향을 미쳐 일제는 조사초기에 안중근과 유동하·우덕순·조도선의 공모를 증명하는 데 집중하였다. 그러나 조사결과 우덕순의 협조를 얻은 안중근의 단독의거라는 결론을 내렸던 것이다.[76]

아울러 우덕순과 조도선이 채가구에서 체포된 것과 관련하여 다음의 사료도 주목된다.

> 본직은 10월 12일(오후) 헌병에게 이 한인들(필자: 우덕순·조도선)의 구류를 청구하였는데 헌병 및 기병 중대장은 구류해야 할 충분한 죄증(罪證)을 인정하지 않았다.
> 제8호 열차 통과 후 정거장 헌병은 이 한인들에 대해 취조를 하였으나 전혀 혐의를 받을 만한 죄가 없음을 본직에게 보고하였다. 한인에 대해 엄중한 감시를 하고 하얼빈에서 추적하기로 정하였다. 10월 13일(필자 26일) 오전 9시 하얼빈 경찰서장이 이 한인들의 구인통지를 보내어 이때부터 공공연하게 그들을 구인하였다.[77]

---

76 신운용, 「안중근과 대동공보의 관계에 대한 재검토」 참조
77 신운용 편역, 「보고」, 위의 책, 40쪽.

이는 러시아 당국이 의거 이전부터 채가구에 있던 안중근과 우덕순·조도선을 감시하고 있었음을 의미하는 것이다.[78] 이러한 맥락에서 안중근이 채가구에서 거사를 하기에는 무리였던 것이다.

그리고 러시아 사법당국이 일제에 넘긴 김성백 관계자료의 회송을 요청하였다는 기록도 주목된다. 이는 러시아의 자국민에 대한 보호의지를 단적으로 볼 수 있는 일례로 일제가 러시아 국적자인 김성백이 안중근의거에 관계된 것으로 몰고 갈 가능성을 차단하기 위한 조치로 해석된다. 러시아의 이러한 자세는 조도선의 처 보좌예바와 이르쿠츠크의 한인이 안중근의거에 관련되었다고 하더라도 러시아 법으로 그들을 처벌할 수 없으므로 이에 대해서는 일본에 알리지 않을 것이라는 밀레르의 주장에서도 확인된다.[79]

한편, 의거 당시의 하얼빈 한인사회의 상황은 다음과 같이 폰큐 겔겐의 보고서에서도 엿볼 수 있다. 즉, "한인들의 직업은 주로 담배말이로 그 외에 소상인, 세탁업, 통역, 용달, 의사 등이 있다. 하얼빈 한인은 222명으로 한인회의 회장은 김성백이고 그 위원은 20명으로 한인의 선거로 뽑았다. 회비는 10코페이카 내지 5루블이며 회계는 홍시준이고 회장과 위원은 무급이지만 회계는 월급으로 15루블을 받았다. 모금액은 한 달 약 70루블로 이 돈은 동흥학교, 빈곤한 병자 내지 적빈자, 매장비용에 충당한다. 특히 한인들은 일본영사관이 여권을 강요하자 한인회에서 어느 누구라도 일본영사관에서 여권을 받지 않기로 결정하고 아파나시예프 장군에게 러시아 신민이 되게 해달라고 청원하였다. 한인 사이에 쟁의가 일어나면 회원이 모여 재단하고 벌을 받는 사람에게는 사죄, 벌금 또는 태형을 과하고 누구나 이 재결(裁決)에 복종한다. 집회 시기는 정하지 않고 필요에 따라 모였다."[80]

또한 김성백에 대해서도 폰큐 겔겐의 보고서에 다음과 같이 기록되어 있

78 이는 세민의 진술에서도 확인된다(신운용 편역, 「조서」, 위의 책, 25쪽).
79 박보리스 지음 / 신운용·이병조 옮김, 위의 책, 83쪽.
80 신운용 편역, 「보고서」, 『러시아 관헌 취조문서』(안중근 자료집 2), 66쪽.

다. "김성백의 러시아 이름은 티혼 이바노비치 김이고 한국에서 태어나 두 살 때 노령 우수리(烏蘇里) 지방으로 왔다. 그는 1907년 8월 4일(러시아력)부로 발급된 남우수리 지방 라즈돌노스카야 제288호의 416호의 여권에 근거하여 1908년 10월 2일부 제3509호로 하얼빈 경찰서가 발급한 5개년 거주권을 갖고 있다. 현재 그는 하얼빈 동청철도회사 용달업을 하고 있고 레스나야현 제28번에 자택을 갖고 있다. 현재 약 4000루블을 소지하고 있고 가족은 38루블의 수입이 있다. 시세(市稅) 2루블을 납부하고 있다. 그 성행(性行)을 보건대 범죄인이라고 인정할 만한 것이 없다."[81]

그리고 이 사료에서 러시아 한인들의 안중근 의거에 대한 인식을 엿볼 수 있는 것도 주목된다. 즉, 블라디보스토크에서 친모쿠호이라는 한인이 하얼빈 한국인회에 1909년 10월 28일 오후 12시 15분 "기뻐하며 축하한다. 만세 만세 만세"라는 전보를 보내왔다.[82]

4. 나오는 말

이상에서 필자는 이 책의 구성과 내용 그리고 주목되는 대목과 그 의미에 대해 살펴보았다. 이를 다음과 같이 정리하여 이 글을 맺고자 한다.

이 책은 무엇보다 원사료가 러시아에 남아 있지 않다는 점, 안중근의거의 전체상을 밝히는 데 도움이 된다는 점 등에서 의미 있는 사료이다.

이 책의 구성은 결정서, 조서, 통지문, 보고서, 진술서 등으로 이루어졌다. 결정서는 안중근·우덕순·유동하·조도선, 하얼빈 한인 등에 대한 입감과 구류 결정서, 신문결정서, 신체수색결정서, 가택수사집행결정서 등이 있다. 특히 예심결정서와 안중근을 일제에 넘긴다는 결정서는 가치 있는 사료이

---

81 위와 같음.
82 신운용 편역, 「지급 비」, 위의 책, 96쪽.

다.

조서는 하얼빈 한인, 러시아 대장대신 까깝쵸프 등 러시아 관헌, 김성백 집 러시아인 세입자를 신문한 내용을 기록한 것이다. 통지문은 주로 러시아 사법당국의 조치를 일본에 통지한 내용이다. 특히 이를 통해 러시아가 예심 문서의 사본도 남기지 않고 모든 관계자료를 일제에 넘겼는데, 예심서류 원 본 1책(46쪽)과 증거물건을 넣은 상자 2개를 하얼빈 주재 일본총영사에게 송 부하였음을 확인할 수 있다.

보고서는 3건으로 2건은 폰큐 겔겐이 밀레르에 보낸 것이고, 1건은 폰큐 겔겐의 전(前) 대동공보사 발행인으로 보이는 미하일로프 신문 보고서이다. 특히 하얼빈 한인회, 김성백 약력 등은 의미 있는 기록이다. 진술서는 의거 상황, 하얼빈 한인 조사결과 등에 대한 밀레르의 기록이다.

안중근재판과 관련하여 『노국관헌취조번역문』은 다음과 같이 세 가지 점 에서 주목된다. 첫째, 이 사료를 통하여 러시아가 의거 12시간 40분 만인 오후 10시 10분 안중근을 넘겨주면서 재판 관할권을 포기한 이유에 대해 명확하게 알 수 있다는 것이다. 그것은 안중근이 한국인이었기 때문이었다. 그가 만약 러시아 국적자였다면 적어도 사형을 면할 수 있었음을 이 사료를 통해 확인할 수 있다.

둘째, 러시아 사법당국의 안중근의거에 대한 인식이다. 일제는 "안중근의 거는 정치적 사건이 아니라 단순한 살인사건"이라는 논리에 기초하여 안중 근에게 사형을 선고했던 것이다. 그러나 러시아 사법당국은 의거가 '조직적' 으로 이루어진 정치적 의미를 갖는 사건으로 규정하였다. 이러한 면에서도 일제의 안중근재판 논리의 허구성을 발견할 수 있다.

셋째, 러시아 사법당국은 안중근의거와 러시아인의 관련성을 부인하는 방 향에서 조사를 진행한 사실도 엿볼 수 있다. 동청철도 철도경찰, 하얼빈시 경찰서, 하얼빈 형사탐정국이 동원되어 안중근의거를 조사한 사실도 이 사 료를 통해 확인할 수 있었다.

끝으로 안중근이 러시아 군인에게 체포될 때의 상황을 정확하게 알 수

있다는 것도 이 사료의 특징이다. 이를 통해 안중근이 순순히 체포된 것이
아니라 러시아 군인과의 격투도 마다하지 않았다는 사실을 알 수 있다.

3

안중근의거와 대동공보사의
관계에 대한 재검토

1. 들어가는 말

사건 초기 러시아당국은 안중근의거를 러시아 연해주 항일투쟁세력의 조직적 행위로 단정하였다.[1] 이는 일제의 안중근의거 인식에도 많은 영향을 끼쳤다. 한국병탄을 노리고 있던 통감부는 안중근의거를 한국을 식민화할 수 있는 결정적인 계기로 보았다.[2] 안중근의거가 광범위한 항일투쟁세력과 연계 속에서 이루어졌다는 첩보가 사실로 확인되면 한국병탄을 추진할 충분한 명분이 되기 때문이다. 그리하여 통감부는 사카이 요시아키(境喜明) 경시를 보내어 이를 증명하려고 하였다.[3] 또한 미조부치 타카오(溝淵孝雄) 검찰

---

1 러시아국립군역사자료보관소(РГВИА), фонд : No.2000, опись : No.1, дело : No.4107.
2 신운용, 「일제의 국외한인에 대한 사법권침탈과 안중근재판」, 『한국사연구』 146, 한국사연구회, 2009, 233쪽.

관도 안중근의거는 대동공보사와의 합작이라는 인식을 갖고서 조사에 임하였다. 그러나 조사결과 일제는 우덕순의 협조를 받은 안중근의 단독의거라는 기대와 너무나 다른 결론을 내릴 수밖에 없었던 것이다.

그런데 해방 전의 안중근 관계 전기에 안중근의거가 대동공보사와의 밀접한 관계하에 이루어졌다는 주장(합작설)은 거의 없었다고 해도 과언은 아니다.[4] 이 점은 합작설을 비판적으로 접근할 때 시사하는 바가 크다. 그러나 해방 후 우덕순[5]과 이강[6]의 증언이 나온 이후 대체로 안중근의거는 『대동공보』와 합작으로 이루어졌다는 주장이 대부분을 차지하고 있다.[7] 이러한 경향은 신용하[8]를 필두로 그대로 학계에 반영되어 정설로 받아들여지고 있는 실정이다.[9]

---

3 倉知鐵吉, 『韓日合邦ノ經緯』(일본 외교사료관, 문서번호 : N.2.1.0 4-1).
4 안중근의거를 안중근과 우덕순의 합작으로 보거나 대동공보사를 언급하지 않은 전기는 다음과 같다. 작자미상, 『근세역사』, 1910; 김택영, 『安重根傳』, 1910·1916; 박은식, 『안중근』, 1914; 玉史生(김하구) 편서, 『애국혼』, 1917; 이건승, 『安重根傳』, 1910; 홍종표, 『대동위인안중근전』, 1911; 계봉우, 「만고의사안중근전」(『권업신문』 1914. 6~8); 長沙·鄭沅, 『安重根』, 1920년경.
5 우덕순, 「우덕순선생 회고담」(박성강 편, 『獨立運動 先驅 安重根先生 公判記』, 경향잡지사, 1946).
6 이강, 「의사안중근」(윤병석 역편, 『안중근전기전집』, 국가보훈처, 1999); 『국민보』 1958년 9월 10일자, 「나의 망명생활 五十년기」.
7 해방 후 이강과 우덕순의 증언을 반영한 대표적인 전기는 다음과 같다. 이전, 『安重根血鬪記 一名 義彈의 凱歌』, 연백연천중학교기성회, 4282(1949); 황의돈, 「安重根傳」, 『海圓文稿』, 1956; 안학식, 『義士安重根傳』, 만수사보존회, 1963.
8 신용하, 「安重根의 思想과 義兵運動」, 『한국민족독립운동사연구』, 을유문화사, 1985.
9 합작설을 지지하는 논문들은 다음과 같다. 장석흥, 「이등박문의 포살 계획과 대동공보사」, 『안중근의 생애와 구국운동』, 독립기념관 독립운동사연구소, 1992; 최서면, 「단지동맹의 열두 동지」, 『새로 쓴 안중근의사』, 집문당, 1994; 원재연, 「安重根年譜」, 『敎會史硏究 安重根義士特輯號』 9, 1994; 안천, 「침략원흉 이등박문처단」, 『신흥무관학교』, 교육과학사, 1996; 김옥희, 「安重根義士의 自主獨立運動과 東洋平和思想」, 『安重根義士 殉國87周年記念國際學術會議 安重根과 東洋平和』, 재단법인 여순순국선열기념재단, 1997; 박환, 「러시아 沿海州에서의 안중근」, 『안중근과 한인민족운동』, 국학자료원, 1999; 이태진, 「안중근(安重根)-불의·불법을 쏜 의병장」, 『한국사시민강좌』 30, 일조각, 2002; 이명화, 「안중근의거와 이강의 독립운동」, 『안중근의거를 도와준 인물』(안중근의거 99주년 기념학술회의), 안중근의사숭모회, 2008; 반병률, 「안중근(安重根)과 최재형(崔在亨)」, 『역사문화연구』 33, 한국외국어대학교 역

증언자료는 역사적 실체에 접근하는 중요한 수단임에는 분명하다. 하지만 이를 역사학의 기본 자료로 이용할 때에는 반드시 철저한 사료비판을 선행해야 증언의 사료적 가치를 판단할 수 있는 것이다.

이러한 면에서 안중근의거라는 역사적 사건이 안중근과 대동공보사 간의 합작품이라는 가설이 성립되기 위해서는 무엇보다 다음과 같은 의문점을 풀어야 한다. ① 유동하와 조도선이 안중근의거에 직접적으로 관여하였다면 안중근과 우덕순처럼 당당하게 이토를 처단한 사실을 밝히고 더 나아가 일제침략의 부당성을 주장하는 것이 당연하다. 하지만 유동하·조도선은 안중근의거와의 관련을 극구 부인하는 데 주력하고 일본의 침략정책을 비판하지 않았다. 그 이유는 무엇인가. ② 사건 초기 일제의 조사기록인 「헌기 제2634호」 등에 안중근의거와 대동공보사의 관련성이 언급되어 있다. 이와는 달리 일제는 어째서 안중근·우덕순·조도선·유동하 4인만을 기소할 수밖에 없었는가. ③ 일제의 조사당국과 재판부는 왜 안중근의거와 대동공보사는 관계가 없는 것으로 결론을 내릴 수밖에 없었는가.

필자는 이러한 의문점을 풀고 더 나아가 안중근의거의 진상을 밝히기 위하여 기존의 '합작설'을 비판적인 입장에서 검토하고자 한다. 이를 위해 필자는 의거모의 시간·장소와 참여자, 의거자금과 무기의 출처, 유동하·조도선의 참여여부와 하얼빈 한인과의 관계, 일제의 조사 등을 구체적으로 추적하여 안중근의거와 대동공보사의 관련성을 규명하는 데 이 글의 목적을 두고자 한다. 필자의 이러한 작업이 합작설의 실체를 규명하여 안중근의 행적을 재구성하는 데 도움이 되었으면 하는 바람이다.[10]

사문화연구소, 2009. 반면, 안중근의 단독의거임을 주장하는 논문은 다음과 같다. 美德相, 「安重根の思想と行動」, 『朝鮮獨立運動の群像』, 青木書店 東京, 1984; 최서면, 『大韓國人 안중근』, 문화체육부·한국문화예술진흥원, 1993.

10 필자는 「노령한인을 중심으로 본 안중근-구출운동과 추모운동에 관하여」(신운용, 『21세기와 동양평화론』, 국가보훈처·광복회, 1996)라는 논문을 통하여 안중근의거에 대해 '대동공보사와 암묵적 협조관계'하에서 이루어졌다고 주장하였다. 여기서 암묵적 협조관계라는 것은 직접적인 관계가 아니라 1909년 당시 블라디보스토크 항일투쟁가들이 이토처단이라는 당위

2. 합작설의 재검토

1) 의거모의 시기·장소와 참여자

안중근의거가 대동공보사와 공모관계로 이루어졌다는 주장의 근거는 「헌기 제2634호」에 포함되어 있는 다음과 같은 내용의 '兇行의 發端과 經過'이다.[11] ① 1909년 10월 10일 대동공보사에서 이토의 만주시찰을 주제로 시국담이 열렸다. ② 미하일로프·유진율·정재관·윤욱(윤일병)·이강(이정래)·정순만(왕창동) 6명이 담화를 나누던 중, 안중근·우덕순·조도선 3명이 내방하였다. ③ 이토처단을 숙의한 결과, 미하일로프가 자금과 무기를 제공하기로 하고 구명운동을 결의하여 안중근·우덕순·조도선이 거사를 자청하였다. ④ 안중근과 우덕순은 18일 블라디보스토크를 출발하여 수분하(綏芬河)에서 2박하고서 유동하를 합류시켜 하얼빈에 도착, 김성백(金成百) 집에 머물렀다. ⑤ 안중근은 23일 유동하를 하얼빈에 잔류시키고 우덕순·조도선과 함께 채가구에 도착하여 1박하고 24일 안중근 홀로 「치지가리」란 곳으로 가서 유동하에게 이토의 하얼빈 도착시간을 조회하였다. 그 후 안중근은 우덕순과 조도선을 채가구에 잔류시키고 25일 하얼빈으로 돌아왔다. ⑥ 25일 밤 정거장에서 숙박하고 26일 이른 아침 유동하에게 금시계 1개와 6루블을 주고 이토를 죽이고 자신도 죽을 것이라고 하면서 유동하를 돌려보냈다. ⑦ 유동하는 안중근의 뜻을 받아들여 마차를 타고 약 5·6구역 떨어진 지점에서 상황을 기다리다가 사건발생 소식을 듣고 김성백 집으로 되돌아와 당황하여 냉수를 마시고 진정하였다.

그동안 학계에서는 「헌기 제2634호」의 내용을 근거로 안중근과 대동공보

성을 공유했다는 의미이다. 그러한 의식은 대동공보사를 중심으로 한 안중근 구명운동으로 이어졌던 것이다.

11 국사편찬위원회, 「憲機 第二六三四號」, 『한국독립운동사』 자료 7, 1978, 248~250쪽.

사의 관계를 설명하였다.[12] 하지만 이는 어디까지나 사건 초기의 첩보정보
였다. 사료로 활용하기에는 한계가 있는 것이다. 이러한 문제성이 있는 사
료를 비판적으로 접근하지 않은 채 여러 논자들은 안중근의거의 배경을 대

---

12 신용하는 안중근과 대동공보사와의 관계를 대략 다음과 같이 언급하였다.
  ① 안중근이 이토의 만주시찰 정보를 안 것은 1909년 9월 이토의 민주시찰 정보가 들어온 대
    동공보사에 들렀을 때이다. 이것은 안중근에게는 千載一遇의 기회가 아닐 수 없다.
  ② 1909년 10월 10일에 대동공보사의 사무실에서 안중근·우덕순·유진율·이강·정재관·
    정순만·윤병일 7명이 모여 시국담을 하는 과정에서 이토의 하얼빈 방문 보도를 주제로
    논의한 결과, 이토의 만주시찰은 절호의 기회지만 힘이 없어 실행할 수 없다는 것이었다.
    이때 안중근이 나서 그 실행의 책임을 지겠다고 하였고 우덕순도 가세하였다.
  ③ 안중근이 특공대장이 되고 우덕순이 공동실행자가 되어 유동하와 조도선을 러시아어 통
    역으로 붙이기로 하여 마침내 4인조의 유격특공대가 구성되었다.
  ④ 10월 15일 유진율이 약간의 금액과 단총 3정을 안중근에게 넘겨주어 유격특공대가 정식으
    로 출발하였다.
  ⑤ 이강은 안중근과 우덕순의 출발에 앞서 『대동공보』의 하얼빈 지국장 김형재에게 안중근
    등을 소개하는 편지를 써 주었다.
  ⑥ 안중근·우덕순 등은 1909년 10월 21일 유진율·이강 등의 전송을 받으며 하얼빈 역을 향
    하여 블라디보스토크 역을 출발하였다.
  ⑦ 포그라니치나야 역에서 안중근은 친지 유경집을 방문하여 가족을 맞으러 하얼빈에 가니
    유동하를 러시아어 통역으로 데려가게 해달라고 간청하여 승낙을 얻었다. 하얼빈 도착 후
    유동하에게 이토 포살계획을 설명하고 유의 협조 약속을 받았다.
  ⑧ 안중근은 하얼빈에 도착하여 김형재를 찾아갔다. 김형재는 이강의 편지에 따라 조도선을
    합류시켰다.
  ⑨ 김형재는 10월 23일경에 안중근·우덕순·조도선·유동하 4명을 동반하고 김성옥(백)의
    집으로 가서 「이 사람들은 블라디보스토크의 신문사에서 왔다. 군에게 안내 소개하는 편
    지가 있다」라는 요지를 말하고 김성옥에게 이강이 보낸 편지를 주었다.
  ⑩ 그 후 이들은 김성옥의 집에서 심야까지 하얼빈에서 활동계획을 상의했고 이에 하얼빈에
    서 김성옥 집을 근거로 활동했다.
  ⑪ 안중근은 공격지점을 (1) ㉠ 南長春·㉡ 寬城子, (2) ㉢ 하얼빈·㉣ 蔡家溝의 2지역 4개
    지점에 설치하려고 하였으나 자금부족과 유동하가 돌아가겠다고 하므로 남행계획을 포기
    하고 하얼빈과 채가구 두 곳에 공격지점을 구축하였다. 채가구에는 우덕순·조도선을 배
    치하고 하얼빈은 안중근이 담당하기로 하였다. 유동하에게는 통역과 두 공격지점 사이의
    연락을 담당케 하였다.
  ⑫ 채가구에서의 제1선 계획은 불발로 끝났다. 그 이유는 안중근이 채가구에 병력을 배치하
    러 내려왔다가 다시 하얼빈으로 돌아가면서 세 사람이 마지막 이별로 포옹하고 울었는데
    이를 러시아 경비병이 수상히 여겨 이토를 태운 특별열차가 지나가는 시간에 역 구내의
    여인숙을 밖에서 잠가버렸기 때문이다.
  ⑬ 안중근은 대동공사와 관계를 부인한 것은 안중근의 대동공보사에 대한 배려로 이루어졌
    다(신용하, 위의 논문, 177~190쪽).

동공보사의 인사들과 관련지어 설명하고 있다.

우선, 위의 사료에 대한 비판적 접근을 위해 안중근의 블라디보스토크 도착 시점부터 살펴볼 필요가 있다. 일제 첩자는 블라디보스토크로 돌아온 날을 10월 10일로 단정하고 있다.[13] 하지만 안중근은 연추(烟秋)에서 이석산(李錫山)이 군자금을 갖고 있다는 정보를 입수하고 이석산을 만나기 위해 1909년 10월 19일에 블라디보스토크에 도착하였다.[14] 그러므로 1909년 10월 10일에 블라디보스토크에 안중근이 있었다는 설[15]은 성립될 수 없는 것이며, 더욱이 1909년 10월 10일 대동공보사의 시국담도 있을 수 없는 일이다.

일제 첩자는 대동공보사에서 미하일로프·유진률·정재관·이강·정순만·윤병일·안중근·우덕순·조도선 9명이 의거모의에 참여하였다고 보고하였다.[16] 이강은 안중근을 전보로 불러서 이토와 까깝쵸프의 회담정보를 안중근에게 제공하고 유진률·양성춘·우덕순 등과 모의를 극비리에 진행하였다고 기술하고 있다.[17] 우덕순은 해방 이후의 증언에서는 이강·유진률·안중근과 함께 자신의 집과 안중근의 집에서 의거를 숙의하였다고 내세우고 있다.[18]

이처럼 이강과 우덕순은 안중근을 블라디보스토크로 불러들인 장본인이

---

13 국사편찬위원회, 「憲機 第二六三四號」, 위의 책, 248쪽.
14 국사편찬위원회, 「境警視에 대한 安重根의 供述(第六回)」, 위의 책, 422쪽.
  "滯在中 黃海道 義兵大將 李某라는 者가 大金을 가지고 「블라디보스톡」에 銃器를 구입하기 위해 왔다는 말을 들었으므로 부령방면으로의 출발을 중지하고 곧 「블라디보스톡」으로 되돌아가기 위해 船便을 물었더니 「포세트」 出帆의 汽船이 今夜 있다는 것을 듣고 곧 乘船하여 十月 十九日 夕刻 「블라디보스톡」의 언제나 한결같이 정숙인 李致權宅에 도착하였더니."
15 신용하, 위의 논문, 179~180쪽.
16 국사편찬위원회, 「憲機 第二六三四號」, 위의 책, 248쪽.
17 이강, 「의사안중근」(윤병석 역편, 『안중근전기전집』), 640~641쪽, 『국민보』 1958년 9월 10일자, 「나의 망명생활 五十년기」.
18 우덕순, 「우덕순선생 회고담」, 위의 책, 206쪽.
  그런데 우덕순은 미조부치 검찰관의 안중근 제5회 신문에서 안중근의 거사제의를 받은 장소에 대해 자신의 집이 아니라 안중근의 집이라고 하였다(신운용 편역, 「안중근 제5회 신문조서」, 『안중근 신문기록』(안중근 자료집 3), 안중근의사기념사업회 안중근연구소, 1976, 83쪽).

자신들이라고 주장하고 있다. 이들이 전보로 이토의 문제를 상의하기 위해 안중근을 부른 것이 사실이라면 이는 이들과 안중근의거와의 관계를 살펴 볼 수 있는 결정적인 근거가 된다는 면에서 의미가 있다. 그러나 안중근을 거사에 끌어들인 주체가 서로 자신들이라는 주장은 논리적 모순이며 신빙 성을 떨어뜨리는 대목이다.

의거모의장소가 안중근이 늘 머물던 이치권의 집이라는 것은 안중근과 우덕순의 주장이 대체로 일치한다는 면에서 신뢰성이 높다.[19] 참여자문제는 일제의 첩자·우덕순의 주장이 다르고 그 참여자의 규모 또한 현격한 차이 를 보이고 있다. 이러한 측면에서 대동공보사 세력이 조직적으로 안중근의 거를 지원했다는 주장은 설득력이 약해 보인다. 무엇보다도 윤병일(尹炳一) 이 러시아 헌병대의 밀정이었음을 볼 때,[20] 대동공보사에서 이토처단의 밀 회가 있었다면 러시아의 정보당국에 발각되었을 가능성이 크다는 점을 유 념할 필요가 있다.

안중근은 대동공보사를 방문하였을 때 미하일로프는 신문사에 근무하지 도 않았고 정순만은 가족과 같이 시지미에서 농업에 종사하고 있다고 주장 하였다.[21] 이강은 병중에 있어 만나지 못하였고, 유진률은 신문사에 나오지 않는 사람이므로 보지 못하였다며 그는 대동공보사와의 관련성을 부인하였 다.[22]

그러나 안중근이 『대동공보』 관계자들을 만난 것은 사실로 보인다. 그는 9월 20일 이토의 방만에 관한 정보를 얻기 위해 『대동공보』를 방문하였 다.[23] 이때 대동공보사에 있던 김만식이 "이토가 온다니까 왔는가."라며 안

19 위와 같음.
20 국사편찬위원회, 「境警視에 대한 安應七의 供述」, 위의 책, 464쪽; 日本 外交史料館, 『不 逞團關係雜件-朝鮮人之部-在西比利亞』 第九卷(문서번호: 4.3.2. 2-1-2).
21 국사편찬위원회, 「境警視의 訊問에 대한 安應七의 供述」, 위의 책, 462쪽.
22 신운용 편역, 「안중근 제9회 신문조서」, 『안중근 신문기록』, 148쪽.
23 하얼빈 도착 후 하얼빈으로 출발하기까지의 안중근 행적은 신운용, 「안중근의거 과정과 그 의의」, 『안중근과 한국근대사』, 채륜, 2009, 176~185쪽 참조.

중근을 떠보기까지 하였으나 안중근은 오히려 이토처단을 반대한다며 연막을 피웠다.[24] 그 후 안중근은 대동공보사에서 정순만을 만나 이토의 방만정보를 확인하였다.[25]

2) 의거자금과 무기의 출처

일제의 첩보에는 미하일로프가 자금을 제공하였다는 기록이 있고,[26] 우덕순은 유진률이 의거자금 100루블을 제공하였다고 기술하고 있다.[27] 이처럼 의거자금의 출처에 대해 일제 첩자·우덕순은 각각 다른 견해를 보이고 있다.[28]

안중근은 유동하의 요구로 김성백에게 의거자금의 차용을 보증하기 위해 안중근이 이강(李剛) 앞으로 보내려다가 만 서한을 쓴 일이 있다.[29] 이를 근거로 미조부치 타카오(溝淵孝雄) 검찰관은

> 사실은 이석산에게서 빼앗았다는 100루블은 신문사의 이강의 손에서 나온 것이겠지. 그것을 감추기 위해 싫어하는 강도의 오명을 뒤집

---

24 국사편찬위원회, 「境警視의 訊問에 대한 安重根의 供述(第八回)」, 위의 책, 432쪽.

25 국사편찬위원회, 「境警視에 대한 安應七의 供述」, 위의 책, 271쪽.

26 국사편찬위원회, 「憲機 第二六三四號」, 위의 책, 249쪽.

27 우덕순, 「우덕순선생 회고담」, 위의 책, 207쪽.

28 안중근의 제자로 알려진 이전은 윤능효가 200루블을 제공하였다고 주장하였다(이전, 『안중근혈투기』(윤병석 역편, 『안중근전기전집』), 692쪽).

29 미조부치는 안중근이 이강에게 거사를 알리려고 보내려다가 만 편지를 근거로 안중근과 대동공보사 관계를 추궁하였다(신운용 편역, 「안중근 제9회 신문조서」, 『안중근 신문기록』, 171~172쪽). 그러나 이강에게 보려던 편지는 김성백에게 자금을 빌리기 위한 수단에 지나지 않았다. 이는 안중근의거가 이강 등 대동공보사와 합작으로 이루어졌다면 안중근이 그 편지를 보냈을 터인데 그냥 가지고 있었다(신운용 편역, 「안중근 제10회 신문조서」, 『안중근 신문기록』, 180~181쪽)라는 사실에서도 알 수 있다. 이러한 측면에서도 합작설은 근거가 미약하다.

어쓰고 진정으로 보내려던 편지를 그대의 의사가 아니었다고 하는 등
사나이로서 부끄러운 말을 한 것이 아닌가.[30]

라고 대동공보사의 이강이 제공한 것이 아니냐고 강도 높게 안중근을 추궁
하였다.

이에 대해 안중근은 "신문사에서 돈을 내었다고 한다면 부족하게 가지고
오지는 않는다."고 되받아쳤다.[31] 안중근은 대동공보사에 의거자금을 요청하
였다면 충분히 주었을 것이라고 하여 대동공보사 인사의 자금지원을 받았
다는 미조부치의 주장을 논박하였던 것이다.[32] 이러한 안중근의 주장은 절
친하지도 않았던 김성백에게 자금을 빌리려고 했던 사실을 보아도 믿을 만
한 것이다.[33] 또한 이는 유동하가 사취할 목적으로 대동공보사 유진률 앞으
로 보낸 "100원을 보내라."라는 전보[34]에 대해 대동공보사는 답전과 돈을
보내지 않았다는 사실에서도 확인된다.[35]

계속해서 압박의 수위를 높이는 미조부치에 대해,[36] 안중근은

나는 원래 부령의 동포로부터 보조를 받고 왔다고 했을 때에는 아

---

30 신운용 편역, 「안중근 제9회 신문조서」, 위의 책, 173쪽.
31 이강은 대동공보사의 경제사정에 대해 "『대동공보』를 경영하는 데 있어서 경제난으로 여러
   가지 애로가 많았다. 첫째 자금부족으로 신문을 제대로 발간하기가 어려웠다. 그렇기 때문에
   한때 신문이 중단까지 되었던 일이 있었다."라고 증언하고 있다(『국민보』 1958년 9월 10일자,
   「나의 망명생활 五十년기」).
32 대동공보사의 자금사정에 대해 일본조사당국은 다음과 같이 설명하고 있다. "大東共報社는
   株式組織으로 發行部數 三百 未滿으로 財政이 甚히 困難하다고 한다."(국사편찬위원회, 「
   發第□□號」, 위의 책, 228쪽) "大東共報도 그 影響을 받아 거의 維持가 困難하여 近間 廢
   刊하지 않을 수 없는 것이 있다고 한다."(국사편찬위원회, 「憲機統發 第二六三四」, 위의 책,
   253쪽)
33 신운용 편역, 「안중근 제9회 신문조서」, 위의 책, 171~172쪽.
34 신운용 편역, 「유동하 제7회 신문조서」, 『우덕순·조도선·유동하 신문기록』(안중근 자료집
   4), 안중근의사기념사업회 안중근연구소, 2010, 154쪽.
35 신운용 편역, 「유동하 제6회 신문조서」, 위의 책, 148쪽.
36 신운용 편역, 「안중근 제9회 신문조서」, 위의 책, 173쪽.

무런 의심도 받지 않았었다. 그런데 내가 우연히 전옥에게 이석산으로
부터 돈을 빼앗아 왔다고 한 뒤부터 의심을 받게 되었다. 나는 오늘 진
실을 진술하고 있다.[37]

라고 하여 자금의 출처를 이석산이라고 밝히고 있다.

안중근은 이토처단 계획이 의병장 이석산(李錫山)에게 누설될까 우려하여
전후사정을 말하지 않은 채, 강제로 의거자금을 마련할 수밖에 없었던 것이
다.[38] 이석산이 이진용이라는 실존인물일 가능성이 높다는 점에서[39] 의거자
금은 안중근의 주장대로 이석산으로부터 반강제로 얻은 것으로 봐도 될 것
이다. 하지만 정작 이강은 어디에도 의거자금을 제공했다는 언급을 하고 있
지 않다. 이는 안중근의 주장대로 이강이 의거자금을 제공하지 않았을 가능
성을 열어두는 대목이다.

의거자금의 출처와 관련하여 미조부치가 「헌기 제2634호」에 언급된 의거
자금의 출처를 미하일로프·유진률이 아닌 이강으로 본 것은 주목되는 점
이다. 안중근이 유동하의 요구로 이강에게 쓴 편지 중의 "김성백에게 50루
블을 차용하려고 하는데 이를 갚아줄 것을 요구한 내용"을 근거로 미조부치
는 의거자금의 출처를 이강으로 보고 이를 입증하는 데 집중하였다.[40] 이는
첩보의 신빙성에 대해 미조부치가 그다지 신뢰하고 있지 않다는 증거이다.

한편, 의거무기에 대해 살펴보면, 일제의 첩보에 미하일로프가 권총 3정
을 제공하였다는 기록이 있다.[41] 이강은 유진률과 양성춘이 자신들의 권총

---

37 위와 같음.
38 신운용 편역, 「안중근 제9회 신문조서」, 위의 책, 148쪽.
39 이상봉·이선우 편, 『李鎭龍 義兵將 자료全集』, 국학자료원, 2005, 707쪽; 신운용, 위의 논
   문, 182~183쪽.
   특히 윤병석은 이석산을 이진용이라고 하였다(윤병석 편역, 『안중근전기전집』, 170쪽). 이는
   의거자금의 출처를 대동공보사가 아니라 이석산으로 보고 있는 것으로 해석되는 대목이다.
40 신운용 편역, 「안중근 제9회 신문조서」, 위의 책, 171~172쪽.
41 국사편찬위원회, 「憲機 第二六三四號」, 위의 책, 249쪽.

2정을 제공하였다고 하였고[42] 우덕순은 유진률이 권총 2정을 공여하였다고 한다.[43] 이처럼 무기제공의 주체와 그 수에 대해 일본 첩자·이강·우덕순은 다른 주장을 하고 있다.

미조부치의 무기출처 추궁에 대해 안중근은 윤치종에게서 권총과 탄두에 십자형이 새겨진 탄환을 받았다고 주장하였다.[44] 우덕순은 1908년 10월 호 바로프에서 러시아인에게서 8루블에 구입한 권총과 탄환 10개가량을 하얼빈으로 가져갔다고 진술하였다.[45] 또한 여기에서 주목할 대목은 안중근이 우덕순에게 탄환을 나누어주었다는 사실이다. 이는 우덕순이 탄환을 미하일 로프 또는 유진률이나 이강에게서 받지 않았을 가능성을 높이는 대목이다.

일제도 안중근과 우덕순의 총번을 조사한 결과, "블라디보스토크에서 구입한 흔적이 없고 사실상 암거래는 불가능하다."라는 결론을 내렸다. 그러면서도 연추방면의 무기구입이 용이하다는 점도 지적하였다.[46] 이는 안중근의 동지 김기룡이 "「피스톨」은 煙秋에서 買入한 것은 確實하며 安은 十字形을 截裂한 銃丸을 九個 携帶하였다."[47]라고 한 데서 증명되는 것이다. 이처럼 안중근과 우덕순은 의거에 사용된 무기를 연추 등에서 구입했을 가능성이 크다.

기왕의 연구에서는 합작설의 다른 근거로 안중근이 대동공보사의 기자(탐방원)였음을 내세우고 있다.[48] 그러나 이에 대해 『대동공보』는 다음과 같이

---

42 이강, 「의사안중근」, 위의 책, 641쪽.
　　그러나 이강은 「나의 망명생활 五十년기」(『국민보』 1958년 9월 10일자)에서는 자신이 권총과 총알 7개를 주었다는 상반된 주장을 하고 있다.
43 우덕순, 「우덕순선생 회고담」, 위의 책, 207쪽.
44 신운용 편역, 「안중근 제5회 신문조서」, 『안중근 신문기록』, 82쪽, 「공판시말서 제1회」, 『안중근·우덕순·조도선·유동하 공판기록─공판시말서』(안중근 자료 9), 안중근의사기념사업회 안중근연구소, 2010, 19쪽.
45 국사편찬위원회, 「境警視의 訊問에 대한 禹連俊의 供述」, 위의 책, 393쪽.
46 국사편찬위원회, 「憲機 第一四七號」, 위의 책, 265쪽.
47 국사편찬위원회, 「電報 第二○六號」, 위의 책, 230쪽.
48 신용하, 「安重根의 思想과 義兵運動」, 177쪽.

주장하였다.

> 본항 원동보 제이백삼십육호 아력 십일월 삼일에 게재한 바 이토를
> 포살한 안의사 응칠씨가 본『대동공보』의 통신원으로 있었다함은 무
> 근지설이라 안씨가 본사에 일장기서와 일절통신이 있지 아니하니 어찌
> 본사의 통신원이라 하리요. 하바롭쓰크쁘디 아무루리에 신보에 게재한
> 바와 원동보에 게재한 바가 불과시 추상인고로 이에 대하여 변명함.[49]

이처럼 대동공보사는 안중근이 그 신문사의 기자임을 부인하고 있다. 물
론 이는 대동공보사 측이 안중근과의 관계를 부인함으로써 일제의 의심에
서 벗어나기 위한 고육지책으로도 설명될 수 있다. 하지만 안중근도 이를
부정하였을 뿐만 아니라, 구체적인 입증사료가 없는 한 안중근이 대공공보
사의 탐방원이었다는 주장은 설득력이 약하다.

3) 유동하 · 조도선의 참여여부와 하얼빈 한인과의 관계

일제의 첩보와 이강의 증언에는 조도선이 소위 시국담에 참여한 것으로
나와 있다.[50] 반면, 우덕순의 증언에 조도선과 유동하가 이토처단모의에 참
여하였다는 내용은 없다.

그런데 여기에서 주목할 대목은 조도선에 대한 기록이다. 기왕의 연구에
서는 일제의 기록을 인용하면서도 조도선을 제외하였다.[51] 즉, 조도선이 일

49『대동공보』1909년 11월 21일자,「무근지설」.
50 국사편찬위원회,「憲機 第二六三四號」, 위의 책, 248~249쪽;『국민보』1958년 9월 10일자,
「나의 망명생활 五十년기」.
51 신용하, 위의 논문, 179쪽.

제의 기록을 근거로 시국담에 참여하였다고 한다면 논리 모순에 직면하기 때문이다. 사실 조도선은 1909년 9월 초순경 이미 세탁업을 하기 위해 하얼빈에 와 있었다.[52] 안중근이 조도선을 하얼빈에서 만난 시점은 우덕순과 유동하와 함께 하얼빈에 도착한 다음 날인 23일 오후였다.[53]

이러한 배경에서 우덕순은 단지 유동하와 조도선을 통역으로 대동하였다고 언급하였던 것이다.[54] 이는 안중근과 우덕순의 신문조서와 일치하며 유동하와 조도선이 공모설을 강력히 부인한 데서도 확인된다.[55] 같은 맥락에서 조도선에 대한 다음과 같은 사카이 경시의 평가를 이해할 수 있다.

曹는 甚히 無學無識한 者로서 그 情을 모르는 證據가 歷然한 데도 不拘하고 단지 속아서 同行되었다는 일조차 陳述하지 못하는 겁쟁이다.[56]

미조부치 검찰관도 통역이 필요하여 유동하와 조도선을 대동한 것은 사실이지만 이 두 사람의 성격으로 미루어 보아 "공모하기에 적당치 않다."는 결론을 내렸다.[57] 이러한 면에서 유동하의 주장이 일제 재판부의 판결문에도 그대로 반영된 사실은 그 자체가 단순한 통역이었음을 반증하는 것이다.[58]

한편, 기왕의 연구에서는 합작설의 또 다른 주요한 근거로[59] 아래와 같은

---

52 日本 外交史料館, 「露國官憲取調飜譯文」, 『伊藤公爵遭難ニ關シ倉知政務局長旅順出張並ニ犯人訊問之件(聽取書)』 第2卷(문서번호 : 4.2.5, 245-4).
53 신운용 편역, 「안중근 제9회 신문조서」, 위의 책, 165쪽.
54 우덕순, 「우덕순선생 회고담」, 위의 책, 207~208쪽.
55 국사편찬위원회, 「情報 第三」, 『한국독립운동사』 자료 7, 369쪽; 「境警視의 訊問에 대한 曹道先의 供述(第一回), 위의 책, 393쪽.
56 국사편찬위원회, 「情報 第五」, 위의 책, 387쪽.
57 신운용 편역, 「넷째 날의 공판」, 『안중근·우덕순·조도선·유동하─안중근사건 공판속기록』(안중근 자료집 10), 2010, 171쪽.
58 최이권 편역, 『애국충정 안중근의사』, 법경출판사, 1990, 100쪽.

「헌기 제147호」의 첩보를 제시하고 있다. 즉,

> 安應七이 哈爾賓으로 出發함에 當하여 安을 同地에 있는 金成玉에
> 게 紹介한 사람은 李剛이라 한다. 哈爾賓에 있는 金衡在의 大東共報
> 와의 關係는 安應七의 煙秋에 있어서와 같은 地位에 있다. 곧 金衡在
> 는 哈爾賓의 通信機關이었다. 이 金衡在는 事件發生 四·五日前 즉
> 十月 二十三日頃 安應七 禹連俊 曹道先 柳江露의 四名을 同伴하고
> 金成玉의 집으로 가서 이 사람들은 「블라디보스톡」의 新聞社에서 왔
> 다 君에게案內 紹介하는 편지가 있다 하고 李剛으로부터 金成玉에게
> 보내는 편지를 金에게 交付하였다고 한다. 金은 이 편지를 披見하고
> 五名을 안으로 불러들여 六名이 深更까지 무슨 일인지 相議하였다고
> 한다.[60]

이를 근거로 일제는 김형재(김봉추)[61]를 불러 10월 31일과 11월 19일 2회
에 걸쳐 신문조사를 하였다.[62] 그런데 여기에서 주목되는 점은 정작 미조부
치는 「헌기 제147호」에 보이는 '안중근과 대동공보사의 관계', '김형재의 역
할'에 대한 조사를 하지 않았다는 것이다. 그럼에도 미조부치는 마치 김형
재가 「헌기 제147호」의 내용을 실토한 것처럼 안중근과 우덕순에게 유도신
문을 하였다.[63] 오히려 김형재는 3년간 블라디보스토크에 간 적이 없다고
강변하며[64] 이를 완강히 부인하였다. 결국 일제는 김형재를 무죄 방면할 수

---

59 주 12) 참조
60 국사편찬위원회, 「憲機 第一四七號」, 위의 책, 264쪽.
61 신운용 편역, 「우덕순 제4회 신문조서」, 『우덕순·조도선·유동하 신문기록』, 165쪽.
62 日本 外交史料館, 『伊藤公爵遭難ニ關シ倉知政務局長旅順出張並ニ犯人訊問之件(聽取
　　書)』第2卷(문서번호 : 4.2.5, 245-4).
63 신운용 편역, 「안중근 제11회 신문조서」, 『안중근 신문기록』, 194쪽; 「우덕순 제3회 신문조
　　서」, 『우덕순·조도선·유동하 신문기록』, 53~54쪽.
64 국사편찬위원회, 「境警視의 訊問에 대한 金衡在의 供述(第二回)」, 위의 책, 442쪽.

밖에 없었다.[65] 김형재 관련설이 우덕순과 이강의 회고록에서도 전혀 언급이 없는 점도 이를 반영하는 것이다.

아울러 김형재는 "이토를 한국의 은인이라며 여기저기에 떠들며 다닌 결과 시선이 두려워 이토를 영접하지 못한 점이 아쉽다."라고 하는 등 부일성향마저 드러낸 사실에서 김형재의 관련설을 인정하기에 무리가 따른다.[66] 무엇보다도 김형재를 비롯해 채포된 모든 하얼빈 한인의 석방은 김성옥의 집에서 이루어졌다는 의거모의 회합이 없었다는 사실을 반증하는 것이다.

안중근과 우덕순은 유동하가 어리고 빨리 귀가해야 한다는 이유로 통역을 유동하에서 조도선으로 바꾸었다.[67] 이러한 점에서 안중근이 유동하의 협조약속을 받았고 김성옥 집에서의 이토포살작전에도 참여하였다는 기왕의 주장[68]은 앞뒤가 안 맞는 말이다. 더욱이 유동하를 다시 두 공격지점의 연락을 담당케 했다는 것은 더욱 이해하기 어려운 부분이다. 또한 의거모의에 참여한 김성백이 의거자금을 빌려주지 않았다는 것도 모순인 것이다.

기왕의 연구에서는 채가구(蔡家溝)에서의 실패의 원인을 안중근·우덕순·조도선이 이별할 때 포옹하고 울던 모습을 이상하게 여긴 러시아 경비병이 역 구내의 숙소 출입을 못하도록 한 데서 찾고 있는 듯하다.[69] 하지만 위에서 보았듯이 안중근의거와 직접적인 관계가 없는 조도선이 눈물을 보일 까닭이 없다. 우덕순과 조도선이 숙소에 반 감금된 것은 이토를 태운 특별열차를 보호하기 위한 러시아 당국의 통상적인 조치에 불과한 일이었다.[70] 채가구 역 경계의 일환으로 우덕순과 조도선의 출입을 통제하는 등 감시활동을 하고 있던[71] 러시아 군인이 안중근의거가 알려지자 비로소 우와

---

65 『朝鮮新聞』 1910年 1月 18日字, 「安重根の連累」.
66 국사편찬위원회, 「機密統發 第一九六一號」, 위의 책, 357쪽.
67 신운용 편역, 「안중근 제9회 신문조서」, 위의 책, 165쪽.
68 신용하, 위의 논문, 188쪽.
69 위의 논문, 189쪽.
70 최이권, 『애국충정 안중근의사』, 70쪽.
71 신운용 편역, 「보고」, 『러시아 관헌 취조문서』, 안중근의사기념사업회 안중근연구소, 40쪽, 「

조를 체포하였던 것이다.

3. 일제조사의 결론

안중근의거가 『대동공보』와 합작으로 이루어졌다는 설은 대개 「전보 제4
호」[72] · 「헌기 제147호」[73] · 「헌기 제2634호」[74] · 「헌기 제2634호」[75]를 근거
로 하여 전개되고 있다.[76] 이러한 근거자료가 갖는 의미를 구체적으로 살펴
봄으로써 안중근의거의 실상에 접근할 수 있다.

「전보 제4호」는 아카이시(明石)가 11월 13일 이시즈카(石塚) 장관에게 보
고한 것이다. 이에 따르면

> 李珍玉은 本일 左의 情報를 齎來하였다. 柳江露가 金成玉方에서
> 家人에게 말한 바에 依하면 安·曺·禹 三名은 「블라디보스톡」으로부
> 터 汽車로 「포그라니치나야」驛에 와서 柳江露와 만나 同行하여 二十
> 五日 當地에 온 것으로 柳는 其親戚 金成白方에 安·曺·禹는 金成
> 玉方에서 一泊한 것에 틀림없는 것 같다.[77]

라고 하여 밀정 이진옥[78]의 첩보를 근거로 하여 안중근·우덕순·조도선이

조도선 제5회 신문조서」, 『우덕순·조도선·유동하 신문기록』, 95~97쪽; 국사편찬위원회, 「
憲機 第二一六〇號」, 위의 책, 21쪽.
72 국사편찬위원회, 「電報 第四號」, 위의 책, 175쪽.
73 국사편찬위원회, 「憲機 第一四七號」, 위의 책, 257~323쪽.
74 국사편찬위원회, 「憲機 第二六二四號」, 위의 책, 232~237쪽.
75 국사편찬위원회, 「憲機 第二六二四號」, 위의 책, 237~255쪽.
76 신용하, 위의 논문, 188쪽.
77 국사편찬위원회, 「電報 第四號」, 위의 책, 175쪽.
78 국사편찬위원회, 「報告書」, 위의 책, 353~354쪽.

함께 블라디보스토크에서 하얼빈으로 왔다고 지적하고 있다.

그러나 조도선은 1909년 음력 8월초 세탁업을 하기 위하여 하얼빈에 와 있었다.[79] 또한 안중근·우덕순은 김성백의 집에 머물고 있었다. 이러한 사실을 볼 때 조도선이 블라디보스토크로부터 안중근·우덕순과 함께 하얼빈에 왔다는 것과, 안중근·조도선·우덕순이 함께 김성옥 집에 숙박하였다는 것은 전혀 근거가 없다. 또한 안중근 일행이 하얼빈에 도착한 시점이 밀정 이진옥의 주장인 10월 25일이 아니라 10월 21일 밤 9시 15분이었음은 명백한 사실이다.[80]

밀정 이진옥이 얻은 정보는 러시아 측의 정보와 일치하는 부분이 많다. 러시아 사료에도 조도선이 안중근·우덕순과 함께 블라디보스토크에서 하얼빈으로 왔다는 기록이 남아 있다.[81] 이로 보건대 이진옥은 러시아 측의 정보를 일제에 제공하였을 가능성이 높다. 이는 블라디보스토크 방면에서 러일 간의 사법공조 부재로 일제가 러시아 측의 정보에 의지할 수밖에 없는 상황을 반영하는 것으로 사료된다. 이러한 의미에서 사건 초기 조사는 불확실한 첩보수준의 정보에 의지하여 진행될 수밖에 없었다.

「헌기 제147호」는 한국주차헌병대장 사카키바라(榊原昇造)의 명령을 받은 한국주차헌병대 헌병대위 무라이(村井因憲)가 1909년 11월 21일부터 1910년 1월 2일까지 하얼빈과 블라디보스토크의 밀정을 통해 입수한 첩보를 근거로 만든 복명서이다.[82]

합작설의 한 축인 김형재 등 하얼빈 한인과 안중근이 의거를 모의했다는 것은 이 복명서 중의 「新聞社 一派와 安重根의 關係」를 근거로 한 것이다. 그런데 이 자료가 밀정을 통하여 수집한 첩보였다는 점에 유의할 필요가 있

---

79 신운용 편역, 「조도선 제2회 신문조서」, 『우덕순·조도선·유동하 신문기록』, 67쪽.
80 신운용 편역, 「안중근 제9회 신문조서」, 위의 책, 150쪽.
81 러시아국립군역사자료보관소(РГВИА), фонд : No.2000, опись : No.1, дело : No.4107.
82 국사편찬위원회, 「憲機 第一四七號」, 위의 책, 257~259쪽.

다. 즉, 이는 일제의 조사결론이 아니라는 의미이다. 그 때문에 이러한 첩보를 종합적으로 검토한 무라이는 "同社(필자: 대동공보사)의 미하일로프·兪鎭律·李剛은 直接으로 兇行을 敎唆한 事實은 明瞭하지 않으나."[83]라는 자신의 의견을 내놓았던 것이다. 무라이는 안중근을 비롯한 9명의 시국담의 존재를 확신하지 못하면서 미하일로프·유진률·이강과 안중근의거의 관계도 불분명한 것으로 판단하였다. 이처럼 무라이도 합작설을 완전히 신뢰하지 않았던 것이다.

「헌기 제2624호」는 쓰기야마(杉山) 중위가 계통조사를 목적으로 11월 4일부터 12월 22일까지 여순에 파견되어 조사한 결과를 보고한 복명서이다. 쓰기야마는 무라이가 입수한 첩보[84]를 참고로 하여 복명서를 작성하였다.

쓰기야마는 무라이의 의견에서 한발 더 나아가 안중근과 『대동공보』의 합작설을 완전히 부정하였을 뿐만 아니라, 안중근의 주장을 그대로 인정하였다. 즉, 쓰기야마는

> 諸種 方面에서 觀察하건대 本事件의 策源地는 「블라디보스톡」이며 그 中心이 大東共報社라는 것은 一般 認定하는 것 같으나 訊問의 進行에 따라 今日에 있어서는 도리어 安 한 사람의 생각으로 이에 미친 듯한 느낌이 있다. 그리고 哈爾賓은 다만 兇行地이며 同地에 連累者가 있다고는 인정되지 않는다. 大抵 「블라디보스톡」은 諸種 不平分子의 集合地인 데다가 暴徒의 一部는 常時 潛匿해 있는 것 같은 狀況이므로 安과 같은 壯士的 人物 若干名이 斷指同盟하여 諸種의 機會를 노리고 있을 즈음 때마침 伊藤公의 滿洲行을 듣고 이를 企劃한 것이 아닌가도 思料된다.[85]

---

83 위의 책, 266쪽.
84 위의 책, 264쪽.
85 위의 책, 236쪽.

라고 하여 조사결과, 블라디보스토크와 하얼빈에는 안중근의거에 직접 관여한 사람이 없다는 사실이 밝혀졌음을 확인하였다. 이처럼 이토처단이라는 역사적 거사는 안중근의 단독의거임을 일본 조사담당자도 인정하였던 것이다.

「헌기 제2634호」는 블라디보스토크, 하얼빈에 파견된 무라이의 보고서와 여순에 파견된 쓰기야마의 보고서를 1909년 12월 30일 종합 정리한 보고서로 밀정의 보고를 근간으로 한 것이다.[86] 특히 기왕의 연구에서는 이 사료를 합작설의 논거로 제시하였다는 면에서 세밀한 검토가 요구된다.

이 문서의 작성자는 첩보들을 종합적으로 검토한 결과,

> 大抵 哈爾賓 在留 韓人의 거의 전부는 하등 勞動者에 屬하며 이번 兇行事件에 關係한 者가 一人도 存在하지 않은 것 같다고 한다. 또 「블라디보스톡」에서도 崔才亨 李相卨 崔鳳俊에게 協議하지 않은 것은 安重根이 著名한 無賴漢인 까닭에 從來 多數에게 嫌惡되고 있었으므로 처음부터 이의 協議를 해도 믿을 狀이 없었기 때문에 兇行 實行後에 通知한 것이라고 한다.[87]

라고 하여 안중근의거와 관련하여 적어도 하얼빈과 블라디보스토크에 안중근과 연결된 세력이 없었음을 강력하게 시사하고 있다.

이와 같이 기왕의 연구에서 「합작설」을 뒷받침하는 논거로 이용된 사료마저 그 합작설을 부정하고 있다는 사실은 '안중근과 대동공보 간의 합작설'을 검토함에 있어 매우 중요한 의미를 갖는 것이다.

이러한 맥락에서 조선총독부에서 파견된 사카이 경시는

---

86 위의 책, 241쪽.
87 위의 책, 252쪽.

그리고 下官의 愚見을 말하면 안의 訊問진행에 따라 本國 또는 「블
라디보스톡」 등에 連累者가 없고 全然 그의 單獨行爲인 것과 같은 경
향이 있게 된 것은 世人이 기대하는 바에 맞지 않으며 혹은 각하께서
도 不滿足일 것은 참으로 遺憾이라 하겠다. 그러나 이 이상 새로운 정
보의 依據할 바가 없이 漫然히 安을 責하는 것도 아마 얻은 바가 없을
것이다.[88]

라고 하여 "세인이 기대하는 바에 맞지 않으며", "불만족일 것은 참으로 유
감"이라는 표현을 하면서 안중근의 단독거사로 결론을 내릴 수밖에 없었다.
이는 조사 초기에 무라이의 복명서를 근거로 대동공보사의 인사들이 안중
근의거에 깊이 관여한 것으로 보아 안중근을 비롯한 러시아 연해주지역 항
일투쟁세력을 일소하려는 목적이 실패로 돌아간 사실에 대한 아쉬움의 표
현인 것이다.
　관동헌병대장도

　이미 令狀執行의 九名中 凶行者 외 曹道善 禹連俊은 確實한 共犯
者이나 殘餘는 다소 關係는 있는 것 같으나 今日까지 構淵 檢察官의
審問 其他 取調에 依하여도 充分한 證據가 없다.[89]

라고 하여 사카이와 마찬가지로 안중근의거는 대동공보사 인사들과 관계가
없는 '안중근과 우덕순의 합작품'이라는 결론을 제시하고 있다.
　이러한 맥락에서 일본 외무성에서 파견된 최고위층 관료인 구라치 테츠
기치(倉知鐵吉) 정무국장도

---

88 국사편찬위원회, 「電報」, 위의 책, 445쪽.
89 국사편찬위원회, 「憲機 第二一六號」, 위의 책, 352쪽.

十九・二十日의 兩日에 一旦 殘餘의 嫌疑者 全部의 訊問을 하였
으나 別로 얻은 바 없다. 今日까지의 訊問의 結果를 綜合하면 安・
禹・曺・柳 四人 外는 凶行事件과의 關係가 極히 稀薄하거나 또는
全然 깊지 않은 것 같다. 安 及 禹가 本件 主動者임은 벌써 明白하다
하더라도 安과 같음은 깊이 決心한 바가 있는 것으로 보여 적어도 他
人에게 괴로움이 될 것은 此를 隱蔽하여 責을 一身에 써 引受하기 努
力하여 盡力한 證據가 나타나지 않으면 容易히 事實을 陳述하지 않는
다. 如斯한 狀態로써 「블라디보스톡」 方面에 있어서의 搜索의 結果
何等의 證據를 發見까지는 今後의 訊問에 있어서 新事實을 發見하기
어려우리라고 思考한다.[90]

라고 하여 안중근의거는 대동공보사와 관계가 없다는 최종적 결론을 내릴
수밖에 없었던 것이다.

통감부는 안중근의거와 대동공보사의 관계를 입증하여 대한제국 병탄기
회로 활용하려고 하였다. 또한 외무성은 대동공보사 인사들의 지원과 사주
를 받고 오해하여 이토를 사망케 하였다는 사실을 증명함으로써 안중근의
거를 격하시키려고 하였다. 이와 같은 의도에서 사건 초기 일제는 합작설로
몰고 가려고 하였다. 하지만 위에서 보았듯이, 일제의 구상은 물거품이 되
었다. 이러한 맥락에서 일제는 안중근사형공작에 매달렸던 것이다.[91]

한편, 안중근이 노령 한인사회와 합작을 고려하지 않은 이유로 의병전쟁
이후 연해주 한인의 무장투쟁에 대한 부정적인 시각의 대두를 들 수 있다.[92]
특히 대동공보사의 최대 후원자인 최재형은 1909년 1월 17・20일 양일에
걸쳐 『대동공보』에 의병을 혹독하게 비판한 광고문을 게재하였다. 이처럼

---

90 국사편찬위원회, 「電報第二六號」, 위의 책, 389~390쪽.
91 신운용, 「일제의 국외한인에 대한 사법권침탈과 안중근 재판」, 232~238쪽.
92 신운용, 「안중근의거 과정과 그 의의」, 177~178쪽.

최재형은 무력투쟁노선과 사실상 거리를 두고 있었다. 안중근이 1909년 2월 수청에서 블라디보스토크로 들어가 재기를 모색하였으나 대동공보사 세력으로 분류되는 김학만 등이 반대하였다.[93] 또한 1909년 7월에도 김학만·차석보 등은 의병활동에 적극적으로 반대하였다.[94]

이상에서 살펴본 바와 같이 안중근의거와 대동공보사 세력이 직접적인 관련이 없다는 사실은 대동공보사 인사들의 성향과 밀접한 관계가 있는 것으로 보인다. 대동공보사의 핵심세력인 이강·정재관·정순만은 안창호가 주도한 공립협회와 신민회의 회원으로 활동한 경력이 있다. 이처럼 이들은 안창호의 노선과 궤를 같이하는 인사로 분류된다. 특히 이들은 안창호의 영향으로 무력투쟁보다는 실력양성론에 치중하여 무력노선에 적극 가담하지 않았다는 사실에서 안중근과 대동공보사 세력의 관계를 알 수 있다.

이러한 상황이었기에 다음과 같은 안중근의 주장은 설득력이 있다.

新聞社와 李剛과는 아무런 關係가 없다. 나는 그들과 같이 開發을 目的으로 하는 者가 아니다. 나의 目的은 어떻든 이토의 政策을 破壞하려고 하는데 있으므로 目的은 自然 다르며 깊이 그들과 計劃한 일은 없다.

義兵과 共報는 伊藤의 政策을 反對하는 目的은 同一하나 自然 差別이 있다. 그는 漸進主義者이고 나는 急進主義者이다. 共報 따위는 漸次 民智 開發을 期하는 데 있는 것이다.[95]

이처럼 그는 스스로를 급진주의자로 규정하면서 점진주의자들이 장악한

---

93 국사편찬위원회, 「親 第二二十八號」, 『한국독립운동사』 자료 13, 1984, 469쪽.
94 국사편찬위원회, 「七月, 咸鏡道」, 『한국독립운동사』 자료 15, 1986, 167쪽.
95 국사편찬위원회, 「境警視의 訊問에 對한 安應七의 供述(第一回)」, 『한국독립운동사』 자료 7, 396~397쪽.

대동공보사와 노선이 다름을 분명히 하고 있다.

이와 같은 사정에서 "신문기사에 의하면 이토가 온다고 하는데 사실이냐?"는 안중근의 물음에 대한 정재관의 다음과 같은 반응을 이해할 수 있다.

> 그렇다. 事實이다. 이곳에서도 靑年輩가 모여서 伊藤公이 온다니
> 칼을 갈아가지고 가지 않으면 안 된다고들 말하고 있었으므로 自己(鄭)
> 가 그런 일이 露國에 알려지면 그야말로 큰일이다. 바보 같은 소리 말
> 라고 制止하였다.[96]

그리고 안중근은 연해주에 일제 첩자가 광범위하게 퍼져있다는 사실을 너무나 잘 알고 있었다. 이 점에 안중근이 단독의거를 거행할 수밖에 없었던 또 다른 이유가 있는 것이다.[97] 실제로 안중근의 의형제 엄인섭이 일제의 첩자였던 사실 등[98] 연해주 항일투쟁가들을 전적으로 신뢰할 수 없던 현실도 안중근이 단독으로 의거를 할 수밖에 없었던 원인이 되었던 것이다.

4. 나오는 말

필자는 이상에서 안중근의거라는 역사적 사건을 안중근과 대동공보의 합작설을 중심으로 설명하던 기왕의 연구에 대한 재검토를 한 바, 다음과 같은 결론에 도달하게 되었다.

그동안 일제의 첩보에 근거한 합작설이 안중근의거의 배경으로 논의되어

---

96 국사편찬위원회, 「境警視에 對한 安應七의 供述」, 위의 책, 462쪽.
97 국사편찬위원회, 「境警視의 訊問에 對한 安應七의 供述(第十回)」, 위의 책, 439쪽.
98 日本 外交史料館, 「五月十二日嚴仁燮ヨリ得タル情報」, 『不逞團關係雜件-朝鮮人ノ部-在西比亞』第2卷(문서번호: 4.3.2, 2-1-2).

왔다. 그러나 10월 10일 대동공보사에서 열렸다는 시국담은 안중근이 10월 19일 블라디보스토크에 도착하였으므로 시간상 성립될 수 없는 일이다. 더욱이 소위 시국담에 참여했다는 윤병일은 러시아의 첩자였다. 만약 일제의 첩보에 보이는 시국담이 실제로 있었다면 러시아당국은 안중근 등을 체포하였을 것이다.

안중근은 연추 최재형의 지원을 더 이상 받을 수 없었기 때문에 블라디보스토크로 귀환하여 구국의 방략을 모색하려고 하였다. 그러나 우덕순과 이강은 서로 안중근을 블라디보스토크로 불러들인 장본인이 자신들이라고 주장하였다. 무엇보다 조도선이 소위 시국담에 참여하였다는 일제 첩자와 이강의 주장은 조도선이 하얼빈에 있었다는 사실에서 보건대, 받아들이기 어려운 대목이다.

의거모의 장소에 대한 증언도 각기 다르다. 우덕순은 자신과 안중근의 집이라고 증언하고 있는 반면 일제 첩자와 이강은 다른 주장을 하고 있다. 의거모의 장소가 안중근의 집이라는 것은 안중근과 우덕순의 주장이 일치하는 점을 보더라도 분명한 사실이다.

의거자금에 대해서도 일제 첩자는 미하일로프가 제공하였다고 주장하는 반면 우덕순은 유진률이 주었다고 하였고 이강은 특별한 언급이 없었다. 이처럼 의거자금의 출처에 대한 증언은 일치하는 부분이 거의 없다. 이러한 측면에서 대동공보사 세력이 의거자금을 지원했다는 것은 논리 비약인 것이다. 안중근은 거사자금의 출처를 이석산이라고 밝혔다. 이석산이 이진룡이라는 실존인물이란 지적은 타당성이 있다. 따라서 이석산에게서 의거자금을 마련하였다는 안중근의 주장이 더욱 신빙성이 있다.

의거무기에 대해서도 일본 첩자와 이강·우덕순의 주장이 다르다. 일제의 조사에 따르면 블라디보스토크에서 무기암거래는 거의 불가능하나 연추에서는 다소 용이하다고 한다. 신문과 공판과정에서 안중근과 우덕순은 자신들의 무기로 의거에 임하였다고 증언하였다. 또한 안중근이 무기를 연추에서 구입한 것이 확실하다는 김기룡의 증언은 안중근의 주장이 믿을 만하다는 사실을 뒷받침하고 있다.

그리고 이강이 김형재에게 보냈다고 하는 편지에 근거하여 김형재의 도움을 받아 안중근의거가 이루어졌다는 합작설은 김형재의 성향과 우덕순·이강의 증언에 언급되지 않은 점을 보아도 근거가 약하다. 이는 조도선과 유동하가 안중근의거에 적극 참여하였다는 설이 허구임에 비추어보더라도 김형재를 중심으로 한 하얼빈 한인의 의거참여는 논리적 연관성이 없다. 이러한 맥락에서 일제는 연루혐의를 받고 있던 하얼빈 한인을 석방할 수밖에 없었던 것이다.

통감부는 한국병탄의 명분을 찾기 위해, 그리고 일본 외무성은 안중근의거의 파괴력을 약화시키기 위해 초기첩보에 근거하여 합작설로 몰아갔다. 하지만 사카이 경시·관동헌병대장·구라치 정무국장·미조부치 검찰관 등 일제 조사 담당자들은 조사결과 안중근의거는 대동공보사 세력의 지원을 받아 이루어졌다는 합작설을 부정하면서, 우덕순의 협조를 받아 안중근의 주도로 이루어졌다는 결론을 내릴 수밖에 없었다.

이로써 일제의 항일투쟁세력에 대한 일망타진의 꿈은 사라졌고 안중근과 우덕순의 재판결과도 예상할 수 없는 상황에 이르게 되었다. 그리하여 조도선과 유동하에게 형을 과할 수 없더라도 안중근에게는 사형, 우덕순은 살인미수죄를 적용시키는 공작을 구라치 정무국장은 이시하라(平石) 고등법원장의 동의를 얻어 펼쳤다.[99] 그 결과로 일제 재판부는 안중근에게 사형, 우덕순에게 징역 3년, 유동하와 조도선에게 징역 1년 6개월이라는 판결을 내렸던 것이다.[100]

---

99 국가보훈처, 「電報 第三九號」, 『아주제일의협 안중근』 2, 1995, 478쪽.
100 『대한매일신보』 1910년 2월 13일자, 「안씨공판」.

2부 한일 양국의 안중근연구에 대한 비판적 검토

1

한국의 안중근연구에 대한 비판적 검토(하나)

십자가총알설, 의거성공·감사 기도설 등을 중심으로

1. 들어가는 말

2012년 올해는 안중근 의거 103주년 순국 102주년이 되는 해이다. 의거와 순국 100주년을 전후하여 많은 연구성과가 쏟아져 나왔다.[1] 이처럼 집중적이고 다양한 시각에서 검토된 역사인물은 안중근 이외에 드물다. 이는 그만큼 안중근이 역사적 가치가 큰 인물이라는 의미이다.

그러나 많은 연구성과에 비해 안중근과 그의 의거에 대한 사실관계를 좀더 명백히 해야 할 부분이 있는 것도 사실이다. 예컨대, 동아일보는 1995년 2월 13일자 기사에서 최서면이 최초의 안중근전기로 알려진 『근세역사』를 일본 외교사료관에서 처음으로 발견하였다고 대대적으로 보도하였다.[2]

---

1 조광, 「안중근 연구 백년 : 현황과 과제」, 『안중근 연구의 성과와 과제』, 안중근의사기념사업회, 2010 참조.

하지만 히라카와 키이치(平川綺一)는 안중근의거를 부정하는 「이토 히로부미(伊藤博文) 암살을 둘러싸고」[3]라는 자신의 논문 뒤에 와다 카나에(和田香苗)라는 사람으로부터 『근세역사』를 받아 실은 사실을 기술하고 있다. 여기서 『근세역사』를 최초로 발굴한 사람은 최서면이 아니라 '와다'라는 사실을 알 수 있다.[4]

안중근이 대동공보사의 기자였다는 설,[5] 안중근이 모진 고문을 당한 후에 죽었다는 설,[6] 안중근이 동양평화만세를 부르면서 순국하였다는 설,[7] 전기장치로 사형을 집행했다는 설[8] 등의 허구와 잘못 설명된 사진들이 사실인양 여전히 떠돌고 있다.

그런데 안중근과 그의 의거에 대한 사실관계를 정확히 하지 않으면 안중근연구의 진전을 기대할 수 없을 뿐만 아니라, 심지어 진실을 왜곡하는 지경에 이르게 되는 것이고, 더욱이 그 의미를 부여하고 평가를 하는 데도 많

---

2 『동아일보』 1995년 2월 13일자, 「安重根의사 최초傳記 발견」.

3 平川綺一, 「伊藤博文 ノ暗殺をめぐって」, 『工學院大學研究論叢』 5, 工學院大學, 1966.

4 신운용, 「일본의 안중근연구에 대한 비판적 검토-제3의 저격설을 중심으로」, 『(사)안중근평화연구원 창립기념식』, (사)안중근평화연구원, 2011, 34쪽.

5 신용하, 「안중근의 사상과 의병운동」, 『한민족독립운동사연구』, 을유문화사, 1895, 175쪽, 나명순·조규석 외, 『대한국인 안중근』, 세계일보사, 1993, 116쪽. 하지만 『대동공보』는 이를 부정하였다(『대동공보』 1909년 11월 21일자, 「무근지설」; 신운용, 「안중근의거와 대동공보사의 관계에 대한 재검토」, 『한국사연구』 150, 한국사연구회, 2010, 188쪽).

6 박성수, 『알기 쉬운 독립운동사』, 국가보훈처, 1995, 141쪽. 하지만 안중근은 일제의 대우가 좋았다는 기록을 남겼다(안중근, 「안응칠역사」(안중근의사숭모회, 『안중근의사자서전』, 1979), 188~189쪽). 뿐만 아니라 박성수는 같은 책(134~142쪽)에서 다음과 같이 학인되지 않은 내용을 기술하고 있다. ① 하얼빈에 이토와 안중근의 동상이 서 있었다. ② 의거 후 이토가 죽었는가 물은 안중근에게 러시아 헌병이 죽었다고 하였다. ③ 의거 후 체포된 안중근과 우덕순이 서로 의거에 대한 이야기를 나누었다. ④ 이토가 죽은 순간 바보 같은 놈이라고 했다. ⑤ 안중근과 우덕순이 러시아 영사관에 5일간 갇혔다. ⑥ 안중근은 왜간장통에 넣어져 묻혔다. ⑧ 안응칠역사는 위작이다.

7 노길명, 「안중근의 신앙」, 『교회사연구』 9, 한국교회사연구소, 1994, 22쪽. 하지만 순국직전 안중근의 동양평화 삼창 허가요청은 일제에 거절당하였다(국사편찬위원회, 「보고서」, 『한국독립운동사 자료』 7, 1977, 515쪽).

8 『실화』 1956년 4월호, 「안중근의사 따님의 수기」, 58쪽. 하지만 안중근은 교수형에 처해졌다(위의 책, 515~517쪽).

은 문제를 낳을 가능성이 높다. 예컨대 김수환 추기경은 안중근의 권총 총알에 새겨져 있는 십자형 상흔을 안중근의 신앙심과 관련하여 설명하고 있다.[9] 물론 이러한 그의 인식은 천주교 사가(史家)들의 주장을 그대로 받아들인 결과인 것으로 보인다.

그러나 본문에서 살펴보겠지만 안중근의 십자형 상흔 총알은 살상력을 높이기 위한 당시 러시아 지역의 일반적인 현상으로 종교성과는 전혀 관계가 없다. 이 점에서 그의 신앙심의 깊이를 증명하는 근거로 십자형 상흔의 총알을 내세우기에는 당연히 무리가 따르는 것이다. 따라서 그의 신앙심이 갖는 의미의 파악은 정확한 사실관계를 전제로 하지 않으면 안 되는 것이다.

이러한 맥락에서 필자는 1) 총알에 십자가를 새겼다는 설, 2) 이토처단 성공·감사 기도를 올렸다는 설, 3) 이토 히로부미 사망 일시에 맞추어 안중근 사형을 집행했다는 설, 4) 안중근 장남 안우생(安祐生)이 일제에 독살당했다는 설, 5) 수의를 고향의 어머니가 보냈다는 설, 6) 잘못 설명된 유묵 사진 등 그동안 일반이나 학계에 잘못 알려진 사실들을 바로잡는 것을 이 글의 목적으로 두었다. 아울러 안중근 유언들을 나누어 살펴보고 특히 널리 알려진 유언[10]의 출처와 그 의미를 밝히는 것도 이 글의 또 다른 목적임을 밝혀둔다. 이러한 필자의 작업이 안중근의 전체상을 바로잡는 데 조금이라도 도움이 되었으면 한다.

2. 십자가총알설과 의거성공·감사 기도설

안중근과 관계된 대부분의 위설(僞說)은 유동하 동생 유동선이 구술하고

9 김수환, 「안중근의사의 참사랑」, 『우리가 서로 사랑한다는 것』, 사람과 사람, 1999, 79쪽.
10 안중근의사숭모회, 「최후의 유언」, 『안중근의사 자서전』, 1979.

김파가 정리한 「안중근과 그의 동료들」에서 기인하는 것으로 파악된다. 그 대체적인 내용은 다음과 같다. ① 유동하가 이토의 방만 사실이 실려 있는 러시아 신문 『철로보』를 아버지 유승렬에게 주어 읽게 하였는 바, 유승렬은 이 사실을 안중근에게 알려야겠다며 나갔다가 안중근·우덕순·조도선·김성화·탁공규를 데리고 포그라니치나야의 집으로 돌아왔다는 것이다. 하지만 안중근이 이토의 방만 소식을 듣고 우덕순과 함께 10월 19일 블라디보스토크를 떠나 10월 21일 밤 9시 25분에 포그라니치나야에 도착하여 혼자서 유승렬의 집을 방문한 후 유동하를 데리고 10시 34분경에 하얼빈으로 떠났던 것이다.[11] 이때 조도선·탁공규는 하얼빈에 있었던 것이 확실하다. 따라서 이와 같은 유동선의 주장은 전혀 근거가 없다.

② 이토의 방만 소식에 대해 토론을 하고서 백포(白布)에 유동하를 비롯하여 안중근·우덕순·조도선·유승렬·김성화·탁공규가 <구국헌신>이라고 혈서하고 서명했다는 주장이다. 하지만 이는 앞과 같은 이유로 사실이 아님은 설명할 필요도 없다.

③ 유승렬의 주도로 하얼빈에 안중근과 유동하를, 장춘역에 우덕순과 조도선을, 심양역에 김성화와 탁공규를 각각 배치하여 이토처단 준비를 하였다는 것이다. 하지만 이 또한 전혀 사실이 아님이 분명하다.[12]

④ 안중근·유동하·우덕순·조도선이 함께 김성백의 집에 도착하였다는 것이다. 하지만 조도선은 하얼빈에 있었다.[13]

⑤ 유동하는 유승렬이 쓴 의거 협조를 부탁하는 편지를 김성백에게 주었고 편지의 의도를 간파한 김성백은 안중근 일행을 반갑게 맞이하여 주었다. 이에 김성백도 의거계획에 동참하고 유동하를 하얼빈에 남겨두고 안중근·우덕순·조도선을 채가구로 보내어 내막을 알아보도록 하였다. 이토가 내일

---

11 신운용, 위의 논문, 186~186쪽.
12 위의 논문, 182~195쪽.
13 위의 논문, 188쪽.

아침에 온다는 유동하의 전보를 받은 안중근은 우덕순과 조도선을 채가구에 대기시키고 하얼빈으로 돌아왔다는 것이다. 하지만 김성백이 안중근의거에 참여하였다는 것은 사실이 아니라는 점[14] 등에서 보건대, 이 또한 사실과 거리가 먼 주장이다.

그런데 안중근의거의 배경으로 천주교신앙을 들고 있는 몇몇 연구자는 의거에 사용된 권총의 총알에 새겨져 있는 '십자형' 상흔을 안중근 신앙심의 증거로 해석하고 있다.[15] 이러한 주장의 연원은 유동하의 여동생 유동선의 다음과 같은 구술로 거슬러 올라간다.

> 안중근은 25일 오후 1시경 차로 다시 할빈으로 되돌아왔다. 그날 밤 안중근과 류동하는 김성백의 집 객실에서 문을 걸고 창문 카텐을 친 다음 칼줄로 권총 탄알 끝을 뽀족하게 갈고 '✝'를 새겨 7발을 장전해 놓았다. (중략) 안중근은 창탄한 후 조용히 되뇌이었다. <하느님께서 부디 거사의 성공을 축복해 주시기를 바랍니다!>하고 '✝'를 그어 례배를 하였다.[16]

특히 노길명은 위의 유동선 구술을 바탕으로 "십자형이 새겨져 있는 총알을 구했다."[17]라는 안중근의 주장을 부정하였다. 그러면서 그는 이러한 안중근의 행동은 단독의거[18]를 주장하여 동지들을 보호하기 위한 방책에서 나온

---

14 위의 논문, 182~195쪽. 이외에 유동선은 「안중근과 그의 동료들」에서 다음과 같은 안중근 관계 위설을 주장하였다. ① 안중근이 총알에 십자가를 새기면서 의거의 성공 기도를 하였고, 의거성공 이후 이토의 사망소식을 듣고 감사의 기도를 올렸다. ② 안중근 우덕순 조도선 유동하는 여순감옥에서 심한 고문을 당하였다. ③ 수의를 안중근의 부인이 지었다. ④ 안중근은 조선독립만세를 외치면서 순국하였다. ⑤ 안중근의 아들 안우생은 일제에 독살당하였다.
15 이에 대한 대표적인 연구자로 노길명(위의 논문, 18쪽)을 들 수 있다.
16 류동선 구술 / 김파 정리, 「안중근과 그의 동료들」, 『안중근(도마)의사 추모자료집─서거 80주년을 맞이하여』, 천주교정의구현전구사제단, 1990, 194쪽.
17 신운용 편역, 「안중근 제5회 신문조서」, 『안중근 신문기록』(안중근 자료집 3), 안중근의사기념사업회 안중근연구소, 2010, 81~82쪽.

것이었다고 강조하였다.[19] 그의 주장은 한국 천주교계를 중심으로 광범위하게 퍼져 있다.[20]

그러나 이는 두 가지 측면에서 사실이 아닐 가능성이 높다. 하나는 유동선 구술의 신빙성에 문제가 있다는 점이다. 유동선은 마치 안중근·유동하·유승렬(유동하의 아버지)의 합작으로 안중근의거가 성공할 수 있었다는 식으로 구술하였다.[21] 하지만 이는 사실과 거리가 먼 주장이다. 유동하는 단지 통역을 맡았을 뿐이고, 유승렬은 안중근의거와 전혀 관계없는 인물이다.[22]

무엇보다 일제의 조사기록, 신문기록, 재판기록 등 공신력 있는 어느 사료에서도 유동선의 구술을 뒷받침할 만한 증거를 찾을 수 없다는 점을 상기할 필요가 있다. 사실 1909년 10월 25일 1시경 채가구에서 하얼빈으로 돌아온 안중근은 유동하에게 "내일 온다."라는 전보의 의미를 추궁하는 것 이외에 의거모의를 한 사실이 없었다.[23] 또한 의거 전날 밤은 그냥 잠자리에 들었다는 것이 안중근과 유동하의 공통된 진술[24]이라는 점에 유의할 필요가 있다.

다른 하나는 안중근이 윤치종에게 총과 십자형 상혼이 난 총알을 구입하

---

18 안중근의거는 대동공보사 등의 인사들과 합작이 아니라 우덕순의 협력으로 이루어진 안중근 단독거사로 보인다. 이에 대해서는 신운용, 위의 논문 참조
19 노길명, 위의 논문, 18쪽.
20 류동선 구술 / 김파 정리, 위의 책, 182쪽; 조광, 「안중근의 애국계몽운동과 독립전쟁」, 『교회사연구』 9, 92쪽.
21 류동선 구술 / 김파 정리, 위의 책, 191쪽.
22 신운용, 위의 논문, 188~189쪽.
23 위의 논문, 185~186쪽.
24 신운용 편역, 「안중근 제4회 신문조서」, 『안중근 신문기록』, 67쪽; 신운용 편역, 「첫째 날의 공판」, 『안중근·우덕순·조도선·유동하 공판기록－안중근사건 공판속기록』(안중근 자료집 10), 안중근의사기념사업회 안중근연구소, 2010, 49쪽; 신운용 편역, 「유동하 제7회 신문조서」, 『우덕순·조도선·유동하 신문기록』(안중근 자료집 4), 안중근의사기념사업회 안중근연구소, 2010, 154~1553쪽; 신운용 편역, 「셋째 날의 공판」, 『안중근·우덕순·조도선·유동하 공판기록－안중근사건 공판속기록』, 130쪽.

여 의거에 사용하였다고 일관되게 주장한다는 점이다.[25] 십자형 상흔은 살 상력을 높이기 위한 러시아 지역의 일반적인 현상이었다. 이는 단순히 동지 들을 보호하기 위한 조치에서 나온 것이 아니었음을 입증하는 것이다. 이와 같은 점에서 그가 자신의 신앙을 다지기하기 위해 특별히 총알에 십자가를 새기었다는 것은 사실에서 벗어난 주장이다.

한편, 의거의 성공을 위해 신에게 기도를 드렸다는 기술[26]과 이토가 죽었 다는 말을 듣고 '십자성호'를 긋고 대한만세를 불렀다는 기록에서[27] 안중근 의 신앙심을 읽을 수 있다는 연구가들의 주장이 가톨릭계에 널리 퍼져 있 다.[28]

그러나 이에 대해 안중근은 매일 기도를 올리기 때문에 의거성공을 위해 특별히 기도를 올리지 않았다는 사실을 밝히는 등 일관되게 이토처단 성공

25 신운용 편역, 「안중근 제5회 신문조서」, 위의 책, 81~82쪽; 신운용 편역, 「공판시말서 제1회 」, 『안중근·우덕순·조도선·유동하 공판기록−공판시말서』(안중근 자료집 9), 안중근의사기 념사업회 안중근연구소, 19~20쪽.

26 류동선 구술 / 김파 정리, 위의 책, 194~195쪽.

27 이는 다음에서 엿볼 수 있다. 신운용 편역, 「안중근 제2회 신문조서」, 『안중근 신문기록』, 46 쪽, 신운용 편역, 「국경지방재판소 검사 「콘스탄틴 콘스탄치노비치 밀레르」의 진술」, 『러시아 관헌 취조문서』(안중근 자료집 2), 안중근의사기념사업회 안중근연구소, 2010, 68~69쪽; 신운 용 편역, 「신문조서(안드레이 페트로비치 이바센코프)」, 위의 책, 103쪽.

28 안중근이 의거의 성공을 위한 기도를 했다는 주장은 다음과 같다. 류동선 구술 / 김파 정리, 위의 책, 194쪽, 노길명, 위의 논문, 18쪽, 조광, 위의 논문, 92쪽, 최서면, 『새로 쓴 안중근의사 』, 집문당, 1994, 123쪽. 또한 이토의 사망 소식을 듣고 감사의 기도를 올렸다는 주장은 다음과 같다. 노길명, 위의 논문, 19쪽, 조광, 위의 논문, 92쪽. 그런데 유동선의 경우에서 보듯이, 안중 근 기도설에 대한 『遠東報』의 보도를 보면 의거 직후 상당히 퍼졌던 것으로 보인다(『民吁日 報』 1909年 11月 4日字, 「節錄遠東報紀事」). 빌렘신부도 의거성공 소식을 듣고 안중근이 감 사의 기도를 올렸음을 들었다는 증언을 할 정도였다(정양모, 「안중근의사와 프랑스 선교사들 의 관계−안중근의사에 대한 선교사들의 인식과 평가」, 『안중근의사 순국 100주년 학술대회』, 안중근의사기념사업회·(사)안중근평화연구원, 2012, 15쪽). 또한 같은 내용이 조선교구통신문 에 기록되어 있다(천주교정의구현사제단, 「조선교구통신문」 1909년 11월 7일자, 위의 책, 174 쪽). 하지만 이러한 빌렘의 증언은 그가 안중근이 '조선만세'를 외치면서 순국했다는 잘못된 주장(『聲』 1912年 11月號, 「安重根が死ぬる覺悟(承前)」, 37쪽)과 같이 와전된 것으로 보인다. 일제도 이러한 소문의 진실을 파악하려고 하였다. 그 결과 일제는 제10회 안중근신문에서 사 실이 아님을 확인하였던 것이다(신운용, 「안중근의거 관련 『노국관헌취조번역문』의 내용과 그 의미」, 『한국민족독립운동사연구』 63, 2010, 65쪽).

기도를 드리지 않았음을 강조하였다.[29] 이토사망 소식을 듣고 감사의 기도를 올렸다는 설의 허구성은 다음에서 확인된다.

> 문 : 러시아 문서에 의하면 그대는 이토공의 죽음을 듣고 하느님께 감사하였다고 했는데 그것은 틀린 것인가.
> 답 : 나는 듣지 못했다. 러시아의 취조를 받았을 때는 한국인 통역이 있었지만 러시아어가 심히 졸악하였고 또 한국어도 잘하지 못해 나의 말을 중간에서 전해 주지 않고 내가 진술하면 그러한 말은 필요가 없다고 하는 까닭에 나는 다만 모른다 모른다고 대답하였다. 위와 같았으므로 어떻게 되었는지 모른다.
> 문 : 이토공은 그대가 발사한 총알 3개를 맞고서 15분이 못 되어 죽었던 것이다.
> 답 : 병원에도 가지 못하고 죽었는가. 한국인 때문이라는 것을 알았는가.[30]

여기에서 두 가지 사실을 알 수 있다. 하나는 안중근이 러시아 당국의 취조를 받았을 때 부정확한 통역 때문에 의사소통을 제대로 할 수 없었다는 점이다. 따라서 러시아의 취조는 안중근의 의사가 충분히 반영된 것이라고 볼 수 없다. 이는 이토처단 감사 기도설이 와전된 결과 일 가능성을 높이는 것이다.

다른 하나는 안중근이 이토의 사망사실을 안 시점은 미조부치의 제10회 신문이 있던 1909년 12월 22일이었다는 점이다. 이는 안중근이 의거 직후

---

29 신운용 편역, 「안중근 제2회 신문조서」, 『안중근 신문기록』, 68쪽; 「안중근 제10회 신문조서」, 『안중근 신문기록』, 188~189쪽; 신운용 편역, 「공판시말서 제1회」, 『안중근·우덕순·조도선·유동하 공판기록-공판시말서』(안중근 자료집 9), 25쪽.

30 신운용 편역, 「안중근 제10회 신문조서」, 위의 책, 189쪽. 이후 1910년 2월 4일 제1회 공판에서도 안중근은 같은 주장을 하였다(신운용 편역, 「공판시말서 제1회」, 위의 책, 28쪽).

의토의 사망사실을 몰랐음을 의미하는 것이다.[31] 때문에 위에서 보듯이 그는 "이토가 병원에서 죽었는지 한국인 때문임을 알고 죽었는지"를 미조부치 검찰관에게 되물었을 정도였다. 안중근이 의거 직후 이토 사망사실을 알았다면 위의 인용문과 같은 반응은 보이지 않았을 것이다.

또한 이는 러시아 국경지방재판소 제8구 시심판사 스트라조프의 안중근 신문에 참석한 스기노 호타로(杉野鋒太郎)가 통역의 말이 알아듣기 어려운 데도 있었다고 하면서 "이토의 사망과 관련된 말을 들은 적이 없다."라는 점을 분명히 밝힌 사실에서도 확인된다.[32]

이러한 맥락에서 스트라조프의 신문조서에 이른바 '이토사망 감사 기도설'이 기록되어 있지 않은 것은 당연한 일이라고 볼 수 있다.[33] 따라서 의거 직후 감사의 기도를 올렸다는 설은 스기노의 증언에서도, 안중근이 이토 사망사실을 안 시점이 약 두 달 후였다는 사실에서도 성립될 수 없는 것이다.

3. 이토 히로부미(伊藤博文) 사망 일시 안중근 사형집행설, 안우생 독살설, 수의(壽衣) 모친 제작설

최석우·노길명 등은 일제가 "예수의 수난일인 성 금요일(3월 25일)에 사형을 집행해달라는 안중근의 요구를 묵살하고 상월명일(祥月明日)이란 미신 때문에 보복의 의미에서 이토가 죽은 지 꼭 5개월째 되는 같은 시각(3월 26일 오전 10시)에 사형을 집행했다."라고 주장하였다.[34] 이는 빌렘신부[35]와 일

---

31 최서면, 위의 책, 130쪽.
32 日本 外交史料館, 「證人 訊問調書 證人 杉野鋒太郎」, 『伊藤公爵遭難ニ關シ倉知上政務局長旅順出張竝ニ聽犯人訊問之件(聽取書)』第一卷(문서번호 : 4.2.5, 245-4).
33 신운용 편역, 「피고신문조서(역문)」, 『러시아 관헌 취조문서』, 14~15쪽.
34 최석우, 위의 논문, 108쪽, 노길명, 위의 논문, 22쪽.
35 노길명, 위의 논문, 21~22쪽.

본 연구자의 주장[36]을 국내의 천주교 사가들이 그대로 받아들여 벌어진 현상으로 보인다.

그러나 안중근 사형집행에 대한 진실은 다음에서 여실히 드러난다.

> 안의 사형은 오는 25일 집행할 예정이라는 전보를 접했는 바, 그날은 한국 황제 탄생일에 해당하여 한국인 심(心)에 악감을 줄 우려가 있어 도독부에 신청한 결과 도독부에서 3월 26일 사형을 집행하고 유해는 여순에 매장할 예정이라는 답전이 있었다(이하 결).
>
> 오늘 당고등법원 검찰관이 안중근에 대한 사형집행명령을 도독에 품신한 사정은 우선 전보로 보고한 대로인 바, 이에 대한 도독의 명령서는 본월 22일 도착하여 25일 집행할 것이며 또 사형 후의 안의 신병은 감옥법 제74조에 의해 공안상 이를 유족에 내어주지 않는 것이 적당하다고 인정하고 당감옥서 묘지에 매장하기로 내정하였으므로 이에 참고로 보고하나이다.[37]

여기에서 두 가지 점을 확인할 수 있다. 하나는 3월 22일 여순감옥에 도착한 「사형집행명령서」에 따라 3월 25일 사형을 집행하고 유해를 여순감옥에 매장하여 가족에게 돌려주지 않기로 내정하였다는 점이다. 다른 하나는 25일이 순종의 탄생일인 관계로 한국 사람들의 반발을 우려하여 사형을 하루 연기하여 26일 집행했다는 점이다. 예수 승천일인 3월 25일을 자신의 사형일로 요청한[38] 안중근은 동양평화론의 완성을 위해 3월 25일로부터 15일간 사형집행 연기를 일본당국에 주선해달라고 통역관 소노키 스에키(園木末

---

36 中野泰雄, 『安重根－日韓關係の原像』, 亞紀書房, 1984, 232쪽; 사키류조(左木隆三) / 양억관 옮김, 『광양의 열사 안중근』, 고려원, 1993, 283쪽.
37 국사편찬위원회, 「電報 第一一四號(暗號)」, 『한국독립운동사』 자료 7, 514~515쪽.
38 국가보훈처 광복회, 「청취서」, 『21세기와 동양평화론』, 1996, 57쪽.

薨)에게 요구하였다. 하지만 일제는 안중근의 요청을 끝내 받아들이지 않았다.[39]

그런데 여기에서 안중근 사형집행 시간은 "사형집행은 오전 10시를 넘기지 않도록 한다."라는 1906년 9월 1일자 관동도독부 『사형집행규칙』에 따른 것[40]이라는 사실을 유념할 필요가 있다. 여기서 사형집행 절차와 시간이 법제화되어 있는 사실을 확인할 수 있다. 사형은 검찰관의 요청을 받은 관동도독부 도독의 명령으로 집행되는 것이다. 물론 이는 도독 혼자서 판단한 것이 아니라 일제 상층부의 의견이 반영된 결과로 보인다. 따라서 안중근의 사형집행 시간과 이토의 죽음은 전혀 관계가 없는 것이다. 이러한 점에서 이토 사망 일시 안중근 사형집행설은 사실이 아님이 증명되는 것이다.

한편, 일각에서 안중근의 장남 안우생(安祐生)이 일제에 의해 독살되었다는 설이 제기되었다. 이 설은 다음과 같이 유동선이 구술하고 김파가 정리한 『안중근과 그의 동료들』에 기원하고 있다.

> 나는 군도(필자 : 분도, 안우생)와 마태 셋이서 숨박꼭질도 하고 몽릉(필자 : 목릉)강변에 나가 가재잡이도 하곤 하였다. 그러던 어느 날이었다. 군도가 강변에 나간 지 이윽했는데 갑자기 비지땀을 흘히면서 배를 글어안고 뜨락으로 비칠비칠 들어오며 <엄마, 나 죽소, 아이고 배야, 아이고 배야....> 하며 집안에 들어서자 쓰러지는 것이었다. (중략) 후에야 안 일이지만 그 낚시질군은 일본놈들! 파견한 간첩이었다. 일본놈들은 앞으로의 일을 우려하여 안중근의 후손들까지 열족(필자 : 멸족)시킬 야심이었다.[41]

---

39 『滿洲日日新聞』 1910年 3月 17日字, 「執行猶豫を乞す」; 예술의 전당, 「구리하라 전옥典獄이 사카이境 경시警視에게 보낸 보고서」, 『안중근』, 2010, 60쪽.

40 齋藤充功, "新發見"寫眞六十点の檢討と安重根の眞筆, 處刑の謎追」, 『寶石』 4月號, 1994, 360쪽.

41 류동선 구술 / 김파 정리, 위의 책, 201~202쪽.

이에 근거하여 조광과 황재문은 안우생 독살설을 지지하였다.[42] 하지만 이는 항일전쟁기에 민족운동세력의 일본에 대한 적개심을 엿볼 수 있다는 면에서 의미가 있을지 모르지만 사실과 거리가 먼 이야기이다. 왜냐하면 이 것이 사실이라면 민족운동가들이 언론에 대서특필하였을 것이고 항일투쟁 열기를 올리는 데 좋은 기회로 활용하였을 것이기 때문이다. 하지만 독살설 은 공신력 있는 어느 기록에서도 확인되지 않는다.

그런데 독살설과 관련하여 『권업신문』의 다음과 같은 기사를 유념할 필 요가 있다. 여기에서 독살설의 진실을 알 수 있기 때문이다.

> 그 맏아들 9세 된 분도가 우연히 병에 걸려 음력 본월 4일에 엄연히
> 죽은 고로 안공의 대부인과 부인은 물론 정리가 남달라 사랑하던 남아
> 에 불의에 참변을 당함에 의약이 갖추지 못한 적막한 촌에서 미처 구
> 원 못 한 것을 더욱 유감하여 (중략) 듣는 바에 누구든지 눈물 안 흘리
> 지 않는 자가 없더라. 슬프다. 나고 죽는 것은 떳떳한 일이나 저 푸른
> 하늘이 어찌 저를 참아하느뇨(밑줄 : 필자).[43]

위의 기사에서 안우생은 1914년 음력 4월 4일(양력 5월 28일)에 병사했음 을 확인할 수 있다. 민족운동가들은 그의 죽음을 참으로 안타까워하며 독립 투쟁의 의지를 다졌던 것이다.[44] 이는 안우생 독살설의 가능성이 대단히 낮 다는 사실을 증명하는 것임에 틀림없다.

안중근은 1910년 2월 14일 여순지방재판소에서 사형선고를 받고 나서 2 월 14·15일 이틀에 걸쳐 친인척과 빌렘신부·뮈텔주교에게 보내는 유서를

---

42 조광, 「안중근의거 이후 그 가문의 동향」, 『안중근 연구의 성과와 과제』, 안중근기념사업회, 2010, 245쪽; 황재문, 『안중근평전』, 한겨레출판, 2011, 361쪽.
43 『권업신문』 1914년 6월 22일자, 「의스령윤의요사」.
44 『권업신문』 1914년 7월 5일자, 「안의스의 아들 조상흠」.

작성하였다. 특히 그는 2월 17일 항소를 포기한다는 사실을 일제에 통고하면서 예수 승천일인 3월 25일에 사형집행을 요청하였다.[45] 3월 8일부터 11일까지 두 동생·빌렘신부 등과 총 4회 면회를 한 그는 1910년 3월 25일 오후 12시부터 3시 30분까지 여순감옥에서 두 동생과 미즈노 기치타로(水野吉太郎)와 가마다 세이지(鎌田正治) 변호사를 마지막으로 만났다.[46]

한편, 안중근은 이토처단으로 더러워진 옷을 입고 천당에 갈 수 없다고 판단했다.[47] 그는 3월 11일 면회에서 두 동생에게 수의를 부탁하였다. 그런데 유동선은 안중근의 부인이 지어서 보냈다는 설을 제기하였다.[48] 일각에서도 안중근의 수의를 고향에서 어머니가 만들어서 보냈다는 설을 주장하였다.[49] 심지어 여순감옥의 전옥 구리하라 사타기치(栗原貞吉) 딸 이마이 후사코(今井房子)는 자신의 어머니가 안중근의 수의를 만들어 주었다는 말을 서슴지 않았다.[50]

---

45 국가보훈처 광복회, 위의 책, 57쪽.

46 국사편찬위원회, 「보고서」, 위의 책, 540~543쪽.

47 이에 대해 『만주일일신문』은 다음과 같이 전하고 있다.

피에 물 들은 옷

안은 홍 신부가 귀국했는지 여부를 물어 두 동생이 귀국했다고 답하자, 내 의복은 피가 묻어 더러워졌으니 조선풍의 흰 옷으로 빨리 바꿔 입고 싶다고 하였다. 이미 주문했으니 곧 올 것이라는 동생의 말에 안은 그런가 하며 심히 만족한 듯했다(『滿洲日日新聞』 1910 年 3月 17日字, 「血に染みし衣服」).

48 류동선 구술 / 김파 정리, 위의 책, 198쪽.

49 조관호, 「안중근의사의 신앙과 민족의 제단에 바친 삶」, 『안중근(도마)의사추모자료집—서거 80주년을 맞이하여』, 천주교정의구현전국사제단, 1990, 143쪽; 최서면, 위의 책, 163쪽; 나명순·조규석 외, 위의 책, 177쪽; 이태진, 「안중근의 '하얼빈 대첩'과 평화주의」, 『동북아 평화와 안중근의거 재조명』, 안중근·하얼빈학회, 2008, 10쪽.

50 齋藤充功, 『伊藤博文を撃った男』, 中公文庫, 1994, 158~159쪽. 158~159쪽. 사이토 미치노리(齋藤充功)는 「"新發見"寫眞六十点の檢討と安重根の眞筆, 處刑の謎追」, 361쪽에서 수의를 만든 사람이 여순감옥 전옥 구리하라의 부인이 아니라, 장녀라고 하였다. 이마이는 "안중근 기념관에 있는 여순감옥의 전경을 찍은 사진을 보고 형무소건물과 관사 그리고 안중근이 있었던 곳을 즉석에서 알아 볼 수 있었다고 하면서 안중근은 관이 아니라 둥근 통에 넣어 운반하였다(『동아일보』 1979년 9월 5일자, 「安重根義士 갇혔던 旅順감옥소장딸 이마이 女士」)."고 주장하였다. 하지만 일반 사형수는 일본식으로 둥근 통에 넣었지만 안중근은 한국식으로 만든 침관에 안장하여 묻었던 것이다(국사편찬위원회, 「電報 第一一四號」, 위의 책, 515쪽).

그러나 사료를 면밀하게 분석하면 이는 사실이 아님을 곧 알 수 있다. 수의와 관련하여 일제는 "이 날 안의 복장은 어젯밤 고향에서 도착한 한복(상의는 백무지이며 바지는 흑색)을 입고 품속에 성화를 넣었다."[51]라는 기록을 남겼다. 여기에서 분명히 알 수 있는 사실은 고향에서 수의를 보냈다는 것이다. 그렇다면 누가 어떻게 보낸 것인지만 확인된다면 안중근의 수의에 대한 잘못된 설을 바로잡을 수 있을 것이다.

이는 다음과 같이 『만주일일신문』 기사에서 확인된다.

안의 수의(壽衣)

안중근이 주문한 흰색 한복은 2·3일전 여순의 객잔에 머물고 있는 두 동생 앞으로 보내어져 온 가격 56원으로 매우 훌륭한 것이라고 한다.[52]

이처럼 수의는 고향에서 56원에 사서 두 동생이 묵고 있던 여순의 여관으로 보내져 안중근에게 전달되었던 것이다. 따라서 부인이 만들었다는 설, 고향에서 어머니가 만들어 보냈다는 설, 구리하라의 부인이 만들었다는 설은 전혀 근거가 없는 허구인 것이다.

4. 유묵·사진 위설(僞說)

안중근은 여순감옥 관리들의 요청으로 많은 유묵을 남겼다. 박은식의 『한국통사』에 따르면 안중근의 유묵은 200여 편에 이른다고 한다.[53] 현재 안중

---

51 국가보훈처, 「安重根 死刑執行에 關한 要領」, 『아주제일의협 안중근』 3, 1995, 776~777쪽.
52 『滿洲日日新聞』 1910年 3月 24日字, 「安の死裝束」.
53 박은식, 『한국통사』(단국대학교부설 동양학연구소, 『박은식전서』 상, 1975), 345쪽.

근의 마지막 유묵은 「爲國獻身軍人本分」으로 알려져 있다.[54]

그러나 이는 사실과 다른 주장이다. 그 해답은 다음의 『朝鮮新聞』 기사에서 얻을 수 있다.

안중근의 절필(絶筆)

지난 26일 단두대의 이슬로 사라진 흉한 안중근의 절필은 사형집행 전일 경성의 모씨에게 보내져 왔다. 휘호의 내용은 아래와 같다.

人心惟危 道心惟微

庚戌 三月於旅順獄中

大韓人 安重根 書[55]

여기에서 「安重根의 絶筆」이라는 제목과 순국 하루 전인 1910년 3월 25일 위의 유묵을 서울로 보냈다는 기록을 주목할 필요가 있다. 이는 「人心惟危 道心惟微」가 안중근의 마지막 유묵일 가능성을 대단히 높이는 대목이기 때문이다. '절필'을 하였다는 것은 안중근이 더 이상을 붓글씨를 쓰지 않았다는 뜻이다. 여기에서 그가 마지막으로 유묵을 쓴 시점은 순국 하루 전인 3월 25일이라는 사실을 알 수 있다.

그리고 『中庸章句書』에 나오는 「人心惟危 道心惟微」는 안중근이 11월 24일 제6회 신문부터 미조부치 검찰관의 태도가 돌변한 것을 한탄하며 읊조린 내용과 같은 것이다.[56] 이처럼 안중근은 당시를 도심은 희미해지고 인심은 위태로운 시대로 인식하고 있었다.

---

54 나명순·조규석 외, 위의 책, 176~178쪽.

55 『朝鮮新聞』 1910年 3月 30日字, 「安重根の絶筆」. 이는 『皇城新聞』 1910년 3월 30일자, 「安重根의 絶筆」에서도 확인된다.

56 안중근, 「안응칠역사」(안중근의사숭모회, 『안중근의사자서전』, 1979), 177쪽.

유묵과 더불어 잘못 알려지거나 설명된 안중근의 사진에 대해서도 살펴 볼 필요가 있다. 그 대표적인 안중근 관련사진은 <사진 1>과 <사진 2>이다.

〈사진 1〉

〈사진 2〉

<사진 1>은 「눈 내리는 산야를 헤치며 마차는 여순으로 가고 있다. 꼬박 3일이 걸린다. 이 마차 속의 안의사는 무슨 사색에 잠겼을까」라는 설명과 함께 『실화』1956년 4월호에 실려 있다. 이후 이 사진은 「아 의사 최후의 날 종용히 형장으로」[57]라는 설명과 더불어 1963년에 출간된 안학식의 『의사안중근전기』에 게재되어 있다. 또한 1976년 국사편찬위원회에서 간행된 『한국독립운동사』자료 6에도 「사형장으로 나가는 안중근」(제18도)이라고 설명되어 있다.[58]

<사진 2>는 『실화』1956년 4월호에 「여순으로 압송당하는 찰라. 이 마차 속에 안중근의사는 태연히 앉아 천리길을 떠나는 것이다」라고 설명되어

---

57 안학식 편저, 「아 의사 최후의 날 종용히 형장으로」, 『의사안중근전기』, 만수사보존회, 1963.
58 이외에 잘못된 사진설명은 다음과 같다. 『동아일보』1995년 2월 16일자, 「안중근의사를 싣고 사형장으로 나가는 함거」; 『조선일보』1994년 5월 9일자, 「운구마차 처형 뒤 안중근의사의 사신을 태우고 형장에서 묘지로 가는 마차」; 齋藤充功, 「안의 유해를 나르는 영구마차」, 위의 책, 185쪽.

있다. 『한국독립운동사』 자료 6에도 「여순감옥 형장에서 사형된 후 감옥묘지로 발인하는 장면」(제19도)이라고 설명되어 있다. 이러한 현상은 1990년대 이후에도 반복되는 양상을 보이고 있다.[59]

<사진 1>과 <사진 2>는 쌍을 이루는 것으로 안중근을 감옥에서 법원으로 호송하는 상황을 묘사한 『만주일일신문』[60]을 보건대, 여순감옥에서 법원으로 향하는 모습과 도착 장면임에 틀림없다. 특히 <사진 1>은 일본에서 발행되던 『법률신문』 1910년 2월 25일자에 「兇漢 등이 新調檻車로 법원유치장에 도착하는 광경」이라고 설명되어 있다. 또한 이는 영국신문 『더 그래픽(The Graphic)』 1910년 4월 16일자에도 「일본 죄수호송마차가 여순법원 밖에서 이토 살인자를 기다리고 있다」라고 설명되어 있다. 여러 가지 사항을 고려해볼 때, 『법률신문』의 설명이 사실에 가까운 것으로 보인다.

그리고 안중근의사숭모회가 1979년에 발간한 『민족의 얼 안중근의사 사진첩』에 들어 있는 「진남포에서 육영사업 시절의 안중근교장」[61](<사진 3>)

---

59 이는 다음에서도 엿볼 수 있다. 나명순·조규석 외, 「1910년 3월 26일 하루종일 보슬비가 내리는 가운데 안중근의사의 유해가 마차에 실려 재소자 공동묘지를 향해 가고 있다」, 위의 책, 182쪽; 김우종·리동원 편저, 「안중근의사의 시체를 실은 마차가 묘지로 가는 정경」, 『론문·전지·자료 안중근의사』, 흑룡강조선민족출판사, 1998; 화문귀 주필 / 유병호 역, 「안중근이 감옥을 떠나 법원으로 압송되어 가는 장면」, 『안중근연구』, 료녕민족출판사, 2009, 55쪽.

60 『滿洲日日新聞』 1910年 2月 8日字, 「護送馬車の到着」.

호송마차의 도착

새로 만든 호송마차에는 피고 4명을 태우고 간수장 2명, 간수 10명이 경호하고 기마순사 및 헌병이 앞뒤에 붙고 정복 및 사복순사를 연도 곳곳에 배치하여 경계를 철저히 하였다. 구리하라(栗原) 전옥도 또한 마차를 타고서 그 뒤를 따랐다. 8시 30분경 마차가 법원 앞에 도착하자 방청권을 받지 못한 수백의 군중은 자꾸자꾸 몰려들어 안중근이 어떠한 인물인가 보려고 얼굴을 내밀었다. 이는 마치 잉어가 한 조각 먹이에 몰려드는 것 같았다. 드디어 호송마차가 법원 내 남측의 유치장에 도착하자, 전면의 문이 먼저 열리고 용수를 얼굴에 쓰고 나오는 자는 나이가 가장 어린 유동하이고, 그 다음으로 후방의 문이 열리며 같은 모습으로 나타난 자는 조도선이며 북쪽 전방의 문에서 나타난 자는 우덕순이고 마지막으로 후방 안쪽에서 나타난 자는 안중근이다. 이들은 모두 허리에 포승줄을 찬 채로 유치장 내로 끌려들어갔다. 군중은 4사람의 모습을 보고 앞서가는 자가 안중근이다 아니다 뒤에 가는 자가 안중근이라는 하마평으로 장외가 잠시 떠들썩하였다.

61 안중근의사숭모회, 「진남포에서 육영사업 시절의 안중근교장」, 『민족의 얼 안중근의사 사진

〈사진 3〉

이라는 사진설명은 많은 문제점을 안고 있다는 점에서 재검토할 필요가 있다.

1914년 안정근은 안중근전기 발간 비용을 마련하기 위해 블라디보스토크에서 ① 「대한의사안중근공－하르빈에서 잡히기 전 모양, 여순구 옥중에 있은 지 한 달 후 모양, 하르빈 정거장에서 잡힐 때 모양」, ② 「대한의사안중근공, 통감 일본인 이등박문」, ③ 「하르빈정거장에서 이등과 아라사 대신이 만나는데 안의사는 기회를 기다림」, ④ 「대한충의사－민충정영환공, 안의사중근공, 해아밀사이준공」, ⑤ 「안의사중근공이 여순구 옥중에서 두 아우와 빌렘신부에게 유언하는 모양－나 죽은 후에

〈사진 4〉

나의 시체는 어느 때든지 나라가 회복되기 전에는 본국에 반장하지 말고 속히 독립의 소식으로 나의 영혼을 위하하게 하라」라는 안중근엽서 5종을 제작하였다.[62]

그런데 안정근은 ①~④ 사진 속에 안중근의 상체 사진을 <사진 4>에서 보듯이 '원' 속에 편

첩』, 1979.

62 『권업신문』 1914년 1월 17일자(음력). 『권업신문』에 안중근전기 발간비용을 마련하기 위해 4종(필자 : 5종의 잘못)의 '안중근 그림엽서를 발매한다는 광고(「샤진사가시오 우이가잇지못홀 긔념」)가 게재되어 있다. 이 엽서는 25전(꼬페이까)에 판매되고 있었는데, 이는 『안중근전기』 발간 이외에 안중근 유족의 생활비로 충당하기 위한 것이라고 한다(日本 外交史料館, 「當地方 朝鮮人近況報告ノ件」(1914.2.16), 『不逞團關係雜件-韓國人ノ部-在西比利亞』 第4卷(문서 번호: 4.3.2, 2-1-2)). 이 엽서는 ① 「安重根先生」, ② 「대한의사안중근공」, ③ 「안의사중근공」, ④ 「대한의사안중근공·통감 일본인 이등박문」, ⑤ 「안의사중근공이 여순구 옥중에서 두 아우와 빌렘신부에게 유언하는 모양」이라는 제목으로 5종이 발매되었다(日本 外交史料館, 「安重根寫眞繪葉書送付件」, 『不逞團關係雜件-韓國人ノ部-在西比利亞』 第4卷). 이 엽서는 미국·중국의 한인들에게도 보내져 애국심을 고취하는 역할을 하였다.

집하여 제작하였다. 이는 바로 1909년 10월 23일 안중근이 우덕순·유동하와 더불어 찍은 <사진 5>[63] 속의 안중근과 일치하는 것이다. 따라서 ①~④ 사진 중 원안에 들어 있는 안중근 사진은 <사진 5>의 안중근부분을 편집한 것임을 알 수 있다.

〈사진 5〉

박은식은 1914년 출간한 『안중근』에 다른 사진들과 함께 이 사진 5종을 실었다. 그런데 원 안에 안중근 상체 사진을 넣고 「안중근선생」이라고 제목을 붙인 『

〈사진 6〉

안중근』의 첫 번째 사진을 주목할 필요가 있다. 이는 사진 ④의 '안의사중근공'·사진(<사진 3>)과 같은 것이다.

이로 보아 박은식이 <사진 5> 속의 안중근을 따로 편집하여 「안중근선생」이라고 제목을 붙여 『안중근』의 첫 번째 사진으로 넣은 것이 확실하다.[64] 여기에서 안중근의사숭모회 등은 <사진 3>을 아무런 검증과정도 거치지 않은 채 책자에 실은 사실을 알 수 있다.[65]

---

63 『滿洲日日新聞』1910年 2月 4日字, 「兇行三日前哈爾賓支那人寫眞館より撮影したる紀年寫眞 左安重根, 中禹德淳, 右劉東夏」; 김호일, 『대한국인 안중근 사진과 유묵으로 본 안중근 의사의 삶과 꿈』, 안중근의사숭모회, 2010, 108쪽.

64 이는 호랑이 모양의 한국지도와 함께 원 안에 안중근의 사진을 넣은 신한국보사가 발행한 1913년 1월 달력에서도 발견된다.

65 김호일, 「진남포에서 육영사업하던 시절의 안중근」, 위의 책, 50쪽; 최서면, 위의 책, 71쪽; 「진남포에서 육영사업을 하던 시절의 안중근 교장」, 『대한국인 안중근』(8월의 문화인물), 문화체육부·한국문화예술진흥원, 1993, 8쪽; 최종수, 「삼흥학교와 돈의학교를 설립할 당시의 안중근」, 『재판장 마음대로 하시오』, 역민사, 1993.

또한 안중근 사진과 관련된 위설은 고등학교 교과서에서도 발견할 수 있다. 천재교육에서 출판한 고등학교 역사교과서에는 안중근·두 동생·빌렘신부와 만난 사진(<사진 6>)을 실으면서 「안의사의 유언장면(1910. 3. 24)」이라는 설명문을 붙였다.[66] 두산동아에서 간행한 교과서에서는 「유언을 남기는 안중근의사 / 사형집행 2일전에 두 명의 동생과 신부 앞에서 유언하고 있다」라고 되어 있다.[67] 즉 안중근·두 동생·빌렘신부가 1909년 3월 24일에 만났다는 것이다. 이는 최수종·한국교회사연구소·사이토 미찌노리(齋藤充功)의 영향으로 보인다.[68] 또한 강덕상은 「처형 2분전에 동생들(왼쪽 끝 정근, 공근)과 만나다」이라고 주장을 하였다.[69] 반면에 윤병석·김호일·예술의 전당은 3월 9·10일로 확정짓고 있다.[70]

그러나 빌렘신부는 3월 12일 한국으로 돌아가기 위해 여순을 떠났다. 여기에서 위의 <사진 6>이 촬영된 시점은 3월 12일 이전임을 확인할 수 있다. 따라서 3월 24일은 아닌 것은 확실하다. 그렇다면 <사진 6>은 언제 찍은 것일까? 일제의 기록에 따르면 안중근·빌렘신부·두 동생 네 사람이 함께 면회를 한 것은 4번의 면회가운데 3월 8일, 3월 11일 이틀이다. 따라서 <사진 6>은 3월 8일과 11일 둘 중 하나일 것이다. 결론적으로 <사진 6>은 3월 8일의 면회장면으로 보인다. 왜냐하면 <사진 6>에 대해 3월 10일자 만주일일신문에 「옥중의 면회」라고 설명되어 있기 때문이다. <사진 6>은 3월 10일 이전에 촬영되었을 가능성이 높다. 이러한 점을 종합하면 <사

---

66 천재교육, 「안중근의사의 유언장면(1910. 3. 24)」, 『한국근현대사』, 2010, 105쪽.

67 두산동아, 「유언을 남기는 안중근의사 / 사형집행 2일전에 두 명의 동생과 신부 앞에서 유언하고 있다」, 『한국근현대사』, 2012, 81쪽.

68 최수종, 「순국 이틀 전에 아우 정근 공근과 홍신부를 만나 유언하고 있다」, 위의 책; 한국교회사연구소 역주, 「안중근을 만기 위해 3월 24일 여순감옥을 찾은 빌렘신부」, 『뮈텔주교일기』 4, 1998, 451쪽; 齋藤充功, 「처형직전에 동생과 면회하는 안중근」, 위의 책, 140쪽.

69 姜德相, 「처형 2분전에 동생들(왼쪽 끝 정근, 공근)과 만나다」, 『朝鮮獨立運動의群像』, 靑木書店, 1984, 76쪽.

70 윤병석, 『대한국인 안중근 사진과 유묵』, 안중근의사기념관, 2001, 139쪽; 김호일, 『대한국인 안중근』, 안중근의사숭모회, 2010, 159쪽; 예술의 전당, 『안중근』, 2009, 165쪽.

진 6>은 3월 8일의 면회장면으로 결론지어도 될 것이다.[71]

5. 유언 검토

안중근은 3월 8일부터 25일에 이르기까지 5회에 걸쳐 두 동생과 빌렘신부 등과 면회를 하였다. 특히 3월 11일 그는 "둘째 아들을 신부로 만들어 달라. 유해를 하얼빈에 묻어 달라.[72] 교자는 그 하루를 앞서 성단에 오르니 교우의 힘에 의해 한국독립의 길보를 가져다주기를 기다릴 뿐이다. 한복 차입해 달라."라는 유언을 남겼다.[73] 여기에서 유해마저 독립투쟁에 바치려는 그의 의지와 천주교인들의 각성을 간절히 바라는 그의 마음을 느낄 수 있다.

3월 25일 그는 "둘째아들 대신 첫째아들을 신부로 만들어 달라. 정근은 공업에 종사하라. 공근은 학문을 연구하라. 하얼빈에서 우덕순과 유동하와 함께 찍은 사진을 찾아라. 장봉근에게서 빌린 50원을 갚아라. 이치권에게서

---

71 이외의 사진과 관련된 잘못된 설명을 들면 다음과 같다. 김호일, 「이토 히로부미가 도착하기 직전의 하얼빈 역 플랫폼」, 『대한국인 안중근』, (사)안중근의사숭모회, 2010, 106쪽; 황재문, 「이토 히로부미를 맞이하기 위해 채비중인 하얼빈 역 풍경」, 위의 책, 276쪽. 이 사진에 대해 「故李等公遭難當時 ノ哈爾賓驛」이라고 설명되어 있는 『伊藤公ノ最期』(佐藤四郎, 哈爾賓日日新聞社, 1927)에는 "중앙 다섯 명이 둘러싸고 있는 가운데가 조난지점"이라는 부연 설명이 되어 있다. 이로 보아 이 사진은 필시 하얼빈에서 이토 기념사업을 시작하던 무렵(1927년 10월)에 찍은 것으로 보인다. 또한 「의군참모총장시절의 안중근」이라는 사진설명(안중근의사숭모회, 「의군참모중장 안중근」, 『민족의 얼 안중근의사 사진첩』, 1979; 『동아일보』 1995년 2월 14일자, 「의군참모총장시절의 안중근」; 최종수, 「의병 참모중장 안중근」, 위의 책)도 허구일 개연성이 크다. 안중근이 의병시절 사진을 남겼다는 기록이 없기 때문이다. 이는 필시 여순감옥의 벽을 배경으로 찍은 사진을 편집한 것일 가능성이 높다.
72 유해와 관련하여 "독립이 되기 전에 고국에 매장하는 일이 없도록 하라."라는 기록은 『근세역사』(윤병석, 『안중근전기전집』, 국가보훈처, 1995, 439쪽)에 등장한다. 또한 "유해를 국권이 회복되거든 고향에 묻어라."라는 유언은 1914년에 출간된 박은식의 『안중근』(윤병석, 위의 책, 309쪽)에도 나온다.
73 위의 책, 538~540쪽.

정천동맹 때 자른 손가락과 구두 의류 등을 찾아라. 어머니·숙부·빌렘신부·뮈텔주교·안명근·부인 김아려에게 보내는 유서를 전하여 달라."[74]라고 유언하였다.

그런데 안중근의사숭모회는 『안중근의사 자서전』에서 출처를 밝히지 않은 채 「안중근의 최후의 유언」을 다음과 같이 소개하고 있다. 이후 이는 안중근 최후의 유언으로 일반에 널리 알려지게 되었다.

> 내가 죽은 뒤에 나의 뼈를 하르빈 공원 곁에 묻어 두었다가, 우리국권이 회복되거든 고국으로 반장해다고 나는 천국에 가서도 또한 마땅히 우리나라의 회복을 위해 힘쓸 것이다. 너희들은 돌아가서 동포들에게 각각 모두 나라의 책임을 지고 국민된 의무를 다하여, 마음을 같이 하고 힘을 합하여 공로를 세우고 업을 이루도록 일러다고. 대한 독립의 소리가 천국에 들려오면, 나는 마땅히 춤추며 만세를 부를 것이다.[75]

위의 유언은 일제가 작성한 안중근의 면회기록과는 차이점이 보인다. 이 점에서 이는 안중근이 안병찬에게 남긴 유언을 그대로 수록한 것인지, 어느 정도 가필된 것인지, 그 출처가 어디인지 의문이 생긴다.

이러한 의문을 풀기 위해서는 우선 1910년 2월 15일 안중근을 면회한[76]

---

74 위의 책, 540~541쪽.
75 안중근의사숭모회, 「최후의 유언」, 『안중근의사 자서전』, 1979; 「최후의 유언」, 『민족의 얼 안중근의사 사진첩』, 1979; 나명순·조규석 외, 위의 책, 178쪽. 특히 "대한 독립의 소리가 천국에 들려오면, 나는 마땅히 춤추며 만세를 부를 것이다."라는 유언은 박은식의 『안중근』(윤병석, 위의 책, 309쪽)에 처음으로 나오는 대목이다. 이후 1935년 10월 15일자 『신한민보』의 「안듕근의사의 유언」에서도 발견된다.
76 안병찬이 안중근과 면회를 했다는 것은 다른 기록에서 확인되지 않는다. 안중근의 부인 김아려조차 안중근을 면회하지 못한 사실에서 보건대 안중근의 법적 변호사가 아닌 점에서 안병찬이 안중근을 만났을 가능성은 낮다.

안병찬의 전언이 실려 있는 『대한매일신보』의 다음과 같은 기사를 주목할 필요가 있다.

> 안중근씨가 말하기를 이 내 육신이 차생에는 영별리라. 만난 소회는 이로 측량할 수 없거니와 오직 한 말로 우리 대한 동포에게 고하노라 하였는데, 내가 대한 독립과 동양평화를 유지하기 위하여 삼년 동안 해외의 풍상을 지내다가 마침내 그 목적을 도달치 못하고 이 땅에서 죽으니 죽기가 원통함이 아니라 속에 품은 만반사를 부탁할 곳이 없도다. 바라노니 우리 이천만 형제자매는 각각 분발하여 학문을 힘쓰고 실업을 진흥하여 나의 뜻을 계속하여 나의 소망을 저버리지 말고 우리 대한자유독립을 회복하여 죽은 자로 하여금 한이 없게 하라.[77]

여기에서 천주교 신자들에게 유언을 남긴 안중근이 따로 한국 사람들에게 유언을 남긴 사실을 알 수 있다. 물론 이는 안병찬 또는 『대한매일신보』 인사들이 어느 정도 가필하였을 가능성을 배제할 수 없다.[78] 하지만 이는 안정근이 1914년에 제작한 안중근엽서에 기입한 "나 죽은 후에 나의 시체는 어느 때든지 나라가 회복되기 전에는 본국에 반장하지 말고 속히 독립의 소식으로 나의 영혼을 위하게 하라."[79]라는 유언에서 보듯이 대체적으로 안중근의 유언으로 받아들여도 무리는 없을 것 같다.

그런데 순국 약 25년 후인 1935년 10월 15일자 『신한민보』 기사에서 위의 안병찬의 전언과 비슷한 내용을 다음과 같이 확인할 수 있다.

---

77 『대한매일신보』 1910년 3월 25일자, 「이말좀드러보소」.
78 그런데 안병찬이 안중근을 면회하지 못하였다면 이는 안중근이 두 동생에게 한 유언을 안병찬이 전해들은 것일 가능성이 크다.
79 日本 外交史料館, 「當地方 朝鮮人近況報告 ノ件」(1914.2.16), 『不逞團關係雜件-韓國人 ノ 部-在西比利亞』 第4卷(문서번호: 4.3.2, 2-1-2).

안중근의사는 여순옥에서 임종에 그 아우 정근 공근에게 유언하야 말하기를 「나 죽은 후에 내 신해를 할빈 정거장 곁에 묻어두었다가 국가독립이 회복되거든 고토에 반장하라. 내가 천국에 가셔도 또한 마땅히 국가독립을 위하야 진력하리니 너희들은 우리동포에게 고하여 각각 국가의 칙임을 지고 국민의 의무를 다하여 성공케 하여라. 대한 독립의 소리가 천국에 사무치면 나도 춤추고 만세를 부르리라」[80]

이는 안병찬의 전언과 두 가지 점에서 차이점을 보이고 있다. 하나는『대한매일신보』는 1910년 2월 15일 면회 때 안중근이 안병찬에게 위와 같이 유언을 남겼다는 것에 반하여, 『신한민보』는 여순 옥중에서 임종(3월 25일)에 한 것으로 보고 있다는 것이다. 다른 하나는『대한매일신보』의 "우리 대한자유독립을 회복하여 죽은 자로 하여금 한이 없게 하라."가『신한민보』에서는 "대한 독립의 소리가 천국에 사무치면 나도 춤추고 만세를 부르리라." 등으로 다르게 표현되어 있다. 하지만 대체로 그 뜻은 대동소이한 것으로 보인다. 이러한 점에서『신한민보』에 보도된 위의 유언은『대한매일신보』의 안병찬 전언을 바탕으로 한 것으로 보인다.

아울러 1935년의 기사에 이어서 1941년 11월 13일자『신한민보』는 다음과 같이 유언과 관련하여 보도하고 있다.

안중근의사는 여순구 감옥에서 적의 해를 입어 사생취의할 때에 그 아우 공근에게 일러 갈오대 「나의 유해를 여순구 바다 언덕 위에 묻어두어 외로운 무덤으로 하여금 고국산천을 바라보게 하고 이 다음 우리

---

80 『신한민보』 1935년 10월 15일자, 「안듕근의사의 유언」. 또한『韓民』에도 다음과 같이 보도되었다. "일반동포는 분투노력하야 이로써 내 영혼을 기쁘게 하여 달라는 말과 자기의 시체는 할빈에 묻었다가 국권 회복한 후에 고토에 묻어달라는 말을 부탁하였다."(『韓民』大韓民國十八年(1936년) 10월 15일자, 「安重根義士의 事蹟」)

나라가 독립하거든 반장하여라」[81]

1935년 『신한민보』는 1935년 기사에서는 안중근이 유해를 하얼빈에, 1941년 기사에는 여순에 묻어달라는 유언을 했다고 각각 다르게 보도하고 있다. 이는 1941년의 보도는 그 진위를 의심케 하는 대목으로 안중근의 유언은 어느 정도 가필되었을 가능성이 높은 것으로 보인다.

이상에 보듯이 안중근 최후의 유언으로 가장 널리 일반에 알려져 있는 유언은 『신한민보』 1935년 10월 15일자 기사를 바탕으로 한 것이다. 또한 이러한 안중근의 유언은 민족운동가들의 대일항쟁투쟁의지를 다지고 민족의 일치단결에도 도움이 되었던 것으로 판단된다.[82]

6. 나오는 말

이상에서 필자는 십자가총알설, 의거성공·감사 기도설 등을 중심으로 한국의 안중근연구를 비판적 시각에서 살펴보았던 바, 다음과 같은 결론에 이르렀다.

안중근연구는 의거와 순국 100주년을 전후하여 폭발적으로 증가하는 모습을 보였다. 하지만 여전히 총알에 십자가를 새겼다는 설, 이토처단 성공·감사 기도를 올렸다는 설, 이토 히로부미 사망 일시에 맞추어 안중근 사형을 집행했다는 설, 안중근 장남 안우생(安祐生)이 일제에 독살당하였다

---

81 『신한민보』 1941년 11월 13일, 「안중근의사의 유언」.
82 하얼빈 한인들은 다음에서 보듯이 안중근의 유지를 받들어 하얼빈을 민족운동의 성지로 만들려고 하였다. "첩보에 의하면 여순지방법원에서 사형 선고를 받은 이등공 살해범 안중근의 형이 집행된 뒤 그 유해를 청해 받아와서 안중근을 이곳(하얼빈 : 필자)의 한국인 묘지에 정중히 매장하고 한국인들의 거출금으로 장려한 묘비와 기념비를 건립하고 애국지사로서 일반 한국인들의 존경의 중심이 되도록 하려는 계획을 세우고 진력 중인 한국인이 이곳에 있다."(국가보훈처, 「기밀 제14호」, 『아주제일의협 안중근』 3, 690쪽)

는 설, 수의를 고향의 어머니가 보냈다는 설, 잘못 설명된 사진 등이 사실인
양 널리 회자되고 있다.

십자가총알설은 유동선의 주장이 전혀 근거 없다는 점, 안중근이 일관되
게 이를 부정하고 있다는 점 등에서 사실이 아님을 알 수 있다. 또한 의거
직후 이토처단 성공·감사 기도를 올렸다는 설도 재판기록에서 보듯이 안
중근이 지속적으로 부정한다는 점, 특히 안중근이 이토사망을 안 시점이 의
거 후 약 2달이 지난 1909년 12월 22일이었다는 점에서 사실이 아님이 입
증된다.

이토 히로부미 사망 일시에 맞추어 안중근 사형을 집행했다는 설은 사형
집행시간과 집행명령이 일제의 법률로 정해져 있었다는 점, 사형을 하루 연
기하여 26일에 시행한 것은 순종의 생일과 겹쳐 한국 사람들의 여론에 악
영향을 끼칠 우려 때문이라는 점에서 허구인 것이다.

안중근 장남 안우생(安祐生)이 일제에 독살당하였다는 설은 안우생이 병사
한 사실을 밝힌『권업신문』의 기사를 보건대 사실이 아니다. 아울러 수의를
고향의 어머니가 보냈다는 설은 56원에 고향에서 사서 보냈다는『만주일일
신문』의 기사를 근거로 바로잡을 수 있다.

안중근과 그의 의거와 관련하여 가장 많이 왜곡된 부분이 바로 안중근
관련사진 설명이다. 잘못 설명된 대표적인 사진은 <사진 1>·<사진
2>·<사진 3>이다. <사진 1>은 <사진 2>와 쌍을 이루는 것이라는 점
과『만주일일신문』의 안중근 등을 호송을 하는 기사를 바탕으로 여순법원
으로 향하는 장면임이 확실하다. <사진 2>는 법률신문의 설명을 근거로
볼 때 법원에 도착하는 장면임이 확실하다. <사진 3>은『만주일일신문』
1910년 2월 4일자의 사진(<사진 5>) 속의 안중근부분을 편집한 것이다.

그리고 <사진 5>는 안정근이 만든 5종류의 안중근엽서에서 활용되었을
뿐만 아니라, 박은식의『안중근』과 신한국보사가 발행한 1913년 1월달 달
력 등에서도 발견된다. <사진 6>은 1910년 3월 24일 촬영된 것으로 고등
학교 교과서에 실려 있는 등 사실이 아닌 허구가 널리 퍼져 있다. 이는 3월

8일의 면회장면일 가능성이 높다.

또한 안중근의사숭모회에서 발간된 책자들로 널리 알려진 안중근 유언은 1935년 10월 15일자 『신한민보』에 근거한 것이라는 사실도 알 수 있다.

끝으로 한국의 안중근연구에서 재검토를 요하는 분야는 이것만이 아니다. 의거 100주년을 기해 불거진 '안중근장군설', '김두성실존설', '고종배후설' 등도 비판적인 시각에서 살펴보아야 할 대목이다. 이는 다음 기회를 기약하면서 이 글을 맺고자 한다.

2

한국의 안중근연구에 대한 비판적 검토(둘)

안중근장군설 · 김두성실존설 · 고종배후설을 중심으로

1. 들어가는 말

의거와 순국 이후 안중근에 대한 관심과 연구는 지속되어 왔다. 특히 의거와 순국 100주년을 전후하여 안중근연구는 폭발적으로 증가하는 추세이다.[1] 하지만 해결해야 할 과제가 여전히 남아 있는 것도 사실이다.

더욱이 연구가 진척되었음에도 사실과 다른 주장이 회자되고 있는 실정이다. 예를 들면 안중근이 이토처단을 기원하기 위해 십자가 총알을 만들었다는 설, 의거성공과 의거 직후 감사의 기도를 올렸다는 설, 안중근의 수의를 어머니 조마리아가 만들었다는 설 등은 잘못 알려진 것이다.

또한 안중근이 사용한 총알의 십자는 당시 러시아의 관습에 따라 살상력

---

[1] 조광, 「안중근 연구 백년 : 현황과 과제」, 『안중근 연구의 성과와 과제』, 안중근의사기념사업회, 2010 참조.

을 높이기 위해 새겨진 것으로 종교적 의미가 있는 것이 아니다. 이는 안중근이 의거성공을 위한 기도를 올리지 않았느냐는 일제 검찰관의 추궁에 그러한 사실이 없음을 분명히 한 데서도 알 수 있다.[2]

그리고 의거 직후 감사의 기도를 올렸다는 주장도 안중근이 의거성공을 알게 된 시점은 약 두 달 후인 제10회 신문이 있던 1909년 12월 22일이었기 때문에 이는 시간관계상 성립될 수 없는 것이다. 그의 수의도 고향에서 56원에 사서 보낸 것이다. 필자는 이러한 문제를 이미 발표한 바 있다.[3]

이는 사실관계만 확인하면 쉽게 정리될 문제이다. 하지만 이 글에서 다룰 '안중근장군설', '김두성실존설', '고종배후설'은 사실관계를 넘어 한국근대사를 바라보는 시각에 속하는 문제이기 때문에 논쟁이 야기될 소지가 많다.

안중근장군설은 2008년 이태진이 안중근의사라는 호칭이 문제가 있다고 본격적으로 주장함으로써 표면화되었다. 그는 안중근 스스로 대한의군 참모중장이라는 군인 신분으로 이토 히로부미(伊藤博文)를 처단하였으므로 '안중근장군'이라는 명칭을 부여해야 한다면서 '안중근의사'라는 호칭은 안중근에 대한 연구가 부실하다는 의미라고 강조하였다.[4] 이러한 주장은 한국육군과 안중근평화재단청년아카데미라는 단체의 호응으로 이어져[5] 안중근의거와 순국 100주년을 전후하여 사회에 큰 반향을 일으켰다.[6] 하지만 이들의 주장

---

2 신운용 편역, 「안중근 제10회 신문조서」, 『안중근 신문기록』(안중근 자료집 3), 안중근의사기념사업회 안중근연구소, 189쪽, 「공판시말서 제1회」, 『안중근·우덕순·조도선·유동하 공판기록−공판시말서』(안중근 자료집 9), 안중근의사기념사업회 안중근연구소, 28쪽.

3 신운용, 「한국의 안중근연구에 대한 비판적 검토(하나)−십자가총알설, 의거성공·감사 기도설 등을 중심으로」, 『남북문화예술연구』, 10, 남북문화예술학회, 2012 참조. 필자는 일본의 안중근연구에 대해서도 비판적으로 검토한 바 있다(신운용, 「일본의 안중근연구에 대한 비판적 검토−제3의 저격설을 중심으로」, 『한국민족운동사연구』 71, 한국민족운동사학회, 2012 참조.

4 이태진, 「안중근의 '하얼빈 대첩'과 평화주의」, 『동북아평화와 안중근 의거 재조명』, 안중근·하얼빈학회, 2008, 7쪽.

5 『서울신문』, 「'의사·장군' 호칭 논란 속 육군 '안중근 장군실' 개관」; 안중근평화재단청년아카데미, 『안중근, 將軍인가 義士인가』, 2009.

6 『세계일보』 1910년 3월 30일자, 「[어떻게 보십니까] 안중근 장군 호칭」.

은 2008년 이전에는 거의 발견할 수 없었다. 이와 같은 사실에서 안중근장군이라는 호칭은 역사용어로서 그 역사성에 결정적인 문제점이 있음을 알수 있다.

그런데 이 문제는 김두성실존설과 연관되어 있다는 사실에 유념할 필요가 있다. 김두성이 실존하지 않았다면 논리적으로 안중근장군설도 성립될수 없기 때문이다. 김두성실존설을 주장한 대표적인 학자는 신용하·오영섭·조동걸이다. 신용하는 평양군 송정동의 27세 김무원이라는 사람이 안중근이 언급한 김두성이라고 주장하였다.[7] 반면 오영섭은 1904년 한일의정서반대운동을 모의한 김두성이 안중근이 지목한 김두성이라는 견해를 피력하였다.[8] 또한 조동걸은 김두성을 유인석이라고 추정하였다.[9] 하지만 이들이언급한 김두성은 나이, 관직경험, 사회적 지위, 고종과 관계 등에서 어떠한공통점도 발견할 수 없다.

특히 의병사를 고종을 중심으로 연구한 오영섭은 고종의 밀지 또는 그에상당하는 징표가 의병투쟁의 원동력이라는 시각을 견지하고 있다. 그는 후기의병 봉기의 배경도 고종으로 기술하고 있다. 이러한 관점에서 그는 김두성을 고종세력으로 보고서 안중근의 국내진격작전의 배경을 고종으로 상정하였던 것이다.[10] 이를 받아들여 이태진은 검증되지 않은 사료를 증거로 고종을 안중근의거의 배후로 확정하였던 것이다.[11] 이처럼 김두성실존설과 고종배후설은 불가분의 관계가 있는 것이다.

그러나 이와 같은 주장은 이들이 김두성의 의병활동을 뒷받침할 만한 근거사료를 전혀 제시하지 못하였다는 점, 안중근이 1908년 7월의 국내진격

---

7 신용하, 「안중근의 사상과 의병운동」, 『한국민족운동사연구』, 을유문화사, 1985, 163·176쪽.
8 오영섭, 「후기의병운동에 미친 고종세력의 역할」, 『고종황제와 한말의병』, 선인, 2007, 181쪽.
9 조동걸, 「安重根義士 裁判記錄上의 人物 金斗星考－舊韓末 沿海州地方 義兵史의 斷面」,
  『春川敎育大學論文集』 7, 1969 참조
10 오영섭, 「안중근의 의병운동」, 『영원히 타오르는 불꽃』, 지식산업사, 2010 참조
11 이태진, 「안중근의 하얼빈 의거와 고종황제」, 『영원히 타오르는 불꽃』, 66~67쪽.

작전에 도영장 전재익을 직속상관으로 하는 의병부대의 우영장으로 참전하였다는 점, 최재형과 이범진이 주축이 된 의병부대에서 김두성의 역할을 할 수 있는 이는 최재형밖에 없다는 점 등에서 문제가 있다.

이상과 같은 문제점을 안고 있는 안중근장군설, 김두성실존설, 고종배후설은 안중근의거의 성격과 실체에 접근하기 위해서 반드시 철저한 검토가 이루어져야 하는 것이다. 이러한 맥락에서 우선 역사용어는 그 생성과 정착과정에 대한 정확한 역사적 이해를 바탕으로 해야 그 당위성을 확보할 수 있는 것이다. 이와 같은 의미에서 필자는 안중근의사라는 용어가 생겨나는 과정과 정착과정을 밝히는 데 이 글의 목적을 두었다.

또한 필자는 김두성의 실존론을 주장하는 신용하설과 오영섭설을 비판적인 입장에서 검토하면서 안중근이 말하는 김두성의 실체를 밝히는 데 이 글의 목적을 두었다. 아울러 고종이 안중근의거의 배후라는 이태진의 주장을 비판적으로 재검토하는 것도 이 글의 또 다른 목적이다. 이는 우덕순의 도움을 받은 안중근 단독의거라는 필자의 주장[12]과 연관되어 있음을 밝혀둔다. 이러한 필자의 연구가 안중근의거와 안중근의 전체상을 바로잡는 역할을 하였으면 하는 바람이다.

2. '안중근장군설'의 진상

1909년 10월 26일 안중근의거는 세계를 격동시킨 사건이었다. 이에 대해 국내외의 많은 평가가 있었다. 일본과 서구에서는 안중근을 각각 '흉한'과 '살인자'라고 매도하였다. 물론 이는 제국주의가 세계를 지배하던 당시의 현실을 반영하는 것이었다. 반면 한국 사람들은 안중근을 한마디로 '의사'로

---

12 신운용, 「안중근의거와 대동공보사의 관계에 대한 재검토」, 『한국사연구』 150, 한국사연구회, 2010 참조

받들었다. 이는 한국 사람들의 독립투쟁 의지와 제국주의에 대한 인식을 드러낸 것으로 해석된다.

그런데 안중근의거 100주년을 1년 앞둔 2008년 이태진은 '동북아평화와 안중근 의거 재조명'이라는 학술대회에서 발표된 논문을 통하여 "'의사'라는 표현은 테러행위를 의미하며 안중근연구의 저급성을 드러낸 것."이라고 강조하면서 다음과 같이 강력하게 비판하였다.

> ① 의사는 선비 한 개인의 의거라는 용어이므로 안중근 스스로 법정에서 밝힌 의병부대 조직의 지휘관으로 한 행위를 표현하는 것으로 부적절하다.[13]
> ② 일제는 '하얼빈 대첩'을 대한의군의 참모중장 안중근의 특파부대의 전과가 아니라 안중근 단독테러 행위로 처리하였다.[14]
> ③ 안중근에 대한 호칭이 공식, 비공식적으로 의사로 낙착되어 있는 현실은 곧 한국의 안중근에 대한 연구가 부실하거나 안이한 상황임을 의미한다.[15]

그러나 그는 '안중근의사'라는 표현이 문제가 있다고 지적하면서도 '위대한 군사 지휘관', '위대한 역사의 교육자' 정도의 호칭을 제시하는 데 머물고 구체적으로 '안중근장군'이라는 용어를 전혀 언급하지 않았다. 말하자면 그는 이때까지 호칭에 대한 구체적인 개념을 세우지 못하였던 것으로 보인다.

이어서 이승희는 2009년 10월 26일 안중근평화재단청년아카데미가 주최한 「안중근 하얼빈 작전 100주년 기념 학술 토론회－안중근, 장군인가? 의사인가?」라는 학술토론회에서 안중근을 안중근의사가 아닌 '안중근장군'이

---

13 이태진, 「안중근의 '하얼빈 대첩'과 평화주의」, 3쪽.
14 위의 논문, 7쪽.
15 위의 논문, 4쪽.

라고 불러야 한다고 공개적으로 주장하였다.[16] 그는 그 근거로 안중근이 스스로를 대한의군 참모중장이라고 한 점, 의사는 국제법상 문제가 있으며 의거는 군사작전이었다는 점을 들고 있다. 무엇보다 그는 "일본내부갈등의 타협안인 '의사'라는 호칭이 우리에게 주입됩니다."라고 주장하였다. 하지만 그는 '의사'라는 용어를 일제가 부여했다는 근거를 제시하지 못하였다. 이처럼 안중근장군이라는 용어는 안중근평화재단청년아카데미라는 단체를 중심으로 본격적으로 주창되었던 것이다. 물론 이에 이태진도 적극 동조하였다.[17]

---

16 이승희, 「2009년, 다시 보는 안중근—1909 하얼빈대첩과 동양평화의 선구자 안중근 장군」, 『안중근, 將軍인가 義士인가』, 안중근평화재단청년아카데미, 2009.

17 이 문제는 급기야 한국육군이 순국 100주년을 맞이하여 2010년 3월 25일 계룡대 육군본부의 지휘부 회의실을 '안중근장군실'로 개칭해 사용키로 했다고 밝히는 사태로 이어졌다. 이에 대해 즉각 김양 보훈처장은 2011년 3월 24일 기자회견에서 이러한 군의 태도를 "수십 년에 한 명 나올까 말까 하는 의사를 매년 60명씩 배출되는 장군(장성)으로 부르는 건 부적절하다."고 하면서 "지금까지 의사라고 칭했던 분을 장군으로 칭하면 오히려 강등시키는 셈."이라고 하여 군의 안중근장군명칭 사용에 제동을 걸었다.

이러한 상황은 '안중근의사'인가 '안중근장군'인가라는 호칭의 논전으로 이어졌다. 이태진은 "'의사'라면 의거를 혼자 한 걸로 돼 버리며 이는 일제가 법정에서 안중근을 단독 살인범으로 몰아간 의도에 휩쓸리는 것"(『문화일보』 2010년 3월 22일자, 「안중근 의사냐, 안중근 장군이냐—최근 "장군으로 부르자" 주장 대두돼 '호칭 논란'」)이라고 목소리를 높였다.

반면 신운용은 "역사적 용어는 필요에 의해서 만들어지는 게 아니고 합의에 의해서 도출되는 것"이라면서 "국내의 민족운동가들이 일제의 탄압 속에서 의사 칭호를 곧바로 부여하지 못하고 5개월이 지나서야 겨우 그를 의사로 부른 역사적 절박함을 이해해야 한다. 의사 칭호를 부여한 것 자체가 일제에 대한 전면적인 도전인 동시에 한국의 독립과 동양평화의 확립이라는 안중근의사의 유지를 받들겠다는 선언이었던 것."이라고 강조하였다.

그는 이어서 "교육자, 사상가 등 안의사의 여러 면 중 일부분인 군인 신분을 전체인 것처럼 얘기하는 것은 오류"라고 하여 안중근의사가 역사용어로서 옳다고 주장하였다(『서울신문』 2010년 3월 24일, 「안중근 의사? 안중근 장군?」).

또한 안중근을 평화주의자로 규정한 조광은 안중근이 다양한 활동을 한 사실을 강조하면서 "의거 직후부터 의사로 각인되어 왔고, 죽은 직후부터 위인의 반열에 들어섰던 인물임을 감안한 결과, 지난날 독립운동을 하던 많은 사람들은 그를 의사로 지칭해왔으며 안중근을 자신의 역할 모델로 삼아왔다. 이러한 사실은 이미 그가 의사로 역사화되어 있다는 말이다. 이를 굳이 장군으로 바꾸어 부를 이유는 없다."며 장군이라는 호칭은 적절성이 떨어진다고 주장하였다(조광, 「안중근을 어떻게 볼 것인가」, 『제10회 가톨릭포럼 안중근과 동양평화사상』, 천주교 서울대교구 매스컴위원회, 2010, 38쪽). 더욱이 최서면도 안중근의사라고 하는 호칭에 대해 다음과 같이 해석하여 '안중근의사'가 역사용어로서 옳다고 주장하였다. "자기 목숨을 건지기 여기에서 역사용어의 '설정기준'에 대해 생각해 볼 필요가 있다. 무엇보다 그 기준으로 용어의 '역사성'을 들 수 있다. 역사용어는 역사를 공유하는 집단의 공동체의식을 반영하는 것이다. 따라서 형성년도가 오래되고 사용빈도가 높으면서도 동시에 역사적 사건의 의미가 함축적으로 표현된 용어에 전통성을 부여하는 것은 너무나 당연한 일이다.

안중근을 의사라고 표현한 예는 크게 전기와 신문으로 나누어 살펴볼 수 있다. 그 대표적인 전기로 계봉우의 『만고의사 안중근전』, 김하구의 『만고의사 안중근전』 등을 들 수 있다.[18] 계봉우는 안중근을 대상무가(大尙武家)·대종교가·대교육가·대시가(大詩家)·대여행가 등으로 평가하면서도 『만고의사 안중근전』이라는 제목에서 알 수 있듯이 총체적으로 '의사'라고 단정하였다. 특히 김하구는 "1. 의사의 생장, 2. 의사의 무협, 3. 의사의 의용, 4. 의사의 나라근심, 5. 의사가 고국을 떠남, 6. 해삼위에 왔음, 7. 의사가 의병을 일으킴, 8. 의사의 활동, 9. 의사가 이등을 쏨, 10. 연루의 형편, 11. 의사를 심문함, 12. 의사가의 두 아우와 변호사, 13. 의사 가옥에서 종용함, 14. 의사가 공판을 당함, 15. 의사의 최종"라는 목차로 『만고의사 안중근전』을 집필하였다. 여기에서 김하구는 철저하게 안중근을 의사로 인식하였음을 알 수 있다.

이처럼 계봉우와 김하구는 안중근의 모든 것을 '의사'라는 말에 담았던 것이다.[19] 이는 안중근을 일개 장군으로 보기보다 다양한 시각에서 본받아

위해 몰래 숨어서 한 것도 아니고 총을 쏜 다음 도망할 생각도 하지 않았다. 목숨을 걸고 나라와 동양의 평화라는 정신적이고 애국적인 바탕에서 일으킨 것이다. 그렇기 때문에 우리는 안중근을 의사라고 부르고 있는 것이다."라고 '안중근의사'라는 용어의 역사성과 정당성을 강조하였다(최서면, 『새로 쓴 안중근의사』, 집문당, 1994, 128쪽). 이처럼 안중근의사라는 용어가 역사성과 정당성이라는 주장이 역사학계의 정설로 받아들여지고 있는 것이다.

18 계봉우, 『만고의사 안중근전』(윤병석, 『안중근전기전집』, 국가보훈처, 1995); 김하구, 『만고의사 안중근전』(윤병석, 『안중근전기전집』, 국가보훈처, 1995).

19 1945년 이후에도 이강의 『내가 본 안중근의사』, 황의돈의 『안의사중근전』 등에서 보듯이 안중근전기의 제목 가운데 '안중근장군'이라고 한 예는 거의 없다.

야 할 위인이라는 점에서 안중근을 '의사'라는 용어로 집약하여 표현하고자 했던 민족운동가들의 의지를 반영하고 있는 것이다.[20]

이러한 경향은 신문에서 여실히 드러난다. 국내의 경우『대한매일신보』가 1910년 3월 30일자의 「안씨수형후 민정」에서 '의사의 표준'이라고 하여 의사칭호를 국내 최초로 안중근에게 부여하였다.[21] 그런데 이준·장인환·전명운에게도 의사칭호를 부여한 사실을 유념할 필요가 있다.[22] 여기에서 안중근을 의사로 부른 것이 외세의 침략에 대항한 민족운동가들을 기리기 위한 전통에 따른 것이라는 사실이 증명되는 것이다.

하지만『대한매일신보』의 의사 칭호 부여는 국외의 한인 신문들보다 늦은 것이었다. 국내의 신문들은 안중근을 대체로 안중근씨 또는 안씨로 불렀다. 이는 일제의 한국침탈이라는 억압구조 속에 처해 있던 민족운동가들의 고뇌가 이 '의사'라는 용어에 집적되는 데 시간이 필요했다는 것을 의미한다. 반면 부일로 경도된『황성신문』등은 안중근을 '흉한'으로 매도하였다.[23]

국외에서는 미주의『신한민보』가 안중근을 의사로 일관되게 기록하고 있다.[24] 특히『신한민보』는 의거 8일만인 1909년 11월 3일자「嚴義士擊殺伊

---

20 박은식도 안중근을 '평화의 대표자'라고 규정하였다(박은식,『안중근전』(윤병석,『안중근전 기전집』, 국가보훈처, 1995), 229·278쪽. 이는 박은식이 안중근을 군인보다 사상가로 보았음을 의미하는 것이다.

21 『대한매일신보』1910년 3월 30일자, 「안씨수형후 민정」. "지난 이십육일에 안중근씨가 려순 감옥에셔 수형집힝을 당홈은 다아는바―어니와 그 죽은 뒤에 일반 민졍은 개연ᄒ야 셔로 칭 찬하여왈 <u>의스의 표쥰</u>이라 희한흔 츙신이라ᄒ며 심지어 ᄋ동주졸까지라도 모다 칭숑ᄒ니 일 노인ᄒ야 보건더 한국인민의 일반 의향을 가히 알겟다고 일인들도 차탄흔다러라."(밑줄 : 필자)

22 『대한매일신보』1908년 1월 26일, 「의ᄉ 리쥰씨를 됴상ᄒ고 전국동포의계 광고홈」; 1908년 4월 16일, 「의ᄉ쟝인환씨ᄃ답」; 1908년 4월 17일, 「의ᄉ뎐명운씨ᄃ답」.

23 윤효정, 「하얼빈 사건에 대한 국내언론지의 인식―『황성신문』과 『대한매일신보』의 비교를 중심으로」,『안중근(토마스)의사 하얼빈의거 102주년 기념미사 및 학술대회』, 안중근평화신학 연구원, 2011 참조.

24 1945년 이전『신한민보』에 안중근이 의사로 묘사된 대략적인 기사제목은 다음과 같다.『신한민보』1909년 11월 3일자, 「嚴義士擊殺伊賊雪公憤」; 1909년 12월 1일자, 「안의사소식」; 1909년 12월 1일자, 「의사의 아우」; 1909년 12월 8일자, 「안의사의 활동샤진」; 1910년 1월 5일자, 「안의사의 변호사」; 1910년 1월 5일자, 「안의사예심지판은」; 1910년 1월 12일자, 「의사안

賊雪公憤」에서 국내외에서 최초로 안중근을 의사로 명명하였다는 사실은 안중근의거의 성격과 관련하여 역사적 의미가 있는 것이다. 『신한국보』의 경우는 1910년 2월 22일까지는 안중근을 열사로 받들었다.[25] 1910년 2월 22일 이후 『신한국보』도 안중근을 의사라는 칭호로 기술하였다.[26]

러시아 한인들은 안중근의거 12일 만인 1909년 11월 7일 러시아 블라디보스토크의 『대동공보』가 「의ᄉ의 쟝뢰」라는 기사를 통해 안중근에게 의사라는 칭호를 부여하였다.[27] 러시아 한인 민족운동가들은 누구보다도 안중근을 잘 알고 있었기 때문에 안중근을 진심으로 의사로 모셨던 것이다. 이 점에서 한인 민족운동가들이 안중근의거와 그를 상징적으로 표현할 수 있는 용어로 '의사라는 칭호를 사용한 이유를 쉽게 이해할 수 있다. 이 전통은 『권업신문』으로 이어졌다.[28]

등근씨의아오」; 1910년 1월 19일자, 「照膽安義士團合論」; 1910년 1월 26일자, 「안의사소식」; 1910년 2월 2일자, 「안의사소식」; 1910년 2월 9일, 「안의사 변호사건」; 1910년 2월 16일자, 「嗚呼 安義士」; 1910년 3월 2일자, 「안의사지판긔정」; 1910년 3월 2일자, 「안의사변호비」; 1910년 3월 9일자, 「안의사지판결안」; 1910년 3월 23일자, 「안의ᄉ의평화론」; 1910년 3월 23일자, 「과연의ᄉ」; 1910년 5월 18일자, 「안의ᄉ튜도회」; 1910년 10월 26일자, 「안의ᄉ롤튜모험」; 1913년 12월 26일자, 「안의ᄉ대부인」; 1914년 8월 13일자, 「안의ᄉ의ᄋᆞ들」; 1927년 9월 15일, 「고안의사 대부인 별세」; 1930년 5월 22일자, 「안중근 의사 二十쥬년 투됴식」; 1939년 5월 4일자, 「안중근의사」; 1939년 5월 4일자, 「량국시사가극 중에 잇는 안중근의사」; 1935년 5월 2일자, 「안중근의사의 유의언」; 1940년 4월 25일자, 「동해수부(홍언) 셰의사의 각기 가진 특졈」; 1941년 5월 1일자, 「안중근 의사의 령애 부쳐롤」; 1941년 11월 13일자, 「안중근의사 유의언」.

25 『신한국보』 1909년 11월 2일자, 「烈士의 慷慨語」; 1909년 11월 9일자, 「烈士就審」; 1910년 2월 22일자, 「烈士安重根氏死刑션告」.

26 『신한국보』 3월 29일자, 「安義士의 殺身셩仁」·「哭安義士」; 4월 5일자, 「안의ᄉ추됴회」.

27 안중근을 의사로 표기한 『대동공보』의 기사제목은 다음과 같다. 『대동공보』 1909년 11월 7일자, 「의ᄉ의 쟝뢰」; 1909년 11월 18일자, 「安義士도려슌」; 1909년 11월 21일자, 「안의사(安義士)의 自若行」·「安義士의 性能」; 1909년 11월 25일자, 「安義士심문」·「義士在獄行動」; 1909년 12월 2일자, 「안의ᄉ의 심문」; 1909년 12월 5일자, 「安義士審問終了」·「안의ᄉ사진」; 1909년 12월 16일자, 「安義士辯護」; 1909년 12월 26일자, 「安義士消息」; 1910년 4월 11일자, 「안의ᄉ의츄도회」; 1910년 4월 28일자, 「安義士重根氏公判」; 1910년 5월 5일자, 「安義士重根氏公判 젼후속」; 1910년 5월 12일자, 「의ᄉ 안중근씨의 ᄉ형집행시광경」.

28 안중근을 의사로 표기한 『권업신문』의 기사제목은 다음과 같다. 『권업신문』 1914년 7월 5일자, 「안의ᄉ아들조상홈」; 1914년 1월 17일자(음력), 「안의ᄉ중공」; 1914년 6월 22일자, 「故安義士長男 분도」. 뿐만 아니라 임시정부 기관지 『독립신문』도 다음과 같이 안중근을 의사로

의사라는 용어를 처음으로 기록한 언론은 1883년 11월 10일 『漢城旬報』
였다.[29] 이후 의사칭호는 장인환·전명운에서[30] 안중근을 걸쳐, 이재명[31]·
강우규[32]·윤봉길[33]·이봉창[34] 등에게 이어졌다. 이러한 맥락에서 안중근에
게 명명된 의사 칭호도 민족운동사의 전통에서 나온 것이라고 할 수 있다.
이처럼 대일항쟁에 자신의 목숨을 바친 민족운동가들에 대한 경칭으로 '의
사'라는 용어가 보편적으로 사용되었다.

또한 안중근을 추모하고 본받기 위해 제작된 사진이나 노래에서도 안중
근을 '의사'로 표현한 사실을 확인할 수 있다. 그 대표적인 사진은 안정근이
안중근전기발간과 유족의 생활비를 충당하기 위해 1914년 25전에 발매한 5
종의 사진엽서이다.[35] 미국과 중국의 한인들에게도 보내져 애국심을 고취하
는 역할을 한 이 사진엽서에는 ① 「安重根先生」, ② 「대한의사안중근공」,
③ 「안의사중근공」, ④ 「대한의사안중근공·통감 일본인 이등박문」, ⑤ 「안
의사중근공이 여순구 옥중에서 두 아우와 빌렘신부에게 유언하는 모양」이
라는 설명이 붙어 있다. 박은식은 이 사진들을 『안중근』에 실었다. 여기에

기록하고 있다. 『독립신문』 1920년 1월 31일자, 「安義士의 遺族」; 1921년 3월 26일, 「義士 安
重根氏의 忌辰紀念追悼式」; 1921년 4월 2일, 「故義士 安重根氏追悼會」.

29 『漢城旬報』 1883년 11월 10일자, 「同日嶺南左道御史李道宰別單回啓」.

30 『공립신문』 1908년 3월 25일자, 「의사 장인환씨 디답」·「愛國義士 田明雲氏」·「의사 면명
운씨 디답」·「愛國義士 張仁煥氏」; 『대한매일신보』 1908년 4월 16일자, 「의스 쟝인환씨 디
답」; 1908년 4월 17일자, 「의스 뎐명운환씨 디답」.

31 『신한민보』 1910년 10월 19일자, 「리의스쇼식」; 1910년 10월 26일자, 「리의스귀텬」; 1944년
6월 22일자, 「리지명 의사」.

32 『신한민보』 1920년 4월 2일자, 「강우규의사의 지긔가 당당 적에게 불굴하고 시를 읊어」;
1920년 4월 23일자, 「강의사선고밧든날에」; 1920년 5월 4일, 「강우규의사사형선고 종결」; 1921
년 1월 13일자, 「강우규의사의 순절」.

33 『신한민보』 1932년 5월 5일, 「장하고 쾌하다-윤봉길의사!」; 1932년 6월 2일, 「윤봉길의사는
국긔밋헤 선서문 랑독」; 1932년 8월 25일자, 「윤봉길의사의 자서 략력과급 유족」; 1932년 12월
22일자, 「윤봉길의사 추도회」.

34 『신한민보』 1932년 2월 11일자, 「리봉창의사의 락사」; 1932년 10월 6일, 「리봉창의사 사형선
고」; 1932년 10월 13일자, 「리봉창의사 사형집힝」; 1932년 10월 20일자, 「장하다 리봉창의사여
」; 1932년 10월 20일자, 「리봉창의사 추도회」.

35 『권업신문』 1914년 1월 17일자(음력), 「샤진사가시오 우이가잇지못홀 긔념」.

서 안정근도 안중근을 의사로 생각하였고 박은식도 안정근과 같은 인식을 갖고 있었던 사실을 알 수 있다.

민족운동가들은 독립투쟁의 사기고취 수단으로 '안중근 의가(義歌)'를 만들어 애창하기도 하였다.[36] 특히 「대한의사(大韓義士) 안중근씨 추도가(安重根氏 追悼歌)」가 러시아 한인사회에 크게 유행되어 러시아 한인의 민족의식을 고취시켰다.[37] 이처럼 안중근 추도가에서도 안중근을 의사로 받아들이고 있는 사실을 알 수 있다. 물론 안중근 관계 사진이나 노래에서 안중근을 장군으로 표현한 예는 거의 없다.

그런데 안중근을 의사로 표현한 것은 한국인만이 아니었다는 사실을 주목할 필요가 있다. 이는 미국 캘리포니아 프레스노에서 발행되던 일본어 잡지 『주간노동(週刊勞動)』의 기사를 역재한 12월 19일자 『대동공보』의 「역주간노동지쾌론(譯週刊勞動之快論)」에서 살펴볼 수 있다. 즉, 프레스노는 안중근을 '의사'로 이토를 '더러운 놈'으로 묘사하고 있는 것이다.[38]

이처럼 안중근의거를 긍정적으로 평가하는 일본인조차 안중근을 '의사'로 개념화하고 있다는 사실은 대단히 중요한 의미를 갖는다. 때문에 일본에서 출판된 많은 안중근관련 서적이나 논문에서 '안중근장군'이라는 표현을 전혀 발견할 수 없는 것은 당연한 일이다.

---

36 日本 外交史料館, 「暴徒ニ關スル報告ノ件」, 『不逞團關係雜件-韓國人ノ部-在滿洲』 第1卷(문서번호: 4.3.2, 2-1-3).

37 박환, 「대동공보의 간행과 재러한인 민족운동의 고조」, 『러시아한인 민족운동사』, 탐구당, 1995, 87~88쪽.

38 이는 『신한민보』 1909년 11월 10일자에 게재된 「譯「週刊勞動之快論」」을 다시 대동공보사가 『대동공보』에 다음과 같이 실었다. "더러운 놈 박문이 죽이웠다. 세상에 더러운 이등박문의가 피살ᄒ야스니 우리는 뜻밧게 된 일인 줄노 알고 놀나엿노라 이등에게 욕밧든 다수ᄒ 어린쳐ᄌ의 원한이 깁허 당장이 먹어 죽을 줄 알아더니 일흠됴케 의ᄉ의 손에 죽은 것이 어ᄃ까지 운수가 됴흔 놈이로다."(밑줄: 필자)

그뿐만 아니라, 일본의 대표적 평화론자 고토쿠 슈스이(幸德秋水)도 1910년 초에 발행된 안중근의 반신상에 새겨진 엽서에 "捨生取義, 殺身成仁. 安君一擧, 天地皆振(목숨을 버려 의로움을 취하고 몸을 바쳐 인을 이루었구나. 안군의 일거에 천지가 진동하였도다)."라고 하여 안중근의 위대성을 기렸다(『신한민보』 1910년 3월 30일자, 「만고의사안중근공」).

중국인들은 안중근을 지사 또는 의사 등으로 불렀다.[39] 여기에서 알 수 있듯이 국제적으로도 '안중근의사'가 대세를 이룬다는 점, 다른 나라 사람들이 안중근을 장군으로 표현한 사실이 전혀 없다는 점 등에서 '안중근의사'는 국제적으로 인정받는 용어임이 분명하다.

용어가 역사사건의 성격을 함축하고 있는가 하는 문제 즉, 사건과 용어의 부합성도 중요한 역사용어의 '설정기준'이 된다. 여기에서 안중근의거라는 역사적 사건의 성격을 고스란히 담고 있는 용어가 '안중근장군'인지 '안중근의사'인지 하는 문제를 살펴볼 필요가 있다.

이태진은 "일제는 의거가 『대동공보』를 중심으로 전개된 것을 11월 중순 이미 알고 있었는데 이를 발표할 경우 국제사회의 압력을 받게 될 것을 우려하여 정치적 사건으로 확대하지 않기로 결정하고 사건을 고의적으로 은폐 축소하였다."고 주장하였다.[40] 더욱이 그는 "구라치가 사건에는 배후 관계가 없으며 범행은 안중근 개인에 의해 저질러진 행위라고 사건을 은폐 축소하였고, 이 사건은 극히 중대한 것 이상이므로 징악의 정신으로 극형에 처하는 것이 마땅하다는 방침을 관동도독부 지방법원에 통고하였다."고 강조하였다.[41]

여기에서 ① 안중근의거는 단독의거인가 합작인가 하는 문제에서 파생되는 의거의 성격과 의사라는 용어의 관계, ② 의병 조직 내에 '참모중장'이라는 직책(계급)이 있었는가 하는 문제가 쟁점으로 등장하는 것이다.

①에 대해 살펴보면 다음과 같다. 일제가 안중근의거를 왜곡하기 위해 단독의거로 몰고 갔다는 이태진의 주장은 받아들이기 어렵다. 왜냐하면 일제

---

39 중국의 안중근에 대한 칭호는 지사(志士)가 가장 많고 그 다음으로 '의사'이다. 楊南邨, 「韓國義士小 傳─安重根傳」, 『世界亡國稗史』, 上海交通圖書館, 1917; 崔洪斌, 「抗日獨立斗爭義士安重根」(通化市政協文史委員會編), 『朝鮮獨立軍在中國東北活動史略』, 遼宁民族出版社, 1993; 『哈爾濱日報』 2008年 3月 8日字, 「韓國來華挖掘義士安重根遺骸」; 『北京晚報』 2008年 6月 19日字, 「韓國義士安重根絶筆書法惊現」.

40 이태진, 위의 논문, 7쪽.

41 위와 같음, 7쪽.

외무성 정무국장 구라치 테츠기치(倉知鐵吉)의 기록에서도 드러나듯이 일제는 사건 초기에 안중근의거를 한국 민족운동세력의 대규모 공격으로 보았고[42] 그 진상을 조사하기 위해 블라디보스토크 지역으로 헌병대위 무라이요리노리(村井因憲)를 파견하였다.[43] 그 결과 안중근의거가 대공공보사와 관계있다는 첩보가 입수되었으나, 조사결과 일제의 조사당담자들은 이를 사실로 받아들이지 않았다.[44]

때문에 무라이조차 "니코라이 유가이(필자 : 유진률)·미하이로프는 이번 흉행에 간여하지 않았겠는가 하는 설이 있으나 전혀 믿을 수는 없는 것이다."[45]라는 결론을 내렸던 것이다. 또한 안중근의거를 대한제국을 병탄할 구실로 본[46] 통감부에서 파견된 사카이(境) 경시는 "세인이 기대하는 바에 맞지 않으며", "불만족일 것은 참으로 유감"이라고 하여 안중근의 단독의거로 결론을 내릴 수밖에 없었다.[47] 통감부가 여순으로 파견한 쓰기야마(杉山) 중위도 "블라디보스토크와 하얼빈에는 안중근의거에 직접 관여한 사람이 없다."[48]는 의견을 내놓았다. 관동헌병대장도 사카이·쓰기야마와 같은 의견을 피력하였다.[49]

이러한 안중근의거에 대한 평가를 종합적으로 검토한 구라치는 다음과 같이 우덕순의 도움을 얻은 안중근의 단독의거로 최종결론을 내렸다.

> 二十日의 兩日에 一旦 殘餘의 嫌疑者 全部의 訊問을 하였으나 別로 얻은 바 없다. 今日까지의 訊問의 結果를 綜合하면 安.禹.曺.柳 四

---

42 倉知鐵吉, 『朝鮮併合の經緯』(일본 외교사료관 소장 문서번호 : N.2.1.0 4-1).
43 국사편찬위원회, 「電報 第一二號」, 위의 책, 1977, 198쪽.
44 신운용, 위의 논문 참조
45 국사편찬위원회, 「機密統發 第一一一號」, 위의 책, 285쪽.
46 倉知鐵吉, 위의 책.
47 국사편찬위원회, 「電報」, 위의 책, 445쪽.
48 국사편찬위원회, 「憲機 第二六二四號」, 위의 책, 236쪽.
49 국사편찬위원회, 「憲機 第二一六六號」, 위의 책, 352쪽.

人 外는 凶行事件과의 關係가 極히 稀薄하거나 또는 全然 깊지 않은 것 같다.[50]

결국 사건 초기에 안중근의거를 구실로 민족운동가를 일망타진하려는 일제의 의도[51]는 완전히 빗나가고 말았던 것이다. 이러한 사실에서도 안중근의거는 우덕순의 도움을 받은 단독거사였음이 분명하다.[52] 따라서 대동공보사와의 합작을 은폐하기 위해 단독의거로 몰고 갔다는 이태진의 주장은 전혀 사실과 부합하지 않는 것이다.

또한 이태진은 "구라치가 안중근의거를 정치적 사건으로 확대시키지 않기 위해 민족운동가들의 조직적인 거사를 개인의 테러행위로 몰고 갔기 때문에 의사라는 표현은 사건의 진상을 담는 용어로 부적합하다."[53]고 주장하였다. 더 나아가 그는 의사라는 표현은 개인 테러행위의 경우에 사용되는 것으로 규정하였다. 하지만 이를 인정한다면 윤봉길의사·이봉창의사 등 의사라는 칭호가 부여된 모든 민족운동가들도 테러리스트가 된다. 이런 모순을 그는 간과하고 있는 것이다.

의사라는 용어는 안중근을 비롯한 민족운동가들에게 부여된 것으로 민족 내부의 합의를 전제로 한 것이었다. 더욱이 일제가 안중근의거를 단독의거로 조작하였다는 근거 없는 사실을 바탕으로 '의사'를 '장군'으로 바꾸어야 한다는 주장은 용어의 역사성이나 당위성에 비추어보아도 타당하지 않다. 따라서 이태진의 주장은 의사라는 용어와 의거의 성격을 적절하게 설명하였다고 볼 수 없는 것이다.[54]

---

50 국사편찬위원회, 「電報 第二六號」, 위의 책, 389쪽.
51 倉知鐵吉, 『韓日合邦ノ經緯』.
52 신운용, 위의 논문 참조.
53 이태진, 위의 책, 7쪽.
54 설사 안중근의거가 대동공보사 인사들과 합작으로 했다고 해도 '안중근의사'는 적합한 용어이다. 왜냐하면 김구세력의 지원으로 윤봉길의거와 이봉창의거를 이루어 낸 윤봉길과 이봉창을 윤봉길의사, 이봉창의사라고 부르는 것이 타당하기 때문이다.

②에 대해 살펴보면 다음과 같다. 1908년 국내진격작전을 하였을 때 안중근은 도영장(都營將) 전제익(全濟益)을 직속상관으로 하는 최재형 부대에서 참모장(參謀長) 오내범(吳乃凡), 참모(參謀) 장봉한(張鳳漢)·지운경(池云京), 좌영장(左營將) 엄인섭(嚴仁燮)과 더불어 우영장(右營將)을 맡고 있었다.[55] 여기에서 보듯이 의병부대 내 안중근의 공식적인 직책은 우영장이었다.

그런데 안중근은 재판과정과 『안응칠역사』에서 의병부대 내 자신의 계급을 '대한의군 참모중장' 또는 '의병 사령관'이라고 주장하였다.[56] 이는 안중근장군설의 근거가 되는 핵심이다. 문제는 당시 의병조직에 '참모중장'이라는 직책이 있었는가 하는 점이다. 1910년 이전의 의병관련 어떤 사료에서도 의병계급 중에 참모중장이라는 직책이 있었다는 기록은 확인되지 않고 있다.

이러한 점에서 안중근의 주장은 사실과 다른 것으로 해석될 수밖에 없다. 그렇다면 그 이유가 무엇인가 하는 점을 밝히는 것이 안중근장군설과 관련하여 의미 있는 작업이 될 것이다. 안중근은 재판에서 의병전쟁을 대한제국과 일제의 전쟁으로 규정하였다. 때문에 하얼빈에서 한일전쟁의 연장선에서 의전(義戰)을 벌였던 것이다.[57]

이 의전을 국가 간의 전쟁으로 여긴 안중근은 의전의 정당성을 강조하기 위해 대한제국의 군인이라는 신분을 내세우면서 직속상관 김두성의 명령을 받고 전쟁을 하는 과정에서 대한의군 참모중장의 자격으로 이토를 사살했다는 논리를 구축하였다.[58] 이처럼 안중근은 앞으로 살펴보겠지만 국제법의 연장선에서 이토처단의 정당성 확보와 재판에 대응하기 위한 전술로 김두

55 日本 外交史料館, 「排日鮮人退露處分ニ關スル件」, 『在西比利亞』 第5卷(문서번호 : 4.3.2, 2-1-2).
56 신운용 편역, 「제1회 공판시말서」, 『안중근·우덕순·조도선·유동하 공판기록-공판시말서』(안중근 자료집 9), 안중근의사기념사업회 안중근연구소, 2010, 32~33쪽; 안중근, 「안응칠역사」(윤병석, 『안중근전기전집』, 1999).
57 안중근, 「동양평화론」(『동아일보』 1979년 9월 19일자, 「安重根의사 東洋平和」).
58 신운용 편역, 「첫째 날의 공판」, 위의 책, 62쪽.

성이라는 인물과 참모중장이라는 직책을 내세웠던 것이다.

이러한 맥락에서 안중근이 김두성과 참모중장을 재판의 주된 대응전술로 내세운 이유를 이해할 수 있다. 따라서 의병에 존재하지도 않은 참모중장이라는 직책을 근거로 안중근의사라는 용어가 문제가 있으므로 안중근을 '안중근장군'으로 불러야 한다는 논법은 전혀 설득력이 없는 주장이다.

3. 김두성의 실체

『안응칠역사』에 1908년 7월경의 국내진격작전 때 김두성을 총독으로 이범윤을 대장으로 자신은 참모중장으로 피선되었다고 기술한[59] 안중근은 김두성에 대해 다음과 같이 진술하였다.

> 문 : 그대는 의병이라고 하는데 통괄하는 자는 누구인가.
> 답 : 팔도의 총독은 김두성(金斗星)이라 부르며 강원도 사람이지만 지금의 거처는 모른다. 그 부하에는 허위(許蔿)·이강년(李康年)·민긍호(閔肯鎬)·홍범도(洪範道)·이범윤(李範允)·이운찬(李運瓚)·신돌석 등이 있지만 그중에는 지금은 없는 사람도 있다.
> 문 : 그대의 직접 상관은 누구인가.
> 답 : 김두성이다.[60]

여기에서 알 수 있듯이, 안중근은 강원도출신 김두성을 자신의 직속상관

---

59 안중근, 「안응칠역사」, 위의 책, 161쪽.
60 신운용 편역, 「공판시말서 제1회」, 『안중근·우덕순·조도선·유동하 공판기록—공판시말서』(안중근 자료집 9), 33쪽.

이라고 하면서 김두성이 허위(1855~1908) · 이강년(1858~1908) · 이범윤(1863 ~미상) · 민긍호(미상~1908) 등 당대의 민족운동세력의 거목들을 거느리고 있었다고 진술하였다. 김두성이라는 인물이 안중근의 주장대로 실존했다면, 이는 독립운동사를 새로 써야 하는 중대한 역사적 사건이다. 따라서 이 문제는 안중근의거의 전체상을 밝히는 데 반드시 짚고 넘어가야 할 대목인 것이다.

그런데 김두성이 허위 등을 부하로 거느리고 있었다면 김두성이 이들을 지휘할 수 있는 지위에 있어야 하는 것은 당연하다. 허위 · 이강년 · 민긍호 · 신돌석은 1908년에 사망하였고 이운찬(이운찬은 허위와 함께 의병을 이끌었던 이은찬(李殷瓚)으로 보임)은 1909년 사망하였다. 이범윤을 제외하고 이들과 신돌석은 주로 국내에서 활동하였다. 이는 김두성이 이들과 의병을 함께 했다면 1908년 이전 주로 국내에서 활동하였다는 의미이다.

그리고 허위 · 이강년은 오영섭설의 김두성보다 약 10살 정도 위이다. 특히 허위는 1899년 원구단참봉(圜丘壇參奉) · 성균관박사, 1904년 중추원의관(中樞院議官) · 평리원수반판사(平理院首班判事) · 평리원재판장(平理院裁判長) · 의정부참찬, 1905년 비서원승(祕書院丞)이라는 경력의 소유자였다. 여기에서 허위가 나이, 관직경력, 사회적 지위 등 모든 면에서 김두성을 압도하고 있다는 사실을 알 수 있다. 따라서 허위가 김두성의 부하였다는 것은 이해될 수 없는 대목이다.

또한 최재형과 쌍벽을 이루는 이범윤도 오영섭의 김두성과 비교하여 관직과 의병활동 경력 등의 면에서 월등하다. 무엇보다 민긍호 · 이강년 · 홍범도가 국내에서, 이범윤이 연해주에서 왕성한 의병활동을 한 데 반하여 김두성은 그러한 흔적이 전혀 보이지 않는다. 이 점은 김두성의 실체를 파악할 때 반드시 짚고 넘어가야 할 부분이다.

고종이 밀지 등을 내려 그 권위하에 의병세력의 집결을 도모하였다고 하더라도 그만한 지위와 권위가 있는 인사를 택했을 것이다. 모든 면에서 허위 · 이강년 · 이범윤 등에게 떨어질 뿐만 아니라 의병세력의 지지를 받았다는 증거가 없는 김두성에게 고종이 밀지를 내려 연해주 의병을 지휘하도록 할 가능성은 대단히 낮다.

김두성에 대한 일제의 조사는 미조부치의 제2회 안중근신문(1910년 11월 14일)으로 거슬러 올라간다. 안중근은 제2회 신문에서 김기열 등과 의거를 모의하였다고 진술을 하였다.[61] 이에 따라 통감부는 청진지부 검사 나카카와(中川一二)를 부령으로 파견하여 김기열(金基烈, 43세)이라는 사람을 신문하였다.

김기열은 제1회 신문(1909년 11월 12일)에서 자신의 신원, 가족관계를 밝히면서 안중근과의 관계를 부인하였다.[62] 특히 그는 1909년 9월 28일 자신의 집에 한인 4명(40세가량, 35세가량, 30세 가량, 25세가량)이 하루 밤 묵었는데, 이들 중에 나이가 가장 어린 평양(군) 송정동(松亭洞) 김무원(金武元)이라는 사람이 이토처단 이야기를 꺼내어 서로 의견을 나누었다고 진술하였다.

여기에서 일제가 신문한 인물이 안중근이 언급한 김기열이라는 인물인가 하는 점을 검토할 필요가 있다. 이는 김두성의 실체를 밝히는 데 결정적인 실마리를 제공하기 때문이다. 안중근이 말한 김기열은 25~26세이고 나카카와 검사가 신문한 김기열은 43세로 연령차이가 약 17~18세로 많이 난다. 안중근이 언급한 김기열은 민족운동가임이 분명한데,[63] 나카카와 검사가 신문한 김기열은 민족운동가라고 단정할 만한 증거가 전혀 없다. 더욱이 일제가 신문한 김기열은 이때 이들의 행동을 말린 사실을 밝히면서, 안중근이 언급한 김기열은 자신이 아니라고 주장하였다.[64] 따라서 안중근이 말한 김

---

61 신운용 편역, 「안중근 제2회 신문조서」, 『안중근 신문기록』(안중근 자료집 3), 안중근의사기념사업회 안중근연구소, 2010, 42쪽. 하지만 이는 "부령에서 이토 운운 또는 하리에서 김기열 등 운운의 일 등은 완전히 허위이며 가공의 진술을 한 것이다."(국사편찬위원회, 「境警視의 訊問에 對한 安應七의 供述(第二回)」, 위의 책, 398쪽)라는 안중근의 진술에서 알 수 있듯이 허구였다.

62 국사편찬위원회, 『주일일본공사관기록』 39, 1994, 439~445쪽.

63 日本 外交史料館, 「不逞鮮人名簿二關スル件」, 『不逞團關係雜件-朝鮮人之部-在滿洲』第5卷(문서번호 : 4.3.2, 2-1-3).

기열과 일제의 신문을 받은 김기열은 동명이인일 가능성이 높다.

일제는 김기열의 진술의 진위를 확인하기 위해 조사를 하였다. 그 결과는 다음에서 확인된다.

이등공(伊藤公)의 가해 연루혐의자 김기열의 신문조서 중에 있는 평양 송정동(松亭洞) 김무원(金武元)이란 자에 대해 내탐한 바 아래와 같습니다.

1. 평양에는 송정동이란 곳은 없습니다. 평양군 남채산면(南蔡山面) 5리에 송정동이란 곳이 있으나 평양에서 서남쪽으로 약 50리나 떨어져 있습니다.

2. 송정동을 조사한 바, 김씨 성의 사람은 김경삼(金景三)·김치삼(金致三)·김철구(金喆九)의 3명이 있으나 아무런 의심스런 점이 없습니다. 다만 김철구의 아우 김두성 27세 되는 자가 있어 혹시 이 자가 아닐까 의심되지만 확실한 사실은 확인하지 못했습니다. 그 사람의 경력은 아래와 같습니다.

김두성의 경력

김두성은 17세 때에 무단가출해 행방불명이었으나 1907년(융희 1) 7월 돌연 귀가했습니다. 귀가 당시의 이야기에 의하면 황해도 방면에 있다가 그 후 개성에서 순사로 봉직했지만 별로 재미가 없어 이번에 사직하고 일단 귀가했다고 말하고, 귀가 시에는 매우 훌륭한 복장을 하고 머리는 단발을 하고 키는 5척 3~4촌의 호남자였다고 합니다. 그리고 그는 그 후 자택에 있으며 하는 일도 없이 굳이 교제도 하지 않고 칩거와 같은 생활을 하고 있었습니다. 그런데 본인은 작년 8월경에

---

64 위의 책, 443쪽.

또 다시 무단가출한 채 아직 귀가하지 않고 친가나 친족 등에게도 아무런 소식이 없습니다.[65]

여기에서 알 수 있듯이, 일제는 김기열의 집에 머물렀던 한인 3명과 이토 처단 계획을 논의하였다고 하는 김무원이라는 인물은 개성에서 순사를 역임한 적이 있는 27세의 김두성이라고 추정하였다. 하지만 "김철구의 아우 김두성 27세 되는 자가 있어 혹시 이 자가 아닐까 의심되지만 확실한 사실은 확인하지 못했습니다."라고 하는 데서도 알 수 있듯이, 일제의 신문을 받은 김기열이 진술한 김무원이 김두성인지 확신하지 못하였다. 따라서 위의 사료는 안중근이 말하는 김두성이 김무원인지도 확정할 수 있는 근거가 못된다.

이처럼 증거가 희박한 사료를 근거로 신용하는 안중근이 1908년 7월경의 국내진격작전을 이끌었다고 주장한 김두성이 바로 김무원이라고 하면서 김두성 실존론을 제기하였다.[66] 하지만 위에서 보았듯이 김무원이 김두성이라는 실존인물로 보기에는 나이·경력·활동근거지 등에서 대단히 무리가 따른다.

그런데 오영섭은 2007년과 2008년 두 편의 논문에서 1867년에 태어나 중추원 의관(議官)·내장원 수륜과(水輪課)와 봉상사(奉常司)의 주사(主事)를 역임하고서 1904년 6월 이승재(李承宰)·여(오)영조(呂(吳)永祚)·오주혁(吳周赫) 등과 함께 한일의정서 배척투쟁을 전개한 김두성이라는 인물이 안중근이 언급한 김두성일 가능성이 높다고 주장하였다.[67]

---

65 국사편찬위원회, 「헌기 제2309호」, 『한국독립운동사』 자료 7, 219쪽.
66 신용하, 위의 논문, 163쪽. 반면 조동걸은 "의병을 실질적으로 이끌 수 있는 능력과 지도력을 갖춘 이는 유인석밖에 없다."는 점을 근거로 유인석이 김두성이라고 주장하였다(조동걸, 위의 논문 참조). 하지만 유인석이 노쇠한 점, 러시아 한인사회에 도착 시점의 문제, 안중근의 그에 대한 혹평, 특히 일제의 기록에 그가 1908년 7월 국내진격작전을 지휘했다는 기록이 전혀 보이지 않는다는 점에서 조동걸의 주장은 설득력이 약해 보인다.
67 오영섭, 「후기의병운동에 미친 고종세력의 역할」, 181쪽; 「안중근의 의병운동」, 62쪽.

이승재는 전의관(前議官)으로 한일의정서 반대운동 준비과정에 참여한 것으로 보이지만 이를 일제에 고발하는 등 민족운동과는 거리가 먼 행보를 보였다.[68]

여영조는 격문을 작성하는 등 한일의정서 반대투쟁을 사실상 주도하였다. 「獨立協會沿歷略」[69]에 보이는 독립협회의 간부로 활동한 여영조가 이 여영조라면 그가 한일의정서 반대 격문을 작성한 이유를 이해할 수 있다. 하지만 이후 여영조 또한 허위를 밀고하는 등 민족운동가들과 다른 길을 걸었다.[70]

오영섭은 오주혁이 군대해산(1907년 7월) 이후 연해주로 망명하였다고 하면서 김두성도 연해주로 망명하였을 가능성이 있다는 주장을 하였다.[71] 하지만 오주혁은 1908년 1월 2일 금요일 오후 1시 서우학회회관에서 열린 서북학회 조직회에서 평의원으로 선출된 사실을 확인할 수 있다.[72] 아울러 그는 대한협회의 평의원·간사원·서기로 국내에서 활약하고 있었다.[73] 이후 오주혁은 공립협회 블라디보스토크 지회의 신입회원으로 가입하였고[74] 대한국민회의 블라디보스토크 지방회 회장으로 활동하였다.[75] 따라서 한일의정서 체결 반대 격문운동에 관여한 오주혁이 대한협회와 서북학회에서 활동하다가 블라디보스토크로 건너가 공립협회의 회원으로 활동한 인물과 동일인물이라면 오주혁은 아무리 빨라도 1908년 초에 블라디보스토크로 건너간 것으로 볼 수 있다. 이런 점에서 오주혁이 1907년 8월 군대해산 이후 연해

---

68 국사편찬위원회, 「議定書 排斥運動者 李承宰의 密告參 追保」, 『주한일본공사관기록』 24, 1998, 44쪽.
69 『창작과 비평』 1970년 봄호, 119쪽.
70 『황성신문』 1908년 5월 28일자, 「呂氏卞質」.
71 오영섭, 위의 논문, 52쪽.
72 『서북학회월보』 제3권 제15호(1908년 2월 1일자), 「西北學會組織會錄」.
73 『대한협회회보』 제1권 제1호(1908 4월 25일자), 「本會歷史及決議案(熙隆 元年)」·「會員名簿」.
74 『공립신문』 1908년 12월 2일자, 「회보」.
75 『신한민보』 1909년 2월 17일자, 「국민회보」.

주로 망명하여 민족운동을 전개하였다는 주장은 사실과 부합하지 않는 것이다.

또한 오주혁의 연해주망명 활동을 근거로 김두성도 연해주로 망명하였을 가능성이 있다는 오영섭의 주장도 김두성과 한일의정서 반대투쟁을 모의했던 이승재와 여영조가 이후 민족운동에서 이탈하는 모습을 보였다는 점을 고려한다면 그대로 믿기 어려운 측면이 있다. 또한 "연일군의 석탄광은 서울 사는 김두성에게 귀속되고."라는 기사가 실려 있는『해조신문』1908년 5월 23일자, 「金鑛歸日」에 보이는 김두성이 한일의정서 반대운동을 모의했던 김두성이라면 김두성이 1908년 7월 의병의 국내진격작전 이전에 연해주로 망명하였을 가능성은 대단히 낮다. 이러한 측면에서 1904년 이후 국내와 러시아 연해주에서 활동한 민족운동가들 관련 사료에서 김두성의 활동내용을 찾아볼 없는 것은 당연하다. 따라서 한일의정서 운동을 이승재·여영조·오주혁 등과 모의한 김두성과 안중근이 언급한 김두성을 같은 인물로 보는 것은 과도한 해석이다.

더 나아가 오영섭은 김두성이 1908년 7월의 국내진격작전 때 총독으로 선임되고 안중근에게 참모총장이라는 직책을 준 사람이라는 주장을 하여 김두성실존설을 제기하였다.[76] 그 근거로 그는 김두성이 고종의 밀사 또는 그에 준하는 위상과 권능[77]을 갖고 있는 인물이었다는 가설을 내세우고 있다.[78]

그러나 오영섭 자신의 지적대로[79] 김두성과 고종의 관계, 고종의 밀지 존

---

76 오영섭, 「안중근의 의병운동」, 52쪽.
77 그러나 "이범윤이 안중근·지운경·장봉한·전제익·백규삼·엄인섭·김길룡 등을 고종의 밀지를 내세워 어명을 어긴 모반인이라는 압박을 가했으나 이는 통하지 않았다."는 기록(日本外交史料館, 「排日鮮人退露處分ニ關スル件」, 『在西比利亞』第5卷)에서 고종으로부터 받은 징표가 반드시 효과를 발휘한 것은 아니었다는 사실을 알 수 있다. 고종의 밀명이 어느 정도 의병투쟁에 도화선이 되었다는 것은 이해되지만 고종의 밀명에 의해서만 의병투쟁이 전개되었다는 시각은 의병전쟁사 전체상을 이해하는 데 장애가 되는 것이다.
78 오영섭, 위의 논문, 54~55쪽.

재유무, 김두성의 해외망명과정, 김두성과 안중근의 관계, 김두성 세력의 존재유무 등 김두성의 실체를 밝힐 수 있는 근거가 너무나도 빈약한 것이 사실이다. 이에 대해 구체적으로 살펴보면 다음과 같다.

오영섭은 "한일의정서 체결 이후인 1906년 6월에 김두성(1867년)이 이승재·여영조·오주혁 등과 함께 한일의정서 배척 통문을 각지에 발송했다가 일본 측에 체포 투옥되었다."[80]고 주장하고 있다. 하지만 한일의정서 반대격문을 초고하는 등 이 운동을 주도한 여영조는 "허위가 일제 공사관에 소환되고 김기우(金箕祐)가 구치된 상황에서 이러한 운동은 오히려 국가를 위한 것이 아니라고 믿어 전부 중지했으므로 각 사신에게 성명하지도 하지 않았으며 신문에도 게재한 일이 없다."[81] 라고 주장하였다. 또한 김두성도 "여영조가 그가 기초한 격문을 들고 가서 서명을 청하였으나 허위·한형노(韓亨魯)·신정휴(申鼎休) 등이 이러한 운동을 할 때가 아니라며 서명을 거부했다."는 것을 여영조에게서 듣고서 "한일의정서 반대운동은 마땅히 폐하의 인가를 받아야 한다며 서명을 거절했다."[82]라고 증언하였다. 여기에서 보듯이 오영섭의 주장은 사실과 달리 이들이 한일의정서 반대운동을 적극적으로 전개하지 않았던 것이다.

무엇보다 고종과 김두성의 관계는 다음에서 살펴볼 수 있다. 이승재는 "이 운동은 이미 폐하께도 상주하였고 또 그의 글도 보시도록 했다고 했다. 그러면 그 글은 누구의 손을 빌어 폐하께 상주하였고 또 보셨느냐고 물었더니 김두성이 올렸다고 해서 김가는 그 자격이 있느냐고 반문하였더니 김두성의 주가(主家) 김영진(金永振)의 손을 거쳐서 한 것이라고 했다."라고 오주혁이 말했다고 주장하였다.[83]

---

79 위의 논문, 53~54쪽.
80 위의 논문, 52쪽.
81 국사편찬위원회, 「韓日議定書 反對運動者 李昇宰·吳周赫·吳永祚·金斗星의 聽取書」, 『주한일본공사관기록』 24, 110~111쪽.
82 위의 책, 111쪽.

여기에서 보듯이 적어도 1904년 6월 단계에서 김두성은 고종의 밀지를 받을 만한 위치에 있지 않았던 것이다. 더욱이 이후 고종과 김두성이 밀지를 주고받을 만큼 밀접한 관계를 맺고 있었다는 점을 인정할 만한 증거는 없다. 이 점은 고종의 밀지를 통한 독립운동이 여러 사료에서 확인되는 점과는 너무나 다른 양상이다.

또한 오영섭은 한일의정서 반대운동을 모의한 김두성이 내장원 수륜과와 봉상사(奉常司) 주사(主事)의 직책을 역임하고 1906(1904년의 잘못)년 6월에 이승재·오영조·오주혁 등과 한일의정서 배척 통문을 각지에 보냈다가 일제에 체포 투옥된 경력의 소유자였다는 점, 오주혁이 군대해산 이후 연해주로 망명하여 1910년대 거물급 독립운동가로 성장하였다는 점, 심상훈(沈相薰)의 큰 아들 심이섭(沈以燮)이 군대해산 이후 고종의 밀지를 가지고 연해주로 망명하여 의병활동을 벌였던 점, 이규풍(李圭豊)이 1910년 8월 연해주에서 성명회 선언을 주도한 점, 정순만이 을사늑약 이후 유인혁·이범석 등과 고종의 밀지를 가지고 의병소모활동을 벌이다가 연해주로 망명하여 활동한 점 등을 근거로 연해주에 다수의 한말 근왕적 민족운동들이 연해주에 암약하고 있었다고 주장하였다.

더 나아가 오영섭은 이를 근거로 김두성이 고종의 밀지를 가지고 연해주로 망명하여 1908년 7월 국내진격작전을 지휘한 실존인물일 가능성이 있다는 주장을 하였다.[84] 하지만 그 자신도 김두성의 연해주 활동을 구체적으로 밝히지 못하고 있다는 점에서 문제성이 있다는 사실을 실토하고 있다.[85]

더욱이 오영섭은 1908년 7월의 국내진격작전을 펼친 의병세력을 연해주에 정착한 원호민과 민족운동을 위해 서울에서 내려온 이주민(고종세력) 사이의 연합체라고 주장하였다.[86] 하지만 전제익을 도영장으로 하는 의병부대

---

83 위의 책, 108쪽.
84 오영섭, 위의 논문, 52~54쪽.
85 위의 논문, 54쪽.

지도부 내에 고종과 직결될 만한 인사는 확인되지 않는다. 강의관을 고종세력으로 본 오영섭의 주장은 추론에 불과한 것이다. 이러한 의미에서도 의병세력의 배경을 김두성을 매개로 한 고종으로 단정하는 것은 재고되어야 한다.

특히 여기에서 이범윤이 안중근·지운경·장봉한·전제익·백규삼·엄인섭·김길룡 등을 고종의 밀지를 내세워 어명을 어긴 모반인이라는 압박을 가했으나 이는 통하지 않았다[87]는 사실을 주목할 필요가 있다. 이는 고종으로부터 받은 징표가 반드시 효과를 발휘한 것이 아니었다는 사실을 증명하는 것이다.[88]

그럼에도 오영섭은 안중근을 고종세력으로 단정하고 있다.[89] 안중근이 근왕적인 모습을 보인 것은 사실이지만 안중근을 '고종세력'으로 단정하는 것은 무리가 따른다. 정치세력이라면 같은 정치적 지향성과 정치적 관계가 형성되어야 하는데 안중근과 고종은 직접적인 관계가 없을 뿐만 아니라 오영섭이 고종세력으로 분류한 심이섭(沈理涉)과는 전혀 접촉이 없었고, 정순만과 정치노선이 같았다는 증거는 없다. 오히려 안중근은 정순만 등 대동공보사 세력과 자신은 정치적 지향점이 다름을 분명히 하였다.[90] 또한 고종세력으로 분류할 수 있는 이범윤에 대해서 안중근이 '러시아의 일진회'[91]라고 비판한 데서 보더라도 안중근을 고종세력으로 분리하기에는 무리이다.

고종의 밀명이 어느 정도 의병투쟁의 도화선이 되었다는 것은 이해되지

---

86 위의 논문, 57·62쪽.
87 日本 外交史料館, 「排日鮮人退露處分ニ關スル件」, 『在西比利亞』 第5卷.
88 이와 관련하여 의병전쟁 이후 최재형·최봉준 등 러시아한인 토착 세력이 의병을 비난하면서 의병에 협조하지 말라는 내용을 『대동공보』에 게재한 사실을 주목해야 한다. 김두성의 국내진격작전이 강력한 고종의 권위를 바탕으로 이루어졌다면 국내진격작전 실패 이후의 러시아 한인사회의 급속한 반의병 분위기는 이해하기 어렵기 때문이다. 이러한 맥락에서도 김두성실존설과 고종배후설은 설득력이 약해 보인다.
89 오영섭, 위의 논문, 62쪽.
90 국사편찬위원회, 「境警視의 訊問에 對한 安應七의 供述(第一回)」, 위의 책, 396~397쪽.
91 국사편찬위원회, 「境警視의 訊問에 對한 安應七의 供述(第三回)」, 위의 책, 405쪽.

만, 고종의 밀명에 의해서만 의병투쟁이 전개되었다는 시각은 의병전쟁의 전체상을 호도할 가능성이 높다. 안중근은 근왕적인 모습을 보이지만 그가 목숨을 담보로 행한 의병전쟁과 이토처단은 고종의 밀명에 따른 것이 아니었다. 오히려 가톨릭이라는 종교적 가르침이 가장 큰 영향을 미친 것이 확실하다.[92]

무엇보다 신용하설·오영섭설의 김두성은 안중근이 대한의군 총독으로 지목한 김두성과 어떠한 연관성도 찾을 수 없다는 데 문제가 있다. 우선 신용하설의 김두성은 1882년생(1909년 27세)이고, 오영섭설의 김두성은 1866년생(1909년 43세)이다. 여기에서 신용하와 오영섭설에서 주장되는 김두성의 나이 차이가 18살로 상당히 난다는 사실을 알 수 있다. 또한 신용하설의 김두성은 순사이고, 오영섭설의 김두성은 주사이다. 여기에서도 경력과 신분이 다름을 알 수 있다.

또한 김두성의 국내 출생지와 활동지역에 대해 신용하는 평양군과 개성, 오영섭은 함경남도와 서울, 그리고 안중근은 강원도와 연해주라고 주장하였다. 이처럼 신용하설, 오영섭설, 안중근의 주장은 출생·활동지역에서도 확연한 차이를 보이고 있다. 이는 김두성이 실존하지 않았던 인물임을 뒷받침하는 증거로 볼 수 있는 것이다.

특히나 신용하설, 오영섭설, 안중근의 주장은 김두성이 구체적으로 국외에서 의병활동을 하거나 항일투쟁을 한 기록이 전혀 보이지 않는다는 사실에서 받아들이기 어렵다. 국내진격작전의 기반이 되었던 동의회의 설립과정과 1908년 7월 의병의 성립과정이 일제의 첩자에 의해 하나하나 보고되고 있던 상황[93]에서 김두성이라는 인물이 일제의 사료에 전혀 언급되고 있지 않다는 것은 상식적으로 이해할 수 없는 것이다. 따라서 안중근의 주장, 신용하설과 오영섭설은 사실이 아닐 가능성이 높다.

---

92 신운용, 「안중근의거의 사상적 배경」, 『안중근과 한국근대사』, 채륜, 2009 참조.
93 日本 外交史料館, 「排日鮮人退露處分ニ關スル件」, 『在西比利亞』 第5卷.

설사 김두성이 실존인물이라고 하더라도 다음에서 보듯이 안중근의거와는 직접적인 관계는 없는 것이 분명하다.

> 재판관: 그대는 특파원으로서 하얼빈에 온 이상 김에게서 어떤 명령이라도 받았는가.
> 안중근: 새삼스럽게 명령을 받을 필요가 없지만 작년 연추 부근에서 노령 및 청국 내에 있는 의병의 사령관으로서 뜻대로 행동을 하도록 명을 받았다.[94]

이는 두 가지 측면에서 살펴볼 필요가 있다. 첫째, 김두성과 안중근의거의 관계이다. 위의 사료에서 김두성이 존재했던 인물이라고 하더라도 그것은 의병의 계급체계에 국한되는 것으로 안중근의거와는 직접적인 관계가 없다는 사실을 확인할 수 있다. 이러한 측면에서 안중근의거의 배후를 김두성으로 보고 다시 이를 고종과 연결시켜 안중근의거의 배경을 고종이라고 주장하는 것은 지나친 확대해석이다.[95]

다른 하나는 안중근이 김두성에게 의병사령관(대한의병 참모중장)의 직책을 받았고, 오영섭의 주장대로 김두성의 권능이 고종으로부터 부여되었다면 이범윤의 경우처럼 안중근도 김두성과 그 권능을 충분히 활용하여 자신의 정치적 입지를 굳혔을 것이라는 점이다. 하지만 어느 사료에도 안중근이 이를

---

94 신운용 편역, 「첫째 날의 공판」, 위의 책, 62쪽.
95 반병률은 김두성의 실체와 고종의 밀사설에 대해 다음과 같이 비판하고 있다. "현재 아무런 사료적 뒷받침이 전혀 없이 재판과정에서 나온 안중근의 진술만을 토대로 하여 연해주의병이나 하르빈 사건과 관련시켜 '의병총독 김두성'을 '실제인물'이나 '실제적 사실('실재'가 아닌 '실제')'로, 그리하여 그와 안중근의 관계를 실제적인 역사적 사실로서 부각시키려는 것은 무리가 아닐 수 없다. 더구나 김두성이 연해주의병에 총괄책임을 부여받은 고종세력의 밀사나 협력자일 뿐만 아니라 하르빈의거의 막후 주역으로까지 상정하는 것은 지나친 확대해석이라 할 것이다."(반병률, 「안중근(安重根)과 최재형(崔在亨)」, 『역사문화연구』 33, 한국외국어대학교 역사문화연구소, 2009, 99쪽)

이용하였다는 근거는 발견되지 않고 있다. 이는 김두성의 존재를 의심케 하는 또 다른 이유이다.

여기에서 안중근이 말하는 김두성이라는 인물의 역할을 할 만한 사람은 최재형밖에 없다는 반병률의 주장은 주목할 만하다.[96] 사실 1908년 8월 국내진격작전의 실질적인 지휘자는 최재형과 이범윤이었다. 안중근은 바로 최재형 부대의 우영장으로 참전하였다.[97] 따라서 당시 의병계열에서 이범윤을 능가할 수 있는 사람은 최재형 이외에 없다는 점에서 김두성의 역할에 부합하는 인물은 최재형일 가능성이 대단히 높다.

반병률은 더 나아가 안중근이 최재형을 김두성으로 위장한 것은 ① 최재형을 보호하기 위한 조치였으며,[98] ② 공판전략 때문이라고 주장하였다.[99] 최재형이 러시아 국적을 가진 외국인이므로 한국민 전체를 대표하기에는 부족하다고 판단했을 것이라는 것이다. 이상의 반병률의 주장은 일리가 있다. 하지만 다른 측면에서 보충적인 설명이 요구된다.

우선 ①에 대해 살펴보면 다음과 같다. 최재형의 보호조치라는 주장과 관련하여 안중근의 최재형에 대한 인식을 살펴볼 필요가 있다. 이는 안중근이 최재형을 김두성으로 그 이름을 바꾼 이유를 설명할 수 있는 실마리를 제공하기 때문이다.

의병전쟁 실패 후 한인사회의 의병관의 변화는 러시아와 중국의 의병에 대한 강경책, 일제의 압력과 연동되어 있었다. 러시아는 연흑룡주 총독에게 이범윤이 의병활동을 재개할 경우 그를 체포하라고 명령하였고, 두만강 일대에 러시아 군대를 주둔시켜 의병의 훈련과 무기소지를 금지시키는 등 의병활동을 억제하였다.[100] 청국도 의병이 청군 2명을 살해했다는 구실을 내

---

96 위의 논문, 98~99쪽; 신운용, 「안중근의 의병투쟁과 활동」, 『안중근과 한국근대사』, 안중근의사기념사업회 안중근연구소, 2009, 114쪽.

97 日本 外交史料館, 「排日鮮人退露處分ニ關スル件」, 『在西比利亞』 第5卷.

98 반병률, 위의 논문, 98~99쪽.

99 위의 논문, 98쪽.

세워 포셋트 러시아 6연대에 의병의 무기를 압수하고 의병 본부의 해체를 요구하는 등 의병을 탄압하였다.[101]

이러한 분위기에서 블라디보스토크에서 가장 세력이 큰 최봉준은 의병활동 억제 방안을 협의하고 러시아당국에 최재형의 협조요청을 거부하도록 요구하는 등 의병과 최재형의 관계단절에 총력을 기울었다. 최봉준은 이에 머물지 않고 『대동공보』에 "의병을 지원하지 말라."라는 광고를 냈다.[102]

이러한 상황 속에서 최재형도 다음과 같이 의병을 혹독하게 매도하였다.

> 각지방 소문을 들은 즉 수다한 무뢰지배가 본국을 사랑하는 의병이라 가칭하고 우리 각지방에 유명지인의 성명도 팔고 본인의 성명도 도적하여 위조편지를 탈취하여 각처에 많이 광포하여 각민간에 다수 재정을 탈취하여 중간잡비소임이라 칭하고 몰식하며 그 위령을 자랑하느라고 동포 중에 사생지폐도 혹 있다 하니 슬프다 우리 연약한 동포들이 저 무뢰배의 속임을 받아 무한히 해를 받고 앞으로 부지할 방침을 생각지 않이하니 종금이후로는 저 협작배의 위조편지와 애국성이 높다고 자랑하는 자에게 무용한 보조금은 주지 말고 저 같은 폐단은 서로 살피어 거절하고 징치하기 바랍니다.[103]

같은 선상에서 그는 안중근을 "무뢰로서 늘 사람의 재산을 약탈하는 데만 급급하던 안중근이 이 장거를 했다니 앞서의 협잡자가 지금 국가 제일 공신이 되었다."[104]라고 한 데서 알 수 있듯이, 의거 전의 안중근에 대해 부정적인 인식을 갖고 있었다.

---

100 국사편찬위원회, 「경비수 제118호의 1」, 『한국독립운동사』 자료 12, 259쪽.
101 국사편찬위원회, 「국비수 제204의 1」, 『한국독립운동사』 자료 13, 193쪽.
102 국사편찬위원회, 『한국독립운동사』 자료 15, 167쪽.
103 『대동공보』 1909년 1월 17일자, 「광고」.
104 국사편찬위원회, 「憲機 第二六三四號」, 『한국독립운동사』 자료 7, 251쪽.

안중근도 최재형과 최봉준에 대해 다음과 같이 비판적으로 보았다.

　　최봉준은 블라디보스토크의 부자이다. 의병 이야기를 서로 나누는
것도 하지 못하는 겁이 많은 사람으로 자기의 생명과 돈을 사랑하는
이외는 아무 것도 안중에 없는 인물이다. 필경 두 최와 엄 등 따위는
일본을 대하는 일진회와 같이 러시아 앞에서 일진회를 하는 놈들에 불
과하다. 특히 엄 따위는 러시아 땅에서 태어나서 러시아어를 알며 러
시아인을 위해 생활하는 사람이며 고국을 생각하는 정이 매우 박약하
다. 두 최 따위는 입장을 바꾸어 생각하면 그래야 할 것이다. 러시아
땅에서 호흡하고 돈도 집도 있는 것은 다 러시아인의 덕이기 때문이
다.[105]

　이상에 보듯이 안중근이 최재형을 러시아의 일진회라고 비판하였고, 최재
형은 안중근을 무뢰배라고 폄하하였다[106]는 점, 이범윤이 의병부대를 이끈
사실을 진술한 점, 안중근이 대체로 사실에 근거한 인물평을 하였다는 점
등에서 김두성으로 둔갑시킨 이유를 최재형을 보호하기 위한 조치에서 나
온 것만이 아니라는 사실을 알 수 있다.
　이처럼 안중근이 최재형을 의병의 최고 지도자로 내세우기에는 안중근의
자존심이 허락하지 않았던 것 같다. 적어도 일제와 전쟁을 하고 있던 상황
에서 동양평화의 가장 큰 적으로 여기고 있던 러시아에 최재형이 충성을 바
치고 있다고 본 안중근은 그를 의병부대의 총독으로 받아들이기 힘들었던
것이다. 이러한 면에서 김두성이라는 가공인물을 내세운 것으로 보인다.
　②에 대해 살펴보면 다음과 같다. 안중근이 김두성을 내세운 또 다른 이
유를 안중근의 재판전략에 따른 결과라는 반병률의 주장은 타당성이 있다.

105 국사편찬위원회, 「境警視의 訊問에 대한 安應七의 供述(第三回)」, 위의 책, 407쪽.
106 국사편찬위원회, 「憲機 第二六三四號」, 위의 책, 251쪽.

하지만 최재형이 러시아 국적자이기 때문에 한국을 대표할 수 있는 인물이 아니라는 점 이외에 다른 설명도 필요하다. 안중근은 재판에서 일제를 제압하면서 의거의 정당성을 강조하기 위해 스스로 군인이라는 지위를 활용하려고 하였다는 점을 염두에 둘 필요가 있다. 이러한 점에서 그는 우선 군대 지휘계통에 따라 의거를 하였다는 논리를 재판에서 내세웠던 것이다. 따라서 1908년 7월경의 국내진격작전 때의 김두성은 최재형일 가능성이 높지만, 의거와 관련되었다고 주장되는 김두성은 가공의 인물로 보인다.

사실 1907년 제2차 만국평화회의에서 채택된 육전규칙에 따르면 비정규군 역시 교전자격을 인정받는다.[107] 따라서 의병도 교전 자격을 갖는다는 주장은 타당하다. 때문에 의병으로 참전한 안중근은 교전 자격에 따라 포로를 대우해야 한다는 규정을 잘 알고 있기에 포로로 사로잡은 일본인을 석방하였고,[108] 스스로도 포로대우를 해줄 것을 주장하였던 것이다.

더욱이 안중근은 의거의 정당성을 일본법으로도 증명하려고 하였다. 그는 일본법을 적용하려면 "本屬長官의 命令에 따라 그 職務로써 한 者는 그 罪를 論하지 않는다."는 일본의「구형법 제76조」를 준용하라고 주장하였다.[109] 즉, '본속장관의 명령에 따라'라는 것은 안중근에게 의병사령관 즉, 독립특파대장이라는 임무를 부여한[110] 김두성의 명령을 의미하고, '그 직무로써 한 자는 그 죄를 논하지 않는다는 것'은 참모중장의 자격으로 이토를 처단했다는 뜻이다. 따라서 일본 구법을 따르면 안중근의거의 정당성도 인정되고 또한 사형도 면할 수 있었을 것이다.

---

107 명순구,「안중근과 이토 히로부미의 접점에 대한 법적 평가」,『고려법학』34, 고려대학교 법학연구회, 2004 참조.
108 안중근,「안응칠역사」, 위의 책, 163쪽.
109 국사편찬위원회,「전보」, 위의 책, 685~486쪽.
110 국사편찬위원회,「공판시말서」, 위의 책, 333쪽.

4. 고종 배후설의 진위

안중근장군설을 제기한 이태진은 더 나아가 안중근의거의 배경으로 고종을 지목하였다. 그는 김두성이 고종의 밀명을 받아 1908년 7월의 국내진격작전을 지휘한 사령관이라는 오영섭설과, 의거가 대동공보사 세력과의 합작으로 이루어졌다는 신용하설[111]을 전제로 러시아 의병활동과 안중근의거의 배후 세력으로 고종을 지목하였다.

이태진은 안중근의거의 배후에 고종이 있었다는 가설을 증명하기 위해 다음과 같이 주장하였다.

> 필자가 새로 발굴한 자료는 오영섭의 연구성과를 뒷받침하거나 이를 더 발전시키는 성격의 것으로, 그 내용은 두 가지 사실에 관한 것이다. 첫째, 일본의 뤼순지방법원에 넘겨진 안중근 재판을 황제가 국제적으로 명성이 있는 변호사들을 동원하여 러시아 법정으로 옮기도록 하는 이를 테면 안중근 구출작전에 깊이 관여한 사실, 둘째, 이 저격 사건은 처음부터 황제 측이 기획하여 연해주의병세력이 이를 실행에 옮긴 것으로 보인다는 일본 첩보망의 보고이다. 이 가운데 후자는 오영섭의 연구가 다루어오던 것과 관련이 있지만, 전자는 지금까지 전혀 알려지지 않는 것이다.[112]

이상의 이태진의 주장은 자신이 최초로 사료를 발굴하여[113] 고종이 안중

---

111 신용하의 합작설은 신용하, 위의 논문, 177~190쪽 참조.
112 이태진, 「안중근의 하얼빈 의거와 고종황제」, 66쪽.
113 이태진이 「안중근의 하얼빈 의거와 고종황제」에서 논거로 내세운 사료는 다음과 같이 국사편찬위원회와 국가보훈처에서 이미 간행되었던 것이다. 국사편찬위원회, 「韓皇ノ密使宋某ニ關スル件」, 『要視察韓國人擧動』 3, 2002, 434쪽; 「韓皇ノ密使宋某ニ關スル報告送付ノ件」, 『要視察韓國人擧動』 3, 434쪽; 「韓人近況報告ノ件」, 『要視察韓國人擧動』 3, 435~437쪽; 국가보훈처, 「전보 제11호」, 『아주제일의협 안중근』 3, 1999, 556쪽; 국가보훈처, 「전보 제18호」, 『아주

근구출작전에 깊이 간여한 사실을 확인하였다는 것, 안중근의거는 처음부터 고종 측이 기획하여 연해주의병세력이 실행했다는 것으로 요약된다. 더 나아가 그는 "안중근의거는 일제 식민주의 역사관이 남긴 고종에 대한 부정적 인식, 즉 무능군주론의 허상을 없앨 수 있는 근거"[114]라고 주장하였다. 여기에서 그는 안중근의거의 배경을 고종이라고 강조함으로써 그의 고종옹호론을 강화하겠다는 속내를 숨기지 않고 있었음을 엿볼 수 있다.[115]

그러나 이태진의 주장은 다음과 같은 이유에서 문제가 있음을 강조하지 않을 수 없다. 첫째, 이태진의 주장은 오영섭설과 신용하설 위에서만 성립될 수 있다는 점이다. 이는 이들의 가설에 문제가 있다면 이태진의 설도 성립될 수 없다는 의미이다.

우선 오영섭설의 문제점은 위에서 보았듯이 안중근이 최재형과 이범윤을 거느리고 국내진격작전을 펼쳤다고 주장한 김두성이라는 인물이 민족운동을 하였다는 사실을 확인할 수 있는 사료가 전혀 없다는 점이다. 이 정도의 인물이라면 일제의 사료뿐만 아니라 독립운동가들이 남긴 사료나 증언에 등장하는 것이 당연하다. 하지만 현실은 전혀 그렇지 않다. 이는 김두성은 안중근이 어떠한 목적으로 만들어 낸 인물일 가능성이 대단히 높음을 의미하는 것이다. 또한 이태진은 신용하설을 근거로[116] 고종배후설을 주장하지만 정작 신용하는 의거의 배후로 고종을 지목한 사실이 없다.

둘째, 자료의 신빙성이다. 이태진은 자신이 발굴한 것처럼 주장하면서 사료의 신빙성이 높다고 강조하고 있다. 특히 그는 근거가 약한 일제의 사료를 근거로 다음과 같이 안중근의거의 배경이 고종이라고 단정하였다. ① 연

제일의협 안중근』 3, 578쪽; 국가보훈처, 「기밀한 제6호」, 『아주제일의협 안중근』, 663쪽; 국가 보훈처, 「기밀한 제17호」, 『아주제일의협 안중근』 3, 688쪽.

114 이태진, 위의 논문, 66~67쪽.
115 위의 논문, 67쪽.
116 신용하설은 신운용에 의해 이미 성립될 수 없다는 사실이 증명되었다(신운용, 「안중근의거 와 대동공보사의 관계에 대한 재검토」 참조).

해주 민족운동은 한국황실의 사주로 이루어졌다. ② 블라디보스토크 거류민회와 신문사의 황실의 자금으로 운영되었다. ③ 안중근의거는 황실의 명을 받은 최재형의 역할이 컸다. ④ 김기룡의 총이 최재형 집에 보관된 사실은 최재형이 안중근의거와 관련이 깊다는 증거이다.[117]

①에 대해 살펴보면 다음과 같다. 연해주 한인의 민족운동은 1905년 간도에서 연해주로 건너간 이범윤 등의 근왕파와 최재형 등의 토착세력이 일정하게 결합된 형태로 진전되었다는 것은 대체로 인정되는 사실이다. 하지만 확실한 근거 없이 1908년 7월 국내진격작전이 고종의 지원으로 이루어졌다는 주장은 추론에 지나지 않는 것이다. 더욱이 연해주 한인의 항일투쟁이 전적으로 고종의 지령과 권위로 이루어졌다는 가설은 고종과 황실의 안중근의거에 대한 비판적 견해를 갖고 있었다는 점,[118] 국내진격작전이 이범진이 동의회에 보낸 자금으로만 이루어지지 않았다는 점,[119] 고종의 권위가 전적으로 존중되었다고 볼 수 없다는 점 등에서 받아들이기 어렵다.

---

117 국사편찬위원회, 「韓人近況報告ノ件」, 『要視察韓國人擧動』 3, 436쪽. "한인밀정에 따르면 배일의 본원(本元)은 물론 한국 황실이라고 한다. 재작년 경성과 평양에서 다수가 건너와 배일을 종용한 것도 궁전이 낸 돈으로 한 것이다. 이 무렵부터 이곳의 거류민회와 신문사는 점차 세력이 있게 된 것이라고 한다. 작년 10월 하얼빈의 흉변사건도 궁중으로부터 연추의 최재형 쪽에서 선동한 것으로 최는 최봉준과 밀접한 관계가 있고 이 두 사람이 사건 후에도 여러 가지의 일을 알선한 것도 알아야 한다. 그리고 안중근과 북한에서 함께 온 김기룡의 피스톨 기타 하물이 지금 연추의 최재형 집에 보관되어 있는 것은 사건과 최가 관계가 있는 증거라고 한다."

118 이에 대해서는 신운용, 「안중근의거에 대한 국내의 인식과 반응」, 『안중근과 한국근대사』 참조

119 국내진격작전에 소요된 약 33000루블은 최재형이 13000루블, 소성(蘇城) 방면에서 모금된 6000루블, 안중근이 모금한 4000루블, 이범진이 보낸 자금은 1만 루블으로 구성되어 있다(신운용, 「안중근의 의병투쟁과 활동」, 143~144쪽). 여기에서 보듯이 이범진이 보낸 군자금은 33%를 넘지 않았다. 또한 정대호가 "안의 말로 일제히 이범진(李範晉)이 러시아 수도에서 1만 루블을 보내는데 그 돈의 반을 이범윤(李範允)이 사용하고 3천 루블 정도를 범진의 아들(緯鐘)이 썼고 나머지를 자신이 사용하였다고 한다."(日本 外交史料館, 『倉知政務局長旅順へ出張中發受書類』 第2卷(문서번호 : 4.2.5, 245-1)라고 공술하였다. 이 점에서 고종세력인 이범진이 보낸 자금이 일정한 도움이 된 것은 분명하지만 결정적인 요인은 아니었다는 사실을 지적하지 않을 수 없다.

이러한 맥락에서 첩보를 근거로 연해주 한인들의 민족운동을 고종과 지나치게 연결시키는 것은 역사사실을 왜곡시킬 가능성이 있는 것이다. 특히 구라치는 "한국의 일부 일본인 중에는 이토공 암살을 한국 황제가 사주한 것으로 이를 이유로 차제에 일거에 병합을 단행하려고 하여 무리하게 증거를 조작하려고 책동하고 있다."라고 하여 고종이 의거에 관여했다는 주장을 부정하고 있다[120]는 사실에 유념할 필요가 있다. 이처럼 안중근의거에 대한 모든 일제의 보고에 대해 최종적으로 안중근 단독의거로 판단하여 안중근의거의 배후가 고종이 아니라는 구라치의 결론은 타당성이 있다.

②에 대해 살펴보면 다음과 같다. 블라디보스토크 거류민회는 일제의 감시에서 자유로울 수 없었다. 또한 대동공보사도 한인들의 도움으로 겨우 유지되는 상황이었다. 특히 거류민회와 대동공보사에 막대한 황실 자금이 유입되었다면 이는 일제에 실로 중대한 도전이었을 것이다. 최재형 등의 토착세력을 중심으로 한 한인들의 언론과 교육사업에 황실의 자금이 흘러들어 갔다는 구체적인 증거는 없는 실정이다.

③에 대해 살펴보면 다음과 같다. 안중근의거에 최재형·최봉준이 관련되어 있다는 주장을 뒷받침할 수 있는 확실한 사료나 증언은 없는 실정이다. 따라서 이들이 안중근의거와 무관하다면 고종의 의거배후설은 성립될 수 없는 것이다. 앞서 보았듯이 안중근은 최재형·최봉준을 부러파로 보고 있었다. 안중근이 연추에서 블라디보스토크로 간 계기도 최재형의 박대 때문이었다.[121]

또한 최재형은 안중근에 대한 부정적인 인식을 갖고 있었고, 1908년 7월 의병의 국내진격작전 이후 최재형·최봉준 등 러시아 한인 토착세력이 반의병 분위기로 돌아선 사실은 앞서 살펴 본 바와 같다. 더욱이 의병세력은

---

120 倉知鐵吉, 위의 책.
121 국사편찬위원회, 「境警視의 訊問에 대한 安應七의 供述(第七回)」, 『한국독립운동사』 자료 7, 427쪽.

극심한 러시아의 탄압에 직면해 있었던 상황이었다. 따라서 최재형 등이 안중근의거와 밀접한 관련이 있다는 주장은 부자연스런 설명임에 분명하다.

④에 대해 살펴보면 다음과 같다. 김기룡이 안중근과 함께 연해주로 왔다는 주장은 사실이 아니다. 안중근과 국내에서 간도로 함께 온 이는 김달하의 아들 김동억임이 이미 밝혀진 사실이다.[122] 또한 김기룡은 안중근의거와 전혀 관계없는 인물이었다. 이처럼 밀정의 첩보를 근거로 안중근의거의 배후로 고종을 지목하는 것은 사실에서 벗어난 주장이라고 볼 수밖에 없다.

그런데 이태진은 안중근의거가 대동공보사 세력의 계획과 지원으로 이루어졌다는 신용하설을 바탕으로 안중근의거를 계획한 대동공보사가 안중근 구출작전을 전개한 것은 당연하다고 주장하고 있다. 특히 그는 러시아 한인 사회의 안중근과 그 가족을 위한 의연금 모금을 고종의 밀사파견의 이유로 설명하고 있다.[123] 그러면서 특히 미하일로프가 이토 저격 계획에 앞장선 이유가 한인들의 항일운동에 협조적이었기 때문이라는 것이다.[124]

그러나 신용하설은 전적으로 신뢰할 수 없다는 사실을 염두에 둘 필요가 있다. 대동공보사 세력의 안중근구출시도는 의거를 합작했기 때문이라기보다도 함께 대일투쟁을 전개한 동지애에서 나온 것으로 보는 것이 타당하다. 더욱이 러시아 한인들이 신용하가 『대동공보』와의 합작설로 인용한 사료에서 안중근의거를 제안한 것으로 기록되어 있는[125] 미하일로프에 대해 다음과 같이 비판한 데서 보듯이 미하일로프가 진정으로 한인들을 동정하고 안중근의거를 앞장서서 이끌었다는 주장은 전적으로 신뢰할 수 없는 것이다.

---

122 신운용, 「안중근의 민권·민족의식과 계몽운동」, 『안중근과 한국근대사』, 119쪽.
123 이태진, 위의 논문, 77쪽.
124 위의 논문, 78쪽.
125 국사편찬위원회, 「憲機 第二六三四號」, 위의 책, 249쪽.

미하일로프에 대한 비판

『대동공보』발행명의인·소송대변인으로 이곳 한인과 밀접한 관계가 있는「미하일로프」에 대한 비난공격의 목소리가 근래 더욱 커졌다. 원래「미하일로프」는 이재에 밝아 처음부터 한인의 약점을 파고들어 아부를 하여 안중근변호를 위해 여순으로 갔을 때 반드시 안을 무죄석방의 처분을 받도록 하겠다고 장담하였으나 사실은 이와 반대로 안의 변호비용으로 전후 수회에 다액의 금액을 이곳 한인 등으로부터 받았으면서 요전에 또다시 안유족구제공동회의 돈을 착복하려고 하여 한인의 미움을 사고 여순으로 돌아온 후 종종 변명조로 한인에게 말한 바 있다. 일방적으로 크게 과장하여 여순에서 자신이 최선을 다했다고 큰소리를 쳐도 사실을 상세히 기록한 내외의 신문지에 의해 한인 등은 이제 미하일로프의 말을 믿는 자가 없고 더욱이 그를 비난하기에 이르렀다. 이 때문에 최근『대동공보』의 발간에 대해서도 오주혁을 사실상의 발행명의인으로 하려는 계획이 있다고 한다.[126]

이 때문인지 이태진은 정재관이 의거 2개월 전 귀국하여 황실 측과 이토처단을 위한 접촉이 있었다고 강조하고 나서 미하일로프가 안중근의거를 주도하였다는 일제의 사료를 부정하면서 정재관이 대동공보사 회의 당시 이토 저격을 처음으로 발의하였을 가능성이 높다고 주장하였다. 하지만 이러한 주장을 구체적으로 뒷받침할 만한 확실한 근거를 제시하지 못하고 있다. 신운용의 주장대로 대동공보사에서 이토처단 모의가 열리지 않았다면[127] 정재관이 의거를 주도적으로 이끌었다는 그의 주장은 사실일 수 없는 것이다.[128]

---

126 국사편찬위원회,「韓人ノ狀況報告ノ件」,『要視察韓國人擧動』3, 476쪽.
127 신운용, 위의 논문, 180~186쪽.
128 안중근은 정재관을 1909년 10월 20일 만났는데 정재관이 다음과 같이 말하였다고 한다.

그리고 이태진의 주장대로 송·조 두 사람이 고종의 밀사라면 안중근의 거에 고종이 관련되어 있다는 증거가 되는 것이다. 그렇다면 안중근의거를 한국을 병탄할 기회로 보고 있던 통감부는 어떠한 형태로든지 움직였을 것이다. 하지만 그러한 조짐은 전혀 보이지 않았다. 이는 일제가 고종의 밀사에 관한 첩보를 인정하지 않았다는 사실을 의미하는 것이다. 오히려 통감부는 안중근의 단독의거로 결론을 내렸던 것이다.

더욱이 이태진은 "고종의 움직임을 확인한 데라우치를 비롯한 군벌의 핵심들은 한국병합을 지연시킬 이유가 없었다."[129]라고 하여 고종의 '밀령'으로 이루어진 안중근의거가 일제의 한국병탄을 앞당긴 것으로 이해하고 있다. 하지만 구라치는 "이토의 방만은 일제의 한국병탄 문제와 직접적인 관계가 없다."[130]라고 주장하였다. 이는 일제의 한국병탄 계획은 늦어도 1909년 7월에 이미 끝났다는 상황을 반영하고 있는 것이다. 이러한 측면에서 안중근의거와 일제의 한국병탄 문제는 전혀 관계가 없다는 것이다.

5. 나오는 말

필자는 이 글에서 안중근장군설·김두성실존설·고종배후설을 비판적 시각에서 살펴본 바, 다음과 같은 결론에 이르게 되었다.

우선 일부에서 제기된 '안중근장군'이라는 칭호는 역사용어의 역사성, 역사적 사건과 용어의 부합성이라는 점과 역사 용어는 이른 시기에 폭넓게 사

"그렇다. 事實이다. 이곳에서도 靑年輩가 모여서 伊藤公이 온다니 칼을 갈아가지고 가지 않으면 안 된다고들 말하고 있었으므로 自己(鄭)가 그런 일이 露國에 알려지면 그야말로 큰일이다. 바보 같은 소리 말라고 制止하였다."(국사편찬위원회, 「境警視의 訊問에 대한 安應七의 供述」, 『한국독립운동사』 자료 7, 462쪽)

129 이태진, 위의 논문, 91쪽.
130 倉知鐵吉, 위의 책.

용되고 사건의 모든 면을 반영해야 한다는 점에서 역사용어로 부적합하다는 것이 필자의 결론이다.

안중근의사라는 용어는 미주의 1909년 11월 3일자 『신한민보』에 처음으로 사용되었고, 러시아 한인사회에서는 『대동공보』 1909년 11월 7일자에도 언급되었다. 국내의 경우 『대한매일신보』 1910년 3월 30일자에 기술되어 있다.

의사라는 용어는 언론지의 경우 1883년 11월 10일자 『한성순보』의 기사에서 처음으로 확인된다. 이후 의사는 이준·장인환·정명운을 걸쳐 안중근에게 사용되었고, 다시 강우규·윤봉길·이봉창 등에게 부여되었다. 이처럼 안중근의사는 의사칭호 부여의 전통에서 나온 것이라는 사실을 강조하지 않을 수 없다.

'안중근의사'는 국제적으로 공인된 용어이다. 일본과 중국에서 안중근을 장군이라고 부른 예는 찾아볼 수 없다. 오히려 일본의 경우는 의사라는 칭호가 대부분을 차지하고 있고, 중국의 경우는 '지사' 다음으로 많이 사용되고 있다. 무엇보다 안중근장군이라는 호칭은 이태진·안중근평화재단청년아카데미·한국육군이 그것도 안중근의거 100주년을 2년 앞둔 2008년에서야 주장되기 시작하였던 것이다. 이전에는 안중근장군이라는 칭호는 존재하지 않았다는 사실에서 안중근장군이라는 용어는 역사성과 정통성이 결여된 것이다.

1908년 7월경의 국내진격작전 때 김두성의 역할을 할 수 있는 인물은 최재형밖에 없다는 점에서 김두성은 최재형으로 보인다. 무엇보다 의거와 관련한 김두성의 실체는 가공일물일 가능성이 높다. 그 이유로 김두성 실존론을 내세우는 안중근의 주장, 신용하설, 오영섭설은 연령·출생 활동지역·경력 등에서 전혀 일치하지 않고, 무엇보다 김두성은 일제의 기록과 민족운동가들의 증언과 기록 어디에서도 확인되지 않고 있다는 사실을 들고 있다.

문제는 왜 안중근이 가공인물을 만들어 냈는가 하는 것이다. 이는 안중근이 군이라는 신분으로 이토 히로부미의 처단하였다는, 즉 의거를 합리화하기 위한 고도의 전략에서 나온 포석으로 보인다.

고종의 안중근의거 배후설은 김두성의 실체와도 연동되어 있는 것으로 김두성의 존재를 확인할 수 없다는 측면에서 국내진격작전의 배후로 고종을 지목하는 것은 근거 없는 주장이다. 따라서 일제의 첩보를 근거로 고종을 의거의 배후라고 주장하는 이태진설도 방계사료로 증명되지 않는다는 점, 안중근의거를 병탄의 기회로 노리고 있던 통감부가 아무런 조치도 취하지 않은 점, 일제 외무성이 고종배후설을 부정하고 있다는 점, 고종과 황실이 안중근의거를 부정적으로 보았다는 점 등에서 성립될 수 없는 가설임이 분명하다.

3

일본의 안중근연구에 대한 비판적 검토

제3의 저격설을 중심으로

1. 들어가는 말

안중근은 한민족의 영웅으로 추앙받아 온 역사적 인물이다. 항일전쟁기에
민족운동가들은 그를 모델로 하여 독립전쟁을 전개하였다. 그는 오늘날에도
남북이 동시에 받드는 거의 유일한 인물이다. 반면, 극소수를 제외하고 대
다수의 일본인들은 안중근에 대해 일본근대를 만든 영웅 이토 히로부미(伊
藤博文)을 죽인 '흉한'이라는 인식을 갖고 있다.

이러한 양국의 인식차이는 한일양국의 근대사에 대한 본질적인 시각차에
그 원인이 있는 것이다. 일제가 일본인 전체를 위해서가 아니라 천황제를
유지하려는 의도에서 미국에 항복한 것은 역사적 사실이다. 이로 인해 일본
은 침략사에 대한 반성을 할 기회를 스스로 저버렸다. 이토는 천황제의 근
간인 명치헌법을 입안한 인물이다. 이는 일본인들의 천황과 이토에 대한 인
식이 결코 분리될 수 없음을 의미하는 것이다.

이와 같은 맥락에서 일본인들은 이토를 연구하면 할수록, 또한 관심을 가지면 가질수록 침략사를 더욱 미화할 수밖에 없는 구조적 모순에 빠지게 된다. 그 결과 안중근에 대한 평가는 이토의 그것에 반비례하는 현상을 보이는 것이다. 일본 이토 연구의 대체적인 공통점은 이토가 온건한 '평화주의자였다는 것이다.[1] 이러한 인물을 저격한 안중근은 오히려 일본의 한국 식민화 원인을 제공하였다는 주장이 일본에서는 정설로 받아들여지고 있다. 이는 일본의 많은 교과서에 안중근의거가 일제의 한국병탄과 관련 있는 것처럼 기술되고 있는 사실에서도 여실히 드러난다.[2]

또한 일본의 이토 연구에서는 신격화 내지 위인화 경향마저 보이는 것도 사실이다. 예컨대, 이토가 죽음을 앞둔 상황 속에서도 자신에게 총격을 가한 사람이 한인이라는 말을 듣고 '바보 같은 놈'이라고 하였으며, 다른 수행원의 안부를 물었다는 주장이 이토의 위대함을 증명하는 근거로 이토관련 전기에 장식되어 있다.[3] 하지만 이는 미조부치 검찰관이 공식적으로 "한마디 못하고 절명하였다."[4]라는 결론을 내린 점에서 사실이 아님을 알 수 있다.

심지어 안중근에 대해 긍정적인 평가를 하는 자국인들에게조차 적의를 드러내고 있는 것이 일본의 현실이다.[5] 이처럼 일본인들은 반감을 드러내는 소극적인 대응에서 안중근의거를 폄하하는 적극적인 방식으로 전환하여 최

---

1 이에 대한 일본의 대표적인 저술은 다음과 같다. 伊藤之雄, 『立憲國家確立と伊藤博文』, 吉川弘文館, 1999; 『伊藤博文-近代日本を創った男』, 講談社, 2010.
2 신주백, 「한일 역사교과서는 안중근을 어떻게 기술해 왔는가(1945~2007)-伊藤博文과 '韓國併合'과의 관계를 중심으로」, 『안중근연구의 기초』, 안중근의사기념사업회, 2009 참조.
3 中村吉藏, 『伊藤博文』, 大日本雄辯會講談社, 1942, 306쪽.
4 신운용 편역, 「넷째 날의 공판」, 『안중근·우덕순·조도선·유동하 공판기록-안중근사건 공판속기록』(안중근 자료집 10), 안중근의사기념사업회 안중근연구소, 2010, 175쪽. 이는 안중근의 이토 저격을 목격하고 스스로도 총격을 받은 타나카 세이지로(田中淸次郎) 만철이사가 이토가 즉사하였음을 밝힌 사실에서도 확인된다(『동아일보』 1982년 8월 20일자, 「安重根…역사 … 敎科書 … 日人의 證言으로 再照明해본 事實<中>」).
5 大野芳, 「エピログ」, 『伊藤博文 暗殺事件』, 新潮社, 2003, 369~370쪽.

근 10년 사이 '있지도 않은 허구'로 단정하는 데까지 이르렀다.

이와 같이 안중근의거와 그의 사람됨을 깎아내리는 작업이 일본에서 끊임없이 전개되어 왔는데 그 절정은 '제3의 저격설'이다.[6] 이는 안중근의거 자체를 부정하는 작업을 넘어 한국근대사에 대한 근본적인 왜곡의 출발점이라는 데 문제의 심각성이 있다. 제3의 저격설을 주장하는 일본인들은 '온건한 성격'과 '평화의 정신'으로 한국의 근대화를 열망한 이토를 저격한 안중근이 '반평화적'인 한국근대화의 '적'이라는 인식을 갖고 있다. 이러한 사고방식은 식민지근대화론과 직결되는 것으로 한일관계를 규정하는 일본의 근원적인 역사관이다.

일본의 안중근연구의 또 다른 왜곡은 안중근 수의와 유묵에서 보는 바와 같이 어떤 '흉한이라도 넓은 아량으로 보담을 수 있는 위대한 일본인이 있었음을 은근히 강조하는 경향 속에서 이루어지고 있다. 수의의 경우, 여순감옥의 전옥 구리하라 사타기치(栗原貞吉)의 딸 이마이 후사코(今井房子)는 자신의 어머니가 안중근의 수의를 만들어 주었다고 주장하였다.[7] 하지만 이는 『만주일일신문』에 56원에 고향에서 사서 보냈다는 기록[8]에서 보듯이 사실

---

6 제3의 저격의 대표적 주장은 다음과 같다. 田谷廣吉·山野辺義智 編纂, 『室田義文翁譚』, 常陽明治記念會東京支部, 1938; 室田義文, 「伊藤博文公ハルビン驛頭の凶變」, 『あの事件の思出を語る』(森田英亮 編), 金星堂, 1939; 木村孝子·增本寬, 「故伊藤公爵遭難時の肌着に就ての法醫學的考察」, 『犯罪學雜誌』 26-3, 日本犯罪學會, 1960; 藤田幸男, 「伊藤博文暗殺事件犯人は安重根でない」, 『文藝春秋』1966年 4月號; 平川綺一, 「伊藤博文ノ暗殺をめぐって」, 『工學院大學研究論叢』 5, 工學院大學, 1966; 全日本新聞聯盟, 「犯人は安重根か」, 『近世日本世上史』, 全日本新聞聯盟新聞時代社, 1971; 上垣外憲一, 『暗殺·伊藤博文』, 筑摩書房, 2000; 『週刊新潮』 2003年 12月 4日字, 「安重根の他にもいた「伊藤博文暗殺犯」」; 大野芳, 『伊藤博文 暗殺事件』, 新潮社, 2003; 海野福壽, 『伊藤博文と韓國併合』, 靑木書店, 2004; 若狹和朋, 「伊藤博文暗殺 安重根は犯人ではない」, 『歷史通』(特集 韓國併合100年目の眞實) 2010年 7月号.

7 齋藤充功, 위의 책, 158~159쪽. 하지만 사이토 미치노리(齋藤充功)는 「"新發見"寫眞六十点の檢討と安重根の眞筆, 處刑の謎追」(『寶石』 4월호, 1994, 361쪽)에서는 수의를 만든 사람이 여순감옥 전옥 구리하라의 부인이 아닌 장녀라고 하였다. 이 점에서도 일본인의 안중근관련 증언의 신빙성을 의심하게 한다.

8 『滿洲日日新聞』 1910年 3月 24日字, 「安の死裝束」.

이 아니다.

유묵의 경우, 여순감옥에서 근무했다는 치바 도시치(千葉十七)는 순국 5분 전에 위국헌신군인본분(爲國獻身軍人本分)이라는 안중근의 휘호를 받을 만큼 안중근과 깊은 우정을 나누었다는 것이다.[9] 이는 한일양국에서 한일 간의 우정의 가교로 곧잘 언급되고 있다. 하지만 치바가 여순감옥에 간수로 근무 했다는 사실이 기록으로 증명된 적이 없다. 설사 근무했다고 하더라도 안중 근은 특별 관리대상이었으므로 일개 병사에 지나지 않았던 치바가 접근할 수 없었던 인물이었음이 분명하다. 또한 안중근에게서 그 유묵을 직접 받았 다기보다는 우연히 얻었을 가능성이 크다.

필자는 이러한 사실을 바탕으로 일부 일본 연구자들이 안중근의거를 어 떻게 왜곡하고 있는지 구체적으로 살펴보는 데 이 글의 목적을 두었다. 이 를 위해 제3의 저격설의 기원과 그 허구성을 살펴보고자 한다. 이어서 제3 의 저격설을 더욱 이론화한 히라카와 키이치(平川綺一)의 논리를 구체적으로 분석하고 비판적으로 검토하는 데 힘을 모을 것이다. 그 다음으로 이들이 만든 허상이 확산되는 양상[10]을 확인하면서 그 문제점을 집중적으로 파헤치 려 한다. 이러한 필자의 작업이 안중근의거에 대한 왜곡을 바로잡고 허상을 퍼트리는 일본 연구자에게 경종을 울리는 계기가 되었으면 하는 바람이다.

---

9 사이토 다이켄 지음 / 장영순 옮김, 『내 마음의 안중근(安重根)』, 인지당, 1994, 250~251쪽.

10 제3의 저격설은 인터넷상에 광범위하게 퍼져 있는 것이 현실이다. 이러한 경향의 대표적인 사례는 와카사 카즈토모(若狹和朋)의 「이토 히로부미 암살―안중근은 이토 히로부미의 범인 이 아니다(伊藤博文暗殺―安重根は犯人ではない)」에 대한 아래와 같은 논평이다. "내용은 제목대로 「안중근은 이토히로 부미(伊藤博文)의 암살범이 아니다」라는 것이다. 이는 단순한 추측이 아니고 충분한 이유·근거가 있다는 것을 알게 되었다. 물론 진상규명을 회피하고 안 중근을 범인으로 처형한 것은 「일본 측의 사정」에 따른 것으로 보인다. 일본에서는 「알고 있 는 사람은 알고 있다」는 말이다. 모르는 내가 (이런 것을) 쓰는 것은 비겁한 일이지만 한국인 들 특히 학자들은 이를 인식하고 있는지 걱정스럽다."(http://blog.livedoor.jp/sumiin/archives/ 253715.html)

2. 제3의 저격설의 기원과 그 허구성

이토 수행원의 일원으로 하얼빈에 갔다가 안중근의 저격을 받은 귀족원 의원 무로다 요시아야(室田義文, 1847~1938)[11]는 도쿄 아카마카세키구(東京 赤間關區) 재판소에서 다무라 코에이(田村光榮) 검찰관에게 1909년 11월 20일 안중근의거와 관련하여 다음과 같은 진술을 하였다.

> 공작 부상 양상은 앞서 진술한 대로이며 그 부상을 본인이 실제로 본 바를 도표로 만들어 제출하였다. 왼팔 두 군데를 관통하고 옷 한 군데를 관통하여 여력으로 폐복부에 명중하였는데 그 탄도는 모두 위쪽에서 아래쪽으로 기울어져 있었다. (중략)
>
> 사진에 있는 인물(필자 : 안중근)은 잘 기억나지 않으나 아마 나를 저격한 남자임에 틀림없다고 생각한다. 앞에서 진술한 것과 같이 본인이 입은 탄흔은 5발이고 나카무라(中村) 총재가 입은 탄흔은 2발이다. 이 중에는 1발로 2군데가 뚫린 곳도 있을 것이므로 저격자는 적어도 5~6발 쏘았을 것이다. 나중에 들은 바에 의하면 저격자는 7연발총을 사용하여 발사하고 1발이 남아 있었다고 한다. 따라서 이 점으로 추찰을 해 보면 공작을 저격한 자는 이 사진에 있는 자가 아니고 다른 자일 것이라고 생각된다. 하긴 저격자가 공작을 쏘았을 때 다시 총을 바꾸어 쏘았다고 하면 별문제이다.[12]

---

11 무로다 요시아야(室田義文)는 1884년 9월 19일에 태어났다. 히타치(常陸)의 미토(水戶) 번사(藩士)를 지냈다. 1872년 외무성에 들어와 부산영사, 초대 멕시코 공사 등을 역임하였다. 1902년 귀족원의원이 되었고 다이햐쿠쥬국립(第百十國立)은행장, 호카이도(北海道)탄광기선(汽船) 사장 등을 지냈다. 1909년 하얼빈에 이토 히로부미(伊藤博文)의 수행으로 하얼빈으로 갔다가 안중근의 저격을 받았다. 1938년 93세에 사망하였다. 특히 그는 대표적인 이토세력으로 알려져 있다.

12 신운용 편역, 「무로다 요시아야(室田義文) 청취서(Ⅰ)」, 『일본인 신문·청취기록』(안중근 자료 8), 안중근의사기념사업회 안중근연구소(미정고)(日本 外交史料館, 「室田義文 聽取書」, 『

위의 내용은 안중근이 아닌 다른 한인 별동대가 이토를 저격하였다는 제 3의 저격설의 기원이 되는 중요한 대목이다.

안중근의거를 부정하는 일본 연구자들은 이를 제3의 저격설을 뒷받침하는 금과옥조로 여기고 있다. 하지만 이는 의거장면을 직접 목격한 것이 아니라 누군가에게서 들은 내용을 전제로 한 것으로 가능성만 열어 둔 것이지 확정적인 발언은 아니었다.

그런데 이런 주장이 나온 지 29년이 지난 1938년에 간행된『무로다 요시아야 옹담(室田義文翁談)』에서 무로다는 한발 더 나아가 안중근의거를 완전히 부정하고 제3의 저격설을 다음과 같이 내세웠다.

> 그때 그 작은 남자(필자 : 안중근)는 이미 병대의 손에 잡혔는데 사실 이토를 쏜 사람은 이 작은 남자가 아니었다. 역의 2층 식당에서 비스듬히 아랫방향으로 프랑스의 기마총으로 쏜 것이다. 그 자가 곧 이토암살의 진범이다. 그렇다면 이토에 맞은 총탄은 모두 프랑스 기병총의 탄환으로 3발이었다. (중략) 그런데 모두 오른쪽 어깨로부터 아랫방향으로 쏘았는데 어떠한 방법으로도 2층 말고는 불가능하다. 그곳은 격자로 되어 있어 아랫방향을 겨누기 금상첨화였다. 결국 이토의 부상은 3탄 모두 위층에서 아래로 향해 발사한 상처이다. 결단코 러시아 병사들 사이에서 권총을 꺼내 쏜 것은 아니다. 특히 그 작은 남자는 단총이고, 이토는 프랑스 기마총에 당한 것이다.[13]

이는 프랑스 기마총으로 제3자가 하얼빈 역 2층에서 아랫방향으로 3발을 이토에게 쏘았다는 것으로 요약된다.

伊藤公爵遭難關倉知政務局長旅順出張中犯人訊問一件　同上聽取書』第1卷(문서번호 : 4.2.5, 2.4.5-4)).
13 田谷廣吉·山野辺義智 編纂,『室田義文翁譚』, 271~272쪽.

위의 두 번에 걸친 무로다의 주장은 우선 두 가지 측면에서 분석을 필요로 한다. 하나는 저격 장면에 대한 일본인들·러시아인들의 진술과 무로다의 주장이 차이점을 보이는 이유가 무엇인가 하는 점이다. 다른 하나는 1909년의 진술이 1938년의 구술에서는 저격 장소가 '역 2층'으로, '사용된 무기가 프랑스 기마총'으로 완전히 새로운 내용이 추가된 이유가 무엇인가 하는 점이다.

안중근은 "나는 후열의 병과 병의 사이에 선 채로 피스톨을 오른쪽으로 향해 노인이 걸어가고 있는 곳을 겨냥하고 발포했다. (중략) 그리고 병대가 서 있는 곳보다 이토가 걷고 있는 곳은 비스듬한 사면으로 낮았으므로, 피스톨을 잡은 손은 수평으로 하지 않고 조금 아래 방향으로 향해 팔을 뻗었다."[14]고 의거장면을 분명히 묘사하였다. 이어서 확실히 하기 위해 그 뒤를 따르던 수행원들을 저격하였다고 기술하고 있다.[15]

그런데 무로다가 보지 못한[16] 안중근의거 장면을 현장에 있었던 일본과 러시아 관헌들이 목격하였다면 무로다의 주장은 문제가 있는 것으로 보아도 좋을 것이다. 무로다가 보지 못했다고 해서 역사의 진실이 가려지는 것은 아니기 때문이다.

이에 대해 후루야 히사즈나(古谷久綱) 추밀원의장 비서[17]·모리 타이지로

---

14 신운용 편역, 「안중근 제10회 신문조서」, 『안중근 신문기록』(안중근 자료집 3), 안중근의사기념사업회 안중근연구소, 2010, 185쪽.

15 위와 같음.

16 신운용 편역, 「무로다 요시아야(室田義文) 청취서(Ⅱ)」, 『일본인 신문·청취기록』(미정고)(국사편찬위원회, 「聽取書 室田義文」, 「安重根等殺人被告公判記錄」(문서번호 : B6B 319 V.2).

17 신운용 편역, 「후루야 히사즈나(古谷久綱) 증인 신문조서」, 『일본인 신문·청취기록』(미정고)(日本 外交史料館, 「古谷久綱證人訊問調書」, 『伊藤公爵遭難關倉知政務局長旅順出張中犯人訊問一件同上聽取書』第1卷(문서번호 : 4.2.5, 2.4.5-4)). "이로부터 한 무리의 일본인과 외국인 앞을 통과하여 가장 끝에 있는 외국영사의 인사를 받고서 그곳에서 되돌아 4~5보 걸었다. 그곳에 흡사 일본인 외국인단과 러시아 군대 사이의 작은 틈이 있었다. 공작이 그곳까지 왔을 때 그 빈 사이에서 단발의 양복을 입은 한 남자가 비틀거리며 나타나 손에 총을 들고서 공작을 향해서 정확하게 3발을 계속해서 쏘고 이어서 3발 정도를 수행원을 향해 발사하였다. 그때 공작과 흉행자의 거리는 불과 한 간 내지 한 간 이내 정도였다고 생각한다."

(森泰二郞) 궁내대신 비서관[18] · 카와카미 토시츠네(川上俊彦) 하얼빈 총영사[19]
는 안중근의거에 대해 한결같은 증언을 하고 있다. 뿐만 아니라 고야마 젠
(小山善) 시의는 안중근의거 장면을 "직접 보았다."라고 증언하고 있다.[20] 타
나카 세이지로(田中淸次郞) 만철이사도 "흉한은 처음 공작을 겨누어 쏘고서
손을 움직여 다시 내 쪽으로 총구를 향하여 쏘았다."[21]라고 진술하였다.

무엇보다 무로다가 내세운 제3의 저격설의 허구성은 "이토를 저격한 총
기가 프랑스 기마총이 아닌 권총이라고 했다."라는 무로다의 말을 진술한

18 신운용 편역, 「모리 타이지로(森泰二郞) 청취서」, 『일본인 신문·청취기록』(미정고)(日本 外
交史料館, 「森泰二郞聽取書」, 『伊藤公爵遭難關倉知政務局長旅順出張中犯人訊問一件同
上聽取書』第1卷(문서번호 : 4.2.5, 2.4.5-4)). "이토공작은 러시아 군대의 오른쪽 끝에서 왼쪽
끝으로 향해 그 전면을 몇 발작 움직였다. 그 순간 돌연 양복을 입고 사냥모를 쓴 사나이 한
사람이 우리 거류민의 전후가 동요한 군집 속에서 나타났다. 그 사람은 홀연 공작의 뒤쪽으로
뛰쳐나가 카와카미(川上) 총영사의 오른쪽으로 조금 나아가, 나카무라(中村) 남만철도회사 총
재의 앞으로 나와서 급히 갖고 있던 권총으로 공작의 오른쪽에서 몇 발을 쏘았다. 흰 연기가
나고 공작이 약간 그 체구를 지탱할 수 없는 것 같은 양상이 보였던 순간 수행원 동행자들은
겨우 급변을 알아차리고 공작에게로 달려갔다."

19 신운용 편역, 「카와카미 토시츠네(川上俊彦) 증인 신문조서」, 『일본인 신문·청취기록』(미
정고)(日本 外交史料館, 「川上俊彦證人訊問調書」, 『伊藤公爵遭難關倉知政務局長旅順出
張中犯人訊問一件同上聽取書』第1卷(문서번호 : 4.2.5, 2.4.5-4)). "공작이 되돌아서 2~3간 왔
다고 생각하였을 때 러시아 병대 속에서 땅땅 소리가 났다. (중략) 나는 총에 맞았으므로 되돌
아보았더니 러시아군대 앞에 흉한 한 사람이 나와서 한 쪽 발을 앞으로 내딛고서 허리를 굽
혀 발사한 것 같이 생각된다. 공작은 조금 더 지나갔을 무렵 약간 뒤쪽의 측면으로부터 저격
당하였다. 그때 나는 공작과 흉한 사이에 있었으므로 공작을 저격하는 데 나의 몸이 방해가
되었을 것으로 생각하였다." 또한 카와카미는 다음과 같이 안중근이 이토를 쏘았다는 전보를
고무라 쥬타로(小村壽太郞) 외상에게 보냈다. "이등공작이 오늘 아침 9시 이 곳에 도착하여
하차하였을 때 한국인으로부터 「피스톨」로 여러 발 저격을 받아 드디어 흉거하였다. 이 가해
범인은 평양 출생, 주소 일정치 않음, 성명 「응칠 안」, 나이 31세, 공작 저격을 목적으로 원산
으로부터 「블라디보스톡」을 경유하여 어젯밤 이곳에 도착했다고 자백하였다. 따라서 즉시 당
관에서 인도를 받을 수속 중이다."(日本外務省 編, 「伊藤公兇變ニ關スル件」, 『日本外交文
書』第四十二卷 第一冊, 1961, 197쪽).

20 신운용 편역, 「고야마 젠(小山善) 증인 신문조서」, 『일본인 신문·청취기록』(미정고)(日本
外交史料館, 「小山善證人訊問調書」, 『伊藤公爵遭難關倉知政務局長旅順出張中犯人訊問
一件同上聽取書』第1卷(문서번호 : 4.2.5, 2.4.5-4)).

21 신운용 편역, 「타나카 세이지로(田中淸次郞) 증인 신문조서」, 『일본인 신문·청취기록』(미
정고)(日本 外務史料館, 「田中淸次郞證人訊問調書」, 『伊藤公爵遭難關倉知政務局長旅順
出張中犯人訊問一件同上聽取書』第1卷(문서번호 : 4.2.5, 2.4.5-4)).

모리 궁내대신 비서관의 다음과 같은 기록에서 확연히 드러난다.

> 이상 흉행자가 단 한 사람의 사나이였음은 틀림없다고 생각한다. 그
> 탄환이 어째서 앞서 진술한 것과 같이 수종 동행자에게도 명중하였는
> 지는 순간적인 일이기 때문에 전혀 모르겠다. 무로다(室田)는 (이토에
> 게) 명중한 (탄환의) 수가 많기 때문에 혹은 동요한 거류민단 속에 또
> 달리 권총을 난사한 자가 있을 것이라고 나중에 이야기했다. 하지만
> 현장에서는 그러한 자를 볼 수 없었던 것이다. 실제 공작을 저격한 탄
> 환은 그 당시 공작 신변에 모인 우리들 수종 동행자의 신체 또는 의복
> 에 맞았던 것이라 생각한다(밑줄 : 필자).[22]

이러한 진술을 바탕으로 의거를 조사했던 미조부치 검찰관도 안중근의거
를 확신하였다.[23] 뿐만 아니라, 재판을 맡았던 여순지방법원 재판부도 이토
의 수행원과 러시아 관헌의 증언을 구체적으로 들며 안중근의 이토 제거를
확인시켜주었다.[24]

일본인들뿐만 아니라, 러시아 대장대신 까깝쵸프[25] · 러시아 독립호경군단

---

22 신운용 편역, 「모리 타이지로(森泰二郎) 청취서」, 『일본인 신문 · 청취기록』(미정고).

23 신운용 편역, 「넷째 날의 공판」, 『안중근 · 우덕순 · 조도선 · 유동하 공판기록—안중근사건
공판속기록』, 174~175쪽.

24 신운용 편역, 「공판시말서 제6회」, 『안중근 · 우덕순 · 조도선 · 유동하 공판기록—공판시말
서』(안중근 자료집 9), 안중근의사기념사업회 안중근연구소, 2010, 109~111쪽. 이 뿐만 아니라
안중근의거는 다음의 신문기사에서도 확인할 수 있다. 『滿洲日日新聞』 1909年 10月 28日字,
「涙自ら橫る」; 1909年 10月 30日字, 「哈爾賓の嵐」; 1910年 1月 9日字, 「森田 領事實際見談
」.

25 신운용 편역, 「조서(역문) 증인신문(블라디미르 니콜라예비치 까깝쵸프)」, 『러시아 관헌 취조
문서』(안중근 자료집 2), 안중근의사기념사업회 안중근연구소, 2010, 8쪽. "우리 일동이 저쪽으
로 뒤를 돌아보려고 한 순간 나는 뒤쪽 부근에서 마치 장난감 폭죽이라고 생각되는 너무나
작은 폭음을 들었다. (중략) 그 폭음은 직접 내 방향으로 향한 것 같이 생각되었다. 왜냐하면
이토공작과 함께 서 있었을 때 공작으로부터 폭죽이 일어난 장소에서 조금 가까운 곳에 있었
기 때문이다. 이때 나는 군중의 소란과 이미 공작과 나의 반대 방향으로 향한 것 같은 수회의
폭음을 인지하였다. 이 소란은 마치 문관단체에 가까이 있던 군중, 더욱이 일본인단 속에서

장 프이하체프[26] 동청철도경찰서장 직무대리 니키포로프[27]도 안중근의거를 확인하여 주었다. 특히 현장을 촬영한 러시아 사진사도 "兇行者는 대단히 沈着한 態度로 나타나 二發을 公爵에게 射擊한 後 一步 앞으로 나와 短銃을 가진 손을 左方으로 向해 露國의 顯官을 避해 川上·田中·森의 三人을 負傷시켰다."[28]라고 하여 안중근의 이토처단 사실을 분명히 하였다.

무엇보다도 안중근의거를 목격한 밀레르 국경지방재판소 검사의 다음과 같은 증언은 제3의 저격설의 허구성을 드러내는 또 다른 결정적인 증거가 된다는 점에서 의미가 크다.

공작 및 대장대신은 5보 내지 7보를 진행하였다. 일본인 집단에 못미쳤을 때 이 집단과 러시아 의장병 사이에서 여러 번 총을 발사하는 저음(低音)이 났다. 처음 2회 발사 후 나는 다른 사람과 함께 발사한 곳으로 달려갔는데 범인으로 보이는 자가 왼손으로 오른쪽 팔꿈치를 받치고 1발을 의장병의 전면을 지나가고 있던 공작을 향해 쏘았다. 그곳으로부터 급히 방향을 바꾸어 공작의 수종자에게 발사하였다. 그 발사 회수는 대략 3, 4발인데 마지막으로 발사한 것은 지상 가까이에서 쏘았다고 생각된다. 이 탄알은 타나카(田中) 씨를 부상 입혔을 것이다. 이 발사가 있은 후 동청철도회사 철도경찰서장 대리 기병대위 니키포로프

일어난 것이라고 생각되었다."

26 신운용 편역, 「증인 신문조서(니콜라이 아폴로노비치 프이하체프)」, 『러시아 관헌 취조문서』, 10쪽.
"나는 오른쪽에서 총성(복수)을 들었을 때 오른쪽으로 돌아보았는데 그 순간 횟수는 모르지만 총성이 울리고 이어서 범인은 급히 왼쪽으로 90도 각도로 몸을 돌려 내 생각으로는 수행원의 방향으로 향해 한 발 혹은 두 발을 발포하였다."

27 신운용 편역, 「조서(니콜라이 미트로파노비치 니키포로프)」, 『러시아 관헌 취조문서』, 17~18쪽.
"대장대신은 이토공과 나란히 다른 측면을 따라 통과하였다. 그때 위병의 방향으로 일본인 군중 가운데서 누군가가 앞으로 나왔다. 나는 이 자의 행적을 따라 갔으나 접근하기도 전에 총성을 들었고 그의 손에 있는 「브라우닝」을 보았다."

28 국사편찬위원회, 「憲機 第二一六0號」, 『한국독립운동사』 자료 7, 1977, 17쪽.

는 제2회 또는 제3회 발사가 있은 후 곧바로 흉행자에게 돌진하였으나
흉행자의 완력이 강하여 처음에는 그를 진압할 수 없었다. 격투를 한
후 달려온 다른 러시아 장교의 도움을 받아 흉행자의 권총을 빼앗아
흉행자는 더는 발사할 수 없었다.[29]

앞에 살펴본 러시아인들의 진술을 바탕으로 러시아 당국은 "체포된 한국
신민 안응칠은 이토공과 러시아 재무부 장관 까깝쵸프를 비롯해 러시아 관
헌 대표자와 카와카미(川上) 일본영사, 기타 이토공의 수행자인 일본관리 등
을 향해 총구를 대고 저격하였다고 하는 실제로 본 사람의 설명이 있다."[30]
라고 공식적으로 안중근의 이토처단 사실을 확인해 주었다.

더욱이 안중근의거를 확인해 준 후루야는 '일본인·외국인단과 러시아 군
대 사이', 카와카미는 '러시아병대 속', 타나카는 '러시아병과 러시아 장교의
중간, 현장에 있었던 스기노 호코타로(杉野鋒太郞) 하얼빈 총영사관 서기도
'영사단 앞에서 총성이 났다고 진술하고 있다. 뿐만 아니라 프이하체프는
'오른쪽', 까깝쵸프는 '뒤쪽 부근', 밀레르는 '일본인 집단과 러시아 의장병
사이'에서 총성이 들렸다고 진술하고 있다.

만약 무로다의 주장대로 하얼빈 역 2층에서 총을 쏘았다면 그곳에서 총
소리가 났다는 증언이 있어야 하는데 전혀 그러한 진술이 없다는 점에서도
무로다의 제3의 저격설은 허구로 볼 수밖에 없다.

이처럼 안중근의 저격 장면을 현장에서 직접 목격한 일본인과 러시아인
의 진술은 이토처단 순간을 보지 못한 무로다의 주장보다 객관성과 사실성
을 띄고 있음을 증명하고 있는 것이다. 이는 무로다가 의도적으로 사건을
조작하였음을 의미하는 것이다.

---

29 신운용 편역, 「국경지방재판소 검사 「콘스탄틴 콘스탄치노비치 밀레르」의 진술」, 『러시아
관헌 취조문서』, 68~69쪽.
30 신운용 편역, 「결정서(안중근 신문 결정)」, 『러시아 관헌 취조문서』, 13쪽.

그런데 일본 연구자들은 다음과 같은 무로다의 구술을 제3의 저격설의 핵심적인 증거로 애용하고 있다.[31]

무로다는 자칫 복받쳐 오르는 오열을 꾹 참으며 까깝쵸프에게 「범인은 어떻게 되었습니까」고 물었다. 까깝쵸프는 「범인은 안중근이라는 조선인입니다. 곧 사건발생 동시에 체포되어 호송되었습니다. 어젯밤에도 기마총을 든 수상한 조선인 3명이 이웃 역(隣驛) 부근을 배회하고 있으므로 체포하라고 곧 답전을 보냈는데 도망쳐버렸습니다. 그래서 더욱더 경계를 했던 것인데 아마 그 일파라고 생각됩니다」라고 하였다.[32]

그러나 오히려 까깝쵸프가 "범인은 안중근이라는 조선인입니다."라고 했다는 이 대목에서 안중근의거 사실을 확인할 수 있다. 까깝쵸프는 안중근의거 장면을 자신의 『회고록』[33]과 1909년 10월 26일 시심재판소 판사 스트라조프의 「까깝쵸프 증인 신문조서」[34]에 남기고 있다. 하지만 까깝쵸프가 말

---

31 平川紀一, 위의 논문, 144~155쪽; 大野芳, 위의 책, 363~365쪽; 海野福壽, 위의 책, 131~135쪽.

32 田谷廣吉·山野辺義智 編纂, 위의 책, 278쪽. 다른 자료에는 다음과 같이 되어 있다. "「그런데 범인은 어떻게 되었습니까」라고 내가 물었더니 「안중근이라는 조선인입니다만 곧 체포되어 호송되었습니다. 헌데 어젯밤 기마총을 갖고서 조선인 세 사람이 역 부근을 배회하고 있었으므로 체포하려고 하자 도망친 듯합니다만 아마 그 일파라고 생각합니다」(중략) 공을 저격한 범인은 과연 안중근이었을까. 나는 그것에 큰 의문점을 갖는다. 이토공의 상흔을 살펴보니 탄환은 모두 오른쪽 어깨에서 아랫방향으로 향해 있었다. 만약 안중근이 쏜 탄환이라면 아래에서 위로 향해야 했을 터이다. 위에서 아래로 향한 탄도(彈道)를 보면 이것은 아무래도 플랫폼 위의 식당근처에서 쏜 것이라고 상상할 수 있는 것이다. 그런데 탄환을 조사해보니 모두 13발의 기마총용으로 장상 까깝쵸프 백작이 나중에 그 전날 밤 기마총을 갖고 있던 조선인을 보았다고 한 말을 아울러 생각해보니 안중근 이외에 의외의 장소에 다른 범인이 있었던 것은 아닐까. (중략) 이미 20년이나 지난 오늘 나는 감히 이 의문점을 세상에 공표하는 바이다."(室田義文, 「伊藤博文公ハルピン驛頭の凶變」, 위의 책, 149~151쪽)

33 까깝쵸프, 『코코프츠프 회고록』(박보리스 지음/신운용·이병조 옮김, 『하얼빈 역의 보복』, 채륜, 2009), 214쪽.

했다는 '조선인 3명'에 대한 무로다의 주장은 까깝쵸프의 기록에 언급된 사실이 없다.[35]

더욱이 하얼빈 역 1~4등 대합실의 상인들과 경비를 담당한 기병조장 파노프·병사들은 "러시아력 10월 12일(25일) 오전 6시부터 10월 13일(26일) 12시에 이르는 사이 정거장에 출입하거나 또는 그 부근에서 배회한 한인은 한 사람도 본 적이 없다."[36]라고 진술하였다.

뿐만 아니라, 의거 전날 25일 하얼빈에 도착한 열차의 차장들은 한인이 기차에 탄 사실이 없다고 한결같이 진술하고 있다.[37] 이러한 사실에서 일본 연구자들이 제3의 저격설의 근거로 자주 활용하는 "까깝쵸프가 무로다에게 말하였다는 위의 인용문"은 전혀 근거가 없는 허구임이 분명하다.

설사 무로다의 주장을 인정하더라도 이는 채가구에 있던 안중근·우덕순·조도선을 수상하게 여겨 감시하고 있었다는 러시아 측의 정보[38]가 잘못 전달되었거나 우덕순과 조도선을 러시아 관헌이 채가구 역에서 체포한 것이 와전된 결과로밖에 볼 수 없다.[39]

이처럼 제국주의를 추종하는 일부 일본 연구자들이 어떠한 의도를 가지고 고의적으로 안중근의거를 왜곡하였다는 결론을 내릴 수밖에 없다. 이는 일본인들의 심저에 "위대한 이토공작이 한인에게 당했다는 것은 있을 수 없

---

34 신운용 편역, 「조서(역문) 증인신문(블라디미르 니콜라예비치 까깝쵸프)」, 『러시아 관헌 취조문서』, 7~9쪽.

35 "한인이 이토를 쏘았다."는 사실을 까깝쵸프가 후루야 히사즈나(古谷久綱)에게 전한 기록은 남아 있다(신운용 편역, 「후루야 히사즈나 증인 신문조서」, 『러시아 관헌 취조문서』, 10쪽). 물론 여기에서 언급된 한인이 조선인 3명을 의미하는 것이 아니라 안중근임이 분명하다.

36 신운용 편역, 「신문조서(기병조장 파노프, 졸병 안토노프·보니다렌코·구로즈프·그리고리예프)」, 『러시아 관헌 취조문서』, 29쪽; 「취조서(시몬 시모노비치 바크라제 등)」, 『러시아 관헌 취조문서』, 30~31쪽.

37 신운용 편역, 「취조서(시몬 시모노비치 바크라제 등)」, 『러시아 관헌 취조문서』, 31~32쪽.

38 신운용 편역, 「보고(오그네프)」, 『러시아 관헌 취조문서』, 40쪽.

39 이는 타나카 만철이사가 "채가구(蔡家溝) 역에서 범인 2명이 체포되었는데 그 사람들은 친척이 온다는 전보를 쳤다는 것을 대장대신이 말하였다고 들었다."라고 한 데서도 확인된다(신운용 편역, 「타나카 세이지로(田中淸次郎) 증인 신문조서」(미정고).

다."라는 한국에 대한 멸시관이 강박적으로 작동된 결과로 보인다.[40]

3. 일본인들의 주장 검토

오늘날 일본 안중근연구의 현실은 우파성향의 인사들이 무로다의 가설을 적극적으로 받아들여 제3의 저격설을 확대 재생산하고 있는 상황에 직면하고 있다는 데 그 심각성을 더하고 있다. 1960년대에 들어와 키무라·마스모토와 후지타가 제3의 저격설을 제기하였지만[41] 이론적 초석을 놓은 인물은 히라카와 키이치(平川綺一)이다. 무로다의 가설에 기반한 「이토 히로부미(伊藤博文)의 암살을 둘러싸고」[42]라는 그의 논문은 "안중근이 이토를 처단하지 않았다."라는 제3의 저격설의 형성에 결정적인 영향을 끼쳤다.

이후 전일본신문연맹은 『근세일본세상사』에서 다시 무로다의 발언을 인용하여 제3의 저격설도 있다는 식으로 언급하여 무로다설의 불씨를 살려 놓았다.[43] 이러한 주장은 2000년대에 들어와 카미가이토 켄이치(上垣外憲一)와 오오노 카오루(大野芳)를 거쳐 운노 후쿠쥬(海野福壽)로 이어져 일본사회

---

40 이는 타나카 만철이사에게서 안중근의 위대함을 듣고서 그를 존경한 오노다(小野田)시멘트 회사 회장 안도 호로쿠(安藤豊祿)와 여순감옥·법원의 일본인을 비난하는 오오노의 태도에서도 명확하게 드러난다(大野芳, 위의 책, 369~370·396쪽).

41 木村孝子·增本寬, 위의 논문; 藤田幸男, 위의 논문. 특히 문예춘추에 실린 후지타의 주장이 국내에 보도되어 안중근의거를 폄하한 일본의 움직임은 국내에서도 감지되었다(『경향신문』 1966년 3월 10일자, 「伊藤博文暗殺眞犯 安重根씨 아니다」; 『동아일보』 1966년 3월 10일자, 1966년 3월 11일자, 「日『文藝春秋』誌에 駭怪한 手技」).

42 平川綺一, 위의 논문. 그런데 안중근 전기류와 관련하여 재고할 점을 히라카와가 제시하고 있다는 데 주목할 필요가 있다. 즉, 최초의 안중근전기인 『근세역사』를 최서면이 일본 외교사료관에서 최초로 발견한 것으로 알려져 있다(『동아일보』 1995년 2월 13일자, 「安重根의사 최초傳記 발견」). 하지만 히라카와는 이 논문에 와다 카나에(和田香苗)로부터 『근세역사』를 받아 전제한 사실을 기술하고 있다(平川綺一, 위의 논문, 128~134쪽). 따라서 근세역사를 최초로 발굴한 사람은 최서면이 아니라 와다임을 밝혀둔다.

43 全日本新聞聯盟, 위의 책, 243~244쪽.

에 광범위하게 확신되고 있는 상황이다. 이 점에서 히라카와가 내세우는 논리는 반드시 짚고 넘어가야 할 사항이다.

　무로다설을 전적으로 받아들인 히라카와는 다음과 같은 논거를 들어 안중근의거를 부정하는 제3의 저격설을 내세웠다. ① 안중근은 약 10보 정도의 거리에서 발사하여 이토에게 3발을 명중시켰으며 카와카미·모리·타나카에게 상처를 입혔고 무로다·나카무라의 옷을 관통시켰다고 하는데 총을 연사하는 것이 가능한가.[44] ② 증거로 법원에 제출된 안중근 총의 탄소는 비워져 있었는데 총신에 1발이 남아 있으므로 발사탄수와 피탄수가 다른 것은 모순이 아닌가.[45] ③ 이토에게 명중된 탄은 살상효과를 높이기 위해 머리부분에 십자를 새겨 넣었는데 이는 권총이 아니라 프랑스 보병총이 아닌가.[46] ④ 이토가 맞은 총탄의 사입(射入)각도가 세 발 모두 상반신의 오른쪽에서 아랫방향으로 향하고 있는데 이는 높은 곳에 있던 세 사람이 거의 동시에 발사한 것이 아닌가.[47] ⑤ 이토의 얼굴을 몰랐던 안중근이 이토를 「키가 크고 콧수염을 기른 사람」이라고 묘사한 데서 보듯이 키가 큰 무로다를 단신인 이토로 잘못 보고서 쏜 것은 아닌가.[48] ⑥ 재판에 무로다의 신문조서가 채택되지 않은 것은 정치적 의도가 깔린 것이 아닌가.[49] ⑦ 현장을 촬영한 러시아 사진사의 활동사진을 구매하지 않은 것은 안중근을 범인으로 단정하기 위한 것이 아닌가.[50] ⑧ 하얼빈 이웃 역(隣驛) 부근을 배회하던 기마총을 갖고 있는 수상한 조선인 3명을 잡으려고 하자 도망쳤다는 까깝쵸프의 언급에서 보건대 안중근과 함께 하얼빈 역 2층에서 저격한 3사람은 한인이 아닌가.[51]

---

44 平川綺一, 위의 논문, 111~112쪽.
45 위의 논문, 112쪽.
46 위의 논문, 112~113쪽.
47 위의 논문, 113쪽.
48 위와 같음.
49 위와 같음.
50 위의 논문, 113~114쪽.

앞에 살펴본 ⑧과 뒤에 언급될 ③을 제외하고 위의 히라카와의 주장을 분석한다면 제3의 저격설의 허구성이 저절로 증명될 것이다. 우선 ①에 대해 살펴보면 다음과 같다. 안중근은 팔꿈치를 겨누어 쏘면 심장을 맞출 가능성이 높다는 사실을 알고 있을 정도로[52] 사격술에 대단히 능숙하였다. 몇 발자국 떨어져 있지 않은 무로다·타나카·카와카미 등이 안중근에게 저격을 당한 사실은 그가 가까운 거리에서 얼마든지 이토를 저격할 수 있었다는 증거인 것이다.

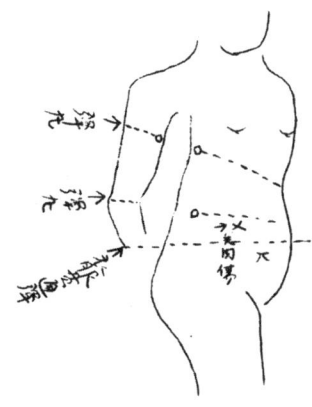

〈그림 1〉 무로다의 「이토 피탄 추정 인체도」

②에 대해 살펴보면 다음과 같다. 발사탄수와 피탄수가 다를 가능성은 유탄에 의해 상존하는 것이다. 이토에 명중된 세 발 이외에 안중근은 세 발을 더 발사하였다. 그중 카와카미가 오른쪽 팔 관통상과 오른쪽 옆구리 찰과상을 입었고, 모리는 왼팔 중앙과 왼쪽 등 연부 관통상을 입었다.[53] 타나카는 왼발 복사뼈 아래 부위에 부상을 입었다. 이처럼 일본인 여러 명이 총탄 한 발에 하나의 상처만 난 것이 아니라 다발성 총상을 입었던 것이다.[54] 따라서 외투 다섯 군데[55]에 구멍이 난 무로다의 경우도 유탄에 의한 것이라는 점은 충분히 가능한 일이다.

④에 대해 살펴보면 다음과 같다. <그림 1>에서 보는 바와 같이, 사입각도가 세 발 모두 상반신 오른쪽에서 아랫방향으로 향하고 있다는 일본 연구

---

51 위의 논문, 114~115쪽.
52 신운용 편역, 「안중근 제1회 신문조서」, 『안중근 신문기록』, 17쪽.
53 신운용 편역, 「고야마 젠(小山善) 감정인 신문조서」, 『일본인 신문·청취기록』(미정고).
54 위와 같음.
55 무로다가 제출한 자신의 피격도에는 4발을 맞은 것으로 그려져 있다(신운용 편역, 「무로다 요시후미(室田義文) 청취서(Ⅰ)−무로다 요시아이(室田義文) 의복탄환관통도」, 『일본인 신문·청취기록』(미정고)). 이 점도 그의 주장의 신빙성을 떨어트리는 대목이다.

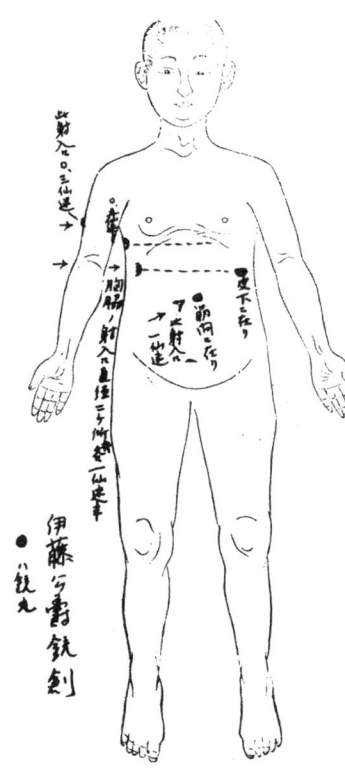

자들의 주장은 신빙성이 떨어지는 것이 사실이다. 무로다가 제시한 「이토 피탄 추정 인체도」(<그림 1>)[56]에는 세 발 중 2발이 고야마 젠(小山善)의 「이토 검안도」[57] (<그림 2>)와 같이 거의 수평 또는 아래에서 위로 사입되어 있다.

<그림 2> 고야마의 「이토 검안도」

<그림 1>에서 보는 바와 같이 문제는 무로다가 이토에 명중된 제1발의 총알이 맨 위 부위 즉 위팔(上膊)을 약 17도로 관통하여 왼쪽 갈비뼈 부근[58]에 박힌 것으로 추측하여 그린 데 있다. 설사 이 부분을 받아들여 역 2층에서 제3의 인물이 이토를 저격했다는 것을 인정한다고 하더라도 제2발이 거의 수평으로 사입된 것으로 표시한 사실을 어떻게 설명할 수 있을지 알 수 없다. 더구나 약 5도 아래에서 윗방향으로 탄도(彈道)를 그린 제3발은 도무지

이해할 수 없다. 무엇보다 이는 "이토공의 상흔을 살펴보니 탄환 3발 모두가 오른쪽 어깨에서 아랫방향으로 향해 있었다."라는 그 자신의 주장과 상당히 다른 대목이다.

이처럼 무로다의 「이토 피탄 추정 인체도」와 탄도방향의 설명이 다른 점,

---

56 신운용 편역, 「무로다 요시후미(室田義文) 청취서(Ⅰ)」.
57 신운용 편역, 「고야마 젠(小山善) 감정인 신문조서」.
58 고야마는 오른쪽 위팔로부터 사입된 제1탄환이 왼쪽 폐에 박혔다는 검안 의견을 냈다(신운용 편역, 「고야마 젠(小山善) 감정 신문조서」). 반면 무로다는 제1탄이 흉부 유방 아래 부분에 박혔다고 주장하였다(田谷廣吉・山野辺義智 編纂, 위의 책, 271쪽). 또한 무로다는 제1탄이 오른쪽 어깨에서 가슴을 지나 왼쪽 신장에 박혔다고도 주장하고 있다(室田義文, 「伊藤博文 公ハルビン驛頭ノ凶變」, 147쪽). 이처럼 무로다의 주장은 신뢰성이 떨어진다.

무로다의 「이토 피탄 추정 인체도」와 고야마 젠(小山善)의 「이토 검안도」·감정[59]이 현격하게 차이 나는 점, 이토를 맞힌 3발 모두 위에서 아래로 사입되었다는 무로다의 주장이 사실과 다른 점에서 무로다설을 기반으로 한 히라카와설은 전적으로 신뢰할 수 없다.

⑤에 대해 살펴보면 다음과 같다. 안중근은 "키가 작은 수염이 있는 노인이 맨 앞에 서서 걸어가고 있는데 모두 그 자에게 경례를 하므로 그 사람이 이토라고 생각했다."[60]라고 하였다. 사진으로 이토의 외모를 숙지하고 있었던 그는 의거현장에서 '앞서 가는 모습', '특이한 복장', '노인'이라는 점 등으로 이토임을 알아보았던 것이다.[61]

더구나 이토의 얼굴을 알고 있느냐는 러시아 관헌의 물음에 안중근이 "알고 있다. 키가 크고 콧수염을 기른 사람이다."[62]라고 하였다는 무로다의 주장은 공신력 있는 어느 사료에서도 찾아 볼 수 없다.[63] 따라서 안중근이 무로다를 이토로 착각하고 쏘았을 리는 없는 것이다. 만약 무로다를 이토로

---

59 신운용 편역, 「고야마 젠(小山善) 감정인 신문조서」.
이토공 창상의 정도 등.
첫째, 오른쪽 상박(上膊) 중앙 밖으로부터 들어와 다섯 번째 갈비뼈 사이로부터 수평으로 양폐(兩肺)를 관통하여 왼쪽 폐에 박힌 흉내(胸內) 출혈이 많음.
둘째, 오른쪽 관절 뒤쪽 밖으로부터 들어와 오른쪽 흉협(胸脇) 아홉 번째 갈비뼈 사이로부터 흉막을 관통하여 왼쪽 갈비뼈(季肋) 아래에 박힘.
셋째, 오른쪽 상박(上膊) 중앙의 바깥 부분을 스치고서 상복(上腹)중앙으로 들어와 복늑(腹筋) 중에 박힘. 치명상 제1, 제2 창상.
치사 원인, 내출혈로 인한 허탈.
흉기종류, 투사력이 대단한 즉 예리한 힘이 있는 피스톨의 탄환과 같은 것이다.
60 신운용 편역, 「안중근 제10회 신문조서」, 『안중근 신문기록』, 185쪽.
61 신운용 편역, 「첫째 날의 공판」, 『안중근·우덕순·조도선·유동하 공판기록─안중근사건 공판속기록』, 54쪽.
62 무로다는 이를 근거로 안중근이 자신을 이토로 착각하여 쏘았다고 주장하였다(室田義文, 「伊藤博文公ハルビン驛頭の凶變」, 위의 책, 151쪽).
63 오오노도 이토의 얼굴을 알고 있느냐는 법관(재판관)의 질문에 대해 안중근이 "모른다. 다만 키가 크고 콧수염이 난 사람이라고 들었다."라고 하였다면서 무로다를 이토로 잘못 보고서 쏘았다고 주장하고 있다(大野芳, 위의 책, 366쪽). 또한 여기에서 보듯이 무로다는 안중근이 이토의 얼굴을 안다고 하였고 오오노는 모른다고 하였다. 이 점 또한 이들의 주장을 신뢰할 수 없게 한다.

착각하였다면 무로다를 먼저 쏘았을 텐데 그렇지 않았다.

⑥에 대해서 살펴보면 다음과 같다. 이는 일본 근대사를 지나치게 평면적으로 보는 시각이라는 점에서 문제가 있다. 일본근대 정치세력 간에 어느 정도의 충돌과 정치적 견해의 차이가 있겠지만 대체로 대외팽창과 침략노선이 주된 방향이었던 것은 분명한 사실이다. 특히 당시 일본 외무성 정부 국장 구라치의 지적대로[64] 이토는 적어도 1909년 4월 무렵부터는 야마가타 아리토모(山縣有朋)를 중심으로 하는 대외강경파와 노선을 함께 하였음이 분명하다. 이를 배경으로 대한제국의 병탄을 강행했던 것이다.

따라서 이토가 제거된 배경으로 야마가타 등의 대외강경파를 지적하는 것은 이를 구체적으로 뒷받침할 수 있는 사적 근거가 전혀 없다는 점에서 몰역사학적 태도이다. 사료의 뒷받침 없이 단언한다면 이는 역사학이 아니라 소설에 지나지 않는 것이라는 비판을 피할 수 없기 때문이다.

⑦에 대해 살펴보면 다음과 같다. 일제가 안중근의거 장면이 담겨져 있는 것으로 확실시되는 러시아 사진사가 찍은 활동사진을 매입하지 않은 것은 정치적 판단이라기보다 현실적으로 1만 루블이라는 막대한 돈을 들여 구입할 가치가 없었다고 보았기 때문이다.

그런데 여기에서 그 활동사진이 안중근의거를 증명하는 결정적인 증거가 된다는 점을 유의할 필요가 있다. 즉, 1909년 11월 22일자 『滿洲新報』에

이공(藤公)조난 활동사진

길이 오천척 희대의 진품

이토공이 하얼빈에 도착하였을 때 그곳의 한 러시아인은 우연히 공의 도착광경을 활동사진으로 찍으려고 기다리고 있다가 열차가 하얼빈 역에 도착한 때부터 러시아 장상과의 회견 열병 등의 모양에 이어서

---

64 日本 外交史料館, 『朝鮮倂合の經緯』(문서번호 : N.2.1.0.4-1).

흉한 안중근이 돌연 환영자의 열 사이에서 뛰어 나와 단총으로 공을 저격하고 공은 종용한 태도로 쓰러지고 수행원 기타의 당황한 정거장의 대혼란한 실황과 수행원이 공을 열차내로 옮기기까지의 정밀한 광경이 실로 길이 5,000척(필자 : 1515m)의 사진 속에 담겨져 있다. 이것은 실로 절대적인 진품으로 각국 동업자는 서로 다투어 이것을 매수하려고 분주하였는데 결국 이번에 도쿄 저펜프레스(東京 JAPAN PRESS)의 타노 모키(賴母木)씨에게 15,000엔에 매수되었다. 다음달 10일경 일본에 도착한다고 한다(밑줄 : 필자).[65]

라고 기록되어 있다. 이 기사는 의거장면이 담겨있는 활동사진을 보고 쓴 것이 분명하다. 무엇보다 이는 이토처단 장면이 활동사진에 담겨져 있다는 사실을 증명할 뿐만 아니라, 제3의 저격설이 타당하지 않음을 확인할 수 있는 사료라는 데 크나큰 의미가 있다.

그리고 이 활동사진이 일본 저펜프레스 사장 타노 모키(賴母木)가 구입하여 1910년 2월 1일부터 일본 동경 국기관(國技館)에서 상영되었다는 사실에서도[66] 당시 일본인들은 안중근의거를 역사적 사실로 알고 있었던 것이다.

4. 허상의 일반화와 그 문제성

무로다설에 근거한 히라카와설을 적극적으로 지지하며 허상을 일본사회에 고착화시키는데 기여한 대표적인 인물은 작가 가미가이토 켄이치(上垣外憲一)·오오노 카오루(大野芳)와 역사학자 운노 후쿠쥬(海野福壽)이다.

특히 오오노와 운노는 한국주차헌병대장 사카키바라 쇼죠(榊原昇造)의 명

---

65 『滿洲新報』 1909年 11月 22日字, 「藤公遭難 活動寫眞」.
66 『東京朝日新聞』 1910年 2月 2日字, 「故伊藤公遭難實寫 活動寫眞」.

령을 받은 한국주차헌병대 헌병대위 무라이 요리노리(村井因憲)가 1909년 11월 21일부터 1910년 1월 2일까지 하얼빈과 블라디보스토크의 밀정을 통해 입수한 첩보를 근거로 만든 「헌기 제147호」의 복명서에 실려 있는 다음의 내용을 안중근의거를 부정하는 핵심사료로 인용하고 있다.

생각건대 逮捕된 者는 大槪 此類로 진짜 凶行擔任者는 安重根의 成功과 더불어 逃亡하였을 것이다. 只今 「블라디보스톡」 方面의 消息에 通하는 者의 말하는 바에 비추어 凶行首謀者 及 凶行의 任에 當하였던 疑心이 있는 者를 列擧하면 左의 數人이 아니겠는가.

一. 崔才亨, 二. 李相卨, 三. 安重根, 四. 嚴仁燮, 五. 金泰勳, 六. 外二名(此等 五人은 斷指하여 實行을 盟誓하였던 者)(이하 생략)[67]

그들은 위의 내용 가운데 '흉행담임자'라는 단어를 제3의 저격설의 증거로 특히 애용하고 있다.[68]

그러나 그들의 논거는 이 자료의 의미와 그 한계, 이 두 가지 점을 의도적으로 무시하였다는 문제점을 안고 있다. 그들은 이른바 '흉행담임자'가 의거를 성공시킨 것으로 해석하여 의거당사자가 안중근이 아님을 강조하고 있다. 하지만 문맥을 있는 그대로 살펴보면 "성공한 사람은 안중근"이고, "실패하여 도망간 사람은 흉행담임자"임을 알 수 있다. 다시 말해 이 자료는 오히려 안중근의거의 성공을 뒷받침하는 또 하나의 결정적인 사료인 것이다.

물론 "흉행담임자가 도망하였다."라는 기록은 허구에 지나지 않지만 그들이 이처럼 엉뚱한 해석을 한 그 나름의 이유가 있다. 그들은 안중근의거를 부정하는 근거로 하얼빈 역 2층에서 한인 3명이 프랑스 기마총으로 이토를 쏘았다

---

67 국사편찬위원회, 「憲機 第一四七號」, 『한국독립운동사』 자료 7, 279쪽.
68 大野芳, 위의 책, 369쪽; 海野福壽, 위의 책, 136쪽.

는 가설을 이 사료로 증명하려는 의도에서 이러한 무리수를 둔 것이다.

무엇보다 이 사료는 밀정을 통하여 입수한 첩보였다는 한계점을 간과해서는 안 된다는 점에서 철저한 사료검증이 필요하다. 이는 일제의 조사결론이 아니라 사건조사를 위한 기초자료에 지나지 않다는 점에서도 더욱 그러하다.

이에 대한 일제 각계통의 조사결론은 다음에서 보듯이 제3의 저격설을 지지하는 그들의 주장과 사뭇 다르다. 즉, 계통조사목적으로 1909년 11월 4일부터 12월 22일까지 여순에 파견된 쓰기야마(杉山) 중위는 복명서를 작성하여 보고하였다. 여기에서 쓰기야마는 "大抵 哈爾賓 在留 韓人의 거의 전부는 하등 勞動者에 屬하며 이번 兇行事件에 關係한 者가 一人도 存在하지 않은 것 같다고 한다."[69]라고 하여, 이토처단이 안중근 단독거사임을 인정하였다.

이러한 쓰기야마의 인식은 "그리고 下官의 愚見을 말하면 安의 訊問 進行에 따라 本國 또는 「블라디보스톡」 等에 連累者가 없고 全然 그의 單獨 行爲인 것 같은 傾向이 있게 된 것은 世人이 期待하는 바에 맞지 않으며 或은 閣下께서도 不滿足일 것은 참으로 遺憾이라 하겠다."[70]라고 한 총독부에서 파견된 사카이 요시아키(境喜明) 경시의 보고서에서도 엿볼 수 있다. 또한 관동헌병대장도 같은 판단을 내렸다.[71]

이를 바탕으로 일본 외무성에서 파견된 최고위층 관료인 구라치 테츠기치(倉知鐵吉) 정무국장은 다음과 같이 최종결론을 내렸다.

> 十九・二十日의 兩日에 一旦 殘餘의 嫌疑者 全部의 訊問을 하였으나 別로 얻은 바 없다. 今日까지의 訊問의 結果를 綜合하면 安・

---

69 국사편찬위원회, 「憲機 第二六二四號」, 위의 책, 236쪽.
70 국사편찬위원회, 「電報」, 위의 책, 445쪽.
71 국사편찬위원회, 「憲機 第二一六六號」, 위의 책, 352쪽.

禹·曺·柳 四人 外는 凶行事件과의 關係가 極히 稀薄하거나 또는 全然 깊지 않은 것 같다. 安 及 禹가 本件 主動者임은 벌써 明白하다 하더라도[72]

이러한 구라치의 결론은 제3의 저격설이 허구적 논리임을 밝혀주는 또 하나의 결정적인 증거라는 사실은 두 말할 필요가 없다.

「헌기 제147호」와 더불어 제3의 저격설을 주장하는 논자들은 무로다의 「이토 피탄 추정 인체도」와 더불어 또 다른 근거로 이토의 몸에서 나왔다는 '총알'[73]을 들고 있다.[74] 그들은 안중근이 아닌 프랑스 기마총으로 조선인 세 사람이 하얼빈 역 3층에서 아래 방향으로 이토를 쏘았다는 잘못된 가설을 입증하기 위해 무로다가 1909년 10월 27일 대련에서 시의 고야마가 이토의 시체를 검안하였을 때 참관하였다[75]고 강조하였다. 그러면서 그들은 무로다가 그때의 기억으로 「이토 피탄 추정 인체도」(<그림 1>)를 작성할 수 있었고, 이토의 몸에서 뺐다는 총알을 근거로 이토를 쏜 저격자의 총이 프랑스 기마총이라고 강변하였다.[76]

그러나 대련에서 이루어진 고야마의 검안에 무로다가 참여했다는 객관적인 증거는 전혀 없다.[77] 더구나 1890년 10월 6일에 공포된 일본 형사소송법

---

72 국사편찬위원회, 「電報 第二六號」, 위의 책, 389~390쪽.
73 海野福壽, 위의 책, 135쪽. 오오노는 안중근의 총은 벨기에 쿤스토사가 제작한 구경 7.62미리의 FN 브라우닝 모델 1900일 가능성이 높고 또한 1906년 9월 8일 블라디보스토크 쿤스토알벨스사에 팔렸다는 사실을 밝혔다. 그 후 블라디보스토크의 쿤스토알벨스에서 팔린 것으로 보인다고 하였다. 물론 그는 총알도 같은 종류의 총에서 발사된 것이라고 주장하였다(大野芳, 위의 책, 365~367쪽).
74 海野福壽, 위의 책, 134~135쪽.
75 大野芳, 위의 책, 367쪽; 海野福壽, 위의 책, 138쪽; 上垣外憲一, 위의 책, 15쪽.
76 海野福壽, 위의 책, 135쪽.
77 무로다는 "의사(필자 : 고야마)가 상의 등의 단추를 벗기고 창상을 살펴보았을 때 이미 치명상이라는 것을 한번 보고서 명료하게 되었다."라고 진술하였다(신운용 편역, 「무로다 요시후미(室田義文) 청취서(II)」). 이로 보아 의거 직후 하얼빈 역 특별열차 안에서 고야마가 치료를 위해 창상을 살펴보았을 때 무로다도 잠시 본 것은 사실로 보인다. 그는 전문적인 지식을 갖

제3장 제7절 제135조에는 다음과 같이 명시되어 있다.

> 예심판사는 범죄의 성질 방법 및 결과를 분명히 하기 위해 감정을 필요로 할 때는 학술·직업에 의해 감정을 할 수 있는 자 1명 또는 수명으로 하여금 감정을 하게 할 수 있다. 감정을 위해 필요할 때는 사체의 해부를 명하고 또 이미 매장된 사체를 해부하거나 혹은 검시를 하기 위해 분묘의 발굴을 명할 수 있다.

여기에서 일본법에 시체의 감정을 할 수 있는 자격이 학술과 직업(의사)으로 엄격하게 제한되어 있는 사실을 알 수 있다. 말하자면 시체 감정은 예심판사의 감독 아래 엄격한 자격을 갖춘 제한된 인원만이 가능하다는 의미이다.

뿐만 아니라 "감정인이 위증을 한 것으로 사료될 때에는 법원 또는 민정서장이 구인장을 발부하여 예심판관에 송치하거나 또는 곧바로 재판을 할 수 있다."라는 1908년 9월 22일에 공포된 관동주 재판사무취급(칙령 213호) 제47조를 보아도 감정인에게 법적 책임이 따른다는 사실을 알 수 있다. 따라서 시체를 감정할 자격이 없는 무로다의 감정참여는 일본법에 의해 엄격히 제한될 수밖에 없었던 것이다.

더구나 검안은 러시아의 소관으로 일본인이 이토의 주검을 마음대로 처리할 수 있는 것이 아니었다. 때문에 고야마 시의는 러시아 측의 허락을 받아야 했고, 러시아 측에 재판을 위해 이토의 주검을 해부하지 말라는 부탁을 해야 했던 것이다.[78]

춘 고마다와 같은 정밀하고 공신력이 있는 「이토 검안도」를 작성할 수 없었기 때문에 그 자신의 주장과 「이토 피탄 추정 인체도」 사이에 모순이 생길 수밖에 없었던 것이다.

78 신운용 편역, 「조서(역문) 증인신문(블라디미르 니콜라예비치 까깝쵸프)」, 『러시아 관헌 취조문서』, 8~9쪽.

또한 그들이 적출했다고 주장한 총알은 일제가 러시아 측의 부검요구를 거부한 점[79]에서나, "공작의 것은 그대로 몸에 3개 남아 있다."[80]라고 한 고야마의 진술에서도 알 수 있듯이 이토의 몸속에 남아 있었던 것이 확실하다. 따라서 무로다가 이토 시신의 검시에 정식으로 참여하였다거나 총알을 적출했다는 일본인의 주장은 전혀 성립될 수 없는 억측이라고 할 수밖에 없다.

게다가 그들은 무로다의 「이토 피탄 추정 인체도」와 가설을 근거로 탄도의 각도가 위에서 아래로 향하였다는 주장을 굽히지 않았다. 그들은 이를 뒷받침하기 위해[81] 안중근의 저격으로 총알이 수평으로 이토의 몸속에 박힌 사실을 그린 고야마의 「이토 검안도」의 정확성을 부정하면서 이토의 상의 뒷면 구멍을 총알이 통과한 흔적으로 본 일본 법의학자의 논문[82]을 제3의 저격자가 역 2층에서 쏜 증거라고 강변하면서 제3의 저격설이 옳다고 확정적으로 단정하였다.

그러나 무로다 그 자신이 1909년 12월 16일 도쿄 지방재판소 검찰국에 출두하여 총과 관련하여 다음과 같이 진술하였다.

나는 달려가 그를 부축하고 "권총이니 염려 없습니다. 정신을 차리십시오."(경험에 의하면 권총 탄환은 쉽사리 상대의 목적대로 맞는 일이 드물다고 한 데 따름)라고 말하고 격려하였다(밑줄: 필자).[83]

이는 제3의 저격설이 허구임을 결정적으로 증명하는 것이라는 데서 대단한 의미가 있는 대목이다. 1938년의 주장과 달리 무로다는 1909년의 진술

---

79 신운용 편역, 위의 책, 9쪽.
80 신운용 편역, 「고야마 젠(小山善) 감정인 신문조서」, 『일본인 신문·청취기록』(미정고).
81 海野福壽, 위의 책, 136쪽.
82 木村孝子·增本寬, 위의 논문.
83 신운용 편역, 「무로다 요시아야(室田義文) 청취서(Ⅰ)」. 모리 궁내대신 비서관도 이를 증언하고 있다(신운용 편역, 「모리 타이지로(森泰二郎) 청취서」).

에서 이토를 저격한 총이 프랑스 기마총이 아닌 '권총'이라고 하였던 것이다. 그러므로 이토 저격에 사용된 무기가 프랑스 기마총이라고 한 무로다의 주장은 제3의 저격설을 합리화시키기 위한 사실왜곡으로 볼 수밖에 없는 것이다.

그런데 오오노는 "탄환을 조사해보니 모두 13발의 기마총용"이라고 한 무로다의 주장에 기대어[84] 타나카 만철이사에게 적중된 총알이 프랑스 기마총에서 발사된 것이라면 제3의 저격설은 확정적이라는 기대에 충만하여 그 출처와 종류를 조사하였다.[85] 하지만 그의 기대와는 정반대로 안중근의 권총에서 발사된 총알이라는 결과가 나왔다. 이는 오히려 제3의 저격설의 허구성을 밝히는 또 다른 물증이라고 할 수 있다. 따라서 십자가 새겨져 있는 총알을 근거로 이토에 명중된 총알이 프랑스 기마총에서 발사된 것이라고 강변하는 일본 연구자들의 논리는 사실과 동떨어진 주장이다.

제3의 저격설을 증명하기 위해 앞서 보았듯이 제3의 저격자가 '조선인 3명'이라는 성립될 수 없는 가설 위에 오오노는 무로다가 『室田義文翁譚』에서 "어젯밤에도 기마총을 든 수상한 조선인 세 사람이 가까이 있는 역(隣驛)"이라고 까깝쵸프가 말했다는 내용 가운데 '가까이에 있는 역(隣驛)'의 해석을 교묘하게 하고 있다.[86] 그에 따르면 가까이 있는 역은 하얼빈 역이라는 것이다.[87] 그러나 무로다가 직접 쓴 「이토 히로부미 공 하얼빈 역두의 흉변」에는 "어젯밤 조선인 세 사람이 역부근에 배회하고 있으므로"[88]라고 되어 있다. 이처럼 무로다의 주장에 모순이 있는 것이다. 따라서 가까이 있는 역을 하얼빈으로 단정하기에는 무리이다.

---

84 室田義文, 「伊藤博文公ハルピン驛頭の凶變」, 151쪽.
85 大野芳, 위의 책, 373~377쪽.
86 오오노는 까깝쵸프가 말한 하얼빈 이웃 역이 채가구 역이 아닐 것이라 주장하였다(大野芳, 위의 책, 363~367쪽). 하지만 무로다 주장의 모순과 까깝쵸프가 그러한 말을 하였다는 확정적인 증거가 없다는 사실에서 이 또한 가공된 주장이라고 밖에 볼 수 없다.
87 大野芳, 위의 책, 363~367쪽.
88 室田義文, 「伊藤博文公ハルピン驛頭の凶變」, 위의 책, 149쪽.

사실이 이러함에도 사적 근거가 전혀 없는 제3의 저격자설을 뒷받침하기 위해 그들은 보다 과감한 가설을 동원하였다. 그것은 우익강경파가 주도하여 정적 이토를 제거했다는 음모설이다.

이 음모설은 러일관계의 악화를 우려한 반이토세력의 압력으로 제3의 저격설을 계속 주장할 수 없었고 따라서 조사도 제대로 이루어지지 않았다는 주장에서 출발한다.[89] 하지만 이는 전혀 사실과 맞지 않는 허구이다. 왜냐하면 26일 하얼빈 역에 입장하는 일본인에게 표를 나누어주는 방식으로 경계를 강화하자는 러시아 측의 건의를 카와카미 총영사가 거부한 사실[90]에서 알 수 있듯이, 바로 안중근의거가 성공할 수 있었던 원인을 일제가 제공했기 때문이다. 따라서 일제는 러시아 측에 안중근의거의 책임을 구체적으로 물을 수 없었던 것이다. 설사 제3의 저격설을 받아들여 조사를 하였다고 해도 러일관계에 영향을 미칠 가능성은 전혀 없었던 것이다.

카미가이토 켄이치(上垣外憲一)는 야마가타를 중심으로 한 대외 강경세력인 현양사(玄洋社) 소속 스기야마 시게마루(杉山茂丸)가 정적이자 온건한 '평화주의자'인 이토 암살계획을 세우고, 한국주차군 참모장 아카시 겐지로(明石元二郎)가 실행책임을 맡아서 간도통감부파출소의 헌병보조원 또는 순사에게 사주하였다고 강조하였다. 더 나아가 그는 이를 '국가권력범죄'라고까

---

89 大野芳, 위의 책, 336쪽; 海野福壽, 위의 책, 136쪽. 오오다 카오루(大野芳) 등은 사건 당시부터 무로다의 제3의 저격설이 러일관계를 의식한 강경파에 의해 차단당하여 조사도 제대로 이루어지지 않았다고 주장하고 있다. 하지만 무로다설을 부정하는 모리 궁내대신 비서관의 진술(신운용 편역, 「모리 타이지로(森泰二郎) 청취서」), "공작의 도착 시간이 다 되었을 때 플랫폼 또는 대합실 안팎에 뭔가 이상한 일은 없었다."라는 신문기록(신운용 편역, 「후루사와 코키치(古澤幸吉) 증인 신문조서」, 『일본인 신문·청취기록』), "정거장과 정거장 내 음식점을 열지 않는다."라는 러시아 관헌의 진술(신운용 편역, 「신문조서(니콜라이 카를로비치 크나프)」, 『러시아 관헌 취조문서』, 22쪽), "안중근 이외에 제3자가 역내로 들어오지 않았다."라는 러시아의 조사결과(신운용 편역, 「취조서(시몬 시모노비치 바크라제 등)」, 『러시아 관헌 취조문서』, 30~33쪽) 등에서 제3의 저격설은 사실과 다른 허구이다.
90 신운용 편역, 「신문조서(예브게니 바실리예비치 다니엘)」, 『러시아 관헌 취조문서』, 19~20쪽.

지 과격하게 주장하였다.[91]

오오노 카오루(大野芳)는 이러한 카미가이토의 주장에 동조하면서도 새로이 스기야마와 고토 신페이(後藤新平)의 합작설을 제기하였다. 고토가 까깝쵸프를 하얼빈으로 유인하고[92] 스기야마 또는 그의 부하가 일본과 관계가 있는 최봉준(崔鳳俊)에게 이토의 만주방문 일정을 알려주고 운동비와 보수도 주었을 가능성을 제기하였다.[93] 여기에서 한걸음 더 나아가 그는 안중근이 거사자금을 빌린 이석산[94]도 가공의 인물이라는 주장도 서슴지 않았다.[95]

그리하여 오오노는 일제와 연결된 최봉준·김병학(金秉學) 등이 이토처단 계획과 그 실행자의 구원과 보수의 지급 등을 기안하여[96] 안중근과 또 하나의 별동부대를 조직하여 하얼빈으로 보냈다는 가설을 내세웠다. 안중근은 이토를 죽이지 못하였고, 결국 프랑스 기마총으로 무장한 별동대가 하얼빈역 2층에서 아랫방향으로 총을 쏘아 이토를 제거하는 데 성공하였다는 것이다. 그리고 이러한 사실이 발각되면 러일관계가 위험해지므로 최봉준 일

---

91 上垣外憲一, 위의 책, 203~207쪽.

92 이는 사실과 다르다. 까깝쵸프의 극동방문 경위는 「신운용, 안중근의거의 국제 정치적 배경에 관한 연구」, 『안중근과 한국근대사』참조

93 大野芳, 위의 책, 385·394쪽. 하지만 이 무렵 최봉준은 의병투쟁에 반대하는 입장을 취하였다(국사편찬위원회, 「極秘送發 第三五號」, 『한국독립운동사』자료 15, 160~161쪽). 이 점을 고려한다면 이는 전혀 근거가 없는 주장이다.

94 이석산이 실존인물인 것은 확실한 것 같다(신운용, 「안중근의거와 대동공보사의 관계에 대한 재검토」, 『한국사연구』150, 한국사연구회, 2010, 186쪽).

95 大野芳, 위의 책, 391쪽.

96 이에 대해 안중근은 다음과 같이 주장하고 있다. "이번 거사를 수행하면 본국의 어떤 방면에서 다액의 보수금을 내겠다고 약속한 사람이 있을 것이라고들 한다. 그러나 결코 그러한 도리가 있을 까닭이 없다. 사람들도 나의 집은 원래 황해도 첫 번째 가는 부자라고 말하고 있다. 나의 부친은 여섯 형제이며 나의 종형제는 12명이나 있다. 이 재산과 혈육을 버리고 나랏일에 진력하려고 하는 것은 많은 사람들이 인정하는 바이다. 내가 돈 때문에 움직였다고 하는 것은 나를 모함하는 것이다. 만약 돈 때문이라고 하면 이미 받은 뒤라면 몰라도 미래를 약속하여 무슨 보람이 있겠는가. 육혈포의 연기와 더불어 그 자리에서 사라지려고 결심한 사람에게 금전과 재화가 무슨 필요가 있겠는가."(신운용 편역, 「안중근 제7회 공술」, 『안중근·우덕순·조도선·유동하 등 공술기록』(미정고); 국사편찬위원회, 「境警視의 訊問에 대한 安應七의 供述(第七回)」, 『한국독립운동사』자료 7, 428쪽)

파가 이토를 처단한 사실의 누설을 막기 위해 이를 알고 있는 양성춘(楊成春)을 죽일 수밖에 없었다는 것이다.[97]

결과적으로 별동대가 성공하였고 실패한 안중근은 보수금 지급과 사후처리의 약속을 받고 모든 책임을 혼자서 뒤집어썼다는 결론을 내렸다. 물론 이는 역사적 근거를 바탕으로 한 것이 아니라, 오오노의 상상에 기초한 공상소설에 지나지 않는 허구이다.

그런데 문제의 심각성은 대표적인 근대일본사 학자라고 할 수 있는 운노 후쿠쥬(海野福壽)가 그의 저서 『이토 히로부미(伊藤博文)와 한국병합』에서 오오노의 주장을 마치 사실인양 기술하고 있다는 데 있다.[98] 하지만 이러한 주장은 대표적인 이토 연구가 이토 유키오(伊藤之雄)의 비판을 받았을 정도이다.[99]

이처럼 운노는 오오노의 주장을 그대로 옮겨왔기 때문에 안중근의거의 역사적 사실과 허구를 구별하지 못하는 우를 범하고 있는 것이다. 더 나아가 그는 '위대한 평화주의자' 이토를 죽인 안중근은 천하에 씻을 수 없는 죄를 지었으며 의거자체도 없었다고 주장하고 있다. 그도 이토의 죽음을 무로다의 '진실'을 의도적으로 감춘 우익세력의 '국가범죄'라는 소설 같은 결론을 내렸던 것이다.[100]

5. 나오는 말

이상에서 필자는 안중근의거와 그에 대한 폄하를 넘어서 한국사를 멸시

---

97 大野芳, 위의 책, 394쪽. 양성춘 피살의 실상은 박걸순, 「연해주 한인사회의 갈등과 정순만의 피살」, 『한국독립운동사연구』 34, 독립기념관 한국독립운동사연구소, 2009 참조.
98 海野福壽, 위의 책, 118~157쪽.
99 伊藤之雄, 『伊藤博文―近代日本を創った男』, 講談社, 2010, 571~572쪽.
100 海野福壽, 위의 책, 144쪽.

하는 일본의 식민사관에 학문적으로 대응하려는 데 이 글의 목적을 두었다. 그리하여 필자는 이른바 제3의 저격설의 기원·논리 그리고 그 확산양상과 허구성을 구체적으로 살펴본 바, 다음과 같은 결론에 도달하였다.

제3의 저격설의 기원은 무로다로 거슬러 올라간다. 그는 1909년 11월 진술에서 이토를 저격한 사람이 안중근이 아닌 제3자일 가능성을 제기하였다. 하지만 의거당시 일본과 러시아 인사들이 안중근의거를 목격한 사실을 증언하였다. 특히 모리타지로 궁내대신 비서관이 무로다설을 부정하였다. 이외에 신문기사, 의거장면을 담은 활동사진 등에서도 무로다설의 허구성이 드러났다. 때문에 조사 담당자들뿐만 아니라, 미조부치 검찰관과 일제 재판부는 제3의 저격설을 안중근의거와는 전혀 관계가 없는 것으로 결론을 내렸던 것이다.

그 후 의거 29년 뒤인 1938년에 무로다는 이 문제를 『室田義文翁譚』에서 또 다시 제기하였다. 그런데 이때 제기된 주장은 저격 위치와 방향, 참여 인원수, 이토의 상흔에 대한 설명 등에서 1909년 11월의 진술과는 사뭇 다른 양상을 보이고 있다.

무로다는 기마총으로 무장한 조선인이 가까이 있는 역부근을 배회하고 있었다는 말을 까갑쵸프가 했다고 하면서 이토는 안중근의 총이 아니라 역 2층에서 아랫방향으로 쏜 3발의 프랑스 기마총탄에 맞았다는 허위 사실을 덧붙여 1909년의 주장을 한층 강화하였다.

1960년대에 들어와 일부 학자들이 제3의 저격설에 가담하였다. 특히 히라카와는 제3의 저격설의 이론적 바탕을 마련한 인물이다. 이후 1971년에 전일본신문연맹이 무로다설을 소개하기도 하였다.

제3의 저격설이 본격적으로 등장한 것은 2000년에 들어와서이다. 제3의 저격설을 지지하는 카미가이토가 이토 사망 100년을 9년 앞둔 2000년 이토의 사망이 대외강경파의 작품이라고 강조한 음모설을 덧붙여 무로다설을 다시 들고 나왔다. 이어서 2003년 오오노가 제3의 저격설을 집중적으로 부각시켰다. 이는 전문적인 역사가가 아닌 흥미본위의 글을 쓰는 작가들이 주도하였다. 하지만 2004년 일제의 한국병탄 연구로 명성이 있는 운노[101]가 이들의 주장을 지지하면서 제3의 저격설은 새로운 차원으로 넘어갔다. 안중근 순국 100주년인 2010년에 특히나 일본에서는 제3의 저격설이 확산되었고, 지금도 회자되고 있다.

그러나 프랑스 기마총을 가진 3명의 한인이 이토를 저격하였다는 제3의 저격설은 현장에 있었던 다수의 일본인들과 러시아인들이 의거를 증언하고 있는 점, 무로다가 의거장면을 보지 못했다는 점, 조사를 받은 러시아인과 일본인 중에 오직 무로다만 총성의 진원지를 하얼빈 역 2층이라고 강조하고 있다는 점, 저격 장소 '역 2층', 사용된 무기 '프랑스 기마총' 등 1909년 11월 20일의 진술에 없었던 내용이 1938년에 간행된 『室田義文翁談』에 새로 등장한 점, 무로다의 탄도의 방향 설명과 무로다의 「이토 피탄 추정 인체도」가 다른 점, 일제의 모든 공식기록이 제3의 저격론을 부정하고 있다는 점 등에서 어떤 목적을 가지고 의도적으로 조작된 것이 분명하다.

이처럼 제3의 저격설을 주장하는 일본인들은 사료의 자의적 해석, 무로다설을 바로잡을 수 있는 사료에 대한 의도적 외면, 무로다설에 대한 비판적 접근의 결여 등으로 논리 자체의 오류를 낳게 되었던 것이다. 더 나아가 이들은 역사연구라기보다 소설에 가까운 글쓰기에 매진한 결과 이토를 '평화주의자로 변모시키는 우를 범하고 말았다.

결론적으로 한국 멸시관과 학문적 소양의 부족이 낳은 제3의 저격설은 과거사를 미화하고 찬양하려는 일본의 현실과 역사연구의 경향 속에서 가공되어 확대 재생산된 것이라고 할 수 있다.

---

101 운노는 국내의 식민지근대화론자들과 깊은 관계가 있음을 스스로 실토하고 있다(운노 후쿠쥬 지음 / 정재정 옮김, 『한국병합사연구』, 논형, 2008, 492쪽). 이 점에서 실증사학을 내세우는 그가 사적 근거가 희박한 제3의 저격설을 지지하는 배경을 이해할 수 있을 것이다. 이러한 운노를 마치 양심적인 학자로 소개하고 있는 것이 국내의 현실이다(海野福壽 지음 / 연정은 옮김, 『일본의 양심이 본 한국 병합』, 새길, 1995).

日本の安重根研究に対する批判的検討

第3の狙撃説を中心に

訳：大石文雄, 趙河柾, 川內野瑤子

1. はじめに

　安重根は韓国の人々に民族の英雄として崇められてきた歴史的な人物である。抗日戦争期には、民族運動家たちが安重根をモデルにし独立戦争を展開した。今日でも南北朝鮮がともに崇高するほとんど唯一の人物である。その反面、ごく少数を除き多くの日本人は、安重根に対して日本近代を築いた英雄伊藤博文を殺した「兇漢」という認識を持っている。

　このような両国の認識の違いは、日韓両国の近代史に対する本質的な視覚の差にその原因がある。日帝が日本人全体のためではなく、天皇制を維持しようとする意図からアメリカに降伏したのは歴史的な事実である。そのため日本は侵略史に対する歴史的反省をする機会を全く得ることが出来なかった。伊藤は天皇制の根本である明治憲法を立案した人物である。これは日本人の天皇と伊藤に対する認識を、決して分けて考えることができないことを意味

する。

　このような脈絡から日本人が伊藤を研究すればするほど、また関心を持てば持つほど、侵略史を一層美化し、その結果安重根に対する評価は伊藤に反比例するしかない構造的矛盾に陥っている。日本の伊藤に対する研究の大方の共通点は、伊藤は穏健な「平和主義者」だということである[1]。このような人物を狙撃した安重根は、むしろ日本の韓国植民地化の原因を提供したという主張が、日本では定説として受け入れられている。このことは日本の多くの教科書に、安重根義挙が日帝の韓国併呑と関係あるように記述されている事から如実に分かる[2]。

　また日本における伊藤博文研究は、神格化ないし偉人化の傾向を帯びているのも事実である。例えば、伊藤が死を目前にした状況でも自分に銃撃を加えた人物が朝鮮人(韓人)であると聞いて「馬鹿な奴だ」と言い、自分のことよりもほかの随行員の安否を気づかったという事が伊藤の偉大さを証明する根拠として伊藤関連の伝記に飾られている[3]。しかし、これは溝淵検察官の「一言も言えずに絶命した」[4]という点からも事実でないことが分かる。

　はなはだしくは、安重根に肯定的な評価を下す日本人にまで敵意を抱いているのが日本の現実である[5]。このように日本人は感情をさらけ出す消極的な対応から、安重根義挙を非難するというより積極的な方法に転換し、最近1

1　これに対する日本の代表的な著述は次のようである。伊藤之雄、『立憲国家確率と伊藤博文』、吉川弘文館、1999；『伊藤博文－近代日本を創った男－』、講談社、2010。

2　辛珠柏、「韓日歴史教科書は安重根をどのように記述して来たか(1945～2007)－伊藤博文と‘韓国併合’との関係を中心に」、『安重根研究の基礎』、安重根義士記念事業会、2009参考。

3　中村吉蔵、『伊藤博文』、大日本雄辯會講談社、1942、306ページ。

4　申雲龍編訳、「四番目の日の公判」、『安重根·禹德淳·曺道先·劉東夏　公判記録－安重根事件公判速記録』(安重根資料集　10)、安重根義士記念事業会　安重根研究所、2010、175ページ。これは安重根の伊藤狙撃を目撃し、自らも銃に撃たれた田中清次郎満鉄理事が、伊藤の即死を明らかにしたことでも確認される。(『東亜日報』1982年8月20日字、「安重根…歴史…教科書…日人の證言で再照明した事實＜中＞」)。

5　大野芳、「エピログ」、『伊藤博文暗殺事件』、新潮社、2003、369～370ページ。

０年は「ありもしない虚」として断定するまで至っている。

このように日本では安重根の義挙と彼の人柄を貶める作業が絶えることなく展開されてきたが、その頂点が「第３の狙撃説」である[6]。これは安重根の義挙自体を否定する作業を超え韓国近代史に対する根本的な歪曲の出発点という点で問題は深刻である。第３の狙撃説を主張する日本人たちは、穏健な性格と平和の精神で韓国の近代化を望んだ伊藤を狙撃した安重根こそ「反平和的」で韓国近代化の「敵」という認識を持っている。このような考え方は植民地近代化論と直結されることで、日韓関係を規定しようとする日本の根源的な歴史観である。

日本の安重根研究のもう一つの歪曲は、安重根の死装束と遺墨の扱いでも分かるように、安重根をはじめとした如何なる‘兇漢’であっても、広い雅量をもって接している偉大な日本人がいることを暗に強調する傾向の中で行われている。　死装束の場合、旅順監獄の典獄の栗原貞吉の娘、今井房子は彼女の母親が安重根の死装束を作ってやったと主張した[7]。しかしこれは『満州日日新聞』の、「故郷から５６ウォンで買って送った」という記録[8]から分かる

6　3の狙撃の代表的な主張は次のようである。田谷広吉・山野辺義智 編纂、『室田義文翁譚』、常陽明治記念会東京支部、1938 ；　室田義文、「伊藤博文公ハルビン驛頭の凶變」、『あの事件の思出を語る』(森田英亮編)、、金星堂、　1939 ；　木村孝子・增本寛、「故伊藤公爵遭難時の肌着に就ての法醫學的考察」、『犯罪學雜誌』26-3、日本犯罪學會、1960 ；藤田幸男、「伊藤博文暗殺事件犯人は安重根でない」、『文藝春秋』1966年 4月號 ；　平川綺一、「伊藤博文ノ暗殺をめぐって」、『工學院大學研究論叢』5、1966 ；全日本新聞聯盟、「犯人は安重根か」、『近世日本世上史』、全日本新聞聯盟新聞時代社、1971 ；　上垣外憲一、『暗殺・伊藤博文』、筑摩書房、2000 ；『週刊新潮』2003年 12月 4日字、「安重根の他にもいた「伊藤博文暗殺犯」」；大野芳、『伊藤博文 暗殺事件』、新潮社、2003 ；海野福壽、『伊藤博文と韓國併合』、靑木書店、2004 ；若狭和朋、「伊藤博文暗殺 安重根は犯人ではない」、『歴史通』(特集 韓國併合100年目の真実) 2010年 7月号。

7　齋藤充功、上の本、158～159ページ。しかし齋藤充功は“新發見”寫眞六十点の檢討と安重根の眞筆, 處刑の謎追』(『寶石』4月号、1994、361ページ)では死装束を創った人が旅順監獄の典獄の栗原の妻ではなく、長女だと言った。この点からでも、日本人の安重根関連の証言は信頼性が落ちる。

8　『滿洲日日新聞』1910年3月24日字、「安の死装束」。

ように、事実ではないことが判明されている。

　遺墨の場合、旅順監獄に勤務していたという千葉十七は、安重根が殉国する５分前に「爲國獻身軍人本分」という揮毫をもらうほど、安重根と深い友情を交わしたということである[9]。このことは韓日両国で韓日間の友情の架橋としてよく言われている。しかし千葉が旅順監獄の看守として勤務したということは、記録で証明されたことがない。仮に勤務したとしても安重根は特別に管理されていたので、一介の兵士に過ぎなかった千葉が接することはできなかった人物であることは明らかである。また安重根からその遺墨を直接もらったというより、偶然もらった可能性が高い。

　筆者はこのような事実に基づき、本稿で日本の一部の研究者たちが安重根の義挙をいかに歪曲しているかを具体的に明らかにしていきたい。そのため第３の狙撃説の起源と、その虚構性を明らかにしようとする。続いて第３の狙撃説をさらに理論化した平川綺一の論理を具体的に分析し、批判的に検討することに力を尽くす。次に彼らが作った虚像が拡散される様相[10]を確認しながら、その問題点を集中的に明らかにしようとする。このような筆者の作業が安重根の義挙に対する歪曲を立て直し、虚像を広める日本の研究者に注意を促すきっかけになることを望む。

9　齋藤泰彦/チャンヨンスン翻訳、『わが心の安重根』、仁智堂, 1994、250～251ページ。
10　第3の狙撃説はネット上で幅広く知られているのが現実である。代表的な事例は若狭和明の「伊藤博文暗殺－安重根は犯人ではない」に対する論評である。"内容は題目とおり「安重根は伊藤博文の暗殺犯ではない」ということである。これは単純な推測ではなく、十分な理由や根拠があることを分かった。勿論真相糾明を回避し、安重根を犯人として処刑したのは、「日本側の事情」に従ったものだと考えられる。日本では「知っている人は知っている」ということである。知らない私が(このようなことを)書くのはずるいことであるが、韓国人特に学者たちは、このようなことを認識しているか不安である(http://blog.livedoor.jp/sumiin/archives/253715.html)。

2. 第3の狙撃説の起源とその虚構性

　伊藤の随行員の一員でハルビンに行って、安重根の狙撃を受けた貴族員議院室田義文(1847～1938)[11]は、東京赤間関区の裁判所で田村光平検察官に1909年11月20日、安重根義挙に関連し次のような陳述をした。

　　　公爵負傷ノ模様ハ前陳ノ通ニシテ其負傷ヲ自分ガ實見シタル所ヲ見取圖ニシテ差出シマスガ二ケ所ハ右腕ヲ貫通シ一ケ所ハ衣服ヲ貫通シ餘力肺腹部ニ命中シ其彈道ハ何レモ上部ヨリ下部ニ向ヒ傾斜シ居リタリ(中略)

　　　此寫眞ニアル人物ハ能ク覺ヘサルモ多分自分ヲ狙撃シタル男ニ相違ナシト思フ　前述ノ如ク自分ノ受ケタル彈痕ハ五發中村總裁ノ受ケタル彈痕ハ二發ナルモ此内ニハ一發ニシテ二ケ所ヲ寛キタル処モアル可キニ依リ狙撃者ハ少クトモ五六發射シタルモノナラン后日聞ク処ニ依レバ狙撃者ハ七連發ノ銃ヲ用テ發射シ一發殘リアリシトノコト故此点ヨリ推察ヲ下セバ公爵ヲ狙撃セシモノハ此寫眞ニアル狙撃者デナク他ノ者ナラント思ハレル尤トモ狙撃者ガ公爵ヲ打チタル時ハ更ニ銃ヲ換ヘテ打チタルモノトセバ格別ナリ[12]

　上記の内容は安重根ではない他の韓人別働隊が、伊藤を狙撃したという第

---

11 室田義文は1884年9月19日に生まれた。常陸の水戸藩士であった。1872年 外務省に入り釜山領士、初代メキシコ公使などを歴任した。1902年貴族議員になり、第百十国立銀行長、北海島炭鉱汽船社長などを務めた。1909年ハルビンに伊藤博文の隋行でハルビンに行き、安重根の狙撃を受けた。1938年93歳に死亡した。特に彼は代表的な伊藤勢力として知られている。

12 申雲龍編訳、「室田義文聽取書(I)」、『日本人訊問・記録』(安重根資料8)、安重根義士記念事業会 安重根研究所(未定稿)(日本 外務省 外交史料館、「室田義文 聽取書」、『伊藤公爵遭難關倉知政務局長旅順出張中犯人訊問一件 同上聽取書』第1卷(文書番号:4.2.5, 2.4.5-4))。

3の狙撃説の起源になる重要な場面である。一部の日本人はこれを第3の狙撃説を裏付ける金科玉条として扱っている。しかしこの主張はその可能性だけ開いたもので、確定的な発言ではなかった。

　ところでこの主張が出てから29年が経った1939年に刊行された『室田義文翁談』で、室田は一歩進んで安重根の義挙を次のように完全に否定し第3の狙撃説を唱えた。

> 　　その時例の小男は既に兵隊の手で取り押へられてゐるが、眞實伊藤を撃つたのは、此の小男ではなかつた。驛の二階の食堂から、斜下に向けて佛蘭西の騎馬銃撃つたものがある、それが卽ち伊藤暗殺の眞犯人である。と言ふのは、伊藤のうけた弾丸は、いずれも佛蘭西の騎馬銃の弾丸で、三発であつた(中略)が何もせよ、右肩から斜下に撃つには、如何なる方法によるも二階を除いて不可能である。そこは格子になつてゐて、斜下に狙ふには絶好であった。つまり伊藤の負傷は三弾とも、階上から斜下へ向けて発射した傷であつて、斷じて露兵の股間から拳銃を突き出して撃つたものではない。殊に、小男のは短銃であり、伊藤の方は佛蘭西の騎馬銃でやつたものであった[13]。

　この文章はフランス騎馬銃で韓人がハルビン駅の2階で下に向かって3発の銃弾を伊藤に向かって撃ったということに要約される。

　上記の二度に及ぶ室田の主張は, まず二つの側面からの分析が必要だ。第一に、1909年の陳述が1938年の口述とは異なり、狙撃場所が「駅の2階」で、「使われた武器がフランス騎馬銃」と全く新しい内容が追加された理由はなぜなのかということである。　第二に、狙撃場面に対する日本人・ロシア人たち

---

13 田谷広吉・山野辺義智 編纂、『室田義文翁譚』、271〜272ページ。

の陳述と、室田の主張に相違がある理由である。

安重根は「自分ハ后列ノ兵ト兵トノ間ニ並ンテ立タママピストルヲ右方ニ向ケ老人ガ進ンテ居ル處ヲ目懸ケテ發砲シマシタ其時兵ハ皆捧銃ノ禮ヲ致シテ居リマシタ尚ホ兵ノ立チテ居ル處ヨリ伊藤公ノ歩キツツアル處ハ斜面ニ低クナツテ居リマスカラピストルヲ持タ手ハ水平ニセズシテ少敷下方ニ向ケテ手ヲ延ハシテ居リマシタ」[14]と義挙場面をはっきり描いた。続いて確実に実行するために、後に付いていた随行員たちを狙撃したと記述している[15]。

ところで、もし室田が見てない[16]安重根の義挙場面を、現場にいた日本とロシアの官憲たちが目撃したとしたら、室田の主張は問題があると考えても好いであろう。室田が見てないからといって、歴史の真実が隠されることはないからである。

これに対して古谷久綱枢密院議長秘書[17]、森泰二郎宮内大臣秘書官[18]、

14　申雲龍編訳、「安重根第10回調書」、『安重根尋問記録』(安重根資料集 3)、安重根義士記念事業会 安重根研究所、2010年、185ページ。

15　上と同様。

16　申雲龍編訳、「室田義文聴取書(Ⅱ)、『日本人尋問・聴取記録』(未定稿)(国史編纂委員会、「聴取書 室田義文」、「安重根等殺人被告公判記録」(文書番号：B6B 319 V.2)。

17　申雲龍編訳、「古谷久綱証人尋問調書」『日本人尋問・聴取記録』(未定稿)(日本外務省 外交史料館、「古谷久綱證人訊問調書」、『伊藤公爵遭難關倉知政務局長旅順出張中犯人訊問一件同上聴取書」第1卷(文書番号：4.2.5、2.4.5-4))。"夫レヨリ日本人外國人ノ一團ノ前ヲ通過セラレ最端ナル外國領事ニ挨拶セラレ夫レヨリ引返シテ四五歩進マレマシタ其處ハ恰モ日本人外國人團ト露國軍隊トノ間ノ少ク空隙ノアル處テシタ公爵　ガ其處迄來ラレマスト其空隙ノ處ヘ一人ノ散髪ニテ洋服ヲ着シタル男ガヒヨロヒヨロ顯ハレ手ニピストルヲ持チ公爵ヲ向懸ケテ慥カ三發ヲ續ケ撃チ次テ三發許リ隨行ノ一團ニ向ケ發射シマシタ其時公爵ト兇行者トノ距離ハ僅カ一間カ一間以内位テ在タト思ヒマス"。

18　申雲龍編訳、「森泰二郎聴取書」、『日本人尋問・聴取記録』(未定稿)(日本外務省 外交史料館、「森泰二郎聴取書」、『伊藤公爵遭難關倉知政務局長旅順出張中犯人訊問一件同上聴取書」』 第1卷(文書番号：4.2.5、2.4.5-4))。"伊藤公爵ハ露國軍隊ノ右翼ヨリ左翼ニ向ヒ其前面ヲ數歩進マレタル瞬間ニ於テ突然洋服ヲ着シ鳥打帽ヲ冠ブツタル一名ノ男ガ我留民ノ前陳動搖シタル群集中ヨリ現ハレ來リ忽チ公爵ノ背後ニ迫リ丁度川上總領事ノ右側ニ出テ中村南滿鐵道會社總裁ノ前ニ入リ急ニ所携ノ拳銃ヲ以テ公爵ノ右側ヨリ之ヲ狙撃スル事數發白煙現出シ公爵ハ稍其體軀ヲ支フル事能ハサル如キ有様ニ見ヘタル瞬間隨從員全同行者等ハ辛シテ急變ヲ覺知シ公爵ノ許ニ駈付ケマシタガ其中室田義文ハ最先ニ公爵ノ身邊ニ着

川上俊彦ハルビン総領事[19]は、ひとえに安重根の義挙を証言している[20]。のみならず小山善侍醫は安重根の義挙場面を"直接に見た"と証言している。田中清次郎満鉄理事も「兇漢ハ初メ公爵ヲ沮フテ撃チマシテ手ヲ動カセテ更ニ私ノ方ヘ銃口ヲ向ケテ撃チマシタ」[21]と陳述した。

　何より室田が唱えた第3の狙撃説の虚構性は、小男の銃は短銃であり、伊藤の方は佛蘭西の騎馬銃でやったものであったという室田の言葉を陳述した、森宮内大臣秘書官の次の記録に確然と現れる。

　　　　以上兇行者ハ只一人ノ男デアツタ事ハ間違無イト思ビマス其彈丸

　　　ガ如何ニシテ前陳ノ如ク隨從全行者ニモ命中シタリヤ瞬間ノ騒擾ニヨ

　　　リテ如何ニモ判明致シマセヌ室田ハ後ニ至リテ其意見トシテ其命中數

シテ其手ヲ支ヘ(左右ノ孰レカ一方レトモ確タルナシ記憶)村總裁殆ンド同時ニ公爵ノ體ヲ支ヘ次デ露國軍人二三名其足腰ノ邊ヲ支ヘテ共同トシテ直ニ前搭乘セラレタル貴賓車ノ中ニ輔ケ入レマシタ公爵ハ右狙撃ヲ受ケ室田ヨリ支ヘラレタ時ニ「遺ラレタ,身體ノ内ニ大分彈丸ガ入リタ様ダ」トロ外セラレマシタ　而シ其儘冥目閉ロシテ別般ノ言葉モナク車内ニ運ハレタノデアリマス"。

19 申雲龍編訳、「川上俊彦証人尋問調書」、『日本人尋問·聴取記録』(未定稿)(日本外務省 外交史料館、「川上俊彦證人訊問調書」、『伊藤公爵遭難關倉知政務局長旅順出張中犯人訊問一件同上聴取書』第1卷(文書番号：4.2.5、2.4.5-4)) "爵ガ引返サレテ二三間來タト思フ時露國ノ兵隊ノ中カラポンポント音ガ致シマシタ(中略)　私ハ撃タレタノデ振返ツテ見マシタレバ露國軍隊ノ前ニ一人ノ兇漢ガ出テ片足ヲ先キニ踏出シ屈シ腰ヲ爲ツテ發射シテ居ツタ様思ヒマス(中略)　私ハ撃タレタノデ振返ツテ見マシタレバ露國軍隊ノ前ニ一人ノ兇漢ガ出テ片足ヲ先キニ踏出シ屈シ腰ヲ爲ツテ發射シテ居ツタ様思ヒマス" また川上は此のように川上は安重根が伊藤を撃ったと言う電報ヲ小村壽太郎外相に送った。 "伊藤公今朝九時着下車ノ際韓國人ノ爲數發狙撃サレタリ伊藤公加害犯人ハ韓國人「ウンチアン」平壤出生,住所不定年齡三十一才ナルモノ公爵狙撃ヲ目的ヲ以テ元山ヨリ浦鹽ヲ經昨夜着停車場附近ヲ徘徊シツツアリシ旨自白セリ依テ直ニ當館ニ引渡ヲ受クル手續中。"(日本外務省 編纂,「伊藤公兇變ニ關スル件」,『日本外交文書』42-1, 196-197ページ)
20 申雲龍編訳、「小山善証人尋問調書」、『日本人尋問·聴取記録』(未定稿)(日本外務省 外交史料館,「小山善證人訊問調書」、『伊藤公爵遭難關倉知政務局長旅順出張中犯人訊問一件同上聴取書』第1卷(文書番号：4.2.5、2.4.5-4))。
21 申雲龍編訳、「田中清次郎証人尋問調書」、『日本人尋問·聴取記録』(未定稿)(日本外務省 外交史料館、「田中清次郎證人訊問調書」、『伊藤公爵遭難關倉知政務局長旅順出張中犯人訊問一件同上聴取書』第1卷(文書番号：4.2.5、2.4.5-4))。

ガ多キ為メ或ハ動搖シタル居留民團ノ中尚他ニ拳銃ヲ亂發シタルモノ
アルベジト申シテ居リタレモ私ハ現場ニ於テハ左様ノ者ヲ認ムル事ガ
出來ナカツタノデアリマス實際公爵ヲ狙擊シタル彈丸ハ其當時公爵ノ
身邊ニ集リタル我等隨從全行者ノ身體又ハ衣服ニ中リタリト思ヒマス
(下線：筆者)[22]

　このような陳述に基づき、溝淵検察官は安重根の義挙を確信した[23]。それ
だけでなく、裁判を行った旅順地方法院裁判部も、伊藤の随行員とロシア官
憲の証言を具体的にあげながら、安重根の伊藤除去を確認した[24]。
　日本人だけではなく、ロシア人大蔵大臣コーコフツエフ[25]、ロシア独立護
警軍団長プイハーチユク[26]、東清鉄道警察署長職務代理ニキフォーロフ[27]も

22 申雲龍編訳、「森泰二郎聽取書」、『日本人訊問・聽取記録』(未定稿)。
23 申雲龍編訳、「四番目の日の公判」、『安重根・禹德淳・曺道先・劉東夏 公判記録－安重
　　根事件公判速記録』174～175ページ。
24 申雲龍編訳、「公判始末書 第6回」、『安重根・禹德淳・曺道先・劉東夏 公判記録－公判
　　始末書』(安重根資料集 9)、安重根義士記念事業会 安重根研究所、2010、109～111ペー
　　ジ。これだけでなく、安重根義挙は次の新聞記事でも確認できる。『滿洲日日新聞』1909年
　　10月28日字、「涙自ら横る」；1909年10月30日字、「哈爾賓の嵐」；1910年1月9日字、「
　　森田領事實際見談」。
25 申雲龍編訳、「調書(訳文)証人訊問(ラジムルニコライウイチココフツェフ)」、『ロシア官憲取
　　調文書』(安重根資料集 2)、安重根義士記念事業会安重根研究所、2010、8ページ。"吾々一
　　同彼方へ振り向カントスルー利那余ハ余ノ後面ニ方リテ恰モ玩具ノ爆竹トモ思ハルルガ如キ
　　極メテ小サナル爆聲ヲ耳ニシタリ(中略)其ノ爆聲ハ直接余ノ方面へ向ケラレタルモノノ如ク
　　思ハレタリ如何トナレハ余ハ伊藤公爵ト共ニ立テル時公爵ヨリモ爆聲ノ起リタル場所へ少シ
　　ク近クニ在リシヲ以テナリ此時余ハ群衆ノ喧囂及ヒ既ニ公爵及余ノ反對ノ方向ニ向ケラレ
　　タル猶數回ノ爆聲ヲ認メタリ此喧囂恰モ文官團体ニ隣接シ居タル群衆而カモ日本人團ノ裡
　　ヨリ起リタルモノト思ハレタリノキ".
26 申雲龍編訳、「証人訊問調書(ニコライ アポルノウイチ プイハーチユク)」、『ロシア官憲取
　　調文書』、10ページ。"余ハ右方ニ當リ銃聲(複数)ヲ耳ニセシ時右方ニ振リ向キタルカ此瞬間
　　ニ數ハ知ラネド銃聲響ケリ之ニ次デ犯人ハ急遽左方九十度ノ角ニ身ヲ轉シ余ノ感セシ所ニ
　　ヨレハ隨從員ノ方向ニ向ヒ一發或ハ二發ヲ發砲セリ"。
27 申雲龍編訳、「調書(ニコライ ミトロファーノウキチ ニキフォーロフ)」、『ロシア官憲取調文
　　書』、17～18ページ。"日本人ノ群集中ヨリ何人カ前進セリ余ハ此者ノ跡ヲ追ヒシモ未ダ接近
　　スルヲ得サリシ時銃聲ヲ聞キ而シテ彼ノ手中ブラウニング拳銃ヲ見タリ"。

安重根の義挙を証言した。特に現場を撮影したロシア人写真師も"兇行者ハ非常ニ沈着ナル體度ヲ顯ハシ二發公爵ヲ射撃シタル後一歩前ニ進ミ短銃ヲ持チタル手ヲ左右ニ向ケ露國ノ顯官ヲ避ケ川上・田中・森ノ三人ヲ負傷セシメタリ"[28] と安重根義挙事実を明らかにした。

　何よりも安重根の義挙を目撃したミルレル国境地方裁判所検事の次のような証言は、第3の狙撃説の虚構性を示すもう一つの決定的な証拠になるもので、その意味は深い。

　　　　　公爵及大藏大臣ハ五歩乃至七歩ヲ進ミ來タ日本人ノ集團ニ達セサ
　　　ツトキ此ノ集團ト露國ノ儀仗兵ノ空間ヨリ數回發銃ノ低音ヲ發セリ最
　　　初二回發射ノ後予ハ他ノ者ト共ニ發射ノ個所ニ駈付ケタルニ犯人ト
　　　認ムヘキモノハ左手ニテ右臂ヲ支ヘ尙ホ一發ヲ儀仗兵ノ前面ヲ進行中
　　　ノ公爵ニ向テ放チ夫ヨリ急ニ轉回シテ公爵ノ從者ニ發射シ其數凡ソ三
　　　四發ナリシカ最后ノ發射ハ地上ニ近ク放チタリ思フニ此ノ彈丸ハ田中
　　　氏ヲ傷ケタルモノナラン此ノ發射ノ後東淸鐵道會社鐵道警察署長代
　　　理騎兵大尉ニキホロフハ第二回又ハ第三回發射ノ後直チニ兇行者ニ
　　　突進シタルモ兇行者ノ腕力強大ナルタメ始メハ彼ヲ打負カスカスコト
　　　能ハサリシ格鬪ノ後他ノ駈付ケタル露國將校ノ助勢ヲ得テ兇行者ノ拳
　　　銃ヲ奪ヒタルヲ以テ兇行者ハ最早發射スルコト能ハサリシ[29]

　前記のロシア人たちの陳述に基づいてロシア当国は「逮捕サレタル韓国臣民ト称スル安應七ハ伊藤公及ヒ露国大蔵大臣「コーコフツエフ」ヲ始メトシ露国官憲代表者並ヒニ川上日本領事及其他伊藤公ニ隋行セシ日本官吏等ノ群

---

28 国史編纂委員会、「憲機 第二一六〇號」、『韓国独立運動史』資料 7、1977、17ページ。
29 申雲龍編訳、「国境地方裁判所検事「コンスタチン, コンスタンチーノウヲチユ、ミルレル」ノ陳述」、『ロシア官憲取調文書』、68～69ページ。

集二向ヒ銃ロヲ接シテ狙撃シタルコト實見者ノ説明セル」[30]と公式的に安重根義挙事実を確信した。

さらに上記のように安重根の義挙を確認した古谷は「日本人、外國人團ト露國軍隊トノ間」、川上は「露國ノ兵隊ノ中」、田中は「露兵列ト露國將校トノ中間」で銃声が出たと陳述している。現場にいた杉野鋒太郎ハルビン総領事官書記も、銃声が「領事團ノ前方」の前でしたと証言した。それだけでなくプイハーチユクは「右方」、コーコフツエフは「後面の方」、ミルレルは「日本人集團ト露國ノ儀仗兵ノ空間」で銃声が聞こえたと陳述している。

もし室田の主張のとおりハルビン駅の2階で銃を撃ったのなら、そこで銃声が出たという証言があるはずだが、全くそのような陳述がないという点でも、室田の第3の狙撃説は虚構である事に間違いない。このように安重根の狙撃場面を現場で直接目撃した日本人とロシア人の陳述は、伊藤処断の瞬間を見ずに小説を書くような室田の主張より、客観性と事実性を持っていることを証明している。これは室田が意図的に事件を造作したことを意味する。

ところで、日本の研究者達は次のような室田の口述を第3の狙撃説を裏付ける決定的な根拠として扱っている[31]。

　　室田は、ともすればこみ上げて来さうな嗚咽をじっとおさへながら、コーコフツエフに、「犯人はどうなりましたか。」とたずねた。コーコフツエフは、「犯人は、安重根といふ朝鮮人です、すぐ事件発生と同時に捕まへて護送いたしました。昨夜も、騎馬銃を持つに怪しげな朝鮮人三人隣のステーションの附近を徘徊して居りましたので、捕まへるやうすぐ返電いたしましたが逃してしまったと言ふので、殊更

30　申雲龍編訳、「決定書(安重根訊問決定)」、『ロシア官憲取調文書』、13ページ。
31　平川紀一、上の論文、144～155ページ；大野芳、上の本、363～365ページ；海野福壽、上の本、131～135ページ。

厳重に警戒を加えたのですが、たぶんその一味であらうと思ひます。」[32]

　しかし、むしろコーコフツエフが「犯人は安重根といふ朝鮮人です」と言ったところから、安重根の義挙事実を確認できる。特にコーコフツエフは安重根の義挙場面を、自身の『回顧録』[33]と1909年10月26日始審裁判所判事ストラゾフの「コーコフツエフの証人尋問調書」[34]に残している。しかし上のようにコーコフツエフが言ったと言う「朝鮮人3名」に対する室田の主張は、コーコフツエフの記録が記されたいかなる史料からも発見されていない[35]。
　さらにハルビン駅の1〜4等待合室の商人たちと警備を担当した騎兵組長パノフ、兵士たちは「露國暦十月十二日(二十五日)午前六時ヨリ十月三日(二十六日)十二時二至ル間何レモ停車場二出入シ又ハ其附近二徘徊セシ韓人一名ヲモ見タルコトナシ」[36]と陳述した。

32　田谷広吉・山野辺義智編纂、上の本、278ページ。これは次のような資料においても分かる　"「で、犯人はどうなりましたか?」と私が訊くと「安重根といふ朝鮮人ですがすぐ捕って護送いたしました。何でも昨夜騎馬銃を持って朝鮮人が三人ステーション附近に徘徊して居りましたので、捕へようとして逃したさうですが、多分その一味であらうと想ひます。(中略) 伊藤公を狙撃した犯人は果して安重根であったか? 私はそこに大きな疑問を持つ 伊藤公の傷痕を調べて見るに弾丸はすべて右肩の方から左下へ向って走っている。若し安重根が撃った弾丸ならば下から上に走って行かなければならない。上から下にむっ向った弾道を見ると、これはどうしてもプラットートホームの上の食堂あたりかあら撃ったものと想像されるのである。然も弾丸を調べてみると、すべて十三發の騎馬銃用のもので、藏相ココーフツオフ伯があとで、その前夜騎馬銃を持った朝鮮人を認めたと陳べられているのを思ひ合馳せると、安重根の外、意外のところに別の犯人があったのでは無かろうか。(中略)すでに二十數年の時を経た今日、私はあへてこの疑問を世の公する次第である"(室田義文、「伊藤博文公ハルピン驛頭の凶變」、上の本、149〜151ページ)。
33　コーコフツエフ、『コーコフツエフ回顧録』(朴ボリス/申雲龍・李秉造翻訳、『ハルピン駅の報復』チェリュン、2009)、214ページ。
34　申雲龍編訳、「調書(訳文)証人訊問(ウラジムルコライウイチコーコフツエフ)」、『ロシア官憲取調文書』、7〜9ページ。
35　"韓人が伊藤を撃った"という事実をコーコフツエフが、古谷久綱に伝えた記録は残っている。(申雲龍編訳、「古谷久綱証人訊問調書」、『ロシア官憲取調文書』10ページ)。勿論ここで言及された韓人が朝鮮人3人ではなく、安重根であることは確かである。

それだけでなく、義挙の前日25日にハルビンに着いた列車の車掌たちは、韓人が汽車に乗った事実がないことを一様に陳述している[37]。このような点からも、日本人たちが第3の 狙撃説としてよく引用しているコーコフツエフが室田に言ったという言葉は、全く根拠がない虚構に間違いない。

　仮に室田の主張を認めたとしても、これは蔡家溝にいた安重根、禹徳淳、曹道先を怪しく思い監視していたというロシア側の情報[38]が間違って伝えられたか、禹徳淳と曹道先がロシア官憲によって蔡家溝駅で捕まったことが誤って伝えられた結果としか考えられない[39]。

　このように帝国主義を追従する一部の日本の研究者たちが如何なる意図で故意的に安重根の義挙を歪曲したという結論を出すしかない。

　つまり、日本人の間に「偉大な伊藤公が韓人に狙われたということはありえない」という韓国に対する蔑視が作用された結果だと考えられる[40]。

3. 日本の主張に対する批判的検討

　今日日本の安重根研究の現実は、日本の右翼勢力が室田の仮説を積極的に受け入れ、第3の狙撃説として拡大・再生産している状況に直面している

36　申雲龍編訳、「取調書(シモン,シモノウイチ,バクラーゼ　等　)」、『ロシア官憲取調文書』、31～32ページ。

37　申雲龍編訳、「取調書(シモン,シモノウイチ,バクラーゼ　等　)」、『ロシア官憲取調文書』、31～32ページ。

38　申雲龍編訳、「報告(オグニョーフ)」、『ロシア官憲取調文書』、40ページ。

39　これは田中満鉄理事が"蔡家溝訳デ犯人ガ二人捕ヘラレタガ同人ハ親類ガ來ルト云フ電報ヲ打ツタト云フ事ヲ大藏大臣カ話ヲシタト聞キマシタ　"と言ったところでも確認できる。(申雲龍編訳、「田中清次郎証人調書」)(未定稿)。

40　これは田中満鉄理事から安重根の偉大さを聞き、安重根を尊敬した小野田セメント会社会長安藤豊祿と旅順監獄裁判所の日本人を非難する大野の態度からも明らかに現れる。(大野芳、大野芳、369～370・396ページ)。

ところに深刻さが感じられる。1960年代に入って木村、増本と藤田が第3の狙撃説を提起したが[41]、その礎を築いた人物は、平川綺一である。室田の仮説に基づいた「伊藤博文の暗殺をめぐって」[42]という彼の論文は、「安重根が伊藤を処断してなかった」という第3の狙撃説の形成に決定的な影響を及ぼした。

　以後全日本新聞連盟は『近世日本世相史』で再び室田の発言を引用し、第3の狙撃説もあるという風に言及し、室田説の火種を残しておいた[43]。このような主張は、上垣外憲一と大野芳を経て海野福寿につながり、安重根の義挙の虚像を日本社会に広めている状況である。このような点で平川が唱える論理は、必ず何としても乗り越えていかねばならない事項である。

　平川は室田説を全面的に受け入れ、次のような論拠を打ち出して、安重根義挙の事実を否定する第3の狙撃説を唱えた。①　安重根は約１０歩ほどの距離で発射し、伊藤に３発を命中させた上、川上、森、田中には　負傷を負わせ、室田、中村の服を貫通させたといわれるが、銃を連射するのは可能か。[44]　②　証拠として裁判所に出した安重根の銃の炭素は空になっていたが、銃身に１発残っているので発射弾数と被弾数が違うのは矛盾ではないか。[45]　③　伊藤に命中した弾は殺傷効果を高めるために、頭部に十字を刻み

41　木村孝子、増本寛、上の論文；藤田幸男、上の論文。特に文藝春秋に載せられた藤田の主張が国内に報道され安重根の義挙を貶した日本の動きは国内でも行われた。(『京郷新聞』1966年3月10日字、「「伊藤博文暗殺眞犯　安重根ではない」；『東亜日報』1966年3月10日字、1966年3月11日字、「日『文藝春秋』誌に駭怪な手技」).

42　平川綺一、上の論文。ところで安重根伝記類と関連して再考する点を、平川が提示していることに注目する必要がある。つまり、最初の安重根伝記である『近世歴史』を崔書勉が日本外交史料館で最初に発見したと知られている。(『東亜日報』1995年2月13日字、「安重根義士最初伝記発見」)しかし、平川はこの論文に和田香苗から『近世歴史』をもらい、前提したことを記述している。(平川綺一、上の論文、128～134ページ)従って、近世歴史を最初に発掘した人は崔書勉ではなく、和田香苗であることを明らかにする。

43　全日本新聞聯盟、上の本、243～244ページ。

44　平川綺一、上の論文、111～112ページ。

45　上の論文、112ページ。

付けたが、これは拳銃ではなくフランス歩兵銃ではないか。[46] ④ 伊藤が受けた銃弾の射入角度が、三発全部上半身の右から下の方に向かっているが、これは高いところにいた三人がほぼ同時に発射したのではないか。[47] ⑤ 安重根は伊藤の顔を知らずに「背が高く口ひげをはやした人」といったことから、背が高い室田を短身である伊藤と間違って室田を撃ったのではないか。[48] ⑥ 裁判で室田の尋問調書が選ばれなかったのは、政治的意図があるのではないか。[49] ⑦ 現場を撮影したロシア写真師のフィルムを購買してないのは、安重根を犯人として断定するためではないか。[50] ⑧ ハルビンの隣の駅の周りを徘徊していた、騎兵銃を持っていた訝しい朝鮮人3名を捕まえようとすると逃げたという、コーコフツエフの言葉から分かるように、安重根とともにハルビン駅2階で狙撃した3人の韓人ではないか。[51]

　前記の⑧を除いて、上記の平川の主張を分析してみると、第3の狙撃説の虚構性がおのずと証明されるだろう。まず①について考えてみると、次のようである。安重根はひじを狙って撃てば、心臓に当たる可能性が高いという事実が分かっているほど[52]、射撃が極めて達者であった。ある程度しか離れていなかった室田、田中、川上などが、安重根の狙撃を受けたという事実は、近い距離で安重根が自由自在に伊藤を狙撃できるという証拠である。

　②について考えてみると、発射弾数と被弾数が違う可能性は、流弾によって常在するという事だ。伊藤に命中した三発以外に、安重根はさらに三発を発射した。そのうち川上が右腕の貫通傷と右わき腹に擦過傷を負って、森は左腕の中央と左背中に軟部貫通傷を負った[53]。田中は左足のくるぶしの下の

46 上の論文、112〜113ページ。
47 上の論文、113ページ。
48 上と同様。
49 上と同様。
50 上の論文、113〜114ページ。
51 上の論文、114〜115ページ。
52 申雲龍編訳、「安重根第一回訊問調書」、『安重根訊問記録』、17ページ。

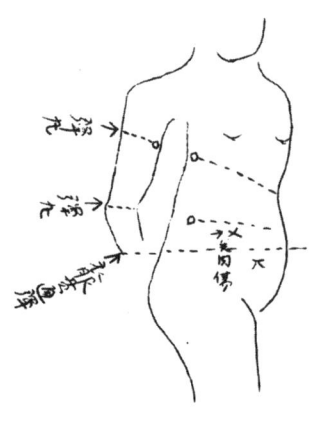

<図1> 室田の「伊藤被弾推定人体図」

方に負傷を負った。このように数人の日本人が、一発の銃弾で一箇所の負傷ではなく、いくつもの銃傷を負った[54]。従って、外套の五つの箇所[55]に穴があいた室田の場合も、十分に流弾による可能性があると考えられる。

　④について考えてみると図1でみるように、射入角度が三発全部上半身の右から下の方に向かっているという日本の研究者たちの主張は信憑性に欠ける。室田が提示した「伊藤被弾推定人体図」(図1)[56]には、三発の中2発が小山善の「伊藤検案図」(図2)[57]と同様にほぼ水平又は下から上に射入されている。

　問題は図1で見るように、室田が伊藤に命中された第1発の弾丸が一番上の部分、すなわち上の腕を貫通し約17度の左ろっ骨の部分[58]に突き刺さったと推測して描いたことにある。仮にこの主張を受け入れ、駅の2階から第3の人物が伊藤を狙撃したと認めたとしても、第2発がほぼ水平に射入された事については、どう説明できるのだろうか。さらに約5度下から上の方向に

53　申雲龍編訳、「小山善鑑定人訊問調書」、『日本人訊問・聴取記録』(未定稿)
54　上と同様。
55　室田義文が提出した自分の被撃図には、4発を撃たれたこととして描かれている。(申雲龍編訳、「室田義文聴取書(I)－室田義文衣服弾丸貫通図」、『日本人訊問・聴取記録』(未定稿)このような点も、彼の主張を信頼できない点である。
56　申雲龍編訳、「室田義文聴取書(I)」。
57　申雲龍編訳、「小山善鑑定人訊問調書」。
58　小山は右の上の腕から打たれた第1弾丸が左の肺に刺されたという検案意見を出した(申雲龍編訳、「小山善鑑定訊問調書」)反面、室田は第一弾が胸部の乳房の下に刺されたと主張した。(田谷広吉・山野辺義智　編纂、上の本、271ページ)また、室田は第一弾が右の肩から胸を通過し左の腎臓に刺されたとも主張している。(室田義文、「伊藤博文公ハルビン驛頭の凶變」、147ページ)このように室田の主張は信頼性に欠ける。

弾道を描いた第3発は、とうてい理解できるものではない。これは「伊藤公の傷痕を調べたら、弾丸3発全部が右肩から下の方に向いていた」という彼自分の主張とは相当異なる部分である。

このように　室田の「伊藤被弾推定人体図」と弾道方向の説明が違う点、室田の「伊藤被弾推定人体図」と小山善の「伊藤検案図」の鑑定[59]に著しく違いがある点、伊藤を撃った3発全部が上から下に射入されたという室田の主張が事実と違うという点で、室田説を基盤にした平川の主張は全面的に信頼できない。

⑤について考えてみると、安重根は「背が低くひげがある老人が一番前を歩いていて、皆が彼に敬礼をするので彼が伊藤だと思った」[60]と言った。安重根は伊藤の外見

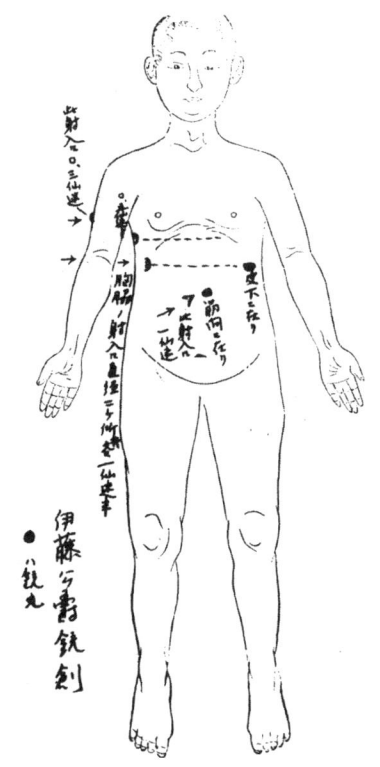

<図2>　小山善の「伊藤検案図」

について写真で熟知していると共に、現場では「前に進んでいる様子」、「独特な服装」、そして「老人」という点などで、伊藤であることを見分ける事ができ

59 申雲龍編訳、「小山善鑑定人訊問調書」。
　　伊藤公創傷ノ程度等
　　　第一,右上膊中央外面ヨリ射入シ第五肋間ヨリ水平方面兩肺ヲ穿通シ左肺ニ留マル胸内出血多シ
　　　第二,右關節後面ノ外側ヨリ射入レ右胸脇第九肋間ヨリ胸膜ヲ穿通シテ左季肋下ニ留マ
　　　第三,右上膊中央ノ外面ヲ擦過シテ上腹中央ニ射入シ腹筋中ニ留マル
　　　致命傷　第一,二ノ創
　　　致死原因,内出血ニ因ル虚脱
　　　胸器種類,透射力ノ甚シカラサルモノ卽チ鋭力ナルピストルノ銃丸ノ如キ
60 申雲龍編訳、「安重根第十回　訊問調書」、『安重根訊問記録』、185ページ。

たはずだ⁶¹。さらに「伊藤の顔を知っているか」というロシア官憲の質問に、安重根が「知っている。背が高く口ひげをはやした人である」⁶²と言った記録は、室田の主張以外は信頼性がある如何なる史料からも見つけることができない⁶³。従って安重根が室田を伊藤として間違って撃つことはないはずだ。もし室田を伊藤と間違ったのなら、室田を先に撃つはずだがそうはしなかった。

⑥について考えてみると、これは日本の近代史をあまりにも平面的に扱う見方という点で問題がある。近代日本の政治勢力の間にある程度の衝突や政治的考えの違いは存在しただろうが、一般的に対外膨張と侵略路線が主な政策であったことは確かな事実である。特に当時の日本の外務省の政務局長倉知の指摘⁶⁴のように、伊藤は少なくとも1909年4月頃からは山縣有朋を中心にする対外強硬派と路線をともにしたことは確かであり、このような背景で大韓帝国の併呑を強行したのである。

従って伊藤が殺害された背景として、山縣などの対外強硬派を指すのは、これを具体的に裏付ける史的根拠が全くないことから没歴史的な態度である。史料の裏づけなしで断言するとすれば、これは歴史学ではなく小説に過ぎないという批判は避けられないだろう。

⑦については日帝が安重根の義挙の場面が写っている確かなフィルムを買い入れてないのは、政治的判断というより現実的に1万ルーブルという莫大な資金をかけて購入する価値がなかったからと思われる。

---

61 申雲龍編訳、「第一の日」、『安重根・禹徳淳・曺道先・劉東夏 公判記録ー 安重根事件公判速記録」、54ページ。

62 室田はこれを根拠に、安重根が自分を伊藤に錯覚して撃ったと主張した。(室田義文、「伊藤博文公ハルピン駅頭の凶變」、上の本、151ページ)。

63 大野も伊藤の顔を知っているかという裁判官の質問に対し、安重根が「知らない。ただ、背が高くひげが生えた人だと聞いた」と言い、室田を伊藤として見間違え撃ったと主張した(大野芳、上の本、366ページ)。また、ここで見るように室田は安重根が伊藤の顔を知っていると主張し、大野は知らないと主張した。この点もまた彼らの主張を信頼できないことである。

64 日本外務省 外交史料館、『朝鮮併合の經緯』(文書番号：N.2.1.0.4-1)

ところでここで安重根が伊藤を狙撃した決定的な証拠である史料があるという点に注目する必要がある。すなわち、1909年11月22日『満州新報』に

藤公遭難活動寫眞

長五千尺稀代の珍品

　伊藤公がハルビン到着の際同所の一露人は偶然にも公の着驛光景を活動寫眞に寫取らんと待ち構え同列車のハルビン着より露国藏相との會見閲兵等の模様に引き續き<u>凶漢安重根が突如として歡迎者の列間より躍出しだ短銃を以公を狙撃し公は從容迫らざる体度の裏に斃れ</u>随員其他の周章停車場の大混亂の實況並びに附添人が公を列車内に運入る迄の精密なる光景を悉く長さ五千尺の写真中に収めたるものなり。これ實に絶代の珍品として各国同業者は相争ふて之が買収に奔走しつつありしが遂に今回東京ジャパンプレシス頼母木氏の手に一万五千圓を以て買収せられ来月十日頃本邦に着する事となりたりといふ
（下線：筆者）[65]

　と記録されている。この記事は恐らく伊藤処断場面が写っているフィルムを見て書いたものであると思われる。何よりこれは伊藤処断場面がフィルムに収められているのを証明するだけでなく、第3の狙撃説が妥当でないことを確認できる史料ということで極めて大きな意味を持っている。そしてこのフィルムは日本ジャパンプレシス社長である頼母木が購入し、1910年2月1日から日本東京国技館で上映されたという事実から見ても[66]、安重根の殺害は当時日本に歴史的事実として知られていたのである。

65　『滿洲新報』1909年11月22日字、「藤公遭難活動寫眞」。
66　『東京朝日新聞』1910年2月2日字、「故伊藤公遭難實寫活動寫眞」。

4. 虚像の一般化とその問題性

　室田説を継承した平川説を積極的に支持しながら、虚像をさらに日本社会に拡大した代表的な人物は作家上垣外憲一、大野芳と歴史学者海野福壽である。

　特に大野と海野は韓国駐車憲兵大将榊原昇造の命令をうけた韓国駐車憲兵隊の憲兵大尉村井因憲が、1909年11月21日から1910年1月2日までハルビンとウラジオストクの密偵を通して入手した、諜報を根拠にして作った「憲期第147号」の復命書に載っている次の内容を、安重根の義挙を否定する核心資料として引用している。

> 　　思フニ逮捕セラレタル者ハ概ネ此類ニシテ眞ノ兇行擔任者ハ安重
> 根ノ成功ト共ニ逃亡シタルモノナランカ今浦汐方面ノ消息ニ通スル者
> ノ云フ處ニ照シ兇行首謀者及兇行ノ任ニ當リタル疑アル者ヲ擧レハ左
> ノ數人ナルヘキカ
> 　一. 崔才亨　二. 李相卨　三. 安重根　四. 嚴仁燮　五. 金泰勳(此名五人
> ハ斷指シテ實行ヲ誓ヒタル 者) 六. 外二名[67]

　彼らは上の内容の中で「凶行担任者」という言葉を、第3の狙撃説の証拠として特に愛用している[68]。

　しかし彼らの論拠はこの資料の意味とその限界、この二つの点を意図的に無視したというところに問題点を抱えている。彼らはいわば「凶行担任者」が義挙を成功させたものと解釈して、義挙当事者が安重根ではないことを強調している。しかし文脈をありのまま見ると「成功したのは安重根であり」、「失

67　国史編纂委員会、「憲機 第一四七號」、『韓国独立運動史』資料7、279ページ。
68　大野芳、上の本、369ページ；海野福壽、上の本、136ページ。

敗して逃げたのは凶行担任者である」ことが分かる。つまりこの資料はむしろ安重根義挙の成功を裏付ける、もうひとつの決定的な史料である。

無論「凶行担任者が逃げた」という記録は虚構に過ぎないが、彼らがこのようにとんでもない解釈をしたのにはそれなりの理由がある。彼らは安重根の義挙を否定する根拠として、ハルビン駅2階から韓人3名がフランス騎馬兵銃で伊藤を撃ったという仮説を単なる諜報に過ぎない、歪曲したこの資料でもって証明しようとする意図からこうした無理を犯したのである。

何よりこの資料は密偵を通して入手した、諜報であったという限界点を看過してはいけないという点で徹底した史料検証が必要である。これは日帝の調査結論ではなく、事件調査のための基礎資料に過ぎないという点でもなおさらである。

これに対する日帝の各系統の調査結論は、次で見るように第3の狙撃説を支持する彼らの主張とはまるっきり違う。すなわち、系統調査目的で1909年11月4日から12月22日まで、旅順に派遣された杉山中尉は復命書を作成し報告した。ここで杉山は「盖シハルビン在留韓人の大部分ハ下等労動者二属シ今次ノ兇行事件二干係セル者一人モ存在セサルモノ如シト」[69]と、伊藤処断が安重根の単独行動であることを認めた。

このような杉山の認識は「而シテ下官ノ愚見ヲ述ンニ安ノ取調進行ニ従ヒ本國又ハ浦鹽等ニ連類者ナク全ク彼ノ單獨行爲ナルカ如キ傾向アルニ至リタルハ世人ノ期待スル處ニ合セス或ハ閣下ニ於テモ御不満足ナルヘキハ誠ニ遺憾ナリトス」[70]と述べた総督府から派遣された境喜明警視の報告書からも分かる。また関東憲兵大将も同様の判断を出した[71]。

これを基に日本外務省から派遣された最高位層の官僚である、倉知鉄吉

---

69 国史編纂委員会、「憲機 第二六二四號」、上の本、236ページ。
70 国史編纂委員会、「電報」、上の本、445ページ。
71 国史編纂委員会、「憲機 第二一六六號」、上の本、352ページ。

政務局長は次のように最終結論を下した。

　　　　十九、二十日ノ兩日二亘リ一應殘餘ノ嫌疑者全部ノ訊問ヲナシタ

　　　ルモ別二得ル所ナシ今日迄ノ訊問ノ結果ヲ綜合スレハ　安.禹.曹.柳四

　　　人ノ外ハ凶行事件トノ關係極メテ薄キカ又ハ全然關係ナキカ如ク安

　　　及　禹ノ本件　主動者タルハ最早明ナリト[72]

　このような倉知の結論は、第3の狙撃説が虚構的論理であることを、明ら
かにする決定的な証拠であるということは言うまでもない。

　「憲期第147号」と共に第3の狙撃説を主張する論者たちがもうひとつの異な
る根拠として打ち出しているのは、室田が田村検事に出した「伊藤被弾推定
人体図」と、日本研究者たちが伊藤の体から出てきたと主張する「弾丸」[73]で
ある[74]。室田の主張を歪曲しながらも、彼らは安重根ではなく朝鮮人三人が
フランス騎馬銃で、ハルビン駅2階から下に向け伊藤を撃ったという間違っ
た仮説を立証するために、室田が1909年10月27日大連で侍医の小山が伊藤
の死体を検案したとき参観したと[75]強調した。また、彼らは室田がその時の
記憶で「伊藤被弾推定人体図」(図1)を作成し、伊藤の体から抜いたと主張す
る弾丸を根拠に伊藤を撃った狙撃者の銃がフランス騎馬銃だと強弁した[76]。

　しかし大連で行われた小山の検案に室田が参与したという客観的な証拠は

---

72 国史編纂委員会、「憲機 第二一六六號」、上の本、352ページ。

73 海野福寿、上の本、135ページ。大野は安重根の銃はベルギーのクンスト社が制作した、口
　　径7.62ミリのFNブローニングモデル1900である可能性が高く、また1906年9月8日ウラジオス
　　トックのクンストアルベス社に売れたという事実を明らかにした。その後、ウラジオストック
　　のクンストアルベス社から売れたことに見える。勿論、彼は弾丸も同じ種類の銃から、発射
　　されたものだと主張した。(大野芳、上の本、365～367ページ)。

74 海野福寿、上の本、134～135ページ。

75 大野芳、上の本、367ページ；海野福寿、上の本、138ページ；上垣外憲一、上の本、15
　　ページ。

76 海野福寿、上の本、135ページ。

どこにもない[77]。さらに1890年10月6日に公布された日本刑事訴訟法第3章7節第135条によれば次のように明示されている。

> 豫審判事ハ犯罪ノ性質方法及ヒ結果ヲ公明ナラシムル為メ鑑定ヲ必要ナリトスルトキムハ學術、職業二因リ鑑定スルコトヲ得ヘキ者一名又ハ數名ヲシテ鑑定ヲ為サシム可シ。鑑定ノ為メ必要ナリトスルトキハ死體ノ解剖ヲ命シ又既二埋葬シタル死體ヲ解剖シ若久ハ檢視スル為メ墳墓ノ發掘ヲ命スルコトヲ得

　ここで日本の法で死体の鑑定ができる資格が、学術と職業(医師)として厳しく制限されていることが分かる。いわば死体鑑定は予審判事の監督の下で、厳格に資格がある制限された人だけが可能であるという意味である。
　それだけでなく、"證人鑑定人又ハ通事僞證ノ罪ヲ犯シタルモノト思料シタルトキハ法院又ハ民政署長ハ拘引狀ヲ發シ豫審判官二送致シ又ハ直二裁判ヲ為スコトヲ得"という1908年9月22日に公布された関東州裁判事務取り扱い(勅令213号)第47条を見ても、鑑定人には法的責任が伴うことが分かる。従って死体を鑑定する資格がない室田の鑑定参加は、日本の法によって厳しく制限されるしかない。
　さらに検案はロシアの所管で、日本人が伊藤の死体を勝手に処理することはできなかった。従って小山侍医はロシア側の許可をもらわなければならず、ロシア側に裁判のため伊藤の死体を解剖しないように頼まなければならなかっ

77　室田は"医者(筆者：小山)が上着のボタンを脱がせて創傷を見回した時、すでに致命傷であることを一度見て明瞭になった。"と陳述した。(申雲流編訳、「室田義文聴取書(Ⅱ)」。従って、義挙直後ハルピン駅の特別列車の中で小山が治療のため創傷を見回した時、室田も見たことは事実だと考えられる。彼は専門的な知識を持った小山のような精密し公信力がある「伊藤検案図」を作成できなかったため、自分の主張と「伊藤被弾推定人体図」の間に矛盾が生まれたのである。

た[78]。

　また、彼らが摘出したと主張する弾丸は、ロシア側の剖検要求を断ったところ[79]でも「公爵ノハ其ママ身體ニ三個殘留シテ居リマス」[80]といった小山の陳述でも分かるように、伊藤の体の中に残しておいたことは確かである。従って、室田が伊藤の死体の検視に参加したことが、弾丸を摘出したという日本人の主張は全く成り立ち得ない憶測だというしかない。

　さらに彼らは室田が出した「伊藤被弾推定人体図」と仮説を根拠に弾道の角度が、上から下に向いたという主張を曲げなかった。彼らはこの事を裏付けるために[81]、安重根の狙撃で、弾丸が水平に伊藤の体に刺さった事実を描いた小山の「伊藤検案図」の正確性を否定しながら、伊藤の上着の後ろの穴を弾丸が通過した痕跡とする日本法医学者の論文[82]を、第3の狙撃者が駅の2階で撃った証拠として強調し第3の狙撃説が正しいと確定的に断定した。

　しかし何よりも室田彼自身が1909年12月16日東京地方裁判所検察局に出頭し弾丸と関連してこのように陳述した。

　　私ハ駈付ケ其身體ヲ支ヘルヤ拳銃ダカラ大丈夫ダシツカリナサイ
　　(經驗ニ依レバ拳銃ノ彈丸ハ容易ク目的通リニ中ルコト稀ナルニ依ル)
　　ト申シ勵シタル(下線：筆者)[83]

　これは第3の狙撃説が決定的に虚構であることを証明するものだと言う点で大きな意味を持っている。1938年の主張と異なり室田は1909年の陳述で、伊

78　申雲龍編訳、「調書(訳文)証人訊問(ウラジムルニコライウイチコーコフツエフ)」、『ロシア官
　　憲取調文書』、8～9ページ。
79　申雲龍編訳、上の本、9ページ。
80　申雲龍編訳、「小山善鑑定人訊問調書」、『日本人訊問・聴取記録』(未定稿)
81　海野福壽, 上の本、136ページ。
82　木村孝子、増本寛、上の論文。
83　木村孝子、増本寛、上の論文。

藤を狙撃した銃がフランス騎馬銃ではなく「拳銃」だと言ったのである。従って伊藤狙撃に使われた武器がフランス騎馬銃だという室田の主張は、第3の狙撃説を合理化するための事実の歪曲と捉えるしかない。

　ところで、大野は「弾丸を調べれば全て13発の騎馬銃用」と言った室田の主張により[84]田中が撃たれた弾丸が、フランス騎馬銃から発射されたものなら、第3の狙撃説は確定的だという期待からその出所と種類を調べた[85]。しかし彼の期待とは正反対に、安重根の拳銃から発射された弾丸だという結果がでた。これはむしろ第3の狙撃説の虚構性を明らかにする確かな物証であると言える。従って十字が刻み付けてある弾丸を根拠に、伊藤に命中した弾丸がフランス騎馬銃から発射されたものだと強調する日本研究者たちの論理は、事実と欠け離れた主張である。

　第3の狙撃説を証明するため前記で見たように、第3の狙撃者が朝鮮人3人という成立しない仮説の上に大野は室田が『室田義文翁談』で「昨夜も、騎馬銃をもつた怪しげな朝鮮人が三人隣のステーションである」とコーコフツエフが言ったという内容の中で「隣のステーション」を巧妙に解釈している[86]。彼の主張に従うと「近くにある駅」はハルビン駅である[87]。しかし室田が直接書いた『伊藤博文公ハルピン駅頭の凶変』には「昨夜騎馬銃を持って朝鮮人が三人ステーションの附近に徘徊して居りましたので」[88]となっている。このように室田の主張には矛盾がある。したがって近くにある駅を、ハルビンとして断定するのには無理がある。

84　室田義文,「伊藤博文公ハルピン驛頭の凶變」, 151ページ。
85　大野芳、上の本、373～377ページ。
86　大野はコーコフツエフが言ったハルピンの隣のステーションが、蔡家溝駅ではないと主張した。(大野芳、上の本、363～367ページ)しかし、室田の主張の矛盾とコーコフツエフが、そういうことを言ったという確定的な証拠はないという事実から、架空された主張としてしか考えられない。
87　大野芳、上の本、363～367ページ。
88　室田義文、「伊藤博文公ハルピン驛頭の凶變」、上の本、149ページ。

このような事実であるにもかかわらず、史的根拠が全くない第3の狙撃説を裏付けるために、彼らはより果敢に仮説を動員した。それは右翼強硬派が主導して、政敵伊藤を殺害したという陰謀説である。

　この陰謀説は露日関係の悪化を憂慮した反伊藤勢力の圧力で、第3の狙撃説を継続して主張できず、したがって調査も十分に行わなかったというところから出発する[89]。しかしこのような主張は全く事実と合致しない。なぜなら26日ハルビン駅に入場する日本人に切符を配る方法で警戒を強めようと言うロシア側の建議を、川上総領事が断ったこと[90]から分かるように、まさに日帝が安重根の義挙が成功する原因を提供したからである。そのため日帝はロシア側に安重根の義挙責任を、具体的に問うことができなかった。仮に第3の狙撃説を受け入れて調査をしたとしても、露日関係に影響を及ぼす可能性は全くなかった。

　上垣外憲一は伊藤を射殺した勢力は、山縣を中心にした対外強硬論者である玄洋社の杉山武丸が、政敵であり穏健な「平和主義者」である伊藤の暗殺計画を立て、韓国駐車軍参謀長明石元二郎が実行を引き受け、間島統監府派出所の憲兵補助員または巡査にそそのかしたとしながら、これは「国家権力犯罪」とまで過激に主張した[91]。

---

89 大野芳、上の本、336ページ；海野福寿、上の本、136ページ。大野芳などは事件当時から、室田の第3の狙撃説が露日関係を意識した、強硬派により遮断され調査も十分行われなかったと主張している。しかし、室田説を否定する森宮内大臣秘書官の陳述(申雲龍編訳、「森泰二郎聴取書」)"公爵來着ノ時間迫リタル時ブラトホーム又ハ待合室ノ内外ニ何カ樣子ノ変ツタ事ハナ　カッタ"という新聞記録(申雲流編訳、「(古澤幸吉　證人　訊問調書』『日本人訊問、聴取記録』)、"停車場及飲食店ハ閉館セラレタル"というロシア官憲の陳述　(申雲流編訳、「訊問調書(ニコライ　カルロ―ウイイチ　クナツプ)」、『ロシア官憲取調文書』、22ページ)、"安重根　以外　第三者ガ　驛內ヘ入ラナカッタ"というロシアの調査結果 (申雲流編訳、「取調諸(シモン、シモノウイチ、バクラ―ゼ 等)、『ロシア官憲取調文書』、30～33ページ) 等から第3の狙撃説は事実とは異なる作りごとである。

90 申雲龍編訳、「訊問調書(エウゲエウゲニ―ロシリエウイチダニエリ)」、『ロシア官憲取調調書』、19～20ページ。

91 垣外憲一、上の本、203～207ページ。

大野芳は上垣外憲一の主張に同調しながらも、新たに杉山と後藤新平の合作説を提起した。後藤がコーコフツエフをハルビンに誘引し[92]、杉山又は彼の部下が、日本と関係があるという崔鳳俊に、伊藤の訪問日程を知らせて運動費と報酬も与えた可能性を強調した[93]。ここから一歩進んで彼は安重根が挙事資金を借りた李石山[94]も架空の人物であるとも主張した[95]。

　その上、大野は日帝とつながった崔鳳俊、金秉學などが伊藤処断計画と、その実行者救援と報酬の支給などを起案[96]し安重根と、他の別同部隊を組織してハルビンに送ったという仮説を立てた。安重根は伊藤を殺せず、結局フランス騎馬銃で武装した別動隊がハルビン駅の２階から下の方に銃を撃ち、伊藤を処断することに成功したというのである。そしてこのような事実が発覚すると、日露関係が危機に瀕すると考え、崔鳳俊一派が伊藤を処断した事実がもれることを防ぐ為、この事実を知っている楊成春を殺すしかなかったと主張したのである[97]。

92　これは事実とは異なる。コーコフツエフの極東訪問の経緯は「申雲龍、安重根義挙の国際政治的背景に関する研究」、『安重根と韓国近代史』参考。

93　大野芳、上の本、385,394ページ。しかし、このごろ崔鳳俊は、義兵闘争に反対する立場を取った。(国史編纂委員会、「極秘送發　第三五號」、『韓国独立運動史』資料15、160〜161ページ)この点を考慮すると、全く根拠がない主張である。

94　李石山が実存人物であることは確かである。(申雲龍、「安重根義挙と大東共報社の関係に対する再検討」、『韓国史研究』150、韓国史研究会、2010、186ページ)。

95　大野芳、上の本、391ページ。

96　これに対して安重根は次のように主張している。"今回ノ兇行ヲ遂行セバ本國ノ或ル向キヨリ多額ノ報酬金ヲ出スヘシト約束シタル者アルベシトノコトナルモ決シテ然ル條理アル可キ筈ナシ自分ノ家ハ元黄海道一番ノ富者ナリト人ニモ云ハレタル者ニシテ自分ノ父ハ六人兄弟ニシテ自分ノ従兄弟　十二人モアルナリ此ノ財産ハ骨肉ヲ捨テテ國家ニ盡サントスル多數者ノ認ムル處ナリ自分ヲシテ金ノ爲メニ動キシト云フ者ハ自分ヲ誣ヒルモノナリ若シ金ノ爲ナリトセバ既ニ受取リタル上ナラバイサ知ラズ未來ヲ約シテ何ノ甲斐アル可キ六穴ノ煙ト共ニ其場ニ消ヘント決心セシ者ノ金錢財貨何ノ必要モナシ"(申雲龍編訳、「安重根第7回共述」、『安重根・禹德淳・曹道先・劉東夏など供述記録』(未定稿)；国史編纂委員会、「境　警視の訊問に対する安應七の供述(第七回)」、『韓国独立運動史』資料7、428ページ)。

97　大野芳、上の本、394ページ。楊成春被殺の実状は朴杰淳、「沿海州韓人社会の葛藤と鄭淳萬の被殺」、『韓国独立運動史研究』34、独立記念館韓国独立運動史研究所、2009参考。

結果的に別動隊が成功し、失敗した安重根は報酬金の支給と死後処理の約束をとりつけ、全ての責任を一人で負ったという結論を下した。無論これは歴史的根拠を背景にしたのではなく、大野の想像に基づいた空想小説に過ぎない虚構である。

　ところでこの問題の深刻性は、日本の代表的な近代日本史学者とも言える海野福寿が、彼の著書『伊藤博文と韓国併呑』で大野の主張を恰も事実のように記述していることである[98]。しかしこの様な主張は、伊藤研究の代表的学者である伊藤之雄の批判を受ける程度である[99]。

　このように海野は大野の主張を鵜呑みにし、安重根の義挙の歴史的事実と真実を歪曲しながら、伊藤博文を「平和主義者」と強調している。さらに、彼はそのように偉大な平和主義者伊藤を殺そうとした安重根は、天下にぬぐうことの出来ない罪を犯したし、義挙でさえもなかったと主張している。彼は伊藤の死を室田の「真実」を意図的に隠した右翼勢力の「国家犯罪」という小説のような結論を下したのである[100]。

5. おわりに

　以上から筆者は日本で行われている安重根義挙と、それに対する軽視を超え、韓国史を蔑視する植民史観に対して学問的に批判することを、この論文の目的にした。そして筆者はいわゆる第3の狙撃説の起源、論理、拡散様相と、その虚構性を具体的に調べた上、次のような結論に行き着いた。

　第3の狙撃説の起源は室田に遡る。室田は1909年11月の陳述で、伊藤を狙

---

98 海野福寿、上の本、118〜157ページ。
99 伊藤之雄、『伊藤博文－近代日本を創った男－』、講談社、2010、571〜572ページ。
100 海野福寿、上の本、144ページ。

撃した人が安重根ではない第3者である可能性を提起したが、当時日露両国の人士たちが、安重根の義挙を目撃した事実を証言した。特に森泰二郎宮内大臣秘書官が、室田説を否定した。これ以外に新聞記事と義挙フィルム上映などでも室田説の虚構性が露わになった。したがって調査担当者だけでなく溝淵検察官と日帝裁判部は、第3の狙撃説を安重根の義挙とは全く関係の無い事として結論を出したのである。

その後、義挙29年後である1939年に室田は再びこの問題を『室田義文翁談』を通して提起したが、このとき提起された主張は、狙撃位置と方向、参加人数、伊藤の傷痕に対する説明などで1909年11月の陳述とは全く違う様相を見せている。

室田はコーコフツエフが「騎馬銃で武装した朝鮮人が近くにある駅を徘徊していた」と主張したとしながら、「伊藤は安重根の銃ではなく駅2階から下の方に撃った3発のフランス騎馬銃弾に撃たれた」という虚偽事実を加え、1909年の主張をさらに強めた。この問題が再び水面上に浮き上がって来たのは、1960年木村・松本の論文に続いて1966年『文芸春秋』の報道と平川の論文が発表されてからである。しかしこれは、当時あまり注目を浴びなかったと思われる。以後1971年に全日本新聞連盟が室田説を紹介したこともある。

第3の狙撃説が本格的に現れたのは、2000年に入ってからである。伊藤の死後100年を9年前に控えた2000年に第3の狙撃説を支持する日本の研究者たちが、上垣外憲一が「伊藤の死亡が強硬派の作品だ」と強調した陰謀説を付け加えて、室田説を再び持ち出した。続いて2003年には大野が第3の狙撃説を集中的に目立たせた。これは専門的な歴史家ではない興味本意の文章を書く作家たちが主導した。しかし2004年日帝の韓国併呑研究に名声のある海野[101]が彼らの主張を支持をし、第3の狙撃説は新たな次元へと進んでいっ

---

101 海野は国内の植民地近代化論者たちと深い関係があることを自ら告白している(海野福寿/チョン・ゼジョン翻訳『韓国併合史研究』、논형、2008、492ページ。)この点で実証学史学を

た。

　しかしフランス騎馬銃を持った3名の朝鮮人(韓人)が伊藤を狙撃したという第3の狙撃説は、室田が殺害場面を見てないという点、調査を受けたロシア人と日本人の中で、ただ室田だけが銃声が聞こえた地点をハルビン駅2階だと強調した点、コーコフツエフの言及が記録されたいずれの史料からも室田の主張が発見されていない点、1909年11月20日の陳述と異なり1939年に刊行された『室田義文翁談』に狙撃場所が「駅2階」に、使われた武器がフランス騎馬銃で、弾道の方向が「三発全部下の方向」に内容の変化があるという点、コーコフツエフが 「犯人は安重根という朝鮮人です」と言ったことからも安重根義挙事実を確認できる点、室田の弾道の方向説明と室田の「伊藤被弾推定人体図」が一致しないという点、日帝の全ての公式記録が第3者の狙撃論を否定している点などから、何らかの目的を持って意図的に捏造されたものだと考えられる。

　このように第3者の狙撃説を主張する日本人たちは史料の恣意的解釈、室田説を立て直す史料に対して、意図的に顔を背けること、室田説に対する批判的接近の欠如などで、論理自体の誤謬を犯したのである。さらに彼らは「歴史書」というより「小説」に近い作文に邁進した結果、伊藤を「平和主義者」として変貌させてしまった。

　結論的に韓国蔑視観念と学問的素養の足りなさが生み出した第3の狙撃説は、過去史を美化し崇めようとする日本の現実と歴史研究の傾向性と深い関係の中で加工され、拡大再生産されたものだと言える。

唱える彼が史的根拠が希薄な第3の狙撃説を支持する背景を理解できる。このような海野をまさか良心的な学者として紹介していることが国内の現実である(海野福寿/ヨン・チョンウン翻訳、『日本の良心が見た韓国併合』、새길、1995。

3부

유해발굴의 전망과 안중근의 군인관

안중근유해의 조사·발굴 현황과 전망

1. 들어가는 말

올해는 안중근 순국 100주년이 되는 해이다. 안중근은 1910년 3월 11일 "인생이 있는 이상 죽음 또한 면치 못하는 바이라. 교자(敎子)는 먼저 성단에 오르니 교우의 힘에 의해 한국독립의 길보를 가져다주기를 기다릴 뿐."[1]이 라는 유언을 남겼다. 많은 독립운동가들이 이를 받들어 독립투쟁에 온몸을 바쳤다. 이처럼 그는 항일전쟁기 동안 한국독립운동의 사상적 기둥이었고,[2] 해방 이후에는 한국 민주화운동세력의 정신적 지주였다.[3] 그의 동양평화론

---

1 국사편찬위원회, 「보고서」, 『한국독립운동사』 자료 7, 1977, 539쪽.
2 신운용, 「안중근의거에 대한 국외 한인사회의 인식과 반응」, 『안중근과 한국근대사』(안중근의 사기념사업회 안중근연구소 편), 채륜, 2009 참조.
3 천주교정의구현사제단, 『한국 천주교회의 위상―'70년대 정의구현활동에 대한 종합적 평가』, 1985, 19~20쪽.

은 아시아의 항구적 평화체제 구축 이론으로 오늘날에도 작동되고 있다는[4]
면에서 또한 뜻깊다.

안중근은 죽는 그 순간까지도 "동양평화 삼창을 간절히 바랐다."[5]라는 기
록에서 보듯이 그는 '한국 독립과 동양 평화의 유지'를 의무이자 천명이라고
여겼다.[6] 이는 그의 실존적 존재이유였다. 천명을 구체적으로 실천하였기
때문에 이제 하늘로 돌아갈 일만 남았다. 그러므로 항소는 그에게 별 의미
가 없던 것이었다. 오히려 그는 한국독립투쟁의 사상적 버팀목이자 동력을
죽음으로써 한국의 근대사에 제공하였던 것이다.

그는 3월 11일 빌렘신부·두 동생 정근 공근과 면회를 하였을 때 정근에
게 한국이 독립하기 전에는 자신의 유해를 반장하지 말고 하얼빈에 묻어달
라고 유언하였다.[7] 이러한 그의 유언은 자신의 주검이 독립운동의 불씨가
되기를 바랐기 때문인 것으로 보인다.

그러나 안중근의 죽음으로 모든 문제가 끝난 것이 아니라고 여긴 일제는
그의 유언에 따라 유해를 하얼빈 공원묘지에 묻었다가는 감당할 수 없는 사
태가 유발되는 것은 물론이고, 한인들이 그의 묘비와 기념비를 세운다면,
이는 국외 한인들의 독립운동 성지가 되리라는 것을 너무나 잘 알고 있었
다.[8] 때문에 일제는 자국법마저 어기면서까지 동생들에게 유해를 인도하지
않았던 것이다.

---

4 신운용, 「안중근의 '동양평화론'과 '이토 히로부미의 극동평화론'」, 『안중근과 한국근대사』 참
   조.
5 국사편찬위원회, 「安重根 死刑執行狀況 報告件」, 『통감부문서』 7, 1999, 414쪽.
6 신운용, 「안중근의거의 사상적 배경」, 『안중근과 한국근대사』, 채륜, 2009 참조.
7 국사편찬위원회, 「電報」, 『한국독립운동사』 자료 7, 539쪽. 또한 안중근의 유언은 다음과 같
   이 『대한매일신보』 1910년 3월 23일자, 「안씨집힝긔한」에서도 볼 수 있다.
   안중근씨의 스형집힝은 본월이십륙일에 힝흐기로 결뎡흐엿다는디 안씨가 유언흐기를 한국이
   독립흐기젼에는 그 힝골을 고국에 장스하지말고 합이빈에 장스흐러흐고 안씨의 모친은 그 고
   향신쳔으로 장스흐기를 원흐는디 쏘다른 사름의 권고를 인흐야 려슌구에 장스홀지도 알지못
   흐겟다더라.
8 국가보훈처, 「기밀 제14호」, 『아주제일의협 안중근』 3, 1995, 690쪽.

한국독립투쟁의 사상적 에너지로 작용하였던 안중근에 대한 한국인의 존경심은 그의 유해를 찾아 국내로 옮겨야 한다는 열망으로 표출되어 오늘날까지 이어지고 있다. 하지만 유해의 위치에 대한 가설이 난무하는 현재의 상황은 유해발굴을 더욱 어렵게 만들고 있다. 이는 적절히 대응하지 못한 관계기관과 연구의 부재에 그 원인이 있는 것으로 보인다.

이에 필자는 일제의 안중근유해 매장의 불법성을 밝히고 나서 유해 조사・발굴 과정과 봉환운동을 집중적으로 조명해 보려고 한다. 그리고 현재까지 거론되고 있는 묘지의 위치에 대한 여러 가지 가설을 소개하고 그 의미와 문제점을 분석하려고 한다. 아울러 안중근 묘지 조사・발굴현황과 향후 전망 및 방안에 대해 살펴보려고 한다.

2. 일제의 불법적인 유해매장

안중근사형에 대한 여순지방법원 검사 미조부치의 품신에 대해 관동도독부 도독의 명령서가 22일에 도착하였다. 그 명령서는 25일 안중근 사형을 집행하라는 것이었다.[9] 특히 여기에서 안중근의 사형이 당초 25일에서 하루가 연기된 26일에 집행되었다는 데 주목할 필요가 있다. 그 이유는 순종의 생일인 25일에 사형을 집행하면 한국인에게 악감정을 줄 우려가 있었기 때문이었다. 그래서 민정장관이 관동도독부 도독과 상의한 결과, 관동도독부는 26일 사형을 집행하고 여순에 매장하기로 결정하였던 것이다.[10] 여기에서 일본당국이 복수를 위해 이토가 죽은 날인 26일에 맞추어 안중근 사형을 3월 26일로 정하였다는 주장[11]은 전혀 사실이 아님을 알 수 있다.

---

9 국사편찬위원회, 「安重根 死刑執行狀況 報告件」, 『통감부문서』 7, 413쪽.
10 국사편찬위원회, 「來電 第一一四號」, 『통감부문서』 7, 413쪽.
11 齋藤充功, 『伊藤博文を撃った男』, 中公文庫, 1994, 143쪽; 최석우, 「安重根의 義擧와 教會

결국 안중근은 1910년 3월 26일 오전 10시 여순감옥[12]에서 불법적인 사형이 집행되어 10시 4분에 숨을 거두었다. 안중근 통역을 맡은 소노키 스에키(園木末喜)는 그 마지막 모습을 다음과 같이 기록하고 있다.

살인 피고인 안중근에 대한 사형은 26일 오전 10시 감옥 내 형장에서 집행되었다. 그 상황은 다음과 같다.

오전 10시 미조부치(溝淵) 검찰관·구리하라(栗園) 전옥 및 소관 등이 형장 검시실에 착석과 동시에 안을 끌어내어 사형집행의 뜻을 알리고 유언이 있느냐고 질문하였다. 안은 달리 유언할 것이 없으나 원래 자기의 흉행이야 말로 오로지 동양의 평화를 도모하려는 성의에서 나온 것이므로 바라건대 오늘 여기에 온 일본관헌 제위도 다행히 나의 미충(微衷)함을 알아주고, 너나 구별이 없이 합심협력하여 동양의 평화를 꾀하기를 절망할 뿐이라고 하고 또 이 기회에 동양평화만세 삼창을

의 反應」, 『교회사연구』 9, 1994, 108쪽.
12 여순감옥의 연혁은 다음과 같다.
　1904년 일제의 노일전쟁승리 후 관동도독부 설치함.
　1906년 7월 러시아가 관리하던 여순 감옥의 증축을 결정함.
　1906년 10월 8일 관동도독부감옥서로 출발함.
　　츠루가쵸(敦賀町)에 있던 러시아 감옥을 수리하여 임시로 사용하기로 결정하여 12월 수용인원 200명의 임시감옥이 준공됨.
　1907년 해빙기에 증축하기로 결정하여 11월 현재 감옥의 반을 완공함.
　1908년 10월 30일 칙령 제274호로 관동도독부감옥서로 명명됨.
　1916년 보통옥사와 격리옥사를 신축함.
　1920년 관동청감옥으로 개칭함.
　1921년 공장 2동, 감옥 부속검사실을 개축함.
　1923년 취사장, 창고 1동을 신축함.
　　총 부지면적 7,900여 평, 건물 총평수 2,126평, 연와공장 6,400여 평, 감옥주변 야채경작지 1,100여 평.
　1926년 관동청형무소로 개칭함.
　1934년 관동형무소로 개칭함.
　1939년 여순형무소로 개칭함.

하고자 하니 특별히 허가하기 바란다고 신청하였다. 그러나 전옥은 그 것은 들어줄 수 없는 일이라고 하고 간수를 시켜 곧 백지와 백포로 그 눈을 가리게 하고 특별히 기도를 허가하였다. 안은 약 2분간여의 묵도를 올리고 이윽고 두 사람의 간수가 부축하여 계단에서 교수대에 올라가 조용히 형 집행을 받았다. 때는 10시 4분이며 10시 15분에 감옥의 (監獄醫)는 주검을 검사하고 절명하였다고 보고하였다. 이에 드디어 집행을 끝내고 일동 퇴장하였다.

10시 20분 안의 주검을 특별히 감옥서에서 만든 침관에 넣고 백포를 덮어 교회당으로 운구하였다. 이윽고 그의 공범자인 우덕순·조도선·유동하 세 사람을 끌어내어 특별히 예배를 올리게 하고 오후 1시 감옥서 묘지에 매장하였다.

이날 안의 복장은 어젯밤 고향에서 도착한 한복(상의는 백무지이며 바지는 흑색)을 입히고 품속에 성화를 넣었다. 그 태도는 매우 침착하여 안색과 말하는 모습에 이르기까지 일상과 조금도 다름이 없었고 종용자약(從容自若)하게 깨끗이 그 죽음으로 나아갔다.[13]

이처럼 안중근은 마지막까지 동양평화를 염원하면서 장엄하게 생을 마무리하였다. 동양평화는 그에게 종교성이 반영된 천명이었고, 삶의 목적이었다. 이러한 의미에서 천국행을 확신한 그는 죽음을 두려워하지 않고 즐겁게 맞이할 수 있었던 것이다.

안중근의 죽음은 일제에 또 다른 의미의 두려움이었다. 일제는 안중근의 주검으로 초래될 후폭풍을 의식하지 않을 수가 없었다. 이는 구체적으로 하얼빈 총영사대리 오오노 모리에(大野守衛)가 안중근 사후 하얼빈 한인들이 장려한 묘비와 기념비를 건립하여 한인들의 숭배와 존경의 중심으로 삼으

---

13 국사편찬위원회, 「安重根 死刑執行狀況 報告件」, 『통감부문서』 7, 413~414쪽.

려 하고 있다고 하면서 고무라 쥬타로(小村壽太郎) 외상에게 보낸 다음과 같은 기록에서 확연히 드러난다.

> 사형수의 사체 처분 방법은 물론 소정의 수속이 있어야 할 것으로 생각된다. 만약 위의 사형수의 사체가 유족 등의 손에 인도됨에 있어서는 혹 조심하지 않는다면 위의 계획이 실현될 수 없음을 보장하기 어렵다. 장래를 위해 좋지 않을 것으로 생각되므로 마땅히 주의해야 한다.[14]

이와 같이 그의 유언에 따라 한인들이 유해를 하얼빈 공원묘지에 묻고 그의 묘비와 기념비를 세운다면 하얼빈은 국외 한인들의 독립운동 성지가 되리라는 것을 일제는 간파하고 있었다.[15] 그 때문에 일제는 자국의 법률마저 어겨가면서 동생들에게 유해를 인도하지 않았던 것이다.[16]

그런데 일제의 감옥법 제74조에는 "시체와 유해의 교부에 대해 사망자의 친척 또는 친구가 요청할 경우 언제라도 교부할 수 있고, 단 합장 후에는 이에 한하지 않는다."라고 되어 있다.[17] 이러한 규정에 따라 안중근의 두 동

---

14 일본 외교사료관, 「機密 第十四號」, 『伊藤公爵遭難ノ際倉知政務局長旅順ヘ出張並ニ犯人訊問之件』 第3卷(문서번호 : 4.2.5, 245-1).

15 국가보훈처, 「기밀 제14호」, 『아주제일의협 안중근』 3, 690쪽.

16 『滿洲日日新聞』 1910年 3月 26日字, 「最後の面會」.

17 일제의 감옥법 중 사형, 유해 인도 등에 대한 중요한 규정은 다음과 같다.

감옥법 1908년 3월 28일 공포, 법률 제28호

　　　　1908년 10월 1일 시행

제13장

　사망

제71조 사형 집행은 감옥내의 형장에서 이를 행한다.

　② 대제축일(大祭祝日), 1월 1일 · 2일 및 12월 31일에는 사형을 집행하지 않는다.

제72조 사형을 집행할 때는 교수(絞首) 후 사상(死相)을 검사하고 또한 5분을 지나지 않으면 교승(絞繩)을 풀 수 없다.

제73조 재감자가 사망했을 때는 이를 가장(假葬)한다.

　② 사체는 필요하다고 인정될 때는 이를 화장할 수 있다.

생은 당연히 그의 주검을 인도받을 것이라고 여기고서 3월 26일 오후 1시 감옥서로 가서 형의 주검을 넘겨줄 것을 요구하였다.

그러나 일제는 법률상의 문제보다는 '공안상'의 이유를 들어 유해를 인도하지 않고 감옥묘지에 매장하였던 것이다.[18] 이처럼 일제는 자국의 법률을 어겨가면서까지 정치적 판단을 내려 안중근의 주검을 여순감옥의 묘지에 매장하는 불법을 자행하였던 것이다. 이에 대해 다음의 기록에서 보듯이 정

---

③ 사체는 또는 유골은 가장(假葬) 후 2년을 경과하면 이를 합장할 수 있다.

반대 의사를 표시했을 때는 전항의 처분을 할 수 없다.

제74조 사망자의 친족 고구(故舊)로 사체 또는 유골을 청하는 자가 있을 경우에는 언제라도 이를 교부할 수 있다. 단, 합장 후는 이에 한하지 않는다.

제75조 수형자의 사체는 명령이 정하는 바에 따라 해부를 위해 병원, 학교 또는 기타의 공무소에 이를 교부할 수 있다.

감옥법시행규칙

제177조 재감자가 사망했을 때는 소장은 그 시체를 검시해야한다.

② 병사했을 경우에는 감옥의 의사는 그 병명, 병력, 사인 및 사망 연월일시를 사망장(死亡帳)에 기재하여 이에 서명해야 한다.

③ 자살 기타의 변사의 경우에 있어서는 그 상황(旨)을 검찰관 및 경찰서에 통보하고 검시를 받고 검시자 및 입회자의 관씨명(官氏名) 및 검시의 결과를 사망장에 기재해야 한다.

제178조 사망자의 병명, 사인 및 사망 연월일시는 속히 이를 사망자의 친족에게 통보해야 하고 사망자가 형사피고인 또는 감치(監置)에 처해진 자인 경우에는 검찰관 또는 재판장에게 통고해야 한다.

제179조 수형자의 시체는 사망 후 24시간을 경과하여 교부를 청하는 자가 없을 경우에 한하여 해부를 위해 법무대신이 지정한 병원, 학교 또는 공무소에 이를 교부할 수 있다.

② 사망 후 24시간을 경과하여 교부를 청하는 자가 없을 경우라고 할지라도 나중에 교부를 청할 자가 있는 것으로 여길 때 또는 그 생전에 해부를 인정하지 않겠다는 의사를 표시했을 때는 전항의 처분을 할 수 없다.

제180조 사체를 청구자에게 교부하고 또는 해부를 위해 송부했을 때는 그 내용(旨)을 사망장에 기재해야 한다.

제181조 사망 후 24시간을 경과하여 시체의 교부를 청하는 자가 없을 경우 제179조의 경우를 제외한 이외 이를 감옥의 묘지에 가장(假葬)해야 한다.

② 화장을 한 경우는 그 유골에 대해 또한 같다.

③ 가장(假葬) 장소는 사망자의 씨명 및 사망의 연월일을 기입한 목표(木標)를 세워야한다.

제182조 사체 또는 유골을 합장했을 때는 합장자의 씨명 및 사망 연월일을 기입한 묘표(墓標)를 세워야 한다.

② 묘표는 석(石)을 사용해야 한다.

18 국사편찬위원회, 「來電 第一一四號」, 『통감부문서』 7, 413쪽.

근·공근은 강력히 항의를 하였으나 일제는 강제로 이들을 한국으로 돌려보냈다.

　　이보다 앞서 안의 두 동생은 오늘 사형이 집행된다는 소식을 전해 듣고 그 주검을 넘겨받아 곧 귀국하려고 바야흐로 여장을 갖추고 감옥서에 출두할 준비를 하고 있다는 보고를 접하고 급히 수배하여 그들의 외출을 금지시켰다. 형이 집행된 후에 불러 전옥이 피고의 주검은 감옥법 제74조와 정부의 명에 의해 넘겨주지 않을 뜻을 전하고 특별히 주검에 대한 예배를 허가할 뜻을 알렸다. 이에 대해 두 동생은 대단히 분격하면서 사형의 목적은 그 죄인의 목숨을 끊음으로써 끝나는 것이므로 그 주검은 당연히 넘겨주어야 할 것이며 감옥법 제74조에 이른바 언제라도 교부할 수 있다고 함은 곧 교부하겠다는 뜻으로 그 하단의 법조문에 '합장(合葬) 후' 운운의 경우에 대처하기 위한 여지를 남긴 것에 불과하므로 정부의 명이나 관헌의 권한에 위임한 것이 아니라고 하여 분격하여 더욱 분노하였다. 그렇지 않다는 뜻으로 극력 온갖 말로 설득하여도 그 효과가 없을 뿐 아니라 도리어 세상 사람들의 동정마저 잃게 될 것이니 차라리 유순하게 주검에 예배를 올리고 속히 귀국하는 것이 낫다고 훈계하였다. 그래도 두 동생은 대성통곡하며 주검을 넘겨주지 않는 이상 예를 올릴 필요가 없다. 국사에 순사(殉死)한 형에게 사형이라는 극형을 과하기까지 하고 더욱이 그 주검도 넘겨주지 않으려는 너희들의 참혹한 소치는 죽어도 잊지 않겠다며 우리 관헌을 욕하며 언젠가 반드시 갚을 때가 있을 것이라고 하는 등 한 마디 한 마디 더욱 불온한 언동으로 나왔다. 아무리 퇴장을 명해도 울고 넘어진 채 완강히 움직이지 않았다. 부득이 경찰의 힘을 빌려서 실외로 끌어내고 다시 백방으로 설득하여 차츰 다소 정상상태로 돌아갔다. 그래서 두 명의 형사가 경호하여 그대로 정차장으로 데리고 가 오후 5시발 대련행 열차로 귀국시켰다.[19]

이와 같이 일제가 안중근의 주검을 가족에게 넘겨주지 않은 이유는 법률적 판단과 거리가 먼 정치적 판단에 기인하였다는 것은 다음에서도 확인된다. 감옥법시행규칙 제179조 2항에 "사망 후 24시간을 경과하여 교부를 청하는 자가 없을 경우라고 할지라도 나중에 교부를 청할 자가 있는 것으로 여길 때 또는 그 생전에 해부를 인정하지 않겠다는 의사를 표시했을 때는 전항[20]의 처분을 할 수 없다."라고 규정되어 있다. 이는 유해를 인도할 수 있다는 감옥법 제74조의 의미가 요청이 있으면 인도해야 한다는 것으로 해석할 수밖에 없는 근거가 되는 것이다.[21] 더욱이 두 동생이 지적한 바와 같이 합장한 뒤에는 교부하지 않아도 된다는 예외조항을 둔 것 그 자체에서도 주검의 인도를 의무사항으로 규정한 것임을 알 수 있다.

그러나 무엇보다도 일제가 당시 대한제국 정부와 안중근재판을 협의했어야 함에도 그렇게 하지 않았다는 점[22]과 의거당시 한국인에게 일제의 법을 적용할 규정이 없었다는 사실에서[23] 보건대 일제가 안중근의 유해를 인도하지 않은 조치는 국제법은 물론이고 자국법조차 위반한 불법행위였다는 것은 역사적 사실이다. 이처럼 일제의 안중근재판은 본질적으로 성립될 수 없는 범죄행위로, 유해인도 거부는 반인륜적인 범죄로 규정할 수 있다. 사실이 이러함에도 심지어 이를 옹호하는 일제의 언론도 있었다는 사실을 주시할 필요가 있다.[24]

---

19 국사편찬위원회, 「電報 第一一四號」, 『한국독립운동사』 자료 7, 516~517쪽.
20 제179조 제1항. 주 14) 참조.
21 또한 『감옥법의해(監獄法義解)』에도 "죄악을 범하고 수인이 되어 사망한 자라고 하더라도 친족 또는 친구가 사망자에 대해 동정심이 다소라도 남아 있어 이들이 사망자의 유골을 청할 때는 이를 허락해도 어떤 폐해도 없을 것이므로 감옥 담당관리 판단에 따라 합장 전 언제라도 교부할 수 있다."라고 설명되어 있다(최서면, 「안중근 묘역 추정의 결과」, 『한국근현대사연구』 46, 한국근현대사학회, 2008, 221쪽).
22 신운용, 「일제의 국외한인에 대한 사법권침탈과 안중근재판」, 『안중근과 한국근대사』, 476~477쪽.
23 위의 논문, 492~493쪽.
24 이에 대해 『만주일일신문』은 다음과 같이 일제의 처사를 두둔하였다. "중근의 유해는 혹은

3. 유해 조사 · 발굴 과정

1) 해방 이후 1990년대까지

안중근 유해의 조사와 발굴에 대한 본격적인 시도를 한 인물은 김구 주석이다. 그 배경에는 독립운동사의 안중근 위치와 더불어 김구와 안중근 가문의 깊은 관계가 있었다. 김구는 황해도 해주지역 동학농민전쟁의 투쟁에 참여하면서 안중근집안과 충돌을 하였다. 그러나 김구는 그의 인물됨을 알고 있던 안중근의 아버지 안태훈의 도움과 보호를 받았다. 안중근 가문은 김구에게 은인이나 마찬가지였다. 이러한 인연으로 안중근의 두 동생은 김구와 함께 활동하였던 것이다.

김구는 1948년 남북협상을 위해 북한의 김일성 주석을 만났을 때 안중근 유해의 봉환을 제안했다. 이에 대해 김일성은 "소련의 점령지인 여순 출입은 소련의 허가를 받아야 하므로 실행에 옮기기에 힘들다고 하면서 통일 이후에 추진하자."고 하였다.[25] 안중근을 '사당의 신주'에 비유하여 독립운동가의 최고봉으로 섬기던[26] 김구는 이에 물러나지 않고 1945년 12월 2일 선전부원으로 함께 귀국한[27] 안우생을 평양에 잔류시켜 유해의 조사와 발굴을 계속 추진하도록 하였다. 이후 안우생은 1970년대 중반 안중근유해 발굴 단장으로 중국에 파견되어 조사를 벌였지만 결국 불가능하다는 결론을 내린 것으로 전해진다.[28]

대련에서 한국으로 수송될 것이라고 전해지나 일본 감옥법에 의하면 친족의 청구에 의해 내어 줄 수 있으나 주어야 한다는 것은 아니다. 또한 관동주에서는 이 규정이 없는 바, 오늘 안의 사체를 본국으로 보내면 인심을 자극하여 과격한 행동으로 나오는 일이 없다고 보장할 수 없으므로 오히려 허가를 하지 않는 것이 가하다고 하는 자가 있으므로 혹 하부하지 않을 것이라고 한다."(『滿洲日日新聞』 1910年 3月 26日字, 「最後の面會」)

25 『동아일보』 1971년 10월 19일자, 「南北의 對話<8> 老革命家들의 꿈과 좌절」.
26 백범학술원, 『백범일지』, 나남출판, 2002, 366~367쪽.
27 『서울신문』 1945년 12월 3일자, 「임정요인 제2진 환국 및 주요인사 약력」.

중국과 수교이전 한국의 안중근유해 조사·발굴은 현실적으로 불가능하였다. 이러한 가운데 안중근기념사업은 해방이후 1950년대에 걸쳐 일정하게 전개되고 있다. 그러나 유해봉환문제는 사회적 관심이 되지 못한 것 같다.[29] 1960년대에도 이 문제는 큰 관심거리가 되지 못했다. 1963년 순국 52주기를 맞이하여 『경향신문』이 유해를 여순에 남겨둔 현실에 대한 안타까움을 표출하는 데 그쳤다.[30]

70년대에 들어와 국회의원 박영록(朴永祿)이 1970년 10월 16일 원호처 감사에서 광복이 되면 유해를 고국으로 이장해달라고 한 안중근의 유언을 거론하면서 국제적십자 등과 접촉하여 조속한 이장교섭을 벌이라고 촉구하였다. 그러면서 그는 정부에서 하지 않으면 추진위를 구성하여 직접 교섭을 벌이겠다고 공언하였다. 3일 후 『동아일보』 1971년 10월 19일자에 "김구가 1949년 김일성을 만나 유해의 조사·발굴을 협의하여 소련당국과 상의하여 되도록 빨리 유해가 환국하도록 노력하겠다는 답변을 들었다."[31]라는 선우진의 증언이 소개되었다.

특히 『동아일보』 1979년 9월 5일자에 2008년 정부의 유해발굴에 결정적인 영향을 끼친 "안중근 기념관에 있는 여순감옥의 전경을 찍은 사진을 보고 형무소건물과 관사 그리고 안중근이 있었던 곳을 즉석에서 알아 볼 수 있었다고 하면서 안중근은 관이 아니라 둥근 통에 넣어 운반하였다."[32]라고 하는 여순감옥 전옥인 구리하라 사타키치(栗原貞吉)의 딸 이마이 후사코(今井

---

28 『동아일보』 1993년 9월 15일자, 「안중근 의사 유해, 찾는 것은 불가능」.

29 해방이후 1950년대 안중근 헌양사업은 윤선자, 「해방 후 안중근 기념사업의 역사적 의의」, 『안중근의사 하얼빈의거 100주년기념 국제학술대회』, 안중근의사기념사업회, 2009, 68~70쪽 참조

30 『경향신문』 1962년 3월 24일자, 「26일은 安重根義士殉國 53週忌」;『동아일보』 1962년 3월 26일자, 「오늘追念式거행 安重根義士52週忌 맞아」.

31 『동아일보』 1971년 10월 19일자, 「南北의 對話<8> 老革命家들의 꿈과 좌절」.

32 『동아일보』 1979년 9월 5일자, 「安重根義士 갇혔던 旅順감옥소장딸 이마이女士」. 그러나 일제는 안중근의 유해를 일반 사형수는 일본식으로 둥근 통에 넣었지만 안중근은 한국식으로 침관에 안장하여 묻었다.

房子)의 증언이 보도되었다.

80년대에 들어와 유해문제는 일본 고위관료의 망언을 계기로 본격적으로 부상하였다. 1982년 8월 6일 마쓰노 유끼야스(松野幸泰) 일본 국토청장관(74)은 "한국교과서가 이토 히로부미(伊藤博文)를 원흉이라고 부르면서 암살자인 安重根을 영웅시하고 있다."라고 비난하였다. 이에 따라 국내의 여론이 들끓는 가운데 동아일보사는 일본에서 「교과서－역사－안중근」이라는 주제로 좌담회를 개최하여 『동아일보』 17일자,[33] 19일자,[34] 20일자,[35] 21일자[36]에 연재하였다. 특히 17일자 기사에서 『동아일보』는 유해가 여순감옥 뒷산 수인묘에 묻혀 있다고 기정사실화하였다. 더욱이 20일자 『동아일보』는 다음과 같이 이마이의 안중근묘지에 대한 발언을 집중적으로 부각시켰다.

내 경우는 여러분들과 같이 훌륭한 얘기가 아니고 8~9세 때의 기억이기 때문에 어른들의 얘기와는 다르겠습니다만 본 대로 아는 대로 말씀드리겠습니다. 당시 형무소장이던 아버지가 安의사에 대해 이야기하는 것을 들었습니다. 그런데 어느 날 그게 바로 安의사의 처형날인데 유해를 옮길 때는 아무도 나와서는 안 된다고 금족령이 내려졌지요. 나는 관사 안에 있었고 어렸기 때문에 무슨 일인가 하고 호기심에서 밖에 나와 봤던 것입니다. 아무도 없는데 혼자 보고 있으려니 中國人인지 日本人인지 알 수 없었으나 두 사람이 둥근 통을 갖고 가는데 그 안에 安의사의 유해가 담겨져 형무소 뒷산 묘지 쪽으로 옮겨져가는 것이었어요. 어린마음에도 왜 그렇게 슬픈 생각이 들었던지요.[37]

---

33 『동아일보』 1982년 8월 17일자, 「安重根義士 暗殺자취급은 잘못」.
34 『동아일보』 1982년 8월 19일자, 「安重根…역사…教科書…日人의 證言으로 再照明해본 事實＜上＞」.
35 『동아일보』 1982년 8월 20일자, 「安重根…역사…教科書…日人의 證言으로 再照明해본 事實＜中＞」.
36 『동아일보』 1982년 8월 21일자, 「安重根…역사…教科書…日人의 證言으로 再照明해본 事實＜下＞」.

더 나아가 『동아일보』는 8월 21자에 「安重根의사가 투옥됐던 旅順형무소의 뒷산 囚人묘지. 가운데 보이는 건물인 齋室은 제사 올리던 곳. 화살표는 안의사의 유해가 묻혀 있는 곳」이라는 제목의 사진을 게재하여 안중근묘지의 위치를 특정하였다. 다른 사료로 뒷받침할 수 없다는 문제점이 있음에도 이 주장은 이후 안중근 묘지 조사·발굴에 결정적인 영향을 끼쳐 2008년 정부의 실패한 유해발굴시도의 이론적 근거가 되었다.

일본 고위관리의 망언과 안중근묘지 위치에 대한 주장은 독립기념관 건립과 맞물려 묘지 조사·발굴이라는 민족적 염원을 자극하기에 충분하였다. 그리하여 1984년 8월 31일 독립기념관건립추진위원회는 안중근 유해 환국을 추진하겠다는 계획을 공식적으로 발표하였다.[38] 이어서 그 위원회는 안중근 등 중국 땅에 묻혀 있는 독립운동가들의 유해 환국 사업을 위해 '재중공독립투사유해봉환추진위'를 구성하였다.[39] 국제인권옹호한국연맹이 안중근 등 독립투사 50여 명의 유해를 환국시킬 수 있도록 관계부처의 노력을 촉구하는[40] 등의 움직임이 일어나는 가운데 중국이 비정치적이고 인도주의적 입장에서 호의적인 반응을 보이고 있다는 소식이 『경향신문』에 보도되었다.[41] 이로 국내의 유해봉환 분위기는 더욱 달아올랐다.[42]

그러나 이러한 열망은 1985년 10월 여순감옥을 방문한 결과 "안의사의 묘는 언제인지 알 수 없으나 불도저에 밀려 평지로 변했고 나무까지 심어져 있었다."[43]라는 재미학자 박한식교수의 주장에 따라 절망으로 바뀌었다. 이

---

37 『동아일보』 1982년 8월 20일자, 「安重根…역사…敎科書…日人의 證言으로 再照明해본 事實<中>」.
38 『경향신문』 1984년 8월 31일자, 「安重根義士 유해還國추진」.
39 『경향신문』 1984년 9월 1일자, 「安重根義士遺骸 還國추진」.
40 『동아일보』 1985년 8월 15일자, 「한국人權옹호聯 독립투자 遺骸 조속 還國 촉구」.
41 『경향신문』 1984년 9월 1일자, 「安重根義士 유해還國추진」,(사설).
42 이러한 한국내의 분위기 속에서 북한은 『로동신문』 1984년 9월 4일자, 「친일주구의 정체는 감출 수 없다」라는 기사에서 유해의 연고권이 북한에 있음을 주장하였다.
43 『경향신문』 1985년 10월 18일자, 「안중근의 묘지가 사라졌다」.

와 같은 남한의 유해 발굴 열망은 북한에도 일정한 자극이 되어 1986년 7월 북한에서 유해발굴단이 조사를 하였지만 성공하지 못했다.[44]

이후 김영광이 현장을 직접 방문하여 조사를 하였으나 성과를 거두지는 못했다.[45] 『경향신문』 1988년 2월 27일자에 "안의사가 묻힌 旅順감옥의 묘지가 흔적 없이 사라졌다고 박한식교수가 독립기념관에 전해왔다."라는 기사가 등장하여 안중근묘지 발굴에 대한 기대는 다시 한 번 꺾일 수밖에 없었다. 심지어 「안중근의사 추모사업 시들」이라는 제목의 신문기사가 등장하기까지 하였다.[46] 이와 같은 분위기 속에서 한국정부는 1989년 10월 조사단이 여순을 방문하였으며, 이에 앞서 북한도 여순에서 유해 발굴조사를 하였다.[47]

1990년대 들어와서도 이러한 부정적인 분위기가 계속 이어져 "요즘 많은 인사가 중국을 다녀오고 또 기업인들이 진출하면서도 安의사의 묘소를 찾아봤다는 소식은 없다."라고 한탄하면서 "安義士기념사업회(필자 : 안중근의사 숭모회의 잘못)가 있는 줄 아는데 예산타령만 하지 말고 이 사업회가 중심이 되어 보다 적극적인 유해봉환운동을 전개하였으면 한다. 백골이 진토되기 전에 아니 이미 진토가 되었더라도 반드시 추진돼야 한다."라고 하여 관련 단체의 태만을 나무라는 기사마저 등장하였다.[48]

그런데 1992년 중국과의 수교는 정부가 중국 측에 공식적으로 유해봉환 협조를 요청하는 등[49] 안중근묘지 발굴의 새로운 전기를 맞을 기대를 가져

---

44 『서울신문』 2000년 3월 28일자, 「안중근의사 순국의 현장」.
45 『동아일보』 1988년 2월 24일자, 「安重根의사 순국 여순 형무소 고문기구 죄수복 등 보존전시」.
46 『동아일보』 1988년 3월 26일자, 「安重根의사 追慕사업 시들」.
47 『동아일보』 1993년 8월 16일자, 「安重根의사 유해 찾을 수 있을까」.
48 『동아일보』 1990년 9월 6일자, 「安重根의사 유해 환국운동 벌이자 "조국에 묻어달라" 遺言 성취시켜야」.
49 『동아일보』 1993년 8월 13일자, 「안중근의사 유해도 봉환 정부추진 중국에 묘소확인 등 협조요청」.

다주었다. 이와는 반대로『동아일보』는 북한을 의식한 중국정부의 공개 기피 가능성을 제기하면서 유해발굴에 대한 부정적인 시각을 드러냈다.[50] 결국『동아일보』1993년 9월 15일자「안중근의사 유해 찾을 수 없다」등에서 보듯이 묘지발굴은 불가능하다는 쪽으로 결론이 나는 분위기였다. 하지만 1998년 후진타오(胡錦濤) 당시 중국 부주석의 유해 발굴 협조 의사표시[51]는 2000년대 유해발굴사업에 희망의 불씨를 살려놓았다.

2) 2000년 이후 현재까지

2000년대 유해발굴조사는 전시대와 달리 해방 60주년 의거 100주년을 맞이하여 국민들의 열망과 관심으로 정부가 적극적으로 나서는 상황으로 진전되었다. 특히 유해와 관련하여 주목할 사건은 순국 90주년인 2000년 3월 천주교를 비롯한 종교인들이 중심이 된 '안중근의사 성역화사업 추진위원회'의 발족과 묘지의 위치를 확인할 수 있는 자료발굴에 기여한 송영순과 사이토 미치노리(齋藤充功)가 중심이 된 '안중근의사유해발굴위원회'의 출발이다. 유해발굴을 남북공동으로 추진할 가장 중요한 사업으로 발표한 전자는 안중근의 대중화와 연구의 심화를 이루어 낸 안중근의사기념사업회로 이어졌다는 면에서 큰 의미를 갖는다. 후자는 구체적인 자료의 제시 없이 안중근 묘지의 위치를 주장하던 그동안의 주장과는 달리 여순감옥 묘역으로 보이는 묘지군이 표시된 일본해군성의 지도인「여순비밀군사지도」를 찾아서 발표하여 묘지발굴의 역사에 새로운 전기를 맞게 되었다.[52]

이러한 유해문제의 진전에도 불구하고 "'안중근의사숭모회'와 유족들은

50『동아일보』1993년 8월 18일자,「안중근의사의 유해는 찾을 수 있을까」.

51『중앙일보』1998년 5월 9일자,「안중근의서 遺骸 발굴 中부주석, 협조 再確認」.

52『문화일보』2000년 3월 17일자,「"안중근의사 유해발굴" 남북공동 추진」.

요란하게 일을 추진하는 것에 대해 못마땅해 하고 있다. 설령 지도가 공개되고, 신빙성이 있는 자료라 판명된다 해도 '넘어야 할 산이 많기 때문이다. 서울과 도쿄의 두 단체는 '유해를 찾을 수 있는 가능성'만 이야기했지, 그간 묘지가 여러 차례 파혜쳐졌다거나 안의사의 유해가 다른 곳으로 빼돌려졌을 수도 있다는 '설(說)'은 무시하고 있다."[53]라는 주장이 신문에 보도되었다. 일부단체가 유해문제에 접근할 수 있는 새로운 자료의 출현을 다른 시각으로 보고 있는 것도 중요한 단면이다.

1990년대부터 안중근문제에 심혈을 기울이던 한국천주교 정의구현사제단은 2000년대에 들어와 유해봉환문제에 본격적으로 나서는 모습을 보였다. 한국천주교 정의구현사제단을 중심으로 만들어진 '안의사유해발굴 및 환국추진위원회'[54]는 4월 일본해군성 지도를 바탕으로 여순감옥 주위의 묘지를 조사하였으나 해당지역이 이미 대규모 아파트 단지로 변하여 유해의 발굴 가능성은 없는 것으로 잠정적으로 결론을 내렸다. 그럼에도 이들은 2000년 10월 24일~25일 중국 하얼빈에서 북한 조선가톨릭협회와 남북 공동 기념행사를 갖는 등 유해발굴을 위한 협력을 계속 모색하였다.

이러한 움직임은 향후 유해발굴이 북한의 협력을 전제하지 않으면 실패할 수밖에 없음을 의미하는 것이었다. 이들이 유해를 찾는 데 집중한 이유는 단순히 유해 때문만은 아니었다. "안의사는 남북한에서 공동으로 추앙하는 인물이고 안의사 유해 발굴 작업에 남북한 협력이 이뤄지면 민족화합에도 도움이 될 것"[55]이라는 이들의 주장은 안중근을 민족통일의 에너지원으로 인식한 결과라고 평가할 수 있다.

---

53 『경향신문』 2000년 3월 21일자, 「개운치 않은 '安의사 墓地'발표」. 이와는 반대로 "위의 두 단체의 활동을 적극 옹호하고 지원하여 유해가 국내로 봉환될 수 있도록 국민적 지혜를 모아야 한다."라고 주장하는 논조도 보인다(『서울신문』 2000년 3월 22일자, 「안중근의사 유해발굴 정부가 지원해야」).
54 이는 송영순 등의 「안중근의사유해봉환위원회」가 확대 개편된 것으로 이후 안중근의사기념사업회로 통합되었다.
55 『국민일보』 2000년 10월 26일자, 「남북, 安의사 유해찾기운동협력」.

이 무렵 유해문제와 관련하여 주목되는 단체는 '안의사 유해봉환위원회(위원장 김영광)'이다. 이 위원회를 이끌고 있는 김영광은 2001년 3월 22일 안중근의 초상을 화폐도안으로 채택하자는 건의문을 김대중 대통령에게 보내는[56] 등 평생 안중근 헌양사업과 유해봉환문제에 매달려 살아온 사람이다. 그는 고등학생 때 '의사 안중근'이라는 연극의 주연을 하면서 안중근과 인연을 맺은 이후 수교 이전인 87년 여순감옥에 잠입했다가 중국 공안당국에 갇히기도 하였다. 뿐만 아니라, 그는 안중근의 손자 안웅호에게서 중국에서 유해를 찾으면 남한으로 모신다는 동의서와 위임장을 확보했으며 여순감옥 관련 일본인을 만나 묘지에 대한 증언을 모으는 등 유해봉환운동을 적극적으로 벌였다.[57] 이러한 면에서 그는 유해 조사·발굴의 선구자라고 평가받을 만하다.

국회에서도 이 무렵 유해문제를 다루는 '민족정기의원모임' 창립준비모임이 2001년 5월 17일 열렸다. 이때 안중근의 초상을 500원 주화에 넣는 방법과 정부로 하여금 중국정부에 유해 발굴협조 요청편지를 보내는 방안을 모색하기도 하였다.[58] 하지만 이후 유해봉환문제는 별다른 진척이 없었다.

유해봉환문제가 급물살을 타기 시작한 것은 2004년 11월 29일 라오스에서 열린 동남아시아국가연합 정상회의 당시 노무현 대통령이 원자바오 총리에게 중국정부의 안중근의 유해 발굴 협력을 요청한 이후의 일이다.[59] 같은 해 12월 정동영 당시 통일부 장관도 리자오싱 중국 외교부장 등에게 남북 당국 간 합의를 바탕으로 유해발굴 협조를 적극적으로 요청하였다.[60]

---

56 『문화일보』 2002년 3월 26일자, 「안의사 91주기 화폐도안 건의한 김영광 유해봉환위원장」.
57 위와 같음.
58 『한겨레』 2001년 5월 17일자, 「애국지사 재조명 사업추진」.
59 『동아일보』 2004년 12월 23일자, 「안중근의사 유해 내년중 南北 공동발굴」.
60 위와 같음. 이 무렵 노무현정부의 안중근유해 발굴추진은 안중근이 남북문제를 해결하는 데 에너지원으로 작동되고 있음을 보여주고 있는 것이다. 핵문제 등으로 야기된 6자회담과 남북 긴장관계의 해소에 안중근의 유해공동발굴이 도움이 될 것이라는 판단에 따른 것도 유해발굴에 적극적으로 나선 또 다른 배경이었다(『문화일보』 2005년 11월 24일자, 「'안중근 의사 유해

이와 때를 맞추어 최서면이 중심이 된 '안중근의사묘역추정위원회'의 활동도 활발해졌다.[61] 그리하여 최서면은 2005년 1월 유해위치를 북위 38도 49분 3초 동경 121도 15분 43초라고 주장하기에 이르렀다.[62] 이러한 주장을 전적으로 받아들인 정부는 6월 제15차 남북장관급회담에서 "안중근의사의 유해발굴사업을 공동으로 추진하기로 했다."라고 발표하였다.

이때부터 남북의 유해발굴 협의는 더욱 급진전되어 8월 통일부가 정동영 장관 명의로 북한의 장관급회담 단장인 권호웅 내각책임참사에게 실무협의를 제안하여 9월 7일 개성에서 남북은 유해공동발굴을 위한 실무접촉을 갖고 추가협의를 걸쳐 합의서를 교환하였다.[63] 9월 15일 통일부는 '안중근의사 유해 공동발굴단'을 구성해 북한과 공동으로 발굴 작업에 나서기로 했다고 밝힘으로써 유해발굴을 위한 남북전문가회의가 예정되는 등 본격적인 유해발굴이 시도되었다.[64]

이에 발맞추어 정부는 최서면의 주장이 전적으로 반영된 『안중근의사 유해발굴 추진사항』(2005년 10월 21일)이라는 문건을 발표하였다. 그러나 북한은 2005년 11월 24일에 있었던 유해발굴을 위한 남북간 실무접촉에서 안중근 순국 100주년 기념일인 2010년 3월 26일 공동발굴을 합의했으나 매장위치에 대한 다른 의견을 보였다.[65] 이는 향후 유해발굴에 북한이 참여하지 않은 이유 중의 하나로 보인다는 데서 주목되는 대목이다.

2006년에도 유해공동발굴 분위기가 이어져 1월 11일 안중근의사기념사업회(이사장 함세웅)는 각계각층 유력인사로 구성된 '안중근의사 하얼빈의거 100

발굴' 실무접촉─매장한 곳 확정 못해 난항」).

61 최서면, 위의 논문, 210쪽.

62 『주간동아』 2005년 1월 18일자, 「"안중근 유해 북위 38도 49분 3초 동경 121도 15분 43초에 있다": 崔書勉·李世基, 사진·현장 검증 통해 중국 내 유해 위치 파악 '정부에 발굴 건의'」.

63 『한겨레』 2005년 9월 16일자, 「남북, 안중근의사 유해발굴 합의」.

64 『동아일보』 2005년 9월 16일자, 「안중근의사 유해 남북 공동발굴 합의」.

65 『문화일보』 2005년 11월 24일자, 「南北 '안중근 의사 유해발굴' 실무접촉─매장할 곳 확정 못해 '난항'」.

주년 기념사업 추진위원회'를 발족하여 국제학술대회와 『안중근 자료집』 발간을 주된 사업으로 추진하면서 유해발굴에도 힘을 쏟겠다는 입장을 표명하였다.

3월 들어서 "정부는 최근 안중근 처형 및 매장에 관한 일본 정부의 미공개 자료 4,714점을 확보했으며 북한에도 이 자료들의 요약본을 전달한 것으로 24일 확인됐다."[66]라는 것이 신문에 보도되었다. 6월 남북은 "유해 위치와 관련하여 여순감옥 뒷산 일대를 유해발굴 우선 대상지역으로 확정하였고, 발굴장소 보존조치 등 요청할 구체적인 사항을 마련하여 중국정부에 남북공동으로 협조를 구하고 순국 100주년을 맞아 남북공동으로 기념사업을 추진하자는 데 의견을 같이 하였다."[67]라고 전하였다. 또한 이 무렵 남북은 여순 현지로 남북공동 조사단을 파견해 사전답사를 벌이기도 하였다.

7월에 들어와 언론들은 "안중근의사 유해 남북한 공동발굴단이 정밀조사를 벌인 끝에 안중근의사묘역을 확인한 것으로 알려졌다."라는 소식을 전하면서 "안중근 손자 안웅호와 유전자 검사를 하기로 합의했다."라고 보도하였다.[68]

2007년 3월 27일 한중친서협회 회장 이세기가 베이징에서 "남북한 정부

---

66 『동아일보』 2006년 3월 25일자, 「'안중근 유해 공동발굴' 남북 내달 중 첫 협의」. 그런데 안중근 처형 및 매장에 관한 일본 정부의 미공개 자료 4,714점이라는 보도는 오보이다. 왜냐하면 안중근유해와 관련된 일본 외무성 산하의 외교사료관의 자료에는 "안중근 본일(26일) 사형집행 유해는 '여순'에 매장하였다."(일본 외교사료관, 『伊藤公爵遭難ノ際倉知政務局長旅順ヘ出張並二犯人訊問之件』 第3卷(문서번호 : 425, 245-3); 국가보훈처, 「아주제일의협 안중근」, 3, 751쪽)는 기록만 있는 것으로 파악되기 때문이다. 감옥묘지에 묻었다는 기록은 외교사료관의 사료 중에는 발견되지 않는다. 다만 유해를 여순감옥 '묘지'에 묻었다는 일제의 공식 기록은 국사편찬위원에 보관되어 있는 사료(국사편찬위원회, 「安重根 死刑執行狀況 報告件」, 『통감부문서』 7, 413~414쪽; 국사편찬위원회, 「電報 第一一四號」, 『한국독립운동사』 자료 7, 516~517쪽)에서밖에 보이지 않는다. 이외에 『滿洲日日新聞』 1910年 3月 27日字, 「安重根ノ最後」 등의 신문에서 보일 뿐이다.
67 『국민일보』 2007년 4월 11일자, 「안중근 의사 유해 南北공동발굴… 이달 하순부터 한 달간 중국현지 조사」.
68 『서울신문』 2006년 7월 5일자, 「安의사 유해 매장지 찾았다」.

의 유해 공동발굴 시기는 남북관계에 따라 다소 유동적이지만 올 가을에 안
중근의사 유해 공동발굴에 나설 예정이고 (중략) 이를 위해 중국 랴오닝(遼寧)
성 다롄(大連)시 정부에 안중근의사 묘역 현장보존을 신청했다.”[69]는 소식이
보도되었다.

이러한 흐름은 같은 해 4월 10일 개성에서 열린 ‘안중근 의사 유해공동발
굴 및 봉환’을 위한 제4차 실무회담에서 ‘남북공동발굴단구성’과 ‘4월 하순
부터 한 달간의 현지조사 및 유해 시 · 발굴 실시의 합의’로 이어졌다.[70]

2008년 1월 7일 외교통상부는 여순감옥 뒤편 지역의 보존과 유해 발굴
작업 협조 요청을 했다고 발표하였고, 3월 10일에는 주중 한국대사관 관계
자가 “한국정부가 요구한 안의사 유해 매장 추정지의 아파트 건설공사 중단
및 유해 발굴 협조요청을 중국 외교부가 받아들였다.”[71]라고 밝혔다.

그러나 북한은 당초 합의와는 달리 2008년 3월 17일 유해발굴 불참의사
를 통보해왔다. 유해발굴이 남북관계를 계선시키는 데 일조하기를 기대했던
국민들의 꿈은 허망하게 사라져버렸다.

이러한 상황 속에서 한국정부는 최서면의 주장을 근거로 2008년 3월부터
25일부터 4월 27일까지 유해발굴에 착수하였으나 결국 발굴에는 실패하였
다.[72] 그 원인은 여러 가지 측면에서 검토해야겠지만 무엇보다 종합적인 연
구부재와 부정확한 정보에 의지한 당국의 미숙함에서 찾을 수 있다. 이를
염려하여 안중근의사기념사업회에서는 「안중근묘지 발굴현황과 전망」이라

---

69 『세계일보』 2007년 3월 28일자, 「안중근 의사 유해, 올 가을 남북한 공동 발굴」.

70 위와 같음.

71 『문화일보』 2008년 3월 11일자, 「안중근 의사 유해, 南 · 北 · 中 힘합쳐 발굴」.

72 유해와 관련하여 “발굴결과 안의사의 묘역은 확인할 수 있으나 아쉽게도 안의사의 묘는 확
인할 수 없었다.”라는 것이 관계당국의 공식적인 입장으로 보인다(국사보훈처, 『안중근의사
유해발굴』(DVD), 2009;『신동아』 2008년 8월호, 「‘安重根 의사 유해 발굴조사단’의 뤼순(旅順)
지역 유해 발굴 현장 기록」, 272~273쪽). 그러나 인골 한 조각도 발굴되지 않은 지역을 ‘안중
근 묘역’이라는 주장은 발굴실패에 대한 책임회피에 지나지 않는 지나친 추론이라고 하지 않
을 수 없다.

는 소논문을 만들어 정부의 유해발굴은 결국 실패할 것이라고 전망하였다.[73] 시사 잡지 『시사 IN』도 정부의 유해 발굴 시도에 대해 1%의 가능성도 없다고 평가하였다.[74]

4. 묘지의 위치에 대한 여러 가설과 향후 전망

1) 여러 가지 가설

안중근의 묘지에 대한 설은 대체로 (1) 동산파(東山坡)설, (2) 이마이 후사코(今井房子)설, (3) 신현만설, (4) 이국성설, (5) 김파설, (6) 고가 하츠이치(古賀初一)설, (7) 유병호설로 나누어 볼 수 있다.

(1) 동산파설

안중근의 묘지에 대한 중국 측의 공식기록은 중국의 독립운동가 유해 발굴 사진을 게시한 『여순일아감옥구지(旅順日俄監獄舊址)』이다. 여기에 "여순감옥 묘지는 여순감옥의 동산파(東山坡, 동쪽산 언덕)에 있고, 약 600평 넓이로 5줄의 90여 미터 길이의 도랑(壕溝)에서 시신을 넣은 목통(木桶)을 발굴하였다."라고 기록되어 있다.[75]

---

73 이는 2007년 10월 26일 세종대학교에서 안중근의사기념사업회의 주최로 열린 『안중근과 그 가족의 독립운동』(안중근의사 의거 100주년 기념 준비 제6회 학술대회)에서 배포되었다. 이외에 필자는 2009년 10월 28일 MBC 12시 뉴스와 2005년 8월 11일 SBS 8시 뉴스 등에 출연하여 이마이설의 부당성을 알렸다.
74 『시사 IN』 2008년 3월 25일자, 「유해 발굴할 확률 1%도 되지 않는다」.
75 周祥令, 『旅順日俄監獄舊址』, 大連出版社, 1990, 25~26쪽.

그런데 이와 같은 주장은 일제가 만든 「여순비밀군사지도」에 선으로 표시된 묘지와 일치하고 있다는 데 주목할 필요가 있다. 이 지도에 "1918년(대정 7년) 측도 1930년(소화 5년) 수정측도 참모본부 육지 측량부 관동청 임시토지 조사소수(所修), 군사기밀 일만분 지형도여순요색근방"이라고 지도에 설명이 되어 있다. 여기에서 이 지도는 1918년에 제작된 지도를 바탕으로 1930년에 다시 제작한 것임을 알 수 있다. 여순감옥은 '관동청형무소'라고 기입되어 있다.

(2) 이마이 후사코(今井房子)설(여순감옥 뒷산설)

1979년 전옥(典獄) 구리하라(栗原)의 딸 이마이 후사코가 안중근묘지를 추정해 볼 수 있는 사진 2매를 최서면에게 전해주었다고 한다. 하나는 여순감옥의 뒷쪽을 찍은 것이고 다른 하나는 감옥 뒷산을 배경으로 일본인 한 무리를 찍은 사진이다. 특히 후자의 사진에 대해 『동아일보』 1982년 8월 21일자에 "安重根의사가 투옥됐던 여순형무소의 뒷산 囚人묘지. 가운데 보이는 건물인 齋室은 제사올리던 곳. 화살표는 安 의사의 유해가 묻혀 있는 곳."이라고 하여 감옥 뒷산을 안중근묘지로 결론을 짓고 있다. 물론 이는 이마이의 주장을 반영한 것이다.[76]

후자의 사진 속에 화살표로 표시된 부분을 안중근묘지라고 한 이마이의 주장을 최서면은 다음과 같은 두 가지 근거로 보강하였다.[77] 첫째, 그는 그 사진이 재감사자추도회(在監死者追悼會)를 기념하기 위해 찍은 것이라고 강조하였다.[78] 그는 그 근거로 1908년부터 본원사(本願寺)의 승려를 일본 국내

---

76 최서면, 위의 논문, 231~232쪽.
77 위의 논문, 232~233쪽.
78 위와 같음.

외의 감옥에 교회사(敎誨師)로 파견하는데,[79] 1910년 5월 5일에 일제 본토를 포함하여 식민지인 오끼와나(沖繩), 대만(臺灣), 여순(旅順) 등지에서 '재감사자 추도회(在監死者追悼會)'를 개최하였다는 『감옥협회잡지(監獄協會雜誌)』제23권 제5호의 기록을 제시하였다. 둘째, 그는 여순일아감옥구지(旅順日俄監獄舊址) 의 관장이 "유해가 감옥 후문을 통해 나갔다는 기록이 있다고 하였다."라는 논리 위에 그 후문은 지금의 횡문이 아니라 감옥 뒷산으로 통하는 문이라고 주장하였다.[80] 이와 같은 이유로 그는 그 사진 속 화살표로 표시된 장소를 안중근묘라고 단정하였던 것이다. 더 나아가 그는 묘지의 위치를 "북위 38 도 49분 3초 동경 121도 15분 43초"라는 확정적인 발언을 마다하지 않았 다.[81]

(3) 신현만설

안중근 묘소에 대해 신현만은 김영광에게 "대련(大連)에서 보통학교와 중 학교를 다녔다. 1943년 여순형무소 근처 203고지로 수학여행을 갔을 때 안 의사의 묘소가 형무소 부설 공동묘지에 묻혀 있다는 형의 귀띔을 토대로 안 의사의 묘소를 찾아갔다. 그때만 해도 안의사가 순국(殉國)한 지 33년의 세 월이 흘렀기 때문에 비목의 글씨는 상당히 부식되어 '안중근' 이름 석자에서 '근'자가 이미 없어진 것도 목격했다."[82]라고 증언하였다. 또한 김영광은 이

---

79 여순감옥의 경우는 眞宗本波本願寺의 승려 長岡覺生이 1908년 10월 3일부터 1913년 2월 6 일까지 교회사로 있었다.

80 최서면, 위의 논문, 226쪽.

81 『주간동아』통권469호, 2005년 1월 18일자, 「"안중근 유해 북위 38도 49분 3초 동경 121도 15분 43초에 있다" : 崔書勉・李世基, 사진・현장 검증 통해 중국 내 유해 위치 파악 '정부에 발굴 건의'」; 최서면, 위의 논문, 235쪽.

82 中野泰雄 저 / 김영광 편역, 「편역자의 붙이는 이야기」, 『죽은 자의 죄를 묻는다』, 경운출판 사, 2001, 252~253쪽.

마이로부터 입수한 사진을 신현만에게 제시하였는데 이마이가 여순감옥 사진 상에 지적한 위치와 일치한다고 덧붙였다.[83]

(4) 이국성설(항양가 뒷산설)

독립운동가 이회영의 손자 이국성은 아버지 이규일을 따라 1958년 13세 때 여순감옥 동쪽 300m의 거리에 있는 것으로 기억되는 안중근의 묘소에 참배하러갔다고 증언하였다.[84] 또한 그는 "안의사의 묘지를 정확하게 확인하기 위해 뤼순감옥과 묘역을 10여 차례 방문했으며 그동안 신뢰를 쌓은 P씨로부터 2007년에 '안중근 묘지를 찾느냐. 감옥에 근무했던 이들의 전언을 바탕으로 파악한 바에 따르면 내가 안내했던 묘역에 있다[85]는 말을 들었다."[86]라고 전하였다.

(5) 김파설

유동하의 여동생의 아들인 김파는 2005년 3월 25일 김영광을 찾아와 여

---

83 위와 같음. 한편 다음과 같이 신현만씨의 증언이 있었다고 한다. "신현만씨는 1944년 당시 다롄에서 초등학교 5학년에 재학 중이었는데 뤼순으로 수학여행을 갔다가 뤼순형무소 뒤 야산 공동묘지에서 안의사의 묘를 발견했다. 그는 이후 6학년 때와 중학교 1학년 때 각각 한 번씩 안의사의 묘소를 참배했다. 신씨의 증언에 따르면 안의사의 묘비는 각목으로 되어 있었으며 흰색 페인트 바탕에 검은색 글씨로 '安重' 두 글자만 희미하게 보였으며 '根'자는 보이지 않았다고 한다."(『주간조선』 2005년 1월 17일자, 「광복 60주년… '안중근 유해' 찾아라!」)

84 『조선일보』 2009년 9월 21일자, 「"이번이 안중근 의사 무덤 찾을 마지막 기회"」; 또한 이는 이는 중국에서 활동하는 안중근묘지발굴 관계자가 안중근의사기념사업회에 전달한 『안중근 의사 묘역 현지 답사』 4쪽에서도 보인다.

85 『동아일보』 2009년 4월 23일자, 「안중근 의사 유해 매장지는 뤼순감옥 동남쪽 300m지점 야산」.

86 위와 같음.

순형무소 및 감옥묘소를 표시한 약도 4점을 전달하면서 안중근의 묘는 여순감옥의 동쪽이며 일제의 관동도독부 고등법원과 삼각지점에 있다는 어머니의 말을 들었다고 전하였다고 한다.[87]

(6) 고가 하츠이치(古賀初一)설

1944년까지 여순감옥에서 의사로 근무하다가 귀국한 일본인 고가 하츠이치는 1999년 10월(당시 84세) 여순감옥을 방문하여 "형무소의 끝부분으로부터 300미터 떨어져 있는 곳에 묘소가 있고 그곳에 수백 수천의 영혼이 잠들어 있다."[88]라고 주장하였다.

(7) 유병호설

유병호는 "일본감옥당국의 죄수묘소에 대한 법을 보면 죄수 가족이 시신을 가져가지 않으면 감옥묘지에 묻어 3년간 보존하는데 이 기간 동안 찾아가지 않으면 유해를 파서 화장하여 없애버렸다. 현재 여순감옥 묘지는 1930년대 이후 3차례 유해를 파서 소각하였다는 기록이 있다. 그렇기 때문에 만약 여순감옥 묘지에 안중근의 유해가 묻혀있다고 한다면 찾을 길이 영영 없는 것은 자명한 일이다. 다행히 현재의 묘지는 일제가 감옥을 확장하면서 새로 사용한 것이기 때문에 이곳에 안중근의 유해가 묻혀 있을 리 만무하다."[89]라고 하여 일제가 유해를 화장하여 없앴다고 주장하고 있다. 그러면서

---

87 『안중근 의사 묘역 현지 답사』, 3쪽.
88 古街初一, 「旅順監獄回顧」(姜曄 編著, 『旅順日亞監獄揭秘』, 大連出版社, 2004), 236·238쪽.
89 유병호, 「대련지역 소재 한인민족운동자료 탐색」, 『대련, 여순지역과 한인민족운동가』, 2007,

그는 최서면이 제시한 유해의 좌표와 감옥 뒤에 있는 두 곳의 죄수묘가 일치하지 않는다고 하여 이마이설을 부정하였다.[90]

2) 가설의 문제점과 유해 조사 · 발굴의 향후 전망 및 방안

이상에서 안중근의 묘와 관련한 여러 주장을 살펴보았다. 특히 이마이의 주장은 2008년 발굴의 이론적 근거가 되었다는 면에서 반드시 짚고 넘어가야 할 문제이다. 이마이의 주장을 전적으로 받아들인 최서면은 동산파설을 강력히 부정하면서 이마이 후사코의 가설을 주창하였다. 즉, 중국당국이 발굴한 묘지 즉 동산파설에는 안중근의 묘지가 없다는 것이다.

더 나아가 그는 "안중근유해는 사형 후 가옥 후문으로 운반되어 감옥 안쪽의 산에 매장된 것으로 기록되어 있는데, 뚱산퍼(필자 : 東山坡)는 후문을 나오면 바로 뒤편에 위치한 산이므로 안중근의 묘는 이 묘지 안에 있을 것이다."라고 여순일아감옥구지(旅順日俄監獄舊址)의 관장이 주장하였다고 하면서 그 후문은 중국인들이 말하는 후문이 아니라, 감옥 뒷산으로 통하는 쪽에 후문이 있었다고 단정하였다.[91] 이처럼 "안중근의 유해가 후문으로 나갔다는 자료가 있다."라는 확인되지 않은 중국인의 이야기[92]를 근거로 그는 자신이 주창하는 "감옥 뒷산으로 통하는 후문으로 유해가 운반되어 감옥 뒷산에 묻혔다."라는 가설을 내세웠다.[93]

50~51쪽.

90 유병호, 위의 논문, 51쪽.

91 최서면, 위의 논문, 226쪽.

92 누가 이런 주장을 어떠한 근거로 하고 있는지에 대해 최서면은 밝히고 있지 않다.

93 최서면, 위의 논문, 226~227쪽. 한편, 2008년 유해발굴 단장 박선주는 이마이가 "안중근의 시신이 뤼순감옥소 뒷문을 통해 운구돼 뒷산에 묻히는 것을 봤다."라는 진술을 근거로 발굴을 시작하였다고 밝혔다(『월간중앙』 2008년 8월호, 「중국 뤼순에 안중근 유해 없었다」, 70쪽). 이러한 주장은 안중근묘지의 위치를 단정하는 근거로 인용되는 "안중근 유해가 여순감옥 뒷문

그러나 안중근의 유해가 감옥 뒷산으로 통하는 후문으로 나갔다는 주장과 이마이의 가설은 그것을 증명할 수 있는 공식적인 기록이 없다는 점에서 받아들이기 곤란하다.[94] 또한 이마이가 준 사진이 「재감사자추도회」를 기념하여 찍은 것이라는 주장도 확실한 근거가 없다는 점에서 신빙성이 없다. 더욱이 일제가 만든 「여순군사비밀지도」 중에 여순감옥 뒷산 쪽에는 묘지가 표시되어 있지 않을 뿐만 아니라, 여순감옥 바로 동쪽에 묘지표시가 되어 있는 이유를 이마이의 여순감옥 뒷산설로는 설명할 수 없다.

그런데 이마이는 안중근의 수의를 그의 어머니 즉 전옥 구리하라의 부인이 지어준 것이라고 증언하고 있고, 이를 일본의 안중근 관계 서적에도 볼 수 있다.[95] 그러나 수의는 『만주일일신문』에 따르면 고향에서 56원에 사서 보낸 것이 역사적 사실이다.[96] 이처럼 이마이의 증언을 그대로 믿기에는 많은 문제점이 있는 것이 사실이다.

안중근묘의 위치에 대한 가설을 내세우는 사람들 중에 묘지를 직접 방문하였다고 주장하는 사람은 신현만과 이국성 두 사람뿐이고, 나머지는 추정에 불과한 가설들이다. 이들 주장의 공통점은 자료로 확인할 수 없다는 것이다. 이는 그만큼 신빙성에 문제가 있음을 의미하는 것이다.

으로 나갔다.”라는 주장의 신빙성을 더욱 의심스럽게 만든다. 이마이가 “여순감옥 뒷문으로 유해를 운반했다.”라고 한 증언기록은 없기 때문이다.

94 그런데 이마이는 『동아일보』 1979년 9월 5일자와 1982년 8월 17일자 기사에서 보듯이 안중근의 관에 대해 둥근 관이라고 증언하고 있다. 그러나 최서면은 『신동아』 1993년 9월호, 「安重根을 찾는 일본인들」, 583~584쪽에서 이마이가 “점심을 먹은 뒤 집 마당에서 놀고 있었는데 사람 길이만한 나무상자를 간수들이 호위하고 가는 거예요. 가끔 둥근 나무통을 멘 죄수들 한두 명이 간수의 호위를 받고 지나가는 것을 본 일은 있지만 긴 나무상자는 처음이었습니다.”라고 하였다고 하면서 이마이가 지적한 관의 모양이 일본신문에서 언급한 침관과 일치한다고 주장하였다. 문제는 어느 기록이 이마이의 증언인가 하는 것이다. 1979년 9월 20일자・1982년 8월 20일자의 『동아일보』 신문기사와 『신동아』 1993년 9월호에 투고한 내용이 왜 다른지 그 이유를 모르겠다. 이는 단적으로 이마이의 증언의 신빙성에 문제가 있거나 다른 목적이 개입되었음을 보여주는 증거인 것이다.

95 齋藤充功, 『伊藤博文を撃った男』, 中公文庫, 1994, 159쪽.

96 『滿洲日日新聞』 1910年 3月 24日字, 「安の死裝束」.

안중근묘의 위치에 관한 중요한 논점은 두 가지 측면에서 살펴볼 수 있다. 첫째, 일부의 주장[97]대로 여순감옥의 묘역이 세 곳인가 하는 문제이다. 그 주장에 따르면 여순감옥의 묘역은 세 곳으로 감옥의 동쪽으로 500m 거리에 있는 향양가 뒷산 제1묘역(1902년~1920년)에 안중근묘가 있다는 것이다. 그러나 이러한 주장들은 다음과 같은 측면에서 문제가 있다. 『관동청시정이십년사(關東廳市政二十年史)』에서 확인할 수 있듯이, 여순감옥에서 사형을 당한 사형수는 1906년부터 1910년 73명, 1911년부터 1925년까지 12명으로 1925년까지 총 85명이다. 이는 사형수를 통관에 넣어 묻은 여순감옥의 관례를 볼 때 적어도 1925년까지는 묘지의 포화가 초래될 가능성이 없음을 의미하는 것이다. 따라서 또 다른 묘지를 조성할 필요성이 없었다고 보아야 할 것이다. 그러므로 향양가 뒷산으로 주장되는 제1묘역 이외에 제2, 제3의 묘역이 조성되었다는 가설은 역사적 사실에 근거한 주장이라고 믿기에는 문제가 있다.

둘째, 소위 향양가 뒷산이 제1묘역(이국성설)이며 여기에 안중근이 묻혀 있다는 가설이 타당한가 하는 점이다.[98] 이 주장의 대부분은 증언에 불과한 것으로 뒷받침할 수 있는 사료적 근거가 없다는 점에서 이마이의 가설과 같은 문제성을 안고 있다는 것이다.

그리고 연고자가 없는 유해는 화장해서 없애버렸다는 유병호의 가설은 일제의 감옥법과는 거리가 먼 주장이다. 즉 일제의 감옥법 제73조에 2항에 따르면 "사체는 필요하다고 인정될 경우 이를 화장할 수 있다."라고 되어 있다. 그러나 안중근의 경우 분명히 매장하였다는 기록이 있다.[99] 감옥법 제73조 제3항은 사체 또는 유골은 가매장(假埋葬) 후 2년이 지나 이를 합장할

---

97 『안중근 의사 묘역 현지 답사』에 첨부된 지도에 따르면 여순감옥의 묘역은 3곳으로 그 시기는 제1묘역이 '1902~1920년', 제2묘역이 '1920년 이후', 제3묘역이 '1940년 이후'라고 한다.
98 『안중근 의사 묘역 현지 답사』; 『동아일보』 2009년 4월 23일자, 「"안중근 의사 유해 매장지는 뤼순감옥 동남쪽 300m지점 야산"」.
99 국사편찬위원회, 「安重根 死刑執行狀況 報告件」, 『통감부문서』 7, 413~414쪽.

수 있다고 규정되어 있다. 아울러 그 시행규칙 제181조에 따르면 "사망한 후 24시간이 경과하여 시체의 교부를 청하는 자가 없을 때는 제179조[100]의 경우를 제외하고 이를 감옥의 묘지에 가매장하고 화장하였을 경우 그 유골도 가매장하고 화장할 경우는 사망자의 씨명 및 사망 연월일을 기입한 목표(木標)를 세워야 한다."라고 되어 있다. 더구나 같은 시행규칙 제182조에 "시체 또는 유골을 합장하였을 경우는 합장자의 씨명과 사망 연월일을 합장부에 기재하고 합장 장소에 돌로 된 묘표(墓標)를 세워야 한다."라고 규정되어 있다. 따라서 안중근의 유해는 화장되었다고 하면 합장부에 기록하고 묘표를 세웠을 것이다. 이러한 사실에서 볼 때 유해를 임의대로 없앴을 가능성은 낮은 것으로 보인다.

더욱이 1946년 11월 11일 귀국한 안중근의 장녀 안현생이 "또한 저희들을 감격케 한 것은 해마다 선친이 돌아가신 3월 26일이면 중국 사람을 비롯한 외국 사람들까지도 그 묘지를 찾아 주었다는 사실입니다. 일본 사람들도 그날이면 분향을 했습니다. 얼마 전 향항(香港)을 거쳐 중국에서 돌아온 사람들이 전하는 바 지금도 그 묘지를 찾아주는 사람이 많다고 합니다."[101] 라고 한 증언을 보건대 안중근의 묘는 여순감옥 묘역에 있었던 것은 분명한 사실로 보인다.

이상에서 살펴본 바와 같이 이마이의 가설은 「여순비밀군사지도」를 근거로 본다면 그 타당성을 상실하는 것이다. 그렇다면 일제의 비밀군사지도에 나와 있는 묘지가 동산파라고 한다면 안중근의 묘지는 영원히 사라졌다고 볼 수 있는 것이다. 더욱이 향양가 뒷산이라는 주장도 증언 내지 추정에 근거한다는 점, 이들의 주장을 뒷받침하는 사적 증거가 없다는 점에서 이를 안중근의 유해가 있는 곳으로 단정하기에는 무리이다. 또한 유해를 화장해

---

100 주) 14 참조

101 안현생, 「독점특종 安重根의사 따님의 手記」, 『實話』 四月特輯號, 단기 4289년(1956년), 59쪽.

서 없앴다는 설도 설득력이 약하다.

그렇다고 희망의 끈을 놓아서는 안 된다. 유해에 대한 단서를 찾아내는 데 지속적 노력을 경주해야 한다. 이를테면 남북한과 중일이 함께 참여하는 연구조사 기관, 말하자면 국가 기관으로 '안중근의사 유해 조사·발굴송환 위원회'를 조직하여 지속적 발굴노력을 기할 필요가 있다. 그러한 과정 속에서 안중근의 염원인 동양평화 구현 방안을 연구하고 그의 사상을 실현하기 위해 남·북한, 한·중·일 관계를 지속적으로 강화시켜야 한다. 이것이 우리가 가져야 할 자세임은 분명하다. 무엇보다 유해발굴도 중요하지만 그의 정신을 이어받아 동양평화를 구현하는 것이 우리의 의무인 것이다.

5. 나오는 말

이상에서 필자는 일제의 불법적인 안중근유해 매장, 유해에 대한 논의과정, 유해 조사·발굴과정, 묘지의 위치에 대한 여러 가설을 종합적으로 살펴보면서 유해 발굴방안과 향후 전망도 아울러 검토해 보았다. 그 결과를 다음과 같이 정리하는 것으로 이 글을 맺고자 한다.

일제는 사형수의 유해를 가족이나 관계자에게 인도할 것을 감옥법으로 규정해 놓고 있었다. 그러나 일제는 자국의 법률마저 어겨가면서 '공안상'이라는 정치적 이유를 들어 유해의 인도를 거부하고 여순감옥 묘지에 그의 주검을 묻었다. 이는 유언대로 그를 하얼빈에 묻었다가는 그의 묘가 독립운동의 중심이 될 것이라는 일제의 두려움이 반영된 결과이다. 무엇보다 유해를 유족에게 넘겨주지 않은 것은 재판자체가 성립될 수 없다는 역사적 진실에서 보건대 국제법과 자국의 법률조차 어긴 불법을 넘어 반인륜적 범죄행위였던 것이다.

유해를 찾기 위한 우리들의 노력은 1948년 김구 이후 끊임없이 계속되었다. 무엇보다도 유해봉환에 결정적인 영향을 끼친 사건은 1980년대에 들어오면서 일본의 역사교과서 왜곡과 일본 관료의 망언을 극복하는 방안으로 진행된 독립기념관의 건립이었다. 독립기념관 건립을 주도한 인사들은 안중근의 유해봉환을 그 건립의 주된 명분으로 내세웠고 봉환을 위해 다방면의 노력을 경주하였다.

그러나 중국과 수교가 없는 상황에서 이는 불가능한 일이었다. 유해봉환의 가능성은 88올림픽이후 1992년 중국과 외교관계를 맺고서 본격화되었다. 이후 유해는 '안의사유해봉환 및 환국추진 위원회', '안의사 유해봉환위원회', 그리고 '안중근의사묘역추정위원회'가 주로 활동을 하였다. 그러나 여러 가지 가설을 고려해 볼 때 안중근묘지는 여순감옥 옆의 동산파(東山坡)일대에 있을 가능성이 가장 높다. 그렇다면 안중근의 유해는 영원히 사라졌다고 볼 수 있을 것이다.

그럼에도 불구하고 유해봉환을 추진했던 관계당국은 종합적 검토를 등한시하였을 뿐만 아니라, 우려의 목소리가 있었음에도 이마이가 제공한 사진과 증언에 근거한 일부의 주장에만 전적으로 의지해 2008년 발굴에 착수하여 혈세만 낭비하고서도 아무런 성과를 얻지 못하였다.

민족의 염원인 유해발굴은 동양의 미래라는 거시적 시각을 갖고서 접근할 필요가 있다. 이를 위해 정부는 관련 4개국(북한·한국·중국·일본)의 공동조직으로 '안중근의사 유해 조사·발굴 송환 위원회'를 만들 필요가 있다. 이는 안중근의 유해발굴도 중요한 문제이지만 '동양평화'를 구현하라는 유언의 실천이 무엇보다 중요하기 때문이다.

2

안중근의 군인관 형성과 전개

1. 들어가는 말

올해는 안중근 순국 100주년이 되는 해이다. 그동안 안중근에 대한 연구는 상당히 축적되었다. 안중근은 사상가, 종교가, 교육가, 계몽가, 대시가, 서예가, 대여행가 등으로 평가되었다.[1] 안중근의 삶은 그의 종교를 떼어놓고서는 설명할 수 없다. 특히 그는 역사문제의 해결을 신의 명령(천명)으로 여겼고 그 명령을 따르는 것을 신자의 의무로 생각하였다. 독립을 무조건 유지하는 것이 일제의 침략에 직면해 있던 한국의 역사문제였다. 이를 해결하지 못하면 역사의 단절과 비극을 초래한다는 것은 자명한 일이었다. 안중

---

1 계봉우는 안중근을 상무가(尚武家), 대종교가, 대교육가, 대시가, 대여행가, 사군이충(事君以忠), 사친이효(事親以孝), 교우이신(交友以信), 임전무퇴(臨戰無退)의 정형라고 평가하였다(계몽우, 「만고의사 안중근전」, 『권업신문』 1914년 6월 28일자·7월 5일자·7월 12일자·7월 19일자·7월 26일자·8월 2일자·8월 9일자·8월 16일자·8월 23일자·8월29일자 참조).

근은 이러한 역사문제를 천명으로 여기고 대한제국의 독립을 담보하기 위해 이토 히로부미(伊藤博文)를 처단했다.

안중근의 위대성은 한국을 넘어 세계의 평화 유지를 역사문제이자 천명으로 여겼다는 사실에서 발견할 수 있다. 이는 한국의 운명을 세계의 그것과 일치시켰다는 의미이다. 이러한 면에서 그는 천명을 실천하였기에 천당에 간다고 굳게 믿었다.

안중근은 또한 교육가였다고 평가할 수 있다. 그는 한국의 독립을 유지할 수 있는 길은 교육에 있다는 신념을 갖고 있었다. 때문에 을사늑약이라는 비극적인 상황 속에서 구국의 방책을 궁리하였고, 그 결과 삼흥학교를 설립하였고 돈의학교를 운영하였다. 특히 삼흥학교에서 영어를 중점으로 가르쳤다는 것은 세계의 변화에 민감하게 대응하려는 의지를 표출한 것으로 볼 수 있다.

그는 진정한 의미에서 유일한 한국근대의 계몽가였다. 일반적으로 한국에서 '계몽' 또는 '개화'라는 의미는 서양화를 뜻한다. 한국근대 계몽가들은 근대화를 서양화라고 생각하였고 일본을 서양화의 모범으로 여기고, 일본의 제도와 문물을 한국에 정착시키는 것을 문명국으로 가는 길이라고 생각했다. 그 근저에는 자국문화에 대한 철저한 경시를 배경으로 하고 있었다.

이에 반하여 안중근은 일본의 식민지 근대화론에 경도된 근대한국 계몽가들과 근본적으로 달랐다. 오히려 그는 일본을 계몽할 대상을 보았다. 그에게 계몽이란 도덕성의 회복이었다. 일본은 도덕성을 잃고 이웃나라에 대한 침략을 일삼는 타락한 국가였다. 따라서 일본이 도덕성을 회복하는 길만이 한국의 독립을 보장할 수 있는 방안이자 세계평화를 유지할 수 있는 첩경으로 보았다. 의거도 이러한 면에서 일제를 계몽의 대상으로 여긴 결과였다.

안중근은 그때그때마다 느낀 점을 시에 담았다. 그의 시는 단순한 감정의 유희에 집중되지 않았다. 천명의 실천의지를 표현한 것이며 독립투쟁의 극한에서 자신을 지키기 위한 수단이었던 것이다. 따라서 그의 시에서 관념을 넘어 현실 개조와 창조에 몰두하는 자세를 느낄 수 있는 것이다. 시와 더불어 국가안위노심초사(國家安危勞心焦思), 위국헌신군인본분(爲國獻身軍人本分), 견리사의견위수명(見利思義見危授命) 등의 유언과 같은 유묵도 그의 총체적인 사상성과 군인관을 엿볼 수 있다는 점에서 주목된다.

그런데 그는 이토처단의 명분으로 자신이 군인이라는 점을 근거로 내세웠다. 이러한 사실은 그의 많은 면 중에서 그가 의병(군인)이었다는 측면을 결코 경시할 수 없음을 보여주고 있다. 그럼에도 안중근을 군인으로서 주목하는 논저는 거의 보이지 않는다. 이에 필자는 이 글에서 그동안 크게 주목받지 못한 안중근의 군인관 형성과 전개 과정을 구체적으로 밝히면서 군인 안중근에 착목하고자 한다.

2. 상무정신의 형성과 발현

1) 집안의 내력과 무인기질 형성

안중근의거는 그의 가문 성향과도 일정하게 연관되어 있다.[2] 순흥안씨(順興安氏) 참판공파(參判公派)에 속하는 그의 집안이 무반가문으로 본격 등장한 것은 5대조 안기옥(安起玉)대부터이다. 안기옥의 아들들 즉, 안중근의 4대조인 안영풍(安永豊)·안지풍(安知豊)·안유풍(安有豊)·안순풍(安順豊)은 모두 무과에 급제하였다. 안지풍의 맏아들이자 안중근의 증조부인 안정록(安定祿)과 안유풍의 아들 안두곽(安斗亭), 손자 안인환(安仁煥), 그리고 안순풍의 아들 안신형(安信亭) 등이 무과에 급제하였다. 뿐만 아니라 안유풍의 손자 안인권(安仁權)이 절충장군이라는 품계를 받았으며, 안인필(安仁弼)도 중앙 군사조직

---

2 안중근 가문의 자세한 내력은 오영섭, 「개화기 안태훈의 생애와 활동」, 『한국근현대사를 수놓은 인물들(1)』, 경인문화사, 2007, 221~226쪽 참조

오위(五衛)의 정6품 군직인 사과를 지냈다. 안중근의 조부 안인수(安仁壽)도 무반 명예직 종6품 진해현감을 지냈고, 안중근의 백부 안태진(安泰鎭)도 해주부의 무반직인 군사마였다.

박은식과 함께 황해도 신동으로 평가받는[3] 안중근의 부 안태훈[4]은 특히 삼비팔주(三飛八走)라는 유명한 11명의 한 사람이었을 정도로 뛰어난 문장가였다.[5] 안태훈에게서는 문장가뿐만 아니라, 한고조가 유방을 도와 한나라를 건국할 때 애용한 병법서인 황석공(黃石公)의 『소서(素書)』 구절을 벽에 붙여 놓고 즐겨 암송했다는 일화에서[6] 병법가로서의 면목도 엿볼 수 있다. 이러한 안태훈의 무인기질은 포수를 집에서 양성하였다는 점, 황해도지방의 동학을 진압하였다는 점에서도 잘 드러나고 있다.

이처럼 안중근은 상무기풍이 농후한 가문에서 태어나 성장하였다. 때문에 그에게서 볼 수 있는 무인기질은 이후 전개된 의병전쟁과 이토처단의 중요한 배경이었던 점도 안중근의 전체상을 이해하는 데 중요한 대목이다.

안중근의 무인기질은 그의 어린 시절 학문에 힘쓰지 않아 부친의 명예를 훼손하고 있는 친구들의 비판에 대해 다음과 같이 대답한 데서 그대로 드러나고 있다.

　　　　네 말도 옳다. 그러나 내 말도 좀 들어보아라. 옛날 초패왕 항우(楚

---

3 박은식, 「白巖朴殷植先生略歷」, 『朴殷植全書』 下, 동국대학교부설동양학연구소, 1975, 286쪽.
4 오영섭은 안태훈이 과거합격자를 기록한 『사마방목』에 나오지 않고 그의 동생인 안태건(安泰件)이 1891년 사마시에 합격한 것으로 등재되어 있다고 하면서 그 이유를 개화파에 속한 그가 갑신정변에 관여했던 전력과 민씨척족의 탄압을 피하기 위해 동생 안태건의 이름으로 과거를 본 사정으로 안태건의 이름이 등재되었다고 주장하고 있다(오영섭, 「개화기 안태훈의 생애와 활동」, 『한국근현대사를 수놓은 인물들(1)』, 경인문화사, 2007, 231쪽). 일면 이러한 주장은 타당성이 있다. 그러나 공문서에 안태훈을 진사라고 기록한 것을 보건대 이러한 주장은 좀 더 엄밀한 연구가 필요한 과제이다.
5 김구 저 / 도진순 주해, 『백범일기』, 돌베개, 1997, 58쪽.
6 위의 책, 58쪽.

覇王項羽가 말하기를 「글은 이름이나 적을 줄 알면 그만이다」라 했는데, 만고영웅 초패왕의 명예가 오히려 천추에 남아 전한다. 나도 학문 가지고 세상에 이름을 드러내고 싶지는 않다. 저도 장부요, 나도 장부다. 너희들은 다시 더 나를 권하지 마라.[7]

위의 일화에서 안중근은 학문으로서 세상에 이름을 날리려는 생각을 갖고 있지 않고 있었음을 알 수 있다. 이는 물론 한 측면에서 가문의 상무기풍이라는 점에서 설명될 수 있고, 다른 측면에서 안태훈이 중앙무대의 박영효 일파의 일원으로 활동하다가 박영효의 몰락으로 낙향하여 출세를 단념하고 청계동으로 들어온 일련의 상황과도 관련이 있는 것으로 보인다. 이러한 맥락에서 안태훈이 안중근에게 학문을 하도록 강요하지 않았던 점이 이해된다.

1895년 2만에 달하는 동학군이 청계동으로 몰려 왔다. 70여 명으로 2만의 동학군을 물리쳤다는 안중근의 기록은 좀 과정된 점도 있지만 병세(兵勢)로 볼 때 청계동은 동학군의 상대가 되지 못한 것이 객관적인 사실이다. 안중근 가문과 동학의 충돌은 다양한 측면에서 해석할 수 있지만 안중근의 상무정신이 잘 발휘되었다는 측면에서 주목되는 사건이었다. 동학군의 기세에 눌려 있던 청계동의 사람들에게 안중근은 "만일 지금 적진을 습격하기만 하면 반드시 큰 공을 세울 것이다."라고 독려하였으나 청계동 사람들은 여전히 승리를 장담하지 못하였다. 이러한 상황에서 안중근은

그렇지 않다. 병법(兵法)에 이르기를 「적을 알고 나를 알면 백 번 싸워 백 번 이긴다」고 했다. 내가 적의 형세를 보니 함부로 모아 놓은 질서 없는 군중이다. 우리 일곱 사람이 마음을 같이 하고 힘을 합하기만

---

7 안중근, 「안응칠역사」(최이권 편역, 『愛國衷情 安重根 義士』, 법경출판사, 1990), 74쪽.

하면 저런 난당(亂黨)은 비록 백만 대중이라고 해도 겁날 것이 없다. 아직 날이 밝지 않았으니 뜻밖에 쳐들어가면 파죽지세(破竹之勢)가 될 것이다. 그대들은 망설이지 말고 내 방략대로 좇으라.[8]

라는 전략을 제시하였다. 여기에서 주목할 대목은 안중근이 '병법'을 언급하고 있다는 사실이다. 이는 안중근이 평소 병법에 대한 관심을 갖고서 연구를 하였음을 의미하는 것이다. 여기에서 병법서『소서(素書)』를 즐겨 암송한 안태훈의 상무적 기질이 안중근에게 이어진 사실을 알 수 있다.

이러한 안중근이기에 "친구와 의(義)를 맺는 것(親友結義), 술 마시고 노래하고 춤추는 것(飮酒歌舞)", "총으로 사냥하는 것(銃砲狩獵), 날랜 말을 타고 달리는 것(騎馳駿馬)"[9]이라고 하는 네 가지를 평생 즐겼던 것이다.

이와 같은 특성은 "그래서 멀고 가까운 것을 가리지 않고 만일 의협심 있는, 사나이다운 사람이 어디서 산다는 말만 들으면, 언제나 총을 지니고 말을 달려 찾아갔었고, 과연 그가 동지가 될 만하면 감개한 이야기로 토론하고 유쾌하게 실컷 술을 마시고서 취한 뒤에는 혹 노래도 하고 혹 춤도 추고"라고 한 그의 말에서 알 수 있듯이 잘 갖추어진 호연지기(浩然之氣) 위에 형성된 것이라고 할 수 있다.

2) 계몽운동기의 상무정신 발현

1895년 7월 이전부터 천주교에 호의를 갖고 있던[10] 안태훈의 영향을 받은 안중근의 천주교 입교는 그의 인생에 큰 전환점이 되었다. 무인기질이

---

8 위의 책, 79~80쪽.
9 위의 책, 87쪽.
10 신운용, 「안중근의거의 사상적 배경」, 『안중근과 한국근대사』, 채륜, 2009, 225쪽.

충만한 안중근에게 천주교 입교는 현실을 보다 깊이 있게 성찰할 수 있는 계기가 되었고, 또한 동시에 그의 무인기질이 보다 세련미를 갖출 수 있는 기반이 되었다고 볼 수 있다.

안중근은 당시 한국의 수준을 한 단계 올리기 위해서는 교육이 중요하다고 생각하였다. 그리하여 뮈텔주교를 찾아가 천주교대학의 건립을 주장하였다. 그러나 뮈텔주교는 "한국인이 만일 학문이 있게 되면, 교 믿는 일에 좋지 않을 것이니, 다시는 그런 의논을 꺼내지 말라."라는 답변을 하였다. 뮈텔주교의 이러한 반응은 안중근이 외세의 본질을 통찰하는 계기가 되었다. 그리하여 하느님을 믿겠지만 외국인은 못 믿겠다며 분개하였던 것이다. 이 사건은 안중근의 민족의식을 강화시키는 계기가 되었다.

이러한 안중근의 민족의식은 민권의식과 연동되어 있었다. 즉, 천주교 전교활동을 통해 민권을 "천명의 본성으로 천주가 태중에서부터 불어넣은 것"으로 인식한 그는 민권의 구현만이 문명독립국가를 이룰 수 있는 방책으로 보았다. 이러한 깨달음은 구체적으로 '김중환(金仲煥)의 옹진군민 돈 5000냥 갈취사건', '군인 한원교의 이경주(안중근의 친구) 살해사건', '안태훈을 폭행한 청나라 한의사 서원훈(徐元勛) 응징사건' 등에서 구현되었다.[11]

안중근은 천주교 전교활동을 열심히 하는 가운데 천주교인들이 관료들의 핍박을 받은 사건인 김중환(金仲煥)의 옹진군민 돈 5000냥 갈취사건이 일어났다. 안중근은 총대로 선출되어 김중환과 단판을 벌였다. 우여곡절 끝에 안중근은 김중환의 사과와 배상약속을 받고 문제를 해결하였다.[12]

안중근은 그의 친구 이경주의 부인과 재산을 빼앗은 군인 한원교를 추적하였다. 하지만 이경주(안중근의 친구)는 한원교가 보낸 자객에게 살해되는 비극적인 삶을 살았다.[13] 그는 천주교인들과 협력하여 이경주의 땅을 나라에

---

11 이에 대해서는 신운용, 「안중근의 민권·민족의식과 계몽운동」, 『안중근과 한국근대사』, 92~97쪽 참조.
12 위의 논문, 92~93쪽.

속공(屬公)시켰다.

안중근은 안태훈이 1904년 4월 20일 치료를 받는 과정에서 청국 의사 서원훈에게 '구타'를 당하였다는 소식을 친구 이창순으로부터 전해 들었다. 이창순과 함께 서원훈을 찾아갔다. 서원훈이 이들을 위협하자 안중근이 총으로 제압하였다. 이후 안중근은 서원훈을 고발하였으나[14] "외국인을 재판할 수 없다."라는 법관의 말을 듣고 귀가해야만 했다.

그런데 그로부터 5·6일 후 서원훈이 자객을 보내어 이들에게 위해를 가하려고 하였다. 안중근은 무사하였으나[15] 오히려 서원훈은 진남포 청국 영사에게 고소하여 청국 순사 2명과 한국 순검 2명이 그를 체포하려고 하였다. 7월경 서울 등지로 도피하여 무사할 수 있었던 안중근은 이하영 등에게 규명운동을 전개하였다. 그 결과, 사건은 다시 진남포재판소로 환부되어 무죄판결이 선고되었다.[16]

특히 이때 그가 "청나라 의사의 행위가 이와 같을진대 우리 백성의 생명을 어찌 지킬 도리가 있겠는가(如淸醫之所爲면 我韓民生이 豈有支保之道乎잇가)."[17]라고 부르짖은 사실에서 시대의 문제를 해결하려는 강렬한 의지를 느낄 수 있다. 이러한 인식은 국가안위를 늘 노심초사하는 그의 상무정신에 기반하고 있다는 것은 두말할 필요도 없는 것이다.

한국 독립과 동양 평화의 유지라는 역사문제의 해결과 관련하여 안중근의 상무정신이 직접적으로 발현된 사건은 '하야시 곤스케 대리공사와 부일파 처단 계획'이었다. 러일전쟁 와중인 1904년 6월 일제는 한국침략을 더욱 노골화하여 황무지 개척권을 요구하였다. 이에 대항하기 위하여 심상진(沈相震) 등이 보안회를 조직하였다. 안중근은 서원훈과의 법적 분쟁을 벌이면서

---

13 위의 논문, 94쪽.
14 서울대 규장각, 『外部訴狀』, 2002, 551~552쪽.
15 국사편찬위원회, 『각사등록』 제25권(황해도편 4), 1987, 427쪽.
16 국사편찬위원회, 「憲機 第二六三四號」, 『한국독립운동사』 자료 7, 243쪽.
17 서울대 규장각, 『外部訴狀』, 552쪽.

도 일제의 본격적인 침탈에 정면으로 대응하려고 하였다. 그리하여 그는 보안회를 찾아가 장정 20명을 준비하였으므로 보안회의 장정 30명과 함께 하야시를 제거하자는 제의를 하였다. 그러나 그는 이를 거절하는 보안회를 책망하는 것에 머물고 실행에 옮기지는 못하였던 것이다.[18]

여기에서 안중근이 구체적으로 일제를 응징할 무력을 준비하고 있다는 사실을 착목할 필요가 있다. 그는 '무력대응'을 기울어져가는 국가를 살릴 수 있는 중요한 방안이라고 확고히 인식하고 있었다. 이처럼 시대상황과 연동되어 구체적으로 표출되던 상무정신은 그의 삶을 지탱하는 중요한 에너지원이 되었던 것이다.

또한 러일전쟁의 발발 무렵 안중근의 국제정세 인식과 그 해법도 그의 상무정신과 관련하여 큰 의미를 갖는다. 안중근은 러일전쟁에서 어느 나라가 승리하든 한국이 큰 위험에 빠질 것으로 보았다. 그 해결방안으로 그는 해외에 국권을 회복을 위한 기지 건설이라는 야심찬 계획을 구상하였다. 이는 한국에 유리한 외교적 환경을 조성한 다음 결정적으로 무력으로 주권을 회복하고자 하는 포석이었다.[19]

---

18 이는 다음의 사료에서 엿볼 수 있다. "흐로난 쳥인 일명이 즈긔의 부친과 흠의 다토다가 쥬목으로 챠며 발노 차고 갓눈디 즁근이 산영흐고 집에 도라와서 그 말을 듯고 분긔를 춤지 못흐야 그 쳥인을 쫏츠가 안악군 등디에 맛나 총을 노와 죽이고 인흐여 피신 츠로 상경흐니 이 째는 한일간에 즁대훈 문뎨가 층성텹츌할 째이라 보안회가 창셜되엿거늘 안즁근이 그 회에 입참코져 흐야 그 회 회쟝을 차져가 보니 시국스를 담론흐더니 그 회쟝이 목덕을 무르미 안즁근이 디답흐기를 내가 림권조를 버리려고 쟝명 이십명을 쥰비흐엿스니 회즁에서 삼십명만 틱츌흐여 도합 오십명으로 결스디를 조직흐면 림권조 죽이기는 여반쟝이라 흐디 회쟝이하가 모다 묵묵부답흐미 안즁근이 박쟝대쇼흐며 말하기를 버려기흔 인싱이 여러 쳔명의 두령 노릇을 엇지흐리오 흐고 즉시 쩔치고 니러나셔."(『大韓每日申報』 1909년 12월 3일자, 「안중근 력력」) "明治三十八年(一九0五) 新條約 締結時 京城으로 나가 儒生 等이 創設한 保安會(協約 反對를 目的으로 組織한 것)에 가서 그 會의 首領을 찾아가 該會의 注意 方針을 따지고 그 不振함을 罵倒하고 또한 말하기를 나에게 지금 決死의 部下 五十名이 있다. 만약 保安會에서 決死隊 二十名을, 모아 我와 일을 같이 하게 된다면 京城에 있는 日韓 官吏를 屠殺하고 나아가 日本으로 건너가 日本當務者를 暗殺하여 그 壓迫을 免케 하는 것은 손바닥을 뒤집는 것보다 쉽다고 말했으므로 同會 首領이 이를 叱責하고 放逐한 일이 있다고 한다."(국사편찬위원회, 「憲機 第二六三四號」, 『한국독립운동사』 자료 7, 1977, 243쪽)

이러한 해외기지건설계획을 갖고서 상해로 가서 민영익의 집을 방문하고 상인 서상근을 만났다. 특히 그는 서상근에게 "만일 국민이 국민된 의무를 행하지 아니 하고서 어찌 민권과 자유를 얻을 수 있을 것이오."[20]라고 하면서 "지금은 민족세계인데 어째서 홀로 한국 민족만이 남의 밥이 되어 앉아서 멸망하기를 기다리는 것이 옳겠소."[21]라고 하였다. 여기에서 두 가지를 확인할 수 있다. 하나는 민권의 회복을 국민의 의무라고 확신하고 있다는 것이고, 다른 하나는 세계를 '민족'을 중심으로 인식하였다는 것이다. 이처럼 그는 정립된 강렬한 민권·민족의식을 갖고 있었던 것이다.

그러나 해외기지건설계획은 현실적으로 불가능하다고 판단한 안중근은 르각신부의 조언에 따라 교육사업에 진력하였다. 안중근이 교육을 구국의 방책으로 삼은 것은 천주교대학건립시도에서도 잘 드러나고 있다. 이러한 맥락에서 민족관과 국가관이 투철한 안중근은 한국인을 선교의 대상으로만 여긴 천주교 상층부와 본질적으로 다른 길을 갈 수 밖에 없었다.

그리하여 그는 스스로 교육사업에 뛰어들어 삼흥학교를 설립하고 돈의학교를 운영하였다. 삼흥학교에서 안중근은 영어를 가르치며 학문의 중요성을 강조하였다. 외사경찰인 순검 정씨가 비번이면 자진하여 상무정신을 기르기 위해 학생들에게 체조를 가르친[22] 돈의학교는 1908년 9월 15일에 평안도와 황해도의 80여 학교에서 온 3천여 명의 학생들과 교사 등 학교관계자 1천여 명이 참가한 운동회에서 3등을 차지하는 성과를 올렸다.[23]

이처럼 안중근이 문무의 조화를 추구하였다는 사실은 그를 평가함에 있

---

19 신운용, 위의 논문, 101~104쪽.

20 안중근, 「안응칠역사」, 154쪽.

21 위와 같음.

22 『경향신문』1907년 7월 20일자, 「雜報」. 안중근이 가입한 서우학회의 취지서에서도 그 창립 목적을 "我同胞靑年의 敎育을 啓導勉勵ᄒ야 人才를 養成ᄒ며 衆智를 啓發홈이 卽是國權을 恢復ᄒ고 人權을 伸張ᄒ는 基礎"라고 강조하였다(아세아문화사, 『西友』제1호, 1978, 1쪽). 돈의학교에서 체육이 강조된 것은 이러한 맥락에서 이해될 수 있다.

23 조광, 「安重根의 愛國啓蒙運動과 獨立戰爭」, 77쪽.

어 꼭 짚고 넘어가야 할 부분이다. 안중근은 군인의 신분으로 이토를 처단하였다. 하지만 그는 평범한 군인이 아니었다는 것은 누구나 인정하는 바이다. 그는 목숨을 던져 이토를 처단함으로써 식민지로 전락하는 한국을 건져 올리려고 하였다. 또한 그는 한국과 세계를 동일한 운명체로 여겨 한국의 멸망을 곧 세계의 멸망으로 여겼다. 때문에 그는 당시 풍미하던 제국주의 시대를 평화의 세계로 격변시키기 위한 이론인 '동양평화론'의 완성에 죽는 그 순간까지 매달렸던 것이다. 그러므로 그는 과거를 지나 이 시대를 관통하여 한국과 세계의 미래를 담보할 수 있는 동양평화론을 제창한 사상가로 평가되고 있는 것이다. 이처럼 그는 한국군의 이상적인 군인상이라고 할 수 있는 "문무를 겸비한 군인"이었던 것이다.

이와 같은 그의 민족의식이 1907년 3월경 간도망명 결심을 듣고 만류한 빌렘신부에게 "종교보다 국가가 더 중요하다."라고 한 선언에서 얼마나 확고한 것인지를 알 수 있다. 그의 민족의식은 곧 국가의식으로, 이는 국가의 안위를 가장 중요한 존재이유로 삼는 군인의식과 일맥상통하는 것이다. 그러므로 그가 대한의군 참모중장의 자격으로 이토를 처단하였다고 주장한 이유가 바로 여기에 있음을 지적하지 않을 수 없는 것이다.

3. 상무정신의 실천

1) 의병전쟁과 군인정신

안중근은 1907년에 들어와 국내 활동의 한계를 절실하게 느끼었다. 그리하여 그는 1905년에 계획했던 해외기지건설계획을 다시 고려하기 시작하였다. 이를 실천하기 위해 안중근은 1907년 3월경 빌렘신부를 만나 해외기지 건설계획을 상의하려고 하였다. 그러나 빌렘신부는 교육에 의한 구국운동을 고집하여 안중근과 마찰을 빚었다. 또한 동생들의 반대도 만만치 않았다.

하지만 그는 이 계획을 포기할 수 없었다. 그리하여 서울로 상경하여 독립운동가들과 교분을 다지면서 향후 방략을 모색하였다.

1907년 7월은 한국근대사의 크나큰 격변기였다. 7월 18일 고종의 퇴위, 7월 24일 정미7조약, 7월 27일 결사금지를 강제한 보안법 공표, 8월 1일 한국군대 해산 등 일제의 침략정책이 더욱 노골화되고 있었다. 이러한 상황 속에서 안중근은 1905년에 구상했던 해외독립기지건설계획을 구체화하려는 의지를 더욱 굳건히 하였다. 그리하여 1907년 8월 1일 서북학회의 요인 김달하의 아들 김동억과 함께 경성을 출발하였다. 일설에 김달하는 안중근에게 만주망명을 제안한 김진사라는 주장이 있다.[24] 이러한 주장이 사실이라면 그의 간도행은 개인자적으로만 볼 수 없는 서북학회 등의 세력과 일정한 관계 속에서 추진된 계획이라고 평가할 수 있다.

경성을 출발한 안중근은 부산초량 객주가에서 하루 이틀 머문 후 신호환(神戶丸)으로 원산에 도착하였다. 이후 9월 10일경 간도에 도착하여 천주교인들이 많이 사는 불동(佛洞)의 천주교인 남(南)회장 집에 여장을 풀었다. 간도에서 용정 등을 시찰하면서 이상설이 세운 서전서숙을 방문하였으나 이상설은 이미 헤이그로 떠난 뒤였다.

간도에 왔을 때만 해도 안중근은 구국방책으로 계몽운동에 입각한 교육사업에 진력하려는 생각을 갖고 있었다. 하지만 8월 23일 간도에 간도파출소를 설치하는 등 일제의 간도 장악력이 강화되고 있었다. 이러한 상황에서 교육으로만 국권을 회복할 수 없음을 절실하게 느낀 안중근은 뭔가 다른 방책을 강구해야만 했다.[25] 교육운동으로는 국권회복이 불가능하고 보다 강력

---

24 오영섭, 「간도지역 독립운동과 안중근이 지도한 의병전선」, 『동북아평화와 안중근의거 재조명』, 안중근 하얼빈학회·동북아역사재단, 2008, 14쪽.

25 이는 다음의 사료에서 볼 수 있다. "또 나는 間島의 同胞를 視察하는 한편 民智 開發을 꾀할 생각이며 義兵을 일으킬 생각은 毛頭 만큼도 없었던 것이다. 그런데 同地에서 內地의 形勢를 보니 날로 同胞는 不幸에 빠질 뿐이므로 不得已 義兵을 일으켜 天下를 向해 伊藤이 韓民을 壓制하는 것을 公表하고 한편으로는 日本 皇帝에게 伊藤의 政略에 韓民이 滿足하고 있지 않음을 알리고 韓民이 日本의 保護를 願한다는 것은 事實이 아니라는 뜻을 呼訴하

한 행동이 필요함을 깨달은 그는 한국인들이 이토의 정책에 찬동하지 않으며 일본의 한국보호정책의 허구성을 폭로할 목적으로 거병을 결심하였다.[26] 그리하여 그는 본격적으로 국권회복의 방안으로 무력투쟁 즉 의병전쟁으로 전환하였다.

물론 이러한 결심은 국가위기 때마다 등장하는 그의 상무 기질의 발현으로 이해된다. 그런데 그가 1904년 구상한 하야시와 부일세력 처단계획은 개별적인 협력을 전제로 한 것이었고, 또한 1905년 해외에 망명하여 외교와 무력으로 국권을 회복하려는 해외기지건설구상도 생각으로만 그치고 말았다. 이와는 달리 1907년 간도에서의 결심은 국권회복의 방안으로 "거병밖에 없다."라는 확신 위에 노령지역 의병세력과의 광범위한 연대를 기반으로 하였다는 데 그 의미가 있다.[27]

안중근은 10월 말경 블라디보스토크에 도착하였다. 그곳에서 청년회에 가입하여 활동을 하며 엄인섭·김기룡과 의형제를 맺는 등 활동공간을 넓혀갔다. 11월 그는 노령 의병의 중심세력을 이끌고 있던 이범윤을 만나 "이토가 극악해져서, 위로는 임금을 속이고 백성들을 함부로 죽여 신의를 버리는 데 그치지 않고, 세계를 위협하고 있으니 그야말로 역천한 자이므로 하늘의 뜻에 순응하여 일본을 치는 것은 천명이다."[28]라고 하였다.

그런데 여기에서 안중근이 거병을 '천명(天命)'에 근거하여 설명하고 있는 점은 그의 사상성과 관련하여 의미 있는 대목이다.[29] 이는 대일항쟁의 이론적 근거를 천명론에 두고 있음을 의미하는 것이다. 다시 말해 거병이 단순히 외적에 대한 의병으로서의 의무를 넘어 하늘의 절대적 명령이라는 것이

려는 데 있었다."(국사편찬위원회, 「境경시의 訊問에 對한 安應七의 供述(第1回)」, 『한국독립운동사』 자료 7, 394쪽)

26 신운용, 「안중근의 의병투쟁과 활동」, 『안중근과 한국근대사』, 127쪽.

27 위의 논문, 128쪽.

28 안중근, 「안응칠역사」, 168~169쪽.

29 신운용, 「안중근의거의 사상적 배경」 참조

다. 이러한 의미에서 그는 "만일 하늘이 주는 것을 받지 않으면 도리어 그 벌을 받게 되는 것이니 어찌 각성하지 않을 것입니까. 원컨대 각하께서는 속히 큰일을 일으켜서 시기를 놓치지 마십시오."라며 이범윤에게 거병을 촉구하였던 것이다.

이는 다른 측면에서 의병(군인)은 위국헌신이라는 천명의 실천을 의무로 삼는다는 그의 군인정신과 관련성이 있는 것이다. 하늘의 명령은 절대성을 함축하고 있는 것이다. 그런데 안중근의 경우 천의 실체는 그가 믿고 있던 천주와도 맞닿아 있지만 우리의 전통적인 천관(天觀)과도 일맥상통하는 면이 있다는 점도 지적되어야 한다. 즉, 세종은 용비어천가 120장에서 "백성이 하늘이다."라고 선포하였고, 동학에서도 인내천(人乃天)이라고 선언하였다.

이러한 사상은 한국인 안중근의 의식 내면에도 흐르고 있었던 것이다. 따라서 안중근의 천은 절대자를 의미하기도 하지만 그 실체는 바로 나랏사람들임을 알 수 있다. 이러한 점에서 천명의 실현은 한국 독립과 세계 평화의 실현이라는 나랏사람들의 열망과 연결되는 것으로 해석할 수 있다. 그러므로 안중근이 거병을 천명이라고 여겨 이를 실천하지 않으면 하늘의 벌을 받는다는 논리는 국가의 위망을 방관하는 군인(의병)은 곧 천인 백성의 버림을 받는다는 그의 군인관과 상호 관련성이 있는 것으로 해석될 수 있다.

이러한 의미를 갖는 거병을 이범윤은 시기상조라고 하여 일단 거절하였다. 그러나 1908년 5월경에 들어서면서 대일전쟁의 분위기는 무르익었다. 1908년 3월 21일 장인환·전명운이 부일성향 미국인 스티븐스를 처단한 의가가 일어나고 3월말에는 함경도에서 의병이 일어나 무산방면에서 일본군을 궤멸시키고 무산시를 장악하는 등 5월에는 의병전쟁 참여자가 11,400여 명에 달하였으며 6월에는 31,245명으로 급증하였다.

이러한 상황 속에서 안중근은 4월경 갑산의 홍범도를 찾아가서 연합을 시도하였으나 실패하였다. 다시 6월 홍치범·윤치종·김기열을 대동하고 회령방면에서 홍범도를 만나는 등 지속적으로 국내진격작전을 모색하였다. 이범윤도 5월초 연추를 떠나 훈춘의 산악지방으로 이동하여 거병을 모색하였고, 노령한인 중에서 가장 영향력이 큰 최재형도 이위종과 더불어 의병부대의 조직에 분주하였다. 하지만 러시아의 압력을 받고 있던 최재형은 바로의병을 조직할 수 없었다.

이처럼 노령한인들이 발 빠르게 움직이고 있는 가운데 4월에 동의회가 발기되어 5월 창립되는 등 거병의 기반이 갖추어져 갔다. 드디어 최재형을 중심으로 이범진이 이위종에게 보낸 1만 루블과 각지로부터 기부받은 6천 루블, 최재형의 1만 3천 루블을 기반으로 거병 군자금이 마련되었다.[30] 안중근도 여러 지역을 돌며 모금한 약 4천 루블의 군자금을 쾌척하였다.[31] 이 돈으로 100여 정의 총을 마련하여 의병들을 무장시켰다.

군자금의 확보는 의병조직의 편성으로 이어졌다. 안중근은 총독 김두성(金斗星),[32] 대장 이범윤을 중심으로 하는 의병부대를 결성하였다고 『안응칠

---

30 日本 外交史料館,「排日鮮人退露處分ニ關スル件」,『在西比利亞』第5卷.
31 국사편찬위원회,「憲機 第二六二四號」, 위의 책, 235쪽.
32 김두성이라는 인물의 실존성에 대한 것은 여전히 풀리지 않는 숙제로 남아 있다. 즉, 조동걸은 김두성을 유인석으로 보았다(조동걸,「安重根義士 재판기록상의 인물 金斗星考」,『韓國近現代史의 理想과 形象』, 푸른역사, 2001, 123쪽).

반면, 신용하와 오영섭은 실존인물이라고 주장하고 있다(신용하,「安重根의 思想과 義兵運動」,『한국민족독립운동사연구』, 을유문화사, 1985, 163쪽; 오영섭,「간도지역 독립운동과 안중근이 지도한 의병전선」,『동북아 평화와 안중근 의거 재조명』(안중근 의거 99주년 기념 국제학술회의), 안중근 하얼빈학회·동북아역사재단, 2008, 30쪽). 그러나 김두성은 최재형일 가능성이 높다. 왜냐하면 동의회는 최재형과 이범윤의 양대파의 합작으로 성립되었는데, 이범윤에 필적할 사람은 당시 최재형밖에 없기 때문이다. 또한 일제의 사료도 안중근을 최재형의 부하로 파악하였다는 점도 이를 뒷받침하고 있다(국사편찬위원회,『한국독립운동사』자료 7, 263쪽).

아울러 최재형의 의병조직은 우영장에 안중근이, 좌영장에 엄인섭이 각각 임명되고, 이들의 상관인 조영장(都營將)을 전제익이 맡았다. 형식적으로 전제익이 중심이 된 의병대였으나, 실질적인 최고 상관은 최재형이었다. 문제는 안중근이 최재형을 김두성이라고 기술한 이유가 분명하지 않다는 데 있다. 이에 대해 반병률은 안중근이 최재형을 보호하기 위해서 그렇게 기술하였다고 주장하고 있다(반병률,「안중근(安重根)과 최재형(崔在亨)」,『역사문화연구』33, 한국외국어대학교 역사문화연구소, 2009 참조).

하지만 이범윤 등의 인물에 대해서는 그대로 진술하고 있다는 측면에서 그럴 가능성은 없다. 『안응칠역사』에 많은 인물들이 등장하는데 최재형에 대한 언급이 없다는 점도 앞으로 해결해야 할 문제이다. 이에 대한 자세한 내용은 신운용,「한국의 안중근연구에 대한 비판적 검토(둘)」,『남북문화예술연구』11, 남북문화예술학회, 2012 참조

역사』에 기록하고 있다. 그런데 이범윤을 능가하는 인물로 김두성에 대한 기록은 발견되지 않고 있다. 이는 김두성이 가공의 인물일 가능성이 높다는 의미이다. 따라서 김두성이 실존인물인가 하는 것이 논란의 대상이 될 수 있지만 김두성 역할을 할 만한 인물은 최재형일 가능성이 크다. 그 이유는 자금과 무기의 조달 능력, 한인의 지지와 존경도, 의병세력의 장악력이라는 점 등에서 이범윤을 능가할 사람은 최재형밖에 없기 때문이다. 의병세력은 이범윤파의 창의회와 최재형파의 동의회로 양분되어 있었다. 동의회 창립발기인인 안중근은 최재형파에서 활동하고 있었다. 이후 최재형과 애증관계에 있던[33] 안중근은 독자적인 세력형성에 힘을 기울이면서도 현실적으로 최재형의 도움을 받을 수밖에 없었다. 우여곡절 끝에 최재형의 영향 아래 있는 전제익·엄인섭·안중근을 중심으로 300여 명의 의병조직이 다음과 같이 탄생되었다.

도영장	전제익(全濟益)
참모장	오내범(吳乃凡)
참 모	장봉한(張鳳漢), 지운경(池云京)
군 의	미국으로부터 온 후 일본병에게 체포되어 회령에서 총살당함
병기부장(部長)	김대련(金大連)
병기부장(副長)	최영기(崔英基), 어위장(御衛長)
경리부장	강의강(姜議官)
경리부장(副長)	백규삼(白圭三)
좌영장	엄인섭(嚴仁燮)

---

[33] 안중근은 1909년 10월무렵까지 최재형에 의탁하고 있었다. 하지만 그는 이범윤을 친로파로 평가한 것처럼 최재형에 대해서 부정적으로 평가하였다(신운용, 「안중근의 의병투쟁과 활동」, 『안중근과 한국근대사』, 140쪽).

제일중대장 김모(金某, 속칭 「완빠우잔」 사)

제이중대장 겨영화(李京化, 현재 소성에 있음)

제삼중대장 최경춘(崔化春, 위와 같음)

우영장   안중근

중대장 3인[34]

위와 같이 조직된 의병부대는 갑산 무산 등지에 집결하여 해로를 이용하여 600여 명의 의병이 두만강 하구 녹둔(鹿屯)에서 중국 선편을 이용해 청진과 성진 사이의 해안으로 상륙하였다.[35] 육로로는 안중근을 비롯한 300여 명이 지신허(현 비노그라드노예)를 출발하여 두만강을 건너 홍의동(洪儀洞)과 신아산(新阿山)을 걸쳐 회령에서 무산으로 이동하였다. 이후 의병부대는 두만강상류 산악과 삼림지역으로 이동하여 현지에 있는 의병부대와 연합하여 무산 공략에 성공하면 회령으로 진격하여 점령하고 종국에는 두만강 상류지역을 장악한다는 작전계획을 갖고 있었다.[36] 300여 명의 의병부대는 7월 3일(음 6월 5일) 밤 8시 야반에 지신허를 출발하여 홍의동(혼쯔르코르)에 도착하였다.[37] 첩보를 입수한 일제는 척후병 4명을 파견하였으나 7월 7・8일경 의병에게 총살당하였다.

그러나 홍의동에서 척후병을 사살한 사실이 곧 일본군에 알려졌다. 일제의 동부 수비군 사령관 마루이 소장(丸井 小將)은 회령・웅기・경원 등의 각 일본 수비대에 서로 책응하여 의병부대를 공격하도록 하였다. 일본군의 추적을 당한 안중근은 도영장 전제익과 상의하여 지형에 익숙한 무산방면으

---

34 日本 外交史料館, 「排日鮮人退露處分ニ關スル件」, 『在西比利亞』 第5卷.

35 국사편찬위원회, 「경비수 제6822호」, 『한국독립운동사』 자료 11, 459쪽; 박민영, 「러시아 연해주지역의 의병」, 323쪽.

36 국사편찬위원회, 「바실리 예고르비치 각하께」, 『한국독립운동사』 자료 34, 12쪽.

37 국사편찬위원회, 「境경시의 신문에 대한 안응칠의 공술(제9회)」, 『한국독립운동사』 자료 7, 434~435쪽.

로 이동하기로 하였다.

부대장 김모와 참모장 오내범이 이끄는 의병대는 7월 10일 오전 4시경의 경흥군 신아산 전투에서 일본군을 경흥으로 몰아내고 일본군 하사 이하 5명의 행방불명과 1명의 사살이라는 전과를 올렸다.[38]

해주 의병부대의 대표적 승첩으로 평가되는 홍의동·신하산 전투는 의병의 사기를 드높였을 뿐만 아니라 일제를 공포로 몰아넣었다. 일제는 10일 저녁 무렵 보병 제49연대 제9중대를 파견하였고, 경성(鏡城)에서 온 70여 명의 지원군이 웅기를 걸쳐 경흥으로 출동하자 의병부대는 회령방면으로 이동하였다.

안중근은 전투의 효율성을 높이기 위해 회령 온성 방면에서 김모(金某, 이범윤의 部將)와 전제익에게 합병(合兵)을 권유하였다. 그러나 이들이 서로 대장이 되려고 하여 합병은 결렬되고 말았다. 7월 16일 경성의 미하라 중좌(三原 中佐)가 회령을 향해 출발하여 의병부대를 추적하자 7월 19일 회령군 영산사 창태평에 있던 안중근 부대는 사방으로 흩어졌다.

이후, 안중근은 일본군과 산발적인 교전을 하면서 산간 밀림의 폭우 속에서 밤을 보냈다. 흩어진 병사를 모았으나 60~70명에 지나지 않았다. 이들은 전투로 지쳐 있었고 군기도 서지 않았다. 이때 그는 의병의 현실을 보고서 창자가 끊어지고 간담이 찢어지는 것 같이 괴로워했다.

이후 안중근은 의병을 재정비하여 반격을 시도하였으나 일본군의 습격을 받고 또 다시 대오는 흩어지고 말았다. 이때 그는 우왕좌왕하는 손(孫)·김(金) 두 부하에게 임전무퇴의 군인정신을 강조하였다.[39] 그리고 스스로 다음과 같은 시를 지어 부하들을 격려하였다.

---

38 러시아의 기록에 따르면 7월 10일 의병부대는 64명 사살, 부상자 30명의 전과를 올린 데 반해, 아군의 피해는 참모장 오내범이 부상을 당하는 등 부상자가 겨우 4명뿐으로 피해는 경미하였다고 한다(국사편찬위원회, 「연해주 군총독 각하께」, 『한국독립운동사』 자료 34, 30쪽). 물론 이 기록을 전적으로 믿을 수 없으나 의병이 소기의 성과를 거두었음은 분명하다.
39 국사편찬위원회, 「친 제28호」, 『한국독립운동사』 자료 13, 470쪽.

사나이 뜻을 품고 나라밖에 나왔다가	男兒有志出洋外
큰일을 못 이루니 몸 두기 어려워라	事不入謨難處身
바라건대 동포들아 죽기를 맹서하고	望須同胞誓流血
세상에 의리 없는 귀신은 되지 말게.	莫作世間無義神[40]

   그러던 중 어느 노인의 도움으로 지친 몸과 정신을 회복하여 겨우 연추로 돌아와 윤주사(尹主事)의 집에서 약 10일간 요양하였다. 그 후 안중근이 블라디보스토크로 귀향하자, 블라디보스토크의 한인들은 안중근의 의병투쟁을 환영하는 모임을 가졌다.[41] 이는 한인사회가 그의 위치를 인정한다는 의미로 평가된다.

2) 정천동맹과 의거

   의병전쟁에서 돌아온 안중근에게 또 한 번의 시련이 닥쳐왔다. 러시아의 압력과 의병의 물적 정신적 기반이 되었던 최재형 등 한인사회가 의병활동에 대한 부정적인 시각을 드러냈고 심지어는 매도하는 상황을 연출하기도 하였다.[42]
   이러한 상황변화 속에서도 안중근은 새로운 방향을 찾아야 했다. 동시에 이는 안중근에게는 새로운 도전이자 기회였다. 우덕순과 공립협회의 블라디보스토크 지부에서 함께 활동을 하면서[43] 안중근은 1909년 1월경 박춘성(朴春成)·한기수(韓起洙) 등 30여 명의 의병을 이끌고 수청에서 연추 지역으로

---

40 안중근, 「안응칠역사」, 194쪽.
41 안중근, 「안응칠역사」, 168쪽.
42 신운용, 위의 논문, 159~160쪽.
43 이상봉·이선우 편, 『李鎭龍 義兵將 資料全集』, 국학자료원, 2005, 68쪽.

이동하는 등 지속적으로 의병전쟁을 준비하고 있었다. 여기에서 안중근의 추종세력이 있음을 알 수 있다.[44] 이는 독자적인 그의 세력이 형성될 가능성을 열어 놓는 대목이기도 하다.

안중근은 의병세력의 분열과 한인사회의 의병에 대한 비판적 태도를 일변시켜 대일투쟁력을 강화하기 위해 새로운 단체조직의 필요성을 절실하게 느꼈다. 이는 안중근만의 생각은 아니었다. 그의 생각에 동의한 길길량·김지창 등이 "우리 한인들이 일심단체하여 동종을 상보하며 아무쪼록 문명에 인진(引進)하여 외국인의 수모를 면케 하고 우리 동포 중에 아편을 엄금할 것"이라는 창단 목적[45]으로 1909년 2월 15일 '연추한인일심회(煙秋韓人一心會)'를 발기하였다. 안중근은 평의원으로 참여하였지만, 일제는 그가 연추한인일심회를 주도한 것으로 파악하였다.[46] 이는 그의 지위가 확고해졌음을 뜻하는 것이다.

그러나 연추한인일심회의 활동은 그다지 활발하지 못하였지만 안중근은 1909년 2월 23일 박춘성·한기수 등과 거병을 계획하고 최재형에게 지원을 요청하였다. 하지만 의병에 부정적인 자세를 취한 최재형의 거부로 이는 실행되지 못하였다.

연추한인일심회의 부진와 거병계획의 실패는 동지간의 절대적인 단합의 필요성을 절감하는 계기가 되었다. 그리하여 안중근은 목숨을 함께 할 동지 11명과 더불어 1909년 3월 2일 연추하리에서 정천동맹(正天同盟)을 조직하였다. 일명 단지동맹이라고 불리는 정천동맹이라는 단체명은 천명인 한국의 독립과 동양의 평화 구현이라는 그의 사상성을 반영한 것이었다. 특히 그의 손가락은 대일투쟁의 정신적 지주가 되었다는 면에서 의미가 크다고 하겠다.[47]

---

44 신운용, 위의 논문, 161쪽.
45 『대동공보』 1909년 3월 17일자, 「취지서」.
46 국사편찬위원회, 「安應七에 관한 情報 件」, 『통감부문서』 7권, 16쪽.

안중근은 이후 부일세력의 척결에 진력하면서[48] 최재형의 집에 머물며 거병기회를 엿보았다. 국내로 진입하려고 하였으나 여의치 않았다. 그래서 최재형에게 지원을 요청하였으나 거절당하였다.

진퇴양난에 빠진 안중근은 방책을 강구하기 위해 결국 블라디보스토크로 돌아가기로 결정하였다. 1909년 10월 19일 블라디보스토크에 도착한 안중근은 이토의 방만소식을 듣고서[49] 너무나 기쁜 나머지 환호를 지르며 을사늑략 때부터 꿈꾸던 이토처단의 기회가 왔음을 직감하였다. 그리하여 평소 강개담을 나누던 우덕순을 거사동지로 정하고, 거사자금 100루블을 의병장 이석산에게서 강제로 빌리는 등 거사준비를 착착 진행시켰다.[50]

이후 포그라니치나야에서 통역으로 유동하를 대동하고 22일밤 9시 15분 경 하얼빈에 도착하여 김성백 집에 머물렀다. 김성백 집에서 안중근은 이토처단 장소를 물색하였다. 우선 러일의 기차가 교차하는 채가구를 유력한 거사장소로 설정하고 나서 하얼빈에 있던 조도선을 통역으로 대동하고 우덕순과 함께 24일 12시 13분에 채가구에 도착하였다. 그러나 채가구에서 거사를 도모하는 것은 현실적으로 불가능하다고 판단한 안중근은 25일 다시 하얼빈으로 돌아왔다.

드디어 역사적인 날인 26일이 밝아왔다. 안중근은 이때의 상황에 대해 다음과 같이 감격적으로 그리고 있다.

---

47 이는 다음에서 알 수 있다. "排日徒는 神을 崇敬하듯이 하고 새로 조선에서 오는 자는 일부러 와서 禮拜를 請하는 者조차 있다. 今以後 獨立旗를 들고 大義를 주창하여 煽動하면 愚民은 다소 動搖할지도 모른다고 盲從하는 者 있을 지도 모른다고 云云한다."(日本 外交史料館, 「六月二十一日以降木藤通譯官力嚴仁爕ヨリ得タル情報」, 『在西比比利亞』 第3卷)

48 신운용, 「안중근 세력형성과 정천동맹」, 『안중근과 한국근대사』, 169~170쪽.

49 이토와 러시아 장상 까갑쵸프 회담의 배경과 목적에 대해서는 신운용, 「안중근의거의 국제정치적 배경에 관한 연구」, 『안중근과 한국근대사』 참조.

50 그동안 안중근의거는 대동공보사와 합작으로 이루어졌다는 설이 거의 정설로 받아들여지는 분위기였으나, 신운용은 합작설을 본격적으로 비판하면서 우덕순과 함께한 단독설이라는 새로운 주장을 제기하였다(신운용, 「안중근의거와 대동공보사의 관계에 대한 재검토」, 『한국사연구』 150, 한국사연구회, 2010 참조).

그날 밤, 김성백의 집에서 자고 이튿날 아침 일찍 일어나 새 옷을 모조리 벗고 수수한 양복 한 벌을 갈아입은 뒤에, 단총을 지니고 바로 정거장으로 나가니 그때가 오전 7시쯤이었다.

거기에 이르러 보니, 러시아 장관(將官)과 군인들이 많이 와서 이등을 맞이할 절차를 준비하고 있었다.

나는 차 파는 집에 앉아서 차를 두서너 잔 마시며 기다렸다.

9시 쯤 되어, 이등이 탄 특별기차가 와서 닿았다. 그때 인산인해(人山人海)이었다. 나는 찻집 안에 앉아서 그 동정을 엿보며 스스로 생각하기를

「어느 시간에 저격하는 것이 좋을까」

하며 십분 생각하되 미처 결정을 내리지 못할 즈음, 이윽고 이등이 차에서 내려오자, 각 군대가 경례하고 군악소리가 하늘을 울리며 귀를 때렸다.

그 순간 분한 생각이 터져 일어나고 삼천 길 업화(業火)가 머리 속에서 치솟아 올랐다.

「어째서 세상 일이 이같이 공평하지 못한가. 슬프다. 이웃나라를 강제로 뺏고 사람의 목숨을 참혹하게 해치는 자는 이같이 날뛰고 조금도 꺼림이 없는 대신, 죄 없이 어질고 약한 인종은 이처럼 곤경에 빠져야 하는가」

하고는 다시 더 말할 것 없이, 곧 뚜벅뚜벅 걸어서 용기 있게 나가, 군대가 늘어서 있는 뒤에까지 이르러 보니, 러시아 일반 관리들이 호위하고 오는 중에, 맨 앞에 누런 얼굴에 흰 수염을 가진, 일개 조그마한 늙은이가 이같이 염치없이 감히 천지 사이를 횡행하고 다니는가.

「저것이 필시 이등 노적(老賊)일 것이다」

하고 곧 단총을 뽑아들고, 그 오른쪽을 향해서 4발을 쏜 다음, 생각해보니 십분 의아심이 머리 속에서 일어났다. 내가 본시 이등의 모습을 모르기 때문이었다.

만일 한 번 잘못 쏜다면 큰일이 낭패가 되는 것이라, 그래서 다시 뒤쪽을 향해서, 일본인 단체 가운데서 가장 의젓해 보이는, 앞서가는 자를 새로 목표하고 3발을 이어 쏜 뒤에 또 다시 생각하니, 만일 무죄한 사람을 잘못 쏘았다 하면 일은 반드시 불미할 것이라 잠깐 정지하고 생각하는 사이에, 러시아 헌병이 와서 붙잡히니 그때가 바로 1909년, 음력 9월 13일 상오 9시 반쯤이었다.

그때 나는 곧 하늘을 향하여, 큰 소리로 대한만세를 세 번 부른 다음, 정거장 헌병 분파소(分派所)로 붙잡혀 들어갔다.[51]

이처럼 장렬하게 이토를 처단한 안중근은 러시아헌병에게 체포를 당한 이후 러시아 당국의 취조를 받고서 의거당일 밤 10시 10분 일제에 넘겨졌다. 안중근은 의거보다는 재판투쟁을 더 중요하게 생각하였다. 그는 재판과정에서 군인의 자격으로 이토를 처단하였으므로 군인신분에 맞게 국제재판을 하라고 요구하는 등 의거의 정당성을 알리는 동시에 일제의 한국침략 상황을 세계에 폭로하여 조국의 독립과 동양의 평화 구현에 이바지하려고 하였다.

결국 국제법과 자국법마저 어긴 일제의 안중근재판은 불법 그 자체였다.[52] 더욱이 유해마저 유족에게 넘겨주지 않은 것은 반인륜적 범죄임에 틀림없다.[53]

---

51 안중근, 「안응칠역사」, 226~228쪽.
52 신운용, 「일제의 국외한인에 대한 사법권침탈과 안중근재판」, 『안중근과 한국근대사』 참조.
53 신운용, 「안중근유해의 조사발굴 현황과 전망」, 『역사문화연구』, 한국외국어대학교 역사문화연구소, 2010 참조.

4. 군인관과 평가

1) 군인의 자세

안중근의 군인관은 (1) 단합론, (2) 조국애와 지휘관의 조건, (3) 전쟁의 명분과 의병(군인)의 자세, (4) 적 제압 논리 등에서 엿볼 수 있다.

(1) 단합론

의병 조직을 구상하던 안중근은 의병세력의 분열을 목격하고서 전쟁에 앞서 의병단합의 절실함을 느끼었다. 그리하여 "『해조신문』 논설에 감복하여 글을 보낸다."라는 것으로 시작하는 '인심단합론(人心團合論)'을 주내용으로 하는 「긔서」를 1908년 3월 21일, 『해조신문』에 발표하였다.[54] 그 주된

---

[54] 안중근의 인심단합론은 그의 사상 더 나아가 군인관을 엿볼 수 있는 자료이기 때문에 중요한 사료이다. 이러한 의미에서 다음과 같이 게재한다.

귀보의 논설에서 인심이 단합하여야 국권을 흥복하겠다는 구절을 읽으매 격절한 사연과 고상한 의미를 깊이 감복하여 천견박식으로 한 장 글을 부치나이다.

대저 사람이 천지만물 중에 가장 귀한 것은 다름이 아니라 삼강오륜을 아는 까닭이라. 그런고로 사람이 세상에 처함에 제일 먼저 행할 것은 자기가 자기를 단합하는 것이오, 둘째는 자기 집을 단합하는 것이오, 셋째는 자기 국가를 단합하는 것이니 그러한 즉 사람마다 마음과 육신이 연합하여야 능히 생활할 것이오 집으로 말하면 부모처자가 화합하여야 능히 유지할 것이오 국가는 국민상하가 상합하여야 마땅히 보전할지라.

슬프다. 우리나라가 오늘날 이 참혹한 지경에 이른 것은 다름이 아니라 不合病이 깊이 든 연고로다. 불합병의 근원은 驕傲病이니 교만은 만악의 뿌리라. 설혹 도적놈이 몇이 합심하여야 타인의 재산을 탈취하고 잡기군도 동류가 있어야 남의 돈을 빼앗나니 소위 교만한 사람은 그렇지 못하여 자기보다 나은 자를 시기하고 약한 자를 능모하고 같이 하면 다투나니 어찌 합할 수 있으리오 그러나 교오병에 약은 겸손이니 만일 개개인이 다 겸손을 주장하여 항상 자기를 낮추고 타인을 존경하며 책망함을 참고 잘못한 이를 용서하고 자기의 공을 타인에게 돌리면 금수가 아니거늘 어찌 서로 감화하지 않으리오

옛날에 어떤 국왕이 죽을 때에 그 자손을 불러 모아 회초리나무 한 뭇(묶음)을 헤쳐주며 각각 한 개씩 꺾게 함에 모두 잘 부러지는지라 다시 분부하여 합하여 묶어놓고 꺾으라 함에 아

내용을 정리하면 다음과 같다.

안중근은 "자기가 자기를 단합하는 것", "자기 집을 단합하는 것", "자기 국가를 단합하는 것"으로 단합의 의미를 분류하였다. 그는 단합을 몸과 마음의 연합, 부모처자의 화합, 국민 상하의 상합이라고 구체적으로 규정하였다.

『해조신문』, 「긔서」는 이 시기 안중근의 현실인식과 의병(군인)관을 엿볼 수 있는 중요한 사료로 몇 가지 점에서 음미할 필요가 있다. 첫째, 안중근의 현실인식이다. 즉, 그는 당시 한국이 일제의 침략을 당하는 이유를 개인·가족·국가의 단결력 부족과 교만함에 있다고 진단하고 있다. 그는 '불합' 두 글자를 거두어내어 단합할 때만이 전쟁에서 승리할 수 있다고 보았다.

둘째, 러시아 한인사회 특히 의병세력을 어떻게 바라보고 있는가 하는 문제를 엿볼 수 있다. 그는 한인사회의 분열양상을 정확히 인식하였고 그 해결책으로 단합론을 제시했다. 의병세력은 최재형 등의 토착세력과 이범윤 등의 이주세력으로 양분되어 있었다. 이는 대일투쟁의 걸림돌로 작용하고 있다고 보았다.

특히 「긔서」는 안중근이 러시아 의병의 여론형성에 일정한 역할을 하고

무도 능히 꺾지 못하는지라. 왕이 가로대, "저것을 보라. 너희가 만일 나 죽음 후에 형제간 散心되면 남에게 용이하게 꺾길 것이오 합심하면 어찌 꺾일 것이오"라고 하였다 하니 어찌 우리 동포는 이 말을 깊이 생각하지 않으리오

오늘날 우리 동포가 불합한 탓으로 삼천리강산을 왜놈에게 빼앗기고 이 지경 되었도다. 오히려 무엇이 부족하여 어떤 동포는 무슨 심정으로 내정을 정탐하여 왜적에게 주며 충의한 동포의 머리를 베어 왜적에 받치는가.

통재라 분함이 徹天하여 공중에 솟아 고국산천 바라보니 애매한 동포가 죽는 것과 무죄한 조선의 백골을 파는 소리를 참아 듣고 볼 수 없네. 여보 강동 계신 우리 동포 잠을 깨고 정신 차려 본국 소식 들어보오 당신의 일가가 친척일가가 대한 땅에 다 계시고 당신의 조상 백골 본국강산에 아니 있소 나무뿌리 끊어지면 가지를 잃게 되며 조상 친척 욕을 보니 이내몸이 영화될가 비나이다.

여보시오 우리 동포 지금 이후 시작하여 불합 이자 파괴하고 단합 두 자 急成하여 幼稚子姪 교육하고 노인들은 뒷배보며 청년형제 결사하여 우리 국권 어서 빨리 회복하고 태극기를 높이 단 후에 처자권속 거느리고 독립관에 재회하여 대한제국 만만세를 육대부주 혼동하게 일심단체 불러보세.

있다는 사실을 이를 통해 알 수 있을 뿐만 아니라 한인사회의 의병 지도자로 성장하였음을 보여주는 증거이다. 이러한 면에서 안중근이 동의회 참여와 국내진공작전을 이끌 수 있었던 배경을 이해할 수 있다.

(2) 조국애와 지휘관의 조건

안중근은 한인들에게 의병을 조직하기 위해 조국애를 강조하는 유설을 여러 곳에서 하였다. 특히 그는 의병전쟁의 당위성을 다음과 같이 역설하였다.[55] ① 5조약과 7조약으로 일제는 황제를 폐하고 군대를 해산하였으며 철도·광산·천택·전답·가옥을 군용지로 강탈하여 그 피해가 무덤의 백골에까지 미치니 국민된 사람으로서 분함을 참을 수 없다. ② 일제는 의병을 폭도라고 하며 한국인 수십만을 살육하였다. ③ 한민족 2천만이 일본의 보호를 받기 원하고 발전을 거듭하고 있다고 세계를 속이고 있는 이토를 죽이지 않으면 한국은 물론 동양도 망하고 말 것이다. ④ 일제는 5년 내에 러시아·청국·미국과 개전할 것이므로 이에 대비해야 한다. ⑤ 국내외를 막론하고 한국인들은 모두 총칼을 차고 의병을 일으켜야 후세에 부끄럽지 않다. ⑥ 어떤 사람은 자원 출전하고 어떤 사람은 무기와 의연금을 내어 의거의 기초로 삼아야 한다.

여기에서 안중근의 군인관을 유추해 볼 수 있다. 즉, 군인은 강렬한 조국애를 바탕으로 국가안위를 위협하는 적과 맞서 싸울 수 있는 상무정신을 갖추어야 하고, 정확한 국제정세의 분석 위에 전쟁계획을 세워야 하며, 특히 단합을 승리의 원동력으로 삼아야 한다는 것이 그의 군인관이었다. 그의 군인관 핵심은 한마디로 "단합"이라고 정의할 수 있다. 또한 그는 지휘관의

---

55 위의 책, 182~184쪽.

조건으로 단합을 바탕으로 냉정한 국내외 정세의 분석력을 갖추고서 적국
의 국민마저 감복시킬 수 있는 포용력을 보이고 있다.

(3) 전쟁의 명분과 의병(군인)의 자세

안중근은 의병전쟁 과정에서 일본군인과 상인 등을 포로로 생포하였으나
만국공법에 입각하여 이들을 석방하였다.[56] 안중근은 적군과 민간인을 구별
해야 한다고 생각하였다. 또한 전쟁도 국제법에 따라 수행해야 정당성이 있
다고 보았다. 말하자면 그는 적국의 국민마저 아국의 편으로 만들 때 전쟁
에서 승리할 수 있다고 보았던 것이다.

따라서 그는 포로를 풀어준 것에 불만을 품은 의병들을 다음과 같이 설
득하였다.

> 그렇지 않다. 그렇지 않다. 적들이 그같이 폭행하는 것은 하느님과
> 사람들이 다 함께 노하는 것이다. 이제 우리들마저 야만의 행동을 하
> 고자 하는가. 또 일본의 4천만 인구를 모두 다 죽인 뒤에 국권을 도로
> 회복하려는 계획인가. 저쪽을 알고 나를 알면 백번 싸워 백번 이기는
> 것이다. 이제 우리는 약하고 저들은 강하니, 악전(惡戰)할 수는 없다.
> 뿐만 아니라, 충성된 행동과 의로운 거사로써 이등의 포악한 정략을
> 성토하여 세계에 널리 알려서 열강의 동정을 얻은 다음에라야, 한을
> 풀고 국권을 회복할 수 있을 것이다. 그것이 이른바 약한 것으로 강한
> 것을 물리치고 어진 것으로써 악한 것을 대적한다는 그것이다. 그대들
> 은 부디 많은 말들을 하지 말라.[57]

---

56 위의 책, 189~190쪽.
57 위와 같음.

여기에서 안중근은 군인의 자세에 대해 '충성된 행동과 의로운 거사'라고 정의하고 있다는 데 주목할 필요가 있다. 또한 우왕좌왕하는 부하들의 모습을 보고 "일본군과 더불어 한바탕 장쾌하게 싸움으로써 대한국인의 의무를 다한 다음에 죽으면 여한이 없을 것이다."[58]라고 한 그의 말에서 불굴의 군인정신을 엿볼 수 있다. 이러한 모습은 임적선진위장의무(臨敵先進爲將義務)라는 그의 좌우명을 몸소 실천한 것으로 군 지도자들이 갖추어야 할 자세이기도 하다.

그러면서도 불리한 상황에서는 후일을 도모하기 위해 철수해야 한다고 주장하는 부하에게 그는 자신의 고집만을 내세우지 않고 "무릇 영웅이란 것은 능히 굽히기도 하고, 능히 버티기도 하는 것이라, 목적은 성취하기 위해서 마땅히 공의 말을 따르겠소."[59]라고 하여 부하와의 의사소통을 중시하였고, 또한 융통성을 발휘하였던 것이다.

(4) 적 제압 논리

안중근이 전쟁 중에 포로가 되었을 때 적과 어떻게 싸울 것인지 하는 문제에 대한 해답을 제시하고 있다는 면에서 재판은 중요한 의미가 있다. 의병전쟁 과정에서 사로잡은 포로를 국제공법에 입각해서 처리한 안중근은 적국 일제에 국제공법에 입각하여 대우할 것을 다음과 같이 요구하였다.

그것은 3년 전부터 갖고 있던 생각을 실행한 것에 지나지 않는 것으로서 그것도 나는 의병 참모중장으로서 독립전쟁을 하얼빈에서 하여 이토를 죽인 것이기 때문에 결코 개인으로 한 것이 아니고 참모중장의

---

58 위의 책, 194쪽.
59 안중근, 「안응칠역사」, 위의 책, 196쪽.

자격으로 결행한 것이므로 실은 포로취급을 하여야 함에도 오늘 이렇게 한낱 살인피고인으로서 여기서 취조를 받고 있는 것은 너무나 잘못된 것이라고 생각한다.[60]

이처럼 안중근은 포로대우의 재판을 요구했던 것이다. 이러한 자세는 군인의 전형이라고 할 수 있는 문무의 자질을 갖추어졌을 때 저절로 우러나오는 것이다.

또한 그는 심문과정에서

1, 한국 황비를 시해한 죄.

2, 한국 황제를 폐위시킨 죄.

3, 五조약과 七조약을 강제로 체결한 죄.

4, 무고한 한국인들을 학살한 죄.

5, 정권을 강제로 빼앗은 죄.

6, 철도, 광산, 산림, 천택을 강제로 빼앗은 죄.

7, 제일은행권 지폐를 강제로 사용한 죄.

8, 군대를 해산시킨 죄.

9, 교육을 방해한 죄.

10, 한국인들의 외국유학을 금지시킨 죄.

11, 교과서를 압수하여 불태워 버린 죄.

12, 한국인이 일본인의 보호를 받고자 한다고 세계에 거짓말을 퍼뜨린 죄요

13, 현재 한국과 일본 사이에 경쟁이 쉬지 않고 살육이 끊이지 않는데, 한국이 태평무사한 것처럼 위로 천황을 속인 죄.

---

60 신운용 편역, 「첫째 날의 공판」, 『안중근·우덕순·조도선·유동하 공판기록−안중근사건 공판속기록』(안중근 자료집 10), 안중근의사기념사업회 안중근연구소, 2010, 313쪽.

14, 동양평화를 깨뜨린 죄.

15, 일본 천황폐하의 아버지 태황제를 죽인 죄.[61]

라고 당당하게 이토처단의 이유를 밝힘으로써 의거의 정당성을 확보하려고 하였다. 이는 바로 정당한 전쟁이어야만 국제사회의 지지를 받을 수 있고 전쟁을 승리로 이끌 수 있다는 그의 인식과 일맥상통하는 것으로 파악된다. 이를 들은 미조부치 검사조차 "동양의 의사"라고 그를 극찬할 정도였다.[62] 또한 한국의 근대화를 도와준다는 명분으로 침탈을 정당화하려는 일제의 침략논리에 맞서 동양평화론으로 대응한 그에게 여순감옥의 많은 일본인들이 존경의 표시로 유묵을 요청하였다. 적의 마음마저 사로잡는 이러한 그의 능력은 높이 평가받을 가치가 있는 것이다.

종합적으로 볼 때 안중근은 국가안위노심초사(國家安危勞心焦思), 위국헌신군인본분(爲國獻身軍人本分), 임적선진위장의무(臨敵先進爲將義務), 견리사의견위수명(見利思義見危授命)할 수 있는 군인을 진정한 군인이고 지도자라고 정의하고 있는 것이다.

2) 국내외의 군인으로서 평가

이러한 안중근의 상무정신에 대해 박은식은 『안중근』, 「안중근의 상무주의」에서

안중근이 어릴 때부터 이에 개연(慨然)하였기에 비로소 온 세상이

---

61 안중근, 「안응칠역사」, 위의 책, 230~231쪽; 국사편찬위원회, 「피고인 신문조서」, 『한국독립운동사』 자료 6, 3~4쪽.
62 안중근, 「안응칠역사」, 위의 책, 232쪽.

코골며 잘 때에 홀로 발발한 기를 가지고 상무주의로 문약을 만회하고 나라 위기를 구하려고 하였다. 비록 미미한 위치에 처하여 그 어떤 권세도 없었기에 그 뜻을 펴고 효과를 거둘 수 없었지만 그 탁월한 견식과 곤란을 무릅쓰고 사업을 밀고 나가려는 굳센 의지는 평범한 인간들이 미칠 수 없었던 것이다.[63]

라고 하여 안중근의 상주무의를 높이 평가하였다. 이는 국망의 원인을 문약에서 찾은 박은식이 동학의 진압에서 보인 안중근의 무인정신을 위기에 빠진 국가를 구할 수 있는 사상적 모델로 상정하였음을 의미하는 것이다. 이처럼 박은식은 안중근을 한국 상무주의의 극치로 평가하였던 것이다. 여기에서 안중근은 위국헌신군인본분(爲國獻身軍人本分)을 실천한 존재라는 것이 박은식의 평가임을 알 수 있다.

독립운동가 김하구는 『만고의사 안중근전』, 「의사의 무협」에서

의사는 항상 우리나라의 문약함을 개탄히 여겨 무협(武俠)과 의용(義勇)을 중요하게 여기어 동지를 모아 조련(調練)을 시키며 총포탄약은 집 밭을 팔아서 많이 준비하여 두더라.

라고 하였다고 하여 문약을 극복한 무비(武備)에 철저한 표상으로 그리고 있다.

또한 안중근을 "큰 상무가(尚武家)"라고 평가한 계봉우는 『만고의사 안중근전』, 「임전무퇴」에서

이때에 공의 생각에는 이러한 결심이 있었으리라. 자금(自今)이후로

---

63 박은식, 『안중근』(윤병석, 『안중근전기전집』, 국가보훈처, 1999), 281쪽.

는 의병(義兵)을 하는 외에는 사회도 없느니라, 의병을 하는 외에는 종
교도 없느니라, 의병을 하는 외에 신문도 없느니라, 의병을 하는 외에
는 암살도 없느니라 함이 확신 무의(無疑)하도다.[64]

라고 그의 임전무퇴 정신을 높이 평가하였다. 여기에서 안중근을 임적선진
위장의무(臨敵先進爲將義務)의 모범으로 평가하고 있다는 데 주시할 필요가
있다.

무엇보다 한인뿐만 아니라, 중국인도 안중근의 상무정신을 주목하였다는
데서 군인으로서의 그의 위치를 설정할 수 있다. 즉, 이순신을 중국의 은인
으로 여긴 중국 사람 나남산(羅南山)은 안중근의거로 "한국인의 기개가 죽지
않게 되었으며 우리 중국인도 이상할 정도로 감격하였다."라고 하면서 을사
늑약을 듣고서 인천 앞바다에 빠져 죽은 중국인 반종례(潘宗禮)를 거명하며
서로 다른 나라 사람들이 존망위기를 만나면 서로 피로써 보답한다고 하여
안중근이 중국을 살렸다는 의미로 평가하였다.[65]

더 나아가 중국인 주호(周浩)는 안중근의거는 진실로 조국을 위한 것일 뿐
만 아니라, 세계평화의 공적을 베어버린 것이고 한국의 공신(功臣)만이 아니
라, 동양과 세계의 공신이라고 안중근의거를 평가하였다.[66] 또한 고관오(高冠
吾)는 안중근을 이탈리아의 군인이자 국민영웅인 가리발디(Giuseppe Garibaldi,
1807~1882)에 버금가는 인물이라고 평가하기도 하였다.

특히, 반상류(潘湘纍)는 "일본이 한국을 합병한 후 한인들은 안씨를 계승
하여 일어나 더욱 용맹하였다. 의에 죽은 자가 실로 허다하였다. 온갖 고통
을 견디며 나라를 찾으려는 자들은 지금도 마음이 흩어지지 않고 있다. 이

---

64 계봉우, 「임전무퇴(임전무퇴(臨戰無退)의 안중근)」, 『만고의사 안중근전』(윤병석, 『안중근전
    기전집』, 526쪽).
65 박은식, 『안중근』, 268~269쪽.
66 위의 책, 268쪽.

모든 것은 안중근이 있어 그 기풍을 만든 것이다."[67]라고 하여 이후의 독립전쟁의 근원적 에너지를 안중근이 제공하였다고 평하였다.

이처럼 박은식 등 한인들은 망국의 원인인 문약을 극복한 군인의 표상으로 평가하였던 것이다. 나남산 등 중국인들은 그를 중국을 구한 이순신과 세계적 전쟁영웅인 가리발디 등 세계적인 군인과 견주어도 손색이 없는 인물로 평가하였을 뿐만 아니라, 한국의 독립전쟁(한국근대군대)의 '시조'라는 역사적 위치를 부여하고 있다는 사실을 지적하지 않을 수 없다.[68]

5. 나오는 말

이상에서 필자는 '안중근의 군인관 형성과 전개'에 대해서 살펴보았다. 이를 다음과 같이 정리하는 것으로 이 글을 맺고자 한다.

안중근은 상무정신이 가득 찬 가문에서 어린 시절을 보냈다. 그는 학문을 통해 세속적으로 출세하기보다 무인으로서의 자질을 갖추는 데 집중하였다. 특히 그는 동학농민군과의 대립에서 무인기질을 발휘하여 삶의 터전인 청계동을 지키는 데 큰 공을 세웠다. 그리고 그가 청소년기에 '친구와 의(義)를 맺기(親友結義)', '술 마시고 노래하고 춤추기(飮酒歌舞)', '총으로 사냥하기(銃砲狩獵)', '날랜 말을 타고 달리기(騎馳駿馬)'를 즐겼다는 데서 그의 군인으로서의 기질을 엿볼 수 있다.

천주교의 수용은 그의 인생에서 가장 괄목할 만한 성장의 토대가 되었다. 이는 무인기질과 조화를 이루는 수준 높은 정신세계를 갖추게 된 기반이 되었고 세계사에 눈을 뜨는 계기가 되었다는 면에서 매우 의미 있다.

---

67 위위 책, 275쪽.
68 심지어 그를 '의사'로 받든 일본인이 있었다는 데서 그의 국제적 위상을 알 수 있다(신운용, 「의거에 대한 국외의 한인사회의 인식과 반응」, 『안중근과 한국근대사』, 397쪽).

이후 안중근은 단순한 군인을 넘어 문무가 구비된 진정한 군인관을 형성하고 구현하는 데 목숨을 바쳤다고 평가된다. 이러한 그였기에 러일전쟁의 와중에 무력투쟁을 준비하면서 동시에 외교적 환경조성을 목적으로 한 해외독립기지건설이라는 원대한 계획을 세울 수 있었던 것이다.

이후에는 돈의학교와 삼흥학교를 운영하고 설립하여 문무가 겸비된 인재를 기르는 데 진력하였고, 일제의 침탈이 강화되자 황무지개척권을 요구한 하야시를 처단하려고 하였다. 또한 1905년 을사늑약 이후 그는 서북학회와 국채보상운동에 참여하는 등 국망에 적극 대응하려는 자세를 보였다.

1907년 고종의 퇴위, 군대해산 등의 암담한 현실 속에서 그는 1904년에 구상했던 해외독립기지건설 구상을 다시 실현하기 위해 간도로 망명하여 이후 노령에서 의병활동을 하였다. 그가 의병활동과 재판을 통해 '단합의 중요성', '조국애와 지휘관의 조건', '전쟁의 명분과 의병(군인)의 자세', '적 제압 논리'라는 군인관과 군인의 자세를 여실히 보여주고 있다는 점은 주목할 만하다.

박은식은 진정으로 문약에 빠진 한국의 한계를 일거에 극복하고 나라를 구할 수 있는 상무정신의 모델로, 계봉우는 대무가(大武家)로 평가하는 등 한국근대 군대의 시조로 평가하고 있다. 뿐만 아니라, 중국인들도 임진왜란에서 중국을 구한 이순신과 전쟁영웅인 가리발디 등 세계적인 군인과 견주어도 손색이 없다고 평가하였고, 안중근에게 한국의 독립전쟁(한국근대군대)의 '시조'라는 역사적 위치를 부여하였던 것이다.

결론적으로 안중근의 군인관은 유언과 같은 그의 유목으로 집약될 수 있다. 즉, 그는 국가안위노심초사(國家安危勞心焦思), 위국헌신군인본분(爲國獻身軍人本分), 임적선진위장의무(臨敵先進爲將義務), 견리사의견위수명(見利思義見危授命)할 수 있는 사람만이 진정한 군인이라고 주장하고 있는 것이다.

4부

안중근과 한국근대사의 시각

1

국치(일)투쟁의 전개와 그 의미

1. 들어가는 말

지난 100년 동안 한국 사람들은 8월 29일이면 국내외를 막론하고 국치일 행사를 하였다. 1945년 8월 이전 민족운동가들은 대일투쟁의 의지를 고양시키고 일제의 한국 '군사침탈'의 해소를 위해 목숨을 걸고 싸웠다. 1945년 이후에도 국치일 행사는 계속되어 우리는 일제의 폭력성과 반인권행위를 성토하며 과거사의 해결을 일본에 촉구하는 등 국가의 존재이유를 되새겨 왔다.

그런데 최근에 들어와서 1910년 8월 22일 일제의 한국 군사침탈이라는 역사적 진실을 표현하는 용어가 '국치'에서 '(강제)병합'으로 바뀌는 이해할 수 없는 현상이 한국사회에 만연하고 있다. 역사연구에서 용어는 역사연구의 시작이자 끝이라고 할 정도로 매우 엄정하고 정밀함을 요하는 작업이다. 이는 그 시대의 역사와 현실인식 수준과 직결되는 것으로 곧 미래의 방향성을 결정하는 중차대한 문제이다.

'병합(倂合)'이라는 용어는 다 아는 바와 같이 일제가 한국침탈이라는 역사적 진실을 호도하기 위해서 날조한 것이다.[1] 일본은 1965년의 한일협정과 일본학자의 주장에서 보듯이 '일한병합조약'이라는 용어에 집착하고 있다. 이는 설사 도덕적으로 문제가 있다고 하더라도 국제법적으로 정당하다는 주장을 내세워 일제의 한국침략을 합리화하면서[2] 한국에 대한 배상과 보상을 하지 않으려는 의도에서 나온 것이다.

반면, '국치'라는 용어는 1910년 8월 22일 일제의 한국침략사에 대한 총체적인 인식의 결과물이다. 민족운동가들은 이른바 '일한병합조약'의 성립과 존재 그 자체를 인정하지 않았다. 국제법적 조약의 형식을 걸쳐 대한제국이 일본의 일부가 되었다는 일제의 주장을 전면적으로 거부한다는 의미이다. 또한 일제가 한국 사람들의 의사와 국제법을 묵살하고 대한제국을 무력으로 강탈하였다는 인식에서 항일전쟁이 본격화되었다. 대한민국 출발의 논리도 여기에서 시작되는 것이다.

일제의 한국병탄과 '병합' 용어에 대해서는 일련의 연구가 이루어졌다.[3] 특히 한철호는 "병합이라는 용어가 한국이 아주 '폐멸'되어서 일제의 영토의 일부가 되었다는 뜻을 명확하게 하되, 그 어조가 너무 과격하지 않은 점을 고려해서 고심 끝에 고안해낸 것이라는 점에서 사용해서는 안 된다."라고 주장하였다. 그러면서 그는 '한국병탄이 가장 좋은 용어이고 '한국강제병합

---

1 日本 外交史料館, 『朝鮮倂合の經緯』(문서번호 : N.2.1.0.4-1).
2 운노 후쿠쥬 지음 / 정재정 옮김, 「한국 병합조약 등 무효론의 역사와 현재」, 『한국병합사연구』, 논형, 2008 참조.
3 정재정, 「일본제국의 '한국 강점'을 어떻게 볼 것인가?」, 『한국병합사연구』(운노 후쿠쥬 지음 / 정재정 옮김), 논형, 2008; 「일제의 한국강점의 역사적 성격」, 『한국사연구』 114, 한국사연구회, 2001; 한철호, 「1910년 한국병탄—한국근현대사 모순과 파행의 원인」, 『20세기 한국·한국인의 역사와 기억의 변용』, 한국근현대사학회, 2010; 운노 후쿠쥬 지음 / 정재정 옮김, 「한국병합조약」, 위의 책; 君島和彦, 「韓國廢滅か韓國倂合力」, 『日本近代史虛像實狀』 2, 大月書店, 1990; 야마베겐타로 지음 / 안병무 옮김, 「한국합병의 과정」, 『한일합병사』, 범우사, 1982 참조

이라는 용어도 좋다는 의견을 내놓았다.[4]

필자는 역사용어의 선정은 당시 사용된 용어가 1차로 고려되어야 한다고 생각한다. 역사용어는 역사의 산물이기 때문이다. 또한 역사용어는 당시 역사를 이끌어가던 사람들의 역사인식의 종합체이기도 하기 때문이다.

이러한 측면에서 필자는 항일전쟁기 동안 민족운동가들이 1910년 일제가 한국을 무력으로 점령한 역사의 현상을 어떻게 보았고 정의했는가 하는 문제를 구체적으로 살펴보는 데 이 글의 목적을 두고자 한다. 이러한 작업은 '병합'이라는 용어가 갖는 논리의 함정과 과거사를 합리화시키는 일본의 이론에 대한 대응 논리 개발 문제와 직결되는 것이다.

이를 위해 필자는 우선 병합이라는 용어의 출현배경과 그 의미를 살펴보고자 한다. 이어서 국치(일)의 의미를 살펴보기 위해 국외(미국·러시아·중국)와 국내로 나누어 국치라는 용어가 본격적으로 사용된 시점, 국치의 의미와 국치(일)투쟁의 전개양상을 구체적으로 밝히려고 한다. 국치에 기반한 독립투쟁 논리가 대한민국 건국의 사상적 기반이 되었음도 아울러 살펴보려고 한다. 필자의 이러한 작업이 '강제병합' 또는 '병합'이라는 용어를 역사서술과 현실에서 몰아내고 '국치(일)투쟁'의 역사를 복원하는 데 도움이 되었으면 하는 바람이다.

2. 일제의 한국 군사침탈과 '병합'의 의미

병합 용어의 출현배경을 살펴보기 위해서는 당시의 국제질서의 변화 양상과 일제의 대한제국 침략 과정을 살펴볼 필요가 있다. 러일전쟁 이후 일제는 대한제국의 식민화를 위한 일련의 침략정책을 주도면밀하게 진행시켰

---

4 한철호, 위의 논문, 15쪽.

다. 그 결과 1905년 11월 일제는 국제법을 무시하면서 군사적 강점하에서 한국의 외교권을 침탈하였다. 이후 1907년 8월 불법적인 정미7조약으로 내정권마저 강탈하였던 것이다.

1909년에 들어와 국제관계에 변화의 양상이 보인다. 즉 1909년 3월 미국 대통령으로 취임한 태프트는 만주문제 전문가인 스트레이트와 윌슨을 동아시아담당 차관보와 동아시아부 부장에 임명하여 만주에서 독점적 지위를 누리고 있던 러일에 대항하기 위해 만주문제에 본격적으로 간섭하였다. 일제는 러시아가 동청철도를 미국에 매각하는 상황이 발생하면 대한제국의 장악에 악영향을 미칠 것으로 판단하여 전전긍긍하였다.

이러한 상황 속에서 일제의 대한제국 병탄의도는 1909년 4월에 구체적으로 드러난다. 즉, 4월 10일에 가쓰라 타로(桂太郞) 수상과 고무라 쥬타로(小村壽太郞) 외상이 대한제국 병탄문제에 대해 이토의 의견을 묻기 위해 레이난자카(靈南坂) 관저에서 이토와 만났다. 이때의 상황을 당시 외무성 정무국장 구라치 테츠기치(倉知鐵吉)는 "한국은 병합 이외에 길이 없다. 그것에 대해 이러한 방침으로 나가고자 한다고 앞서 언급한 2개조의 대한방침서를 보였다. 그러자 이토공은 곧바로 그에 대해 완전히 동감이라고 분명히 말하였다."라고 전하고 있다.[5]

특히 1909년 4월 17일 가쓰라 수상이 추밀원 의장 야마가타 아리토모(山縣有朋)에게 보낸 편지에 대한제국 병탄 필요성이 언급되어 있다.[6] 이처럼 늦어도 1909년 4월 일제의 상층부는 대한제국 병탄의도를 본격적으로 드러냈다. 그 결과 1909년 6월 14일 이토의 통감 사임과 소네 아라스케(曾禰荒助)의 통감부임은 사실상의 대한침략정책의 종결을 의미하는 것이었다.

이와 같은 국제정세의 변화를 배경으로 일제는 한편으로 1909년 7월 6일 "적당한 시기에 대한제국을 병탄한다."라는 대한침략방침을 각의에서 결정

---

5 日本 外交史料館, 『朝鮮併合の經緯』(문서번호 : N.2.1.0.4-1).
6 尙友俱樂部同編纂委員會 編, 『山縣有朋關係文書』 1, 山川出版社, 2005, 355쪽.

하고 일왕의 제가를 얻었다.[7] 더욱이 이에 따른 실행계획으로 「대한시설대강」[8]을 확정하였다. 특히 일제는 1909년 7월 12일 대한제국의 사법권을 말살한 기유각서(己酉覺書, 한국사법 및 감옥사무위탁에 관한 한일각서)를 강제하였다.[9] 이후 군대·헌병·검찰의 증파, 외교사무·철도의 장악, 일본인의 이식(移植), 일본인 관리의 확충 등 한국병탄 계획을 구체적으로 진행시켰다.

다른 한편으로 일제는 미·러의 연합을 차단하기 위해 대한제국의 영토인 간도를 희생양으로 삼아 1909년 9월 4일 이른바 「간도협정」을 체결하여 청국과의 관계를 강화하려고 하였다.

미국은 이와 같은 상황 속에서 금애철도를 지렛대로 활용하면서 지속적으로 동청철도와 남만주철도를 매입하려고 하였다. 일제의 군사행동과 간도협약에 대해 강력히 항의를 하는 등 러일관계에도 파열음이 감지되고 있었다. 미국의 대만주정책과 러시아의 대일기류의 변화는 일제를 긴장시키기 충분하였다. 그리하여 일제는 이토와 까깝쵸프 대장대신과의 협상을 통하여 만주에서 기득권을 유지하는 전략으로 나왔으나 안중근의거로 이러한 일제의 의도는 일시적으로 무산되었다.

이후 일제는 1910년 5월 30일 데라우치 마사타케(寺內正毅)의 한국통감 임명을 시발로 6월 3일 일본 헌법조차 무시한 일왕의 한국 직접지배와 총독의 일왕 직속을 주요내용으로 하는 「한국에 대한 시정방침」을 각의에서 결정하였다.[10] 6월 24일 「한국경찰사무 위탁에 관한 각서」를 강제하여 대한제국의 경찰제도를 6월 30일 폐지하고 헌병사령관이 경무총장을 겸하게 하는 등 일제는 대한제국을 무력으로 장악하였다.[11] 7월 23일 통감으로 부임

---

7 일본 외무성 편찬, 「韓國合倂ニ關スル件」, 『日本外交年表並主要文書』, 原書方, 1975, 315쪽.

8 일본 외무성 편찬, 위의 책, 315~316쪽.

9 문준영, 「이토 히로부미의 한국 사법정책과 그 귀결」, 『한국과 이토 히로부미』(이성화·이토 유키오 편저), 선인, 2009 참조

10 일본 외무성 편찬, 위의 책, 336쪽.

11 박기서, 「일제의 조선경찰권 침탈 과정에 대한 연구」, 『경희사학』 19, 경희대학교 사학회,

한 데라우치는 7월 30일 군부폐지를 폐지하는 등 대한제국 병탄을 가속화하였다.

한편, 1909년 7월 6일 대한제국을 군사적으로 병탄하기로 결정한 일제는 대한제국에 대한 군사침략을 국제법과 대한제국민의 열망에 따른 것으로 포장하여 군사점령 절차에 들어갔다. 그리하여 국제적인 지지와 한국 사람들의 자발적 의사표현이라는 두 가지 당면문제의 해결에 총력을 기울였다. 그 결과 일제는 한국에서의 기득권을 보장하여 미·영·러 등 제국주의 국가의 동의를 얻었고,[12] 1910년 1월 일진회를 사주하여 이른바 '합방청원운동'을 부추겼다.[13] 특히 일진회의 '합방청원운동'은 대한제국 사람들이 자진하여 일제의 식민지가 되려고 한다고 호도하여 대한제국 침탈에 대한 국제사회의 비판을 피하려는 일제의 의도에서 나온 것이다.

이러한 맥락에서 일제는 병탄을 단행하기에 앞서 조약문 제목과 내용 특히 용어에 대해 신경을 곤두세웠다. 그리하여 일제는 '일한병합조약에 "한일양국의 '행복 증진'과 '동양평화의 유지'를 위해 대한제국 황제가 일왕에 모든 통치권을 넘긴다."라고 조작 기술함으로써 마치 일본의 은혜를 입어 황제가 일왕에게 대한제국을 바치는 것처럼 역사적 진실을 호도하였다.

더욱이 조약문의 제목에 '병합'이라는 용어를 날조한 경위는 아래에서 보는 바와 같이 고무라 외상의 지시로 이른바 '조선병합안'을 입안한 구라치[14]

1995; 차선혜, 「대한제국기 경찰제도의 변화와 성격」, 『역사와 현실』 19, 한국역사연구회, 1996 참조.

12 최문형, 「전후의 정황과 일본의 한국병합」, 『국제관계로 본) 러일전쟁과 일본의 한국병합』, 지식산업사, 2004, 412~418쪽.

13 강창일, 「흑용회와 일진회의 '한일합방운동'」, 『근대일본의 조선침략과 대아시아주의』, 역사비평, 2002, 270~273쪽.

14 구라치의 약력은 다음과 같다. "1870년(명치 4) 12월 이시카와(石川)현에서 태어났다. 1894년(27년) 동경제국대학교 법학과 대학졸업, 같은 해 내무속(內務屬)으로 임명되었다. 이후 외무성 참사관(2회), 재독 공사관 서기관, 농상무성, 통감부 등의 겸임서기, 일본 전관거류지 경영사무감독관, 요코즈카(橫須賀) 포획심검소(捕獲審檢所) 평정관(評定官), 정무국장, 외무차관 등을 역임하였다. 1913년 2월 퇴직, 귀족원의원에 임명되었다."(日本 外交史料館, 『朝鮮併合

의 「조선병합의 경위」라는 문건에 자세히 나와 있다.

　이 방침서 중에서 병합이라는 문자는 처음 사용된 것으로 이에 대해서는 상당한 고심을 하였다. 당시 한국을 일본에 합병한다는 의론이 세상에서 주창되고 있었을 지라도 아직 그 의미를 잘 이해하지 못하고 있었다. 마치 회사의 합병과 같이 일한양국이 대등하게 합동(合同)하는 것 같이 생각하는 사람도 있었다. 또한 한편으로 오스트리아－헝가리와 같은 연합적 형태를 취하는 것으로 한다고 생각하는 사람도 있었다. 문자도 합방 내지 합병 등 여러 가지 문자를 사용하고 있었다.
　그런데 고무라 외무대신의 생각은 한국이 완전히 일본의 안으로 들어오고 한국과 제외국의 조약도 무용지물로 만드는 것이었다. 하여튼 합병이라는 문자는 적당하지 않다. 그렇다고 병탄은 아무래도 침략적이어서 이 또한 사용할 수 없다. <u>여러 가지 고심한 결과 나는 이제까지 사용된 적이 없는 병합이라는 문자를 새로 고안해 냈다.</u> 그것을 사용하면 타국의 영토를 제국영토의 일부로 한다는 의미가 합병보다 강하다. 이 이후 병합이라는 문자가 공문서에 사용되었는데 처음으로 사용한 것은 이 대한방침서이다. 이 병합이라는 문자는 완전히 새로 창안된 것으로 만약 새로 이것으로 결정한다고 하면 의론이 당연히 나왔을 것이다. 그래서 나는 대응하지 않고 이 문자를 사용하였으므로 가쓰라 총리 등은 이 방침서를 읽으면서도 때때로 병합을 합병이라고 여겨 신경 쓰지 않고 그냥 지나갔다(밑줄 : 필자).

　위의 구라치의 발언을 다시 살펴보면, "대한제국을 일본의 일부로 만들고 대한제국과 여러 나라 사이의 조약을 무용지물로 만들기 위한 용어로 대등

の經緯』)

하게 합치는 것을 의미하는 합병 또는 합방은 적당치 않고, 병탄이라는 용어는 침략이라는 의미를 담고 있다.[15] 따라서 합병보다 강한 의미를 갖고 있는 '병합'이라는 용어를 새로 만들어 사용하였다."라는 것이다.[16] 이는 일제의 대한제국 침략의 본질을 알 수 있다는 면에서 의미 있는 대목이다. 합방 또는 합병을 의미하는 서양의 에넥세이션(ANNEXATION)의 개념을 뛰어넘는 더욱더 "강력한 폭력구조를 조선에 강제하겠다."는 일제의 의지가 반영된 용어가 바로 '병합'임을 여기에서 분명히 드러나는 것이다.

결국 '병합'을 비롯하여 날조된 '일한병합조약'에서 사용된 용어는 일제가 대한제국 사람들이 일본의 일부가 되기를 간청하여 받아들였다는 '시혜논리'를 국제사회에 선전하면서 군사침탈이라는 역사적 진실을 감추기 위해 전략적으로 만들어 낸 것이다.

3. 국치(일)투쟁의 전개양상

1) 국외

(1) 미국

이상에서 살펴본 바와 같이 일제가 대한제국 침탈을 은폐하기 위해 사용

---

15 이러한 의미에서 안중근은 일제의 대한제국 군사점령을 병탄이라고 하였다(신운용 편역, 「안중근 제6회 신문조서」, 『안중근 신문기록』(안중근 자료집 3), 안중근의사기념사업회 안중근연구소, 2010, 102~103쪽).

16 운노 후쿠쥬(海野福壽)는 병합이라는 용어를 구라치가 새로 고안해 낸 용어가 아니라 그전에 사용된 예가 있다고 하여 구라치의 조어설을 부정하였다(운노 후쿠쥬 지음 / 정재정 옮김, 「한국병합조약」, 위의 책, 421쪽). 여기에서 주목할 점은 구라치 조어설의 타당설 여부가 아니라 이후 일제가 공식적으로 1910년 10월 22일 일제의 대한제국 군사 점령을 병합이라고 명명했다는 사실이다.

한 용어인 '병합'에 대해 당시 대한제국 사람들은 어떠한 인식과 반응을 보였을까. 이 문제는 '병합' 또는 '강제병합'이라는 용어가 몰역사적이라는 사실을 확인하는 데 중요한 의미가 있다고 할 수 있다.

1909년 12월 일진회의 '합병안'이 언론지상에 알려지면서 1910년 2월에는 박제순·윤덕영 등이 일제의 한국병탄에 찬성한다는 기사가 등장하였다.[17] 6월 들어 일제의 한국병탄이 임박하였다는 소식이 국외 한인 언론에도 등장하는 등[18] 일제의 대한제국 병탄 분위기가 국내외로 조성되고 있었다.

이러한 가운데, 1910년 7월 3일 대한인국민회 북미지방총회는 공동대회를 열고 애국동맹단을 조직하고 애국동맹단이 결행할 결의안으로 "일제가 병탄을 기정사실화하면 조약체결 각국에 조약상의 의무를 지킬 것으로 요구하고, 한국황제에게는 일제의 병탄요구를 거절하고 일왕에게는 병탄반대 의사를 포고한다."라는 등의 9개조의 결의안을 통과시켰다.[19]

드디어 1910년 8월 22일 일제는 이른바 '일한병합조약'을 날조하여 마치 조약이 체결된 것처럼 속여 8월 29일에 발표하였다.

일제의 대한제국 군사점령 사실이 알려지자 국외 한인의 반응은 분노와 자책으로 들끓었다. 1910년 8월 31일 80명의 대한인국민회 대표 한인들이 샌프란시스코에서 연 일제의 한국병탄 반대집회의 상황을 하와이에서 발행되던 『신한국보』는 다음과 같이 전하고 있다.

> 저 대표원 제인은 대한 황제가 한일합병조약 체결한 것과 대한국 주권을 양여하는 것을 승인치 아니하고 금번 대회에 통과한 결의문 중

---

17 『황성신문』 1910년 2월 9일자, 「無能內閣」; 『신한국보』 1910년 2월 22일자, 「국적의 합방찬성」.

18 『신한국보』 1910년 6월 28일자, 「한일합병 飛報」.

19 국사편찬위원회, 「在留韓國人動靜報告 ノ件」, 『요시찰한국인거동』 3, 2002, 571~576쪽; 도산안창호선생기념사업회·도산학회, 「해제」, 『미주국민회자료집』 제20권, 경인출판사, 2005, 1쪽.

에 「일본이 대한을 합병하려고 포학수단을 다하였다」고 공격하고 재외 한인 만여 인은 한국 자유와 한국 독립을 위하여 어디까지든지 항거하기를 계속하겠다하였고 대한 애국지사들은 미국정부와 미인 명사를 방문하고 독립전쟁운동의 원조를 청할 터이라더라. 재외 대한국민은 뜻과 힘을 합하여 대한의 독립과 대한의 자유를 위하여는 무엇이든지 거리끼지 말고 나아갑시다.[20]

라고 하여 주권을 일제에 양여한 사실이 없음을 강조하여 일제의 한국병탄 정당성 결여를 비난하면서 일제의 군사적 점령의 해소를 위해 무엇이건 해야 한다며 대일투쟁의 의지를 다졌다. 이처럼 대체적으로 당시 한국 사람들은 국내외를 막론하고 1910년 8월 22일의 사태를 '일본의 한국에 대한 군사침탈(병탄)'로 이해하고 있었던 것이다.

연이어 1910년 9월 1일 대한인국민회 하와이 지방총회는 공동으로 집회를 열고 "한일'합병'을 인정하지 않고, 왜적의 일체의 행사를 배척한다."라는 내용으로 시작되는 7개조의 결의안을 채택하고 발표하였다.[21]

이후 일제의 한국 군사침탈에 대한 미주 한인의 대응은 1913년 이후 거의 매년 8월 29일을 '국치일'이라고 부르면서 다양한 방법으로 이어졌다. 국치 5년이 되는 1915년 8월 29일 국민회의 로스앤젤레스지방회, 새크라멘토지방회, 다뉴바지방회는 국치행사를 개최하였다.[22] 특히 1915년 9월 16일자 『신한민보』는 집중적으로 국치문제를 다루어 일제의 폭압정치를 성토하면서 국권회복에 진력할 것을 호소하였다.[23]

---

20 『신한국보』 1910년 9월 6일자, 「大韓愛國士의 合邦反對大會 獨立戰爭의 宣言과 조약부인」.
21 이명화, 「일제 강점에 대한 해외한인의 대응」, 『경술국치 100년, 성찰과 회고』(광복 65주년 및 23주년 기념 학술심포지엄), 독립기념관 한국독립운동사연구소, 2010, 147쪽.
22 『신한민보』 1915년 9월 16일자, 「한국이 일본에 합병된력사(二)」; 1915년 9월 16일자, 라성회의국티기념; 1915년 9월 16일자, 삭도회의국티긔념; 1915년 9월 16일자, 쌘유바회의국티긔념.
23 『신한민보』 1915년 9월 2일자, 「논설 망국긔념일에 내감상」; 1915년 9월 2일자, 「국티긔념과 나의 희망」; 1915년 9월 2일자, 「이날이 언제나업셔딜쏘」; 1915년 9월 2일자, 「한국이일본에합

1918년 신한민보사는 한인의 애국심을 배양하기 위하여 「우리 민족이 왜 이런 치욕을 당한 이유」, 「어찌하면 치욕을 씻을 방책」 등의 주제로 논문을 공모하였다.[24] 이에 전봉학은 국치일을 독립일로 삼아 국민회를 중심으로 민족의 대동단결을 이루고 산업과 교육의 발달을 달성해야 독립을 이룰 수 있다고 강조하였다.[25]

1919년 3·1운동이 전국적으로 전개되고 있는 가운데 대한국민회의는 이른바 '일한병합조약'의 폐지를 결의하였다.[26] 3·1운동 이후 국치 10년이 되는 1920년 국치일에는 일제의 압제를 기억하고 힘써 3·1운동 정신을 이어가자는 주장이 강조되었다.[27]

대일항쟁 이론은 '일한병합조약'이 성립되지 않았다는 '일제의 불법적 군사점령론'에 기초하고 있다. 1924년은 이를 다시 순종 황제가 분명하게 확인하여 주었다는 점에서 대단히 의미 있는 해이다. 순종은 "강도와 같은 이웃 나라 일본이 이완용 등의 역신의 무리와 짜고서 자신을 유폐시키고 압제하여 제멋대로 '일한병합조약'을 날조하여 선포하였다."라고 강조하면서

나 지금 경(卿)에게 위탁하노니 경은 이 조칙을 중외에 선포하여 내가 최애최경(最愛最敬)하는 백성으로 하여금 병합이 내가 한 것이 아닌 것을 효연(曉然)히 알게 하면 이전의 소위 병합 인준과 양국(讓國)의 조칙은 스스로 파기에 돌아가고 말 것이라. 여러분이여, 노력하여 회복하라. 짐의 혼백이 명명(冥冥)한 가운데 여러분을 도우리라.[28]

병된락스」; 1915년 9월 2일자, 「상항디방회와국티긔념」.
24 『신한민보』 1918년 8월 29일자, 「국치일에 디하여」.
25 『신한민보』 1918년 8월 29일자, 「국치일을 독립일로」.
26 日本 外交史料館, 「鮮人ノ獨立示威運動ニ關スル件」, 『不逞團關係雜件－朝鮮人之部－在滿洲』 第9卷(문서번호 : 4.3.2, 2-1-3).
27 『신한민보』 1920년 9월 2일자, 「국치긔념일」.
28 『신한민보』 1926년 7월 8일자, 「전흉희황뎨의 유죠」.

라고 하였다. 이처럼 순종은 이완용의 전권대표설을 부정하는 등 이른바 '일한병합조약이 날조되었다는 역사적 사실을 밝히면서 대일항쟁을 촉구하였다. 물론 이것이 항일전쟁 이론의 바탕이 되었다는 점은 두말할 필요도 없다.

1937년 7월 7일 노구교(蘆溝橋) 공격을 시작으로 일제는 중국 침략전쟁을 본격화하였다. 이 침략 전쟁의 발발을 일제의 한국 군사침탈을 해소할 수 있는 국제적 분위가 조성되어 가고 있다는 점에서 한인들은 주목하였다.[29] 특히 대한여자애국단 로스앤젤레스 지부에서는 '중국항일전쟁지원금'으로 110달러를 모금하는 등 중국의 항일전쟁을 지원하였다.[30] 이러한 가운데서도 국치 행사를 계속 이어가면서 임시정부에 대한 후원을 강화하는 등[31] 대일항쟁의 의지를 다졌다.[32]

광복군이 1940년 9월 17일에 조직되었다는 소식을 전한 한인들은 광복회를 돕는 것이 국치를 씻는 지름길임을 강조하며 중국의 민족운동가들을 독려하기도 하였다.[33]

1941년 12월 7일 일제의 진주만 기습으로 태평양전쟁이 시작되었다. 이 전쟁의 발발이 일제의 패망 전조라는 점에서 국내외의 민족운동가들은 이 전쟁의 행방에 촉각을 세웠다. 특히 "국가 지상의 관념, 민족 지상의 관념, 의지집중, 물질집중 이 네 가지가 국치를 씻는 요소."라는 『신한민보』의 기사에서 보듯이[34] 미국과 일본의 전쟁에 기대를 걸고 있던[35] 한인들은 항일

---

29 『신한민보』 1937년 9월 2일자, 「중일전징은드디여국제화」.
30 『신한민보』 1937년 9월 16일자, 「여자이국단의 더활동」.
31 『신한민보』 1939년 8월 31일자, 「국치 三十년」; 1940년 8월 22일자, 「국치 三十년」; 1939년 9월 28일자, 「각디방회 국치긔념식」; 1941년 8월 21일자, 「국치긔념식광고」; 1941년 8월 28일자, 「금년 국치 긔념일을 어떻게 긔념」; 1942년 9월 4일, 「각지방회 국치긔념식」; 1941년 9월 18일자, 「국치긔념일긔념사」.
32 『신한민보』 1937년 9월 2일, 「국치긔념금」; 1937년 9월 9일, 「쌜디방국치긔념식」; 1937년 9월 9일, 「국치긔념금」; 1937년 9월 16일, 「각디장의 국치긔념식」; 1937년 10월 21일, 「각지의연록─몬타나 국치긔념금」; 1937년 10월 28일, 「묵큐─각디장 국치긔념」.
33 『신한민보』 1941년 9월 4일자, 「국치 긔념일에 광복군 후원을 성각」.

투쟁 의지를 되잡았다. 이들은 전황에 집중하면서 1942년 국치일에 로스앤젤레스 시정청에 국기를 다는 의식을 통하여 국치를 조금이라도 씻는 감격을 맛보기도 하였다. 1943년에는 국치일을 '희망의 날로 삼는 등[36] 일제의 한국 군사점령의 해소에 큰 희망을 걸며 대일항쟁에 매진하였다.

결국 일제는 1945년 8월 15일 패전을 선언하였다. 이에 한인들은 다음과 같이 국치기념(일)의 폐지를 선포하였다.

> 본회는 이에 국치기념을 폐지 선언합니다. 우리의 원수 일본은 8월 14일 연합국을 향하여 항복를 애걸하였고 한국이 이로부터 자유독립의 장애를 덜어버리고 완전한 신국가를 건설할 시기를 가졌고 능력과 지위를 가졌으며 국치기념을 폐지합니다.
>
> 국치기념의 본의는 국가 광복의 준비를 위하여 치욕을 잊지 말자는 것이오, 해외한인의 국치기념은 본회로부터 비롯하였습니다. 거금 34년 전 1910년에 일본이 한국을 강제 합방할 때를 당하여 해외 한인은 오직 국민회 단결하에 합병을 반대하였고 8월 29일 일본의 한국 합병이 공식 발표될 때로부터 본회는 미(필자 : 미국), 하(필자 : 하와이), 묵(필자 : 멕시코), 큐(필자 : 쿠바) 재류한인을 단결하여 국기를 보존하고 배일사상과 애국정신을 고취하여 광복운동을 촉진하여 매양 이날을 당하여 국치를 기념하였음이 무릇 34년에 비장강개한 역사를 드리웠고 이번 세계대전에 들어와서 우리는 가장 오랜 항일의 자격을 가지고 연합국에 참가하여 분투를 같이 한 결과 오늘 일본이 연합국을 향하여 무조건 항복하는 동시 일본은 우리 한국에도 항복한다고 되었고 이로 말미

---

34 『신한민보』 1941년 9월 18일, 「국치긔념일 긔념사」.
35 『신한민보』 1925년 5월 14일, 「日美전쟁이 된다면」; 1934년 1월 18일, 「일미전쟁이 된다면」; 1941년 9월 18일, 「동원 미일전쟁이 되면」.
36 『신한민보』 1943년 9월 2일, 「희망의 날! 八月二十九日」.

암아 우리는 국치를 씻었으므로 드디어 국치기념을 폐지하고 국가 건설의 길로 나갑니다.

돌아보건대 과거 34년간 본회의 국치기념은 선열의 정충호기를 본받고 동포의 애국 열성을 힘입었으므로 오늘 국치기념을 폐지하는 때를 당하여 삼가 선열의 정신에 경의를 드리고 널리 동포에게 고하여 국가 건설에 노력을 더하기를 바랍니다.[37]

대한민국 27년 8월 19일

대한인국민회

중앙 집행 위원장 김호

중앙 상무부 총무 김병연

(2) 러시아와 중국

"22일 병탄조약을 조인하여 29일과 30일에 걸쳐 일반에 발표한다."라는 『달레커여 우크라이나』 1910년 8월 23일자 기사로 일제의 한국 군사침탈 사실이 노령에 전해졌다. 이를 접한 러시아 한인 700여 명이 블라디보스토크 한민학교에 모여서 일제의 침탈에 대응하기 위하여 성명회를 조직하였다. 성명회는 일제의 한국병탄을 승인하지 말라는 요구를 담은 전문을 일본을 비롯하여 조약체결국들에 발송하였다.[38]

특히 러시아 한인들은 8월 23일 결사대를 조직하여 블라디보스토크 일본인 거류지를 공격하고 십삼도의군을 조직하는 등 일제의 침탈에 대응하였다. 그러나 일제의 요청을 받은 러시아의 간섭으로 성명회와 십삼도의군의

---

37 『신한민보』 1945년 8월 23일, 「국치기념폐지선언」.
38 유한철, 「연해주 십삼도의군의 이념과 활동」, 『한국독립운동사연구』 11, 독립기념관 한국독립운동연구소, 1997, 58~63쪽.

주요인사가 이르쿠츠크로 유배를 당하는 등의 탄압을 받았다.[39]

1911년 8월 29일 오전 11시부터 블라디보스토크의 조창호(趙昌浩) 등 11명의 제안으로 한민학교에 모인 학생들을 비롯한 한인 약 400여 명이 '국치'를 되새기는 행사를 하였다.[40] 이때 한인들은 가게와 학교의 문을 닫고서 애국가와 독립가를 드높이 부르며 개척리를 줄지어 행진하면서 데라우치(寺內)를 죽이자는 구호를 외치는 등 대일투쟁의 의지를 고양시켰다.

여기에서 주목할 대목은 '국치(일)'이라는 용어가 언제부터 사용되었는가 하는 문제이다. 그 시점은 정확하게 알 수 없으나 대체적으로 이 무렵부터는 사용되기 시작한 것으로 보인다. 이후 '국치(일)'는 일정한 공론화의 과정을 거쳐 1913년부터는 미주를 비롯한 해외 한인들 사이에서 본격적으로 사용된 것으로 보인다.

1914년 국치일인 8월 29일자 『권업신문』은 "이날에 당한 수치를 씻고 4천년 역사의 영광을 회복하리라는 마음으로 독립과 자유를 생명과 같이 소중히 아는 날에는 우리가 다시 살 날이라.[41]"라고 강조하였다.

1917년 8월 29일 블라디보스토크의 '청년자조회(靑年自助會)'와 학생단체인 '우니온'이 중심이 된 약 600명의 한인들은 한민학교 앞 광장에 연단을 설치하고 태극기를 게양하며 단상의 좌우에 두 회의 대표자 자리를 마련하여 국치일 행사를 오후 8시부터 11시까지 진행하였다.[42] 이때 청년자조회 회장 김병권(金秉權)은 "오늘은 국치를 당한 지 7년이 되는 해이다. 여러분과 함께 애국가를 높이 부르고 오늘의 뜻을 되새기려고 한다."라는 개회사를

---

39 박보리스 드미트리예비치, 「국권피탈 전후시기 재소한인 항일투쟁－러시아 망명 한인들의 항일투쟁 참가」, 『수촌박영석교수화갑기념 한민족독립운동사논총』, 탐구당, 1992, 1080쪽; 유한철, 「연해주 십삼도의군의 이념과 활동」, 63쪽.

40 日本 外交史料館, 「韓國併合一周年ニ際シ當地朝鮮人ノ行動ニ就キ報告ノ件」, 『不逞團關係雜件－朝鮮人之部－在西比利亞』 第3卷(문서번호 : 4.3.2, 2-1-2).

41 『권업신문』 1914년 2월 29일자, 「국치무망일」.

42 日本 外交史料館, 「浦朝情報」, 『不逞團關係雜件－朝鮮人之部－在滿洲』 第6卷(문서번호: 4.3.2, 2-1-3).

하였다. 이어서 김병권의 지휘로 애국가를 합창하였고 남공선(南公善)이 한국역사를, 조극(趙克)이 한국지리를 각각 강연하였다. 이날 신한촌의 한인신보사는 국치무망(國恥無忘) 등 항일투쟁을 고양시키는 내용의 4쪽짜리 「국치임시호」를 발행하였다.[43] 또한 신한촌 민회 서기 조영보(趙永報)는 신한촌 곳곳에 사람들을 보내어 "국치일에 뜻있는 사람은 단식을 하자."라고 호소하기도 하였다.[44] 일제는 이러한 항일투쟁을 러시아 당국을 통하여 억압하려고 하였다.

1918년 8월 29일 블라디보스토크 신한촌의 한인들은 민회의 이름으로 국치일 하루 동안 취사와 흡연 등을 금하도록 하고 어기는 경우 25루블의 벌금을 부과하는 등 국치의 의미를 되살렸다. 이 날 민회와 한민학교 교사 학생들이 오전 10시경 태극기를 앞세우고 신한촌을 돌며 국치의 의미를 상기시켰다. 오후 7시부터는 임시회장을 조장원(趙璋元)이, 서기를 조창호가, 사찰을 약간 명이 각각 맡아 아침 일찍부터 선전물[45]을 배포하고 약 100명이 참석하여 국치일 행사를 하였다.[46] 이때 조장원이 개회사를 하고 여학생들이 노래를 불렀으며, 이의순(李義橓, 오영선의 처·이동휘의 차녀)이 한국역사를, 정창빈(鄭昌彬)이 한국지리를 각각 강연하였다. 또한 기념사를 정창빈·윤능효·이봉극(李鳳極)·이인찬(李仁贊) 외 세 사람이 하였고, 애국가를 남녀학생

---

43 위와 같음.
44 위와 같음.
45 1918년 8월 29일
　나라가 망한 날(喪國之日)
　여러분
　오늘을 기억합시다.
　9년 전 오늘은 우리의 신성한 부여민족이 저 원수의 노예가 된 참혹한 날입니다. 우리는 이 날을 뼈에 새기고 형성으로 기념하려고 합니다. 하루 빨리 이 비참함에서 벗어나 광복되는 날에 다른 사람들과 명예를 나란히 하기 위해 이날을 맞이하여 결심하고 전진할 것을 간절히 희망하는 바입니다(日本 外交史料館, 「日韓倂合紀念日ニ關スル件」, 『不逞團關係雜件－朝鮮人之部－在西比利亞』 第7卷(문서번호 : 4.3.2, 2-1-2).
46 위와 같음.

이 불렀다. 조장원의 폐회사로 국치 행사를 마쳤다.

또한 같은 해 연추(煙秋)에서는 최재형이 교사 정남수(鄭南洙)·『청구신보(青丘新報)』 기자 정안선(鄭安善) 등과 논의한 끝에 국치를 되새기기 위해 안중근의거를 주내용으로 하는 연극을 8월 28일부터 4일 동안 매일 오후 5시부터 11시까지 공연하였다.[47]

1919년 3·1운동의 영향으로 항일의지가 고양되고 있던 블라디보스토크에서 한인들은 박은식을 중심으로 한민학교에서 국치 행사를 열었다. 이때 박은식·이승교(李承矯, 이동휘의 부)·오영선(吳永善, 이동휘의 사위)·이의순이 각각 연설을 하여 국치를 되새기며 항일투쟁의식을 고양시켰다.[48] 또한 이날 한인들은 각 가정에 국기를 게양하고 취사를 하지 않고 온돌에 불을 지피지 않는 등 국치의 뜻을 되새기며 대일항쟁의 기세를 드높였다.[49] 특히 맹정국(孟正國)·김경순(金京順) 등은 의연금 50루블 이상을 모금하는 등 국치일을 기하여 대일항쟁의 물적 기반을 견고히 하였다.[50]

3·1운동으로 고조되던 노령의 국치행사는 1925년에 큰 타격을 입었다. 즉, 이 해 1월 20일 일본과 소련의 국교 회복이라는 국제질서의 변화는 한인들의 항일투쟁에 악영향을 미쳤다. 그동안 줄기차게 해오던 국치일 행사에도 제한이 가해져 집단행동을 할 수 없었다.[51] 다만『선봉』을 통하여 국치일의 의미를 되새기는 정도였다.[52] 『선봉』은 1926년 8월 29일자 기사에서 "비통과 저주와 분노에 넘치는 이날을 맞이하여 사회주의야말로 국치를 씻

---

47 日本 外交史料館, 「時局ニ對スル豆在外不逞鮮人ノ情況續報(第五回)」, 『不逞團關係雜件－朝鮮人之部－在滿洲』第4卷(문서번호 : 4.3.2, 2-1-3).

48 日本 外交史料館, 「鮮人ニ關スル件」, 『不逞團關係雜件－朝鮮人之部－在西比利亞』第8卷(문서번호 : 4.3.2, 2-1-2).

49 日本 外交史料館, 「韓國併合紀念日ノ行動ニ關スル件」, 『不逞團關係雜件－朝鮮人之部－在滿洲』第12卷(문서번호 : 4.3.2, 2-1-3).

50 위와 같음.

51 日本 外交史料館, 「日韓併合紀念日ニ關スル件」, 『不逞團關係雜件－朝鮮人之部－在西比利亞』第15卷(문서번호 : 4.3.2, 2-1-2).

52 『선봉』1925년 8월 29일자, 「한긔념과 두명절」.

을 수 있다."라고 강조하였다.[53]

한편, 1914년 국치일인 8월 29일 국자가(局子街) 전 간민회 회관에 모인 한인 300여 명이 애국가를 격렬하게 부르며 국치 행사를 가졌다.[54] 1915년에도 국자가에서 30여 명이 국치일 행사를 열었다. 이때 권사용(權思容) 등이 고국을 잊지 말자며 항일투쟁의식을 고취하는 연설을 격하게 하였다.[55]

1919년 상해에서 신규식이 30여 명이 참석한 가운데 국치일 행사가 열렸다.[56] 1922년 8월 29일에는 상해 프랑스 조계에서 오후 8시부터 9시 40분까지 약 160명이 국치 행사를 진행하였다. 이때 애국가를 여운형의 선창으로 함께 불렀고, 이어서 여운형은 한국은 일본에 합병된 적이 없다고 하면서 내년은 '광복축일'이 될 것이고 이천만 민족의 자유 평화의 날이 올 것이라는 개회사를 하였다. 그리고 안창호는 임시정부가 유명무실하게 된 원인을 분석하면서 "국치를 갚기 위해서는 민족의 일치단결, 실력의 향상을 기해야 한다."라고 역설하였다. 또한 원세훈도 국민대표회의를 개최하여 동포의 신뢰를 회복할 수 있는 정부를 조직하자고 강조하였다.[57]

1924년 8월 29일 청년동맹회를 중심으로 약 150명의 한인들이 나라를 되찾기 위해서는 오직 희생적 분투밖에 없음을 강조한 「국치일」[58]이라는 제목의 유인물을 배포하고 오후 2시부터 4시 20분까지 상해 프랑스 조계에서 국치일 행사를 가졌다. 이때 국치를 당한 원인을 역사에서 찾으면서 일치단

---

53 『선봉』 1926년 8월 29일자, 「八月二十九日」.

54 日本 外交史料館, 「豆滿江方面中國領狀況彙報」, 『不逞團關係雜件－朝鮮人之部－在滿洲』 第4卷(문서번호 : 4.3.2, 2-1-3).

55 日本 外交史料館, 「危險思想抱持者ノ行動ニ關シ報告ノ件」, 『不逞團關係雜件－朝鮮人之部－在滿洲』 第5卷(문서번호 : 4.3.2, 2-1-3).

56 日本 外交史料館, 「在傷害亡國紀念會開催ノ件」, 『不逞團關係雜件－朝鮮人之部－朝鮮人卜過激派』 第1卷(문서번호 : 4.3.2, 2-1-11).

57 日本 外交史料館, 「所謂不逞鮮人ノ倂合國恥紀念會開催情況ノ件」, 『不逞團關係雜件－朝鮮人之部－在上海朝地方』 第4卷(문서번호 : 4.3.2, 2-1-7).

58 日本 外交史料館, 「國恥紀念會開催ニ關スル件」, 『不逞團關係雜件－朝鮮人之部－在上海朝地方』 第5卷(문서번호 : 4.3.2, 2-1-7).

결하여 전진하자는 조완구(趙琬九)의 국치사(國恥史) 강연이 있었고, 국치를 씻기 위해 희생적 운동이 가장 중요하다는 기념사를 윤자영(尹滋瑛)이 하였다.

같은 해 국치일에 북경의 한교동지회(韓僑同志會)도 북경 주재 각국공사관을 비롯하여 중·일 각관공서, 신문사, 각종단체들에 「시일야대외일언(是日也對外一言)」이라는 유인물 약 1000부를 살포하였다. "1910년 8월 20일은 일본이 한국에 병합의 위약(僞約)을 늑결시킨 날이다."라고 시작되는 그 문건에 "한국과 만주를 침략한 자는 흉폭한 러시아와 간악한 일본이고, 한국을 일본에 팔아먹은 자는 영국제국이다. 한국합방, 한인섬멸을 입증하는 자는 미합중국"이라고 하는 내용이 들어 있다. 이를 근거로 일제는 미영의 지원이라는 대일항쟁의 기본방침에서 벗어나 미영의 태도를 공격하는 성향을 특이사항이라고 지적하였다.

물론 이러한 태도는 일제와 서양 제국주의 국가들의 한국과 만주 침략의 역사를 기술한 데서도 볼 수 있듯이, 미·영·러·일의 속성을 제국주의로 여기고 있던 한교동지회의 현실인식을 반영하고 있는 것이다. 그 말미에 "한국·중국·인도·베트남·필리핀·터키 등의 유심(有心), 유지(有志), 유혈(流血), 유기(有氣)의 인사들은 일어나 단결하여 우리의 진정한 자유를 되찾자."라고 호소하였다. 반면에 영국에 대해 "진정한 인류의 문명을 만들라."라고 충고하였다. 미국에 대해서는 "거짓을 버리고 참되라."라고 일침을 가하였다. 사회주의 러시아에 대해서는 "막스와 레닌의 가르침을 최근주의(필자: 침략성)로 더럽히지 말라."라고 훈도하였다.[59]

국치일에 늘 긴장하던 일제는 1925년에 들어와서 국치일의 대일투쟁 기세가 점차 약해지는 경향을 보이고 있다고 평가하였다.[60] 하지만 1925년에

---

59 日本 外交史料館, 「日韓倂合紀念日ニ於ケル鮮內外ノ情況ニ關スル件」, 『不逞團關係雜件 -朝鮮人之部-在滿洲』 第5卷(문서번호 : 4.3.2, 2-1-3).
60 日本 外交史料館, 「所謂國恥紀念日ニ於ケル國外不逞鮮人ノ狀況ニ關スル件」, 『不逞團關

도 상해의 청년동맹회에서는 8월 29일 오전 10시부터 김상덕(金尙德)을 중심으로 윤자영(尹滋瑛)·조덕진(趙德津) 등이 국치행사를 하였다. 같은 날 오후 7시부터는 김구를 중심으로 조덕진이 개회사를, 김두봉·윤기섭(尹琦燮)·김백추(金白秋) 등이 연설을 하고 오후 12시경에 대한독립만세 삼창을 하고 국치 행사를 마쳤다.[61]

또한 같은 해 8월 29일 학생 약 20명을 비롯한 한인들이 중국 길림 신개문(新開門) 밖 개신교 교회에서 오전 11시 20분부터 국치 행사를 가졌다.[62] 이때 제5중학교 4학년생 마천목(馬天穆)이 '국치기념일 설명'을, 전이덕(全以德)[63]이 '대략적인 한국의 역사'를, 손정도(孫貞道)가 '앞으로 어떻게 할 것인가'를 각각 연설하였다. 이 행사는 오후 1시에 애국가를 부르는 것으로 끝마쳤다. 이 날 영신학교는 휴교하였으며 한인들은 하루 종일 외출도 하지 않고 절식하고 근신하면서 국치일의 의미를 되새겼다.

길림 신개문 밖 개신교 교회의 국치행사는 1926년에도 이어져 한인 약 30명이 오후 1시부터 국치일 행사를 열어 정원묵(鄭元穆)이 '국치당시의 상황'을, 김온순(金溫順)이 '국치일은 장래광명으로', 최응신(崔應信)이 '장래교육과 실업에 노력할 필요가 있다'는 주제로 각각 연설을 하고서 오후 3시에 해산하였다.[64]

1925년 8월 29일 노령에서 유학 온 공산주의계열의 학생들이 조직한 노령유학생친목회는 간도 용정에서 29일 오후 10시 야음을 틈타 국치를 씻자

係雜件-朝鮮人之部-在支那各地』第4卷(문서번호 : 4.3.2, 2-1-6).

61 위와 같음.

62 日本 外交史料館, 「日韓倂合紀念日情況ニ關スル件」, 『不逞團關係雜件-朝鮮人之部-在滿洲』第5卷(문서번호: 4.3.2, 2-1-3).

63 다른 기록에는 왕삼덕(王三德)으로 나온다(日本 外交史料館, 「所謂國恥紀念日ニ於ケル國外不逞鮮人ノ狀況ニ關スル件」, 『不逞團關係雜件-朝鮮人之部-在支那各地』第4卷(문서번호: 4.3.2, 2-1-6)).

64 日本 外交史料館, 「日韓倂合紀念日狀況ニ關スル件」, 『不逞團關係雜件-朝鮮人之部-在滿洲』第43卷(문서번호: 4.3.2, 2-1-3).

는 내용의 선전물을 살포하였다.[65]

북경에서 『도보(導報)』를 발행하던 앞잡이사(社)의 발기로 원세훈이 중심이 되어 앞잡이사 사원, 학생 약 40명이 오전 9시부터 평민대학(平民大學)에서 국치일 행사를 거행하였다.[66] 그런데 학조연맹(學潮聯盟) 사건으로 경찰이 특별 경계를 하는 상황에서 이날의 행사는 성대하게 거행될 수 없었다. 그렇지만 앞잡이사는 이날 국치를 되새기기 위해 「안의사가 이토적(伊藤賊)을 총살하고 이의사가 완용적(完用賊)을 저격하다」, 「왜적병한(倭賊倂韓)의 최종」 등의 국치역사대요(國恥歷史大要)를 부록으로 붙이고, 북경대학 학생 주계훈(朱啓勳)이 권두에 태극기를 교차한 그림 위에 '경술 8월 29일 국치'를, 그 오른쪽에 '이날을 잊지 말자(勿忘此日)'를, 그 왼쪽에 '꼭 국치를 씻자(決雪國恥)'를 쓴 『도보』 제19호를 발행하여 각지로 보냈다.[67] 특히 이 책에 「국치일을 맞이하여 이날의 비분을 깨닫고 독립당조직을 절규한다」를 방생(方生)·조남외(趙南外)·한진산(韓震山)·강구우(姜九禹)가 연명으로 게재하고 국치를 씻기 위해 한국독립당을 중심으로 뭉칠 것을 주장하였다.[68]

이해 하얼빈에서는 국치일 행사는 하지 못하였으나 대구출신의 최춘택(崔春澤)과 김영기(金永基)가 중심이 된 '북만공산청년회'가 청년동지의 결사적 단결이 가능할 때만이 국치를 씻을 수 있음을 강조한 「동포여 이날을 알고 있는가」라는 제목의 유인물을 학생들에게 배포하였다.[69]

1926년 8월 29일 오후 8시 30분부터 10시 30분까지 광동대학에서 국치일 행사가 개최되었다.[70] 이때 강세우(姜世宇)가 임시회장이 되어 인사말로

65 위와 같음; 『신한민보』 1925년 9월 24일자, 「遠東消息」.
66 日本 外交史料館, 「日韓倂合紀念日狀況ニ關スル件」, 『不逞團關係雜件－朝鮮人之部－在滿洲』 第43卷(문서번호: 4.3.2, 2-1-3).
67 위와 같음.
68 위와 같음.
69 위와 같음.
70 日本 外交史料館, 「在廣鮮人ノ國恥紀念大會ニ關スル件」, 『不逞團關係雜件－朝鮮人之部 在支那各地』 第4卷(문서번호 : 4.3.2, 2-1-6).

국치일 감상에 대해 연설을 하고, 한국의 독립을 위해 분투하자는 김원봉(金
元鳳)과 손두환(孫斗煥)[71]의 연설이 이어졌다. 특히 이때 손두환은 여월한인
청년단(旅粵韓人靑年團)의 조직을 제안하였다. 1930년 8월 29일에도 공산주
의계열의 민족운동가들이 국치일을 맞이하여 간도 각지에서 반대투쟁과 행
사를 거행하였다.[72]

1939년에는 중경의 항일투쟁 단체가 8월 29일 오전 9시에 중경 안체화
농장에서 국치기념행사를 하고 한민족의 자유독립과 동양평화를 위해 항일
세력이 단결하여 일제와 끝까지 투쟁하고 이번이 마지막 국치행사가 될 것
을 굳게 믿는다는 내용의 국치선언문을 발표하였다.[73]

1941년에는 중경 임시정부가 8월 29일에 국치행사를 개최하였다. 이때
김구를 비롯한 항일투사들이 참석하였고, 특히 중국 대공보 측에서 광복을
바란다는 내용의 글을 보내오고 청년투사들은 군복을 입고 참여하였다고
한다.[74]

2) 국내

1909년 12월 일진회의 '합병안'은 일제가 대한제국을 군사점령을 할지도
모른다는 불안감을 증폭시키기 충분하였다. 『대한매일신보』 등이 강력하게
일진회의 부일행동을 규탄하였고 심지어 1909년 5월 한성 북부 화개동 청
년동지회 회원 김진석(金鎭奭) 등 7명이 국권수호의 의지를 다지고 일제의

---

71 손두환에 대해서는 한상도, 「손두환의 항일민족주의 탐색과 민족운동관」, 『한국민족운동사
연구』 36, 한국민족운동사학회, 2003 참조.
72 국사편찬위원회, 「間道朝鮮人農民組合ノ組織ニ就テ」, 『滿蒙各地의 農業關係資料』(문서
번호 : MFC 일외 712).
73 『신한민보』 1938년 10월 12일자, 「재중경 한인각단체의 국치긔념선언」.
74 『신한민보』 1941년 9월 11일자, 「한국 림시정부의 국치긔념식거힝」.

군사점령을 저지하기 위해 단지를 한 사례도 있었다.[75] 하지만 결국 일제의 한국점령 사실은 『대한매일신보』 1910년 8월 28일자 「합병묘약ㅅ실」, 『황성신문』 1910년 8월 30일자 「日韓合倂條約」 등의 기사를 통하여 국내외에 알려졌다. 일본에 장악된 국내의 상황에서 언론을 통한 항일투쟁은 현실적으로 불가능하였다.

이러한 가운데서 "오후 6시쯤, 이완용과 윤덕영이 두 조칙(곧 8월 22일과 29일의 조칙이다)을 내어와 옥새를 찍으라고 황제를 몰아세웠다. 황제는 무슨 일을 하는지 알지 못했다. (중략) 이완용과 윤덕영은 일본인의 지휘를 받아, 곧바로 김윤식과 여러 사람들을 쫓아냈다. 마침내 옥새를 가져다 그 문서에 찍었다(그때 일본인들은 옥새를 가지고 통감부로 갔다)."라는[76] 정교의 기록에서 알 수 있듯이 한국 사람들은 이른바 '일한병합조약'은 순종의 제가가 없는 것으로 처음부터 존재할 수없는 날조된 것이라는 인식을 갖고 있었다.

국치는 국내의 유지인사들도 견디기 어려운 일이었다. 1915년 4월 5일 경상북도 영주군 이산면 서포리에 사는 김성진(金聲振, 50세)이 국치에 분격 단식하여 순국하였다.[77]

국치일은 국내에서도 항일의지를 다지면서 국권과 국토 회복을 위한 투쟁의 기폭제가 되었다. 이를테면 3·1운동으로 대일투쟁 분위기가 고조되고 있는 가운데 국치 10년 되는 1920년의 상황은 일제를 긴장시키기 충분하였다. 일제는 장날인 국치 당일 평양 시내 곳곳에 무장순사를 배치하고 세 사람만 모여도 강제해산시켰으며, 심지어 착검된 총으로 시장에 모인 사람들을 위협하는 등 공포분위기를 조성하였다.[78]

"국치일에 아무 일 없이 지나가면 오히려 이상하게 여길 정도였다."라는

---

75 국사편찬위원회, 「憲機第一〇七三號」, 『統監府文書』 10, 2000, 337쪽.
76 정교 저 / 조광 편 / 김우철 역주, 『대한계년사』, 소명, 2004, 229쪽.
77 日本 外交史料館, 「地方民情彙報」, 『不逞團關係雜件－朝鮮人之部－在滿洲』 第4卷(문서번호 : 4.3.2, 2-1-3).
78 『동아일보』 1920년 9월 1일자, 「二十九日의 平壤市中」.

1921년 『동아일보』 기사[79]에서 볼 수 있듯이 국치일마다 일제는 불안감을 떨치지 못하였다. 민족운동가들은 국치일을 기회로 삼아 특파원을 파견하였는데 이러한 정보만으로도 일제는 전전긍긍할 수밖에 없었다.[80]

국치일에 항일전단을 살포하는 격문투쟁은 국치투쟁의 중요한 방책으로 전개되었다. 1927년 국치일 격문투쟁은 강기덕(康基德)·우인흡(禹仁洽)·김봉학(金鳳學) 등이 주도하였다.[81]

국치 20년이 되는 해인 1930년을 전후하여 국치투쟁이 국내외를 막론하고 들불처럼 번져나갔다.[82] 특히 1930년에는 홍인섭(洪仁燮)(22세)·송경윤(宋慶潤)(23) 등[83]이, 이강옥(李康沃)(?)[84]이, 김민배(金民培)(16세)·서도인(徐度寅)(15세)·박정환(朴正煥)(17세) 등[85]이, 1931년에는 최완용(崔完龍)(19세)·이헌규(李憲圭)[86]가 국내의 국치투쟁을 이끌었다. 이들은 주로 10대 중후반 20대 초반의 젊은이들이었다. 이는 국내의 국치투쟁을 나라의 현실에 눈을 뜬 젊은이들이 주도하였음을 의미하는 것이다.

해외의 민족운동가들도 국내로 격문을 직접 갖고 들여와 배포하거나 우편을 이용하여 항일투쟁을 촉구하는 격문투쟁을 전개하였다. 1929년 8월 국민부(國民府)의 다수의 부원이 국내로 격문을 갖고 잠입하였고, 동경 조선 노동조합의 인사가 「○○○○ 이십주년에 당하야 이천만 동포에 격함」 등

79 『동아일보』 1921년 9월 1일자, 「廿九日이 何日?」.

80 『동아일보』 1928년 8월 29일자, 「合邦紀念日과 市內 各署警戒」.

81 『동아일보』 1927년 7월 21일자, 「합방긔념일에 거사계획발각」;『신한민보』 1927년 8월 25일자, 「합방 긔념일에 거사 계획 발각 강긔덕외 청년 다수를 검거」;『중외일보』 1927년 7월 21일자, 「合邦紀念日에, 擧事計劃發覺」.

82 1930년 전후 국치일투쟁은 경성지방법원검사국, 『昭和5年9月 併合記念日前後ノ狀況ニ干スル件』(국편소장, 문서번호 : MF0008244) 참조.

83 『동아일보』 1930년 9월 18일자, 「東大門合邦긔념일 檄文犯 洪仁涉 宋慶潤 檢事局送致」;「檄文犯人檢擧에 관한 건」,『사상에 관한 정보철』 제10책(국편소장).

84 『동아일보』 1930년 9월 4일자, 「정가중지(3) 八月 二十八日, 八日 三十日」; 9월 5일자, 「대구사회상(하) 八月 合邦日 檄文犯 送局?」.

85 『동아일보』 1930년 9월 25일자, 「雄川檄文事件」; 1930년 10월 16일, 「雄川檄文事件」.

86 『동아일보』 1931년 10월 13일자, 「合邦日 撒布된 伊川檄文事件」.

의 격문을 국내로 다량 갖고서 들여와 배포하였다.[87] 1930년 8월 중국 안동 현의 민족운동가들도 평양의 사회단체·병원·회사에 국치일을 기하여 우 편으로 격문과 신문 등을 보냈다.[88] 정의부(正義府)도 1930년 9월 8일 경성 제국대학, 총독부, 경기도청에 「조선인관리는 ○○하라」는 격문을 발송하였 다.[89] 이와 관련하여 9월 12일 정의부 요원 홍종국(洪鍾國)(25)·황묵연(黃穆 淵)(41)이 체포당하였다. 상해와 일본에서도 다량의 격문이 우편으로 국내로 보내져왔다.[90]

한편 외국에서도 격문투쟁이 전개되었다. 즉, 1927년 국치일에 일본 동경 신간회 지회는 대일투쟁을 촉구하는 다량의 격문을 살포하려고 하였다.[91] 또한 28년 국치일에 동경시외 나가노(中野)의 김호문(金浩文)(25세)·김성년(金 成年) 외 세 사람도 격문투쟁을 전개하다가 일경에 체포당하였다.[92] 이러한 격문투쟁은 국내에도 알려졌으며, 일제를 공포로 몰아넣기에 충분하였다.[93]

민족운동가들은 '단식'을 국치투쟁의 한 방법으로 적극적으로 활용하였다. 즉 1915년 김성진의 단식투쟁에 이어 1923년에 함흥형무소에 복역하던 십 여 명의 민족운동가들은 "만세를 부른 후에 국치일에 밥을 먹는 것은 우리 의 본의가 아니라."라며 아침밥을 거부하는 단식투쟁을 전개하였다.[94] 1928 년 8월 29일에도 신의주 형무소의 미결수 200여 명이 국치일에 일제의 한

---

87 『동아일보』 1929년 8월 28일자, 「不穩文電飛로 非常大警戒」; 1929년 8월 31일자, 「七十餘 武裝警官 合邦日 特別敬啓」.
88 『중외일보』 1930년 8월 28일자, 「平壤市內에 檄文多數飛來」.
89 『동아일보』 1930년 9월 14일자, 「在滿正義府名義로檄文붙인犯人檢擧」.
90 『중외일보』 1930년 8월 26일자, 「합방긔념과 3격문 시내에 飛入」; 8월 27일자, 「서대문서 관 내 양처에 격문 飛來」.
91 『신한민보』 1927년 10월 6일자, 「합방일에 동경에서」.
92 『동아일보』 1928년 8월 30일자, 「合邦紀念日에 五靑年檢擧, 불온한 문서를 배부햇다고 東 京警視廳活動」; 『신한민보』 1928년 10월 4일자, 「합병 긔념일에 五청년 검거」.
93 『중외일보』 1930년 8월 27일자, 「서대문서 관내 양처에 격문 飛來」.
94 『동아일보』 1922년 8월 30일자, 「合邦日에 囚人斷食」; 1923년 9월 7일자, 「合倂日에 紀念 絶食」.

국침탈을 항의하기 위해 단식투쟁을 벌였다.[95] 이러한 단식투쟁은 국외 민족운동가들의 그것과는 다른 양상을 보이는 것으로 한정된 상황 속에서 취할 수 있는 최선의 방법 중의 하나였다. 이처럼 이들은 국치(일)를 단식투쟁을 불사하며 대일항쟁의 의지를 다지면서 항일투쟁의 동력으로 삼으려고 하였던 것이다.

위에서 보듯이, 미주 한인의 국치투쟁은 주로 언론과 연설(행사)투쟁이 주종을 이루고 있다. 중국과 러시아 한인의 국치투쟁은 언론·격문·연설(행사)·단식·단연·연극 등 다양한 형태로 전개되고 있었다. 이에 반하여 국내에서는 격문과 단식이라는 방식으로 국치투쟁이 이루어졌다. 이처럼 지역에 따라 국치투쟁의 전개양상의 차이를 보인 것은 당시 국내외의 현실과 민족운동가들의 상황에 따른 결과로 생각된다.

그리고 좌우, 국내외를 막론하고 민족운동가들이 1910년 8월 29일 일제의 한국 군사침탈에 대해 '병합(일)'이라는 용어를 사용한 예를 거의 발견할 수 없다는 사실은 중요한 의미를 갖는다. 대부분의 경우는 국치(일)로 표현하고 있다. 국치(일)는 다음에서 살펴보겠지만 항일투쟁의 논리와 깊은 상관관계 속에서 민족운동가들의 합의에 따른 결과로 생겨난 역사용어임을 주목할 필요가 있다.

4. 국치(일)의 의미와 항일투쟁의 논리

1910년 8월 22일부터 1911년 9월 20일까지 『신한민보』의 기사제목에서 일제의 군사침탈 의미로 사용되는 '합병'이라는 용어가 약 8번 나온다. 1912년에 『신한민보』의 기사제목에는 '합방', '합병', '병합'은 보이지 않는다.

---

95 『동아일보』 1928년 9월 2일자, 「日韓合邦紀念日에 二百未決囚 斷食」;『신한민보』 1928년 10월 4일자, 「한일합병 긔념일에 二백 미결수 금식하여」.

그런데 여기에 '병합'이라는 용어와 관련하여 주목할 만한 대목이 있다. 1913년에 들어오면서 미국 한인사회의 경우 '합병', '합방'이라는 용어는 국치로 대치되는 현상을 보이고 있는 것이다. 즉, 1913년 8월 22일부터 1945년 8월 30일까지 『신한민보』의 기사제목에 약 168회의 국치라는 용어가 등장하고 있다. 기사제목에 '합병'이라는 용어는 약 42회가 보인다. '합방'이라는 용어도 약 2회 볼 수 있다.

반면에 '병합'이라는 용어는 전혀 사용되고 있지 않은 것도 중요한 특징이다. 또한 『권업신문』도 1913년 8월부터 국치라는 용어를 본격적으로 사용하기 시작하였다.[96] 이는 일제가 한국을 군사 침탈한 1910년 8월 22일을 "국치(일)로 규정한다."라는 민족 내부의 역사적 합의가 있었음을 의미하는 것이고, 국치(일)가 역사용어의 정통성을 확보하고 있었다는 뜻이기도 하다.

더욱이 『신한민보』의 경우, 일제의 한국 군사침탈을 규정한 용어로 합방의 4배, 합병의 84배의 사용빈도를 보인다는 데서 대일항쟁기에 어떤 용어보다 '국치'가 압도적으로 많이 사용된 사실을 알 수 있다. 이는 해외 한인들이 1910년 8월 22일 일제의 침탈에 대한 역사 해석을 담는 용어로 '병합'보다 '국치'를 사용함으로써 한국의 주권이 일제에 넘어가지 않았다는 것은 물론이고, 이를 일제의 군사침탈 또는 점령으로 보고 있다는 증거이다.

한편, 국내에서 1920년 8월 29일부터 1940년 8월까지 『동아일보』의 기사제목으로 '합병'이 약 13회, '합방'이 약 23회 등장하는 데 반하여, '병합'은 약 2회, 국치는 0회 보인다.[97] 『조선일보』의 경우, 1920년부터 1940년까지 '합병'이 약 13회, '합방'이 약 3회, '병합'이 약 4회, 국치는 0회 등장한다. 이는 '병합'이라는 용어가 국내에서조차 일반적으로 쓰이지 않은 것으로 이해할 수 있는 대목이다. 또한 국치라는 용어가 해외에서 애용된 것에 반해

---

96 『권업신문』 1913년 8월 29일자, 「국치무망일(國恥無忘日)」.
97 그러나 동아일보는 기사제목으로 '국치(일)'를 사용하지 못하였으나 기사 속에서 '국치일'을 언급한 경우는 더러 있다(『동아일보』 1920년 9월 1일자, 「二十九日의 平壤市中」).

『동아일보』와 『조선일보』의 경우 기사제목으로는 전혀 볼 수 없다. 이는 일제에 장악되어 있던 국내의 상황을 반영하고 있는 결과임은 물론이다.

그런데 여기에서 일제의 한국 군사침탈, 즉 '일한병합조약의 불성립'이라는 의미의 '국치'라는 용어가 대일투쟁의 이론과 긴밀한 관계가 있다는 사실을 주목할 필요가 있다. 이는 우선 1917년 7월 상해에서 조소앙이 기초하여 신규식·박은식·신채호·박용만·윤세복 등이 변화하는 국제질서와 항일 방략을 모색하기 위해 발표한 다음과 같은 「대동단결선언」에서 엿볼 수 있다.

> 隆熙皇帝가 三寶를 抛棄한 八月 二十九日은 卽 吾人同志가 三寶를 繼承한 八月 二十九日이니 其間에 瞬間도 停息이 無함이라. 吾人同志는 完全한 相續者니 彼 帝權消 滅의 時가 卽 民權發生의 時오 舊韓 最終의 一日은 卽 新韓 最初의 一日이니 何以故오. 我韓은 無始以來로 韓人의 韓이요, 非韓人의 韓이 아니라, 韓人間의 主權 授受는 歷史上 不文法의 國憲이요, 非韓人에게 主權讓與는 根本的 無效요, 韓國民性의 絶對 不許하는 바이라. 故로 庚戌年(1910년) 隆熙皇帝의 主權抛棄는 卽 我 國民同志에 對한 默示的 禪位니.[98]

여기에서 보듯이 민족운동가들이 1910년 8월 29일 국치일이 "황제의 주권을 한국 국민에게 선위한 날"이라는 논법을 구사하고 있는 것은 매우 의미 있는 대목이다. 이러한 논리의 위에서 한국의 본질적인 존재성에 대해 『대한독립선언서(大韓獨立宣言書)』에서는 다음과 같이 주장되었다.

> 大韓은 無始以來로 我大韓의 韓이요, 異族의 韓이 안이라. 半萬年

---

98 삼균학회, 「大同團結宣言」, 『趙素昻先生文集』, 횃불사, 1979, 464쪽.

歷史의 內治 外交는 韓王 韓族의 固有權이요, 百萬方里의 高山麗水
는 韓南韓女의 固有權이요, 氣骨文言이 區亞에 拔粹한 我民族은 능
히 自國을 擁護하며 萬邦을 和合하야 世界에 供進할 天民이라. 韓一
部의 權이라도 異族에 讓할 我가 無하고, 韓一尺의 土라도 異族이 占
할 權가 無하며, 韓一個의 民이라도 異族이 干涉할 條件이 無하여, 我
韓은 完全한 韓人의 韓이다.[99]

말하자면 민족운동가들은 한국의 존재성과 독립성인 내치와 국교는 "어
느 누구도 빼앗을 수 없는 고유한 권리"라는 인식을 공유하고 있었던 것이
다. 따라서 있지도 않은 '일한병합조약'으로 국권이 훼손된 것이 아니라 단
지 일제가 군사력으로 한국을 강탈하였기 때문에 부끄러움(국치)를 느낄 따
름이라는 것이다. 여기에서 국치는 국권의 소멸이 아니라 '일제의 불법적
한국강토 점유'를 의미하는 것으로 쓰였음을 알 수 있다.

또한 1919년 9월 김규식이 파리강화회의에 제출한 「청원서」[100]에서도 한
국의 국제적인 지위에 대해 "한국과 제국(諸國) 사이에 맺은 국제적 원칙과
공인에 의해 여러 조약으로 인증되고 담보되므로 어느 나라도 이를 침범할
수 없다."라는 입장을 취하고 있었다. 그러면서 "'일한병합조약은 사기와 폭
력에 따른 국제공법을 무시하고 위반한 것이고, 대한민족과 국가는 체결된
적이 없는 날조된 조약을 인정할 수 없고, 윌슨의 민족자결주의에 어긋난
것이다."라는 논리를 전개하였던 것이다. 여기에서 주목되는 대목은 '대한민
족'과 '국가'가 여전히 존재한다는 인식이다. 이는 국제법에 근거하여 존재
하는 대한제국을 일제가 군사적으로 강점하고 있다는 의미인 것이다. 따라
서 "우리나라의 주권이 오히려 소멸되지 않았다."[101]라는 김한(金翰)의 주장

99 안상교 편역, 「大韓獨立宣言書」, 『大韓獨立宣言書總攬』, 복지문화사, 1996, 21~22쪽.
100 『독립신문』 1919년 8월 21일자, 「○○한請願全文」.
101 『독립신문』 1919년 9월 2일자, 「國際聯盟에 對한 我의 主張」.

이 설득력을 얻는 것이다.

대한민국 임시정부가 1919년 9월에 성립될 수 있었던 이론적 근거가 바로 이상의 논리에 있는 것이다. 우선 무엇보다 상해 임시정부는 「대한민국임시헌장선언문」 제8조에 "대한민국은 구황실을 우대함."이라고 하여 대한제국의 계승자임을 천명하였다. 또한 「대한민국임시헌법」의 전문에는 "我大韓人民은 我國이 獨立國임과 我民族이 自由民임을 宣言하도다."라고 하여 대한민국을 국권의 요체인 독립된 국가로 상정하였다. 「대한민국임시헌법」(1919년 9월 11일 1차 개정) 제1장 總領에 "제1조 大韓民國은 大韓人民으로 組織함, 제3조 大韓民國의 疆土는 舊韓國의 版圖로 함, 제6조 大韓民國의 主權行使는 憲法 範圍 內에서 臨時大統領에게 全任함, 제7조 大韓民國은 舊皇室을 우대함."이라고 명기되어 있다. 더욱이 「대한민국임시헌장」(1944년 4월 22일, 제5차 개헌) 제1장 총강에 "제2조 大韓民國의 疆土는 大韓의 固有한 版圖로 함, 제3조 大韓民國의 人民은 原則上 韓國民族으로 함, 제4조 大韓民國의 主權은 人民 全體에 있음."이라고 명시되어 있다.

이처럼 대한민국은 대한제국을 계승하는 국가로서 주권이 국민에게 있는 독립국임이 천명되어 있다. 이러한 인식은 일제가 국제법을 무시하고서 한국을 무력으로 점령하고 있다는 대일항쟁 이론 위에 성립되었음이 분명한 사실이다.

특히 '국치'와 '대일투쟁의 이론'이자 '대한민국의 존재성'의 관계는 「대한민국건국강령」(1941년 11월 25일)에서 여실히 드러난다. 즉, 대한민국건국강령 제1장 총강 제4조에 "우리나라의 對外主權이 喪失되었을 때에 殉國한 先烈은 우리 民族에게 동심(同心) 復國할 것을 遺囑하였으니 이른바 「望我同胞는 勿忘國恥 堅忍努力하얘 同心同德으로 以捍外侮하야 復我自由獨立하라」하였다. 이는 前後 現在及 將來의 民族精氣를 鼓動함이니 우리 民族의 男女老少가 영세불망할 것이다."라고 하였다. 이는 국치물망(國恥勿忘)이 바로 자유독립을 회복하는 이론적 원천임을 의미한다는 것이다.

이러한 맥락에서 이승만은 정부수립 이후 "대한민국 30년이라는 연호를 사용하여 대한민국이 임시정부의 법통을 계승한 것."이라고 명시하였다. 뿐만 아니라 1948년 제헌국회에서 제정된 헌법 전문(前文)에서도 "유구한 역사와 전통에 빛나는 우리들 대한민국은 기미 3·1운동으로 대한민국을 건립해서 세계에 선포한 위대한 독립정신을 계승해서 이제 민주독립국가를 재건함에 있어서."[102]라고 하여 임시정부의 법통을 계승하여 헌법이 제정되었음을 분명히 하고 있다.

이 논법은 1913년부터 본격으로 사용된 '국치(일) 투쟁의 논리'에 근거하는 것임은 두말할 필요가 없는 것이다. 이처럼 국치는 대일항쟁과 대한민국 수립의 이론적 근거였다는 점에서 그 용어의 역사성과 정통성을 되새기게 된다.

5. 나오는 말

이상에서 필자는 일제의 한국 군사침탈과 '병합'의 의미, '국치일'과 항일투쟁, '국치(일)'의 의미와 항일투쟁의 논리를 살펴보았다. 이를 다음과 같이 정리하는 것으로 이 글을 맺고자 한다.

일제는 1876년 강화도 침략으로부터 시작하여 1910년 8월까지 한국침탈을 위해 약 34년간 끊임없이 한국침탈을 시도하였다. 1894~5년 청일전쟁, 1904~5년의 러일전쟁으로 한국침탈의 발판을 마련한 일제는 이른바 '을사보호조약'과 '일한병합조약'을 조작하여 한국을 강탈하였다. 병합이라는 용어도 침략과정에서 국제사회의 이목을 피하면서 침략을 은폐하기 위해 만들어 낸 허구임은 구라치의 「조선병합의 경위」에 잘 드러나 있다.

때문에 민족운동가들은 '병합'이라는 용어를 사용하지 않았고, 국치라는

---

102 고려대학교박물관 편, 「制憲國會의 大韓國民憲法」, 『현민 유진오 제헌헌법 관계자료집』, 고려대학교출판부, 2009, 225쪽.

용어를 사용하였던 것이다. '국치(일)'라는 용어가 1913년에 들어와서 광범위하게 국내외에서 사용되었다는 것은 '1910년 8월 22일(29일) 일제의 한국침탈을 어떻게 정의할 것인가 하는 문제를 치밀하게 논의하였다는 사실을 의미하는 것이다. 따라서 '병합'은 역사용어로써 비역사적 용어이며 정통성이 없는 것이다. 반면 '국치(일)'라는 용어가 항일투쟁 과정에서 생성된 역사용어로서 역사적 정통성을 갖추고 있다는 것은 누구나 인정하는 바이다.

이처럼 일제가 한국침탈을 호도하기 위해 만들어 낸 용어가 '병합'이라는 점, 민족운동가들이 '병합'이라는 용어를 사용한 흔적을 찾아볼 수 없다는 점, 항일투쟁의 이론적 근거가 바로 '국치물망(國恥勿忘)'이었다는 사실에서 보건대, '병합'이라는 글자 앞에 '강제'를 붙인다고 하여 '병합'의 본질적인 의미가 사라지는 것이 아니라는 점을 지적하지 않을 수 없다. 최근에 '강제병합'이라는 용어가 광범위하게 퍼져 나가고 있는 가운데 심지어 2010년 국치 100년에 세워진 남산 통감부 자리의 표지석에도 '강제병합'이라는 글자가 새겨져 있다. 이것이 무엇을 의미하는지는 굳이 설명할 필요도 없다.

민족운동가들은 국치일에 단식과 금연을 하면서 일제에 침략을 당한 원인을 분석하고 항일투쟁의 의지를 굳건히 하는 등 '국치' 의미를 되새겼던 것이다. 이러한 의미에서 '국치'는 항일투쟁의 사상적 에너지가 되었음은 분명한 역사적 사실이다. 항일전쟁기 동안 매년 국치일이 되면 국내외, 좌우를 막론하고 온 겨레가 힘을 합쳐 불법적인 일제의 군사침탈을 해소하기 위해 단식·단연·연설·격문·교육·연극 등의 국치투쟁에 목숨을 걸고서 매진한 사실은 위에서 살펴본 바와 같다. 격문과 연설, 언론 투쟁과 독립운동자금의 모금이 국외 국치투쟁의 주된 내용인데 반하여 국내의 국치투쟁은 주로 격문과 단식이라는 방식으로 전개되었다.

특히 민족운동가들은 주권(국권)을 일제에게 넘겨준 적이 없는데도 일제가 국제법을 위반하고서 한국을 불법적으로 강점하였다고 인식하여 1910년 8월 22일 일제의 한국 군사침탈을 '국치'라고 정의하였던 것이다. 이러한 생각은 "임시정부(대한민국)는 대한제국의 법통을 잇고 어느 누구에게도 빼앗길 수 없는 고유한 권한을 갖는 주권(국권)국가이자 독립국가"라는 인식의 근저를 형성하고 있다. 다시 이는 현재의 대한민국으로 이어지는 역사적 정통성을 이루는 것이다.

2

김성수의 친일의식 형성과 전개

1. 들어가는 말

우리는 민족운동가들의 헌신과 투쟁으로 1945년 일제에서 벗어날 수 있었다. 하지만 해방된 나라의 앞날에 미·소에 의한 분단과 정치세력 간의 권력투쟁이라는 어두운 그림자가 드리워져 있었다. 그것을 해결하지 못하고는 완전한 독립국의 실현은 불가능하였던 것이다.

이러한 상황 속에서 일제와 일정한 협력을 통하여 군림하던 친일파도 하나의 정치세력으로 등장하는 현실에 직면하게 되었다. 이승만은 친일파 처단을 요구하던 민들의 희망을 철저하게 외면하면서 그들을 자신의 전위세력으로 활용하였다. 그에 따라 친일의 상징이었던 『동아일보』와 『조선일보』세력은 그대로 해방공간에서 살아남을 수 있었고 현재도 이들의 영향력은 사라지지 않고 있다.

친일세력 중에서 가장 대표적인 인물은 이 글에서 다룰 김성수이다. 그에 대한 일련의 미화 작업이 그동안 『동아일보』를 중심으로 진행되었다.[1] 그 대표적인 사례가 바로 『仁村 金性洙傳』이다.[2] 이 책은 김성수에 대한 방대한 자료를 활용하면서 시대적 배경도 아울러 기술하고 있다는 면에서는 일정하게 평가할 수 있다. 하지만 김성수의 모든 행위가 마치 민족을 위한 행위로 포장되고 있는 현실은 역사 왜곡으로밖에 볼 수 없다.[3] 심지어는 김성수를 '문화민족주의자'로 평가하는 이도 등장하였다.[4]

그러나 민족주의를 "그 민족을 살리는 데 목적을 둔 모든 정치행위"라고 규정한다면, 김성수는 결코 민족주의자가 아니었다. 한민족을 죽음의 구렁텅이로 몰아넣은 사람을 민족주의자로 평할 수는 없기 때문이다.

김성수가 이루어 낸 모든 일이 일제의 한국지배정책에 반하여 달성된 것이 아니라는 것은 분명한 사실이다. 이러한 면에서 김성수에게 민족의식이 있었는지에 대해 필자는 의심을 품지 않을 수 없다.

김상훈(金尙勳)은 『문화일보』에 김성수의 친일행적을 구체적으로 지적한

---

1 이현희, 『대한민국부통령 인촌 김성수』, 나남, 2009; 김중순 지음 / 유석춘 옮김, 『문화민족주의자 金性洙』, 일조각, 1998; 동아일보사, 『評傳 仁村金性洙』, 삼화인쇄주식회사, 1991; 동아일보사, 『仁村 金性洙의 愛族思想과 그 實踐』, 1982. 특히 『仁村 金性洙의 愛族思想과 그 實踐』에 친일경력이 있는 주요한·유진오·김활란이 김성수를 찬양하는 글을 실었다는 사실이 무엇을 의미하는지는 굳이 설명할 필요도 없다. 이러한 친일파 미화 작업의 연장선에서 『동아일보』는 『설산 장덕수』(이경남 저, 1981)를 발간하였다.
2 재단법인 인촌기념회, 『仁村 金性洙傳』, 평화당인쇄주식회사, 1976.
3 이현희는 "최근 과거사를 다루는 한 국가기관에서는 인촌의 일제 강점하의 행적을 문제 삼아 친일(親日) 혐의를 두고 그를 민족반역자로 몰고 갔다. 그러나 그들 기관이 지적한 친일문제는 사실상 문제를 진실 위에서 보지 아니하고 일제하의 언론이나 방송 등에 알려진 표면적으로 거명된 단순기록이나 잘못된 소문, 왜곡, 비방 등에 의존하여 표면적 사실만을 본 것으로, 착실한 검토 비판도 없이 인촌을 마녀사냥식으로 친일 민족반역자로 매도 혹평함은 언어도단이라고 아니할 수 없다. 누가 그에게 자신 있게 정의(正義)의 돌을 던질 것인가? 이에 그의 친일문제를 철저히 사실에 입각해 개조식으로 해부하고 해명하려는 시도를 이 책에서 의도하기로 하였다."라는 김성수 옹호론을 전개하였다(이현희, 위의 책, 28쪽). 물론 그의 책은 『인촌 김성수전』에서 한발도 나가지 못하였다. 결국, 그는 『동아일보』의 논리의 연장선에서 "친일하지 않은 사람이 어디 있느냐"식으로 김성수의 친일문제를 덮으려는 의도를 넘어 민족주의자로 만들려는 일련의 작업을 하였다.
4 김중순 지음 / 유석춘 옮김, 위의 책, 3~5쪽.

기사를 싣기도 하였다. 최근에는 친일반민족행위진상규명위원회와 민족문제연구소는 김성수를 친일파로 확정하였다.[5] 이러한 작업은 친일문제를 보는 시각의 차이에 따른 사회갈등을 증폭시키는 것으로 비춰지기도 하지만 해방공간에서 친일문제를 매듭짓지 못한 '죄값'을 갚는 길임이 분명하다. 친일문제가 그때 정리되었다면 한국은 더 큰 발전을 이룩하였을 것이다.

하여튼 김성수에 대한 학문적 평가는 이제부터 시작이다. 역사적 조건을 객관적으로 검토하면서 동시에 진정한 역사발전의 방향을 견지하며 김성수를 냉정하게 평가해야 한다. 이러한 의미에서 김성수를 객관적으로 볼 수 있는 지평을 열어놓은 일련의 연구성과를 주목할 필요가 있다.[6]

그런데 김성수의 친일의식이 어떻게 형성되고 전개되었는지 하는 문제에 천착한 연구성과는 없는 것 같다. 이에 필자는 각 시대단계별로 김성수의 친일인식 형성의 배경을 주목하면서 그 의식이 어떻게 역사현실 속에서 전개되었는지를 살펴보는 데 이 글의 목적을 두었다.

이러한 맥락에서 필자는 김성수의 본격적인 친일의식이 줄포에서의 경험과 일본 유학기에 어떻게 형성되었는지 집중적으로 살펴보겠다. 이를 바탕으로 그의 친일의식이 친일단체 소도회에 이사로 입회한 1935년을 전후 어떻게 표출되었는지 규명하고자 한다. 이러한 작업으로 1935년 이전의 김성수가문이 제공한 경성방직·동아일보 창립과 보성전문학교 인수 자금의 성격이 규명될 것이고, 이는 김성수의 경제 언론 교육활동의 의미를 판단하는

5 친일반민족행위진상규명위원회, 『1,005명의 친일반민족행위 결정을 담은 친일반민족행위 진상규명 보고서발간』, 2009, 70쪽; 민족문제연구소, 「김성수」, 『친일인명사전』, 2010, 425~427쪽.
6 장신, 「일제말기 김성수의 친일 행적과 변호론 비판」, 『한국독립운동사연구』 33, 독립기념관 한국독립운동사연구소, 2009; 신준영, 「김성수의 친일행각」, 『월간 말』 53, 1990; Cart J. Eckert, 『OFFSPRING OF EMPIRE : The Koch'ang Kims and the Colonial Origins of Korean Capitalism, 1876~1945』, University of Washington Press settle and London, 1991(가터 j. 에커트 지음 / 주익종 옮김, 『제국의 후예』, 푸른역사, 2008; 반민족문제연구소, 「김성수」, 『청산하지 못한 역사』 2, 청년사, 1994).

데 도움이 될 것이다. 이어서 1935년 이후 김성수의 친일행위를 상세하게 밝히면서 김성수의 친일행위를 해방공간에서 이루어진 김상훈의 구체적인 비판과 평가를 중심으로 살펴보려고 한다.

이를 통하여 그의 친일인식 형성과정을 추적하면서 "김성수가 어쩔 수 없이 친일을 했다."라는 주장의 허구성이 드러날 것이다. 필자의 이러한 작업이 착종된 김성수에 대한 평가[7]를 바로잡는 데 도움이 되기를 바라마지 않는다.

2. 친일의식의 형성

김성수는 1891년 10월 11일 전라북도 고부군 부안면 인촌리(仁村里)에서

---

7 예를 들면 '인촌로'를 들 수 있다. 1992년에 고려대학교 병원 앞길을 '고대공대 뒷길'에서 인촌로로 개명하였다. 그런데 최근 정부가 새주소 사업을 하면서 개운사길이 인촌길로 바뀌자 불교계에서 반발하였다. 이어서 안중근의사기념사업회·운암김성숙선생기념사업회 등으로 구성된 항일운동가단체협의회가 김성수가 고려대학교의 설립자라는 명분을 앞세워 인촌로의 갈래 도로를 인촌길로 명명한 데에 대해 문제를 제기하였다(『연합뉴스』 2011년 5월 23일자(인터넷판), 「개운사길→인촌길 명칭 변경 논란」; 『경향신문』 2011년 5월 24일자, 「개운사길→인촌로 변경'에 개운사 반발」).

그런데 인촌길로 바꾼 근거로 정부는 고려대학교의 설립자인 김성수의 호 '인촌'을 인용하여 부여하였다고 한다(http://www.juso.go.kr/openIndexPage.do). 하지만 『인촌 김성수전』에도 '보성전문학교의 인수'라고 되어 있다. 또한 "당시 심한 경영난에 처해 있던 보성전문학교의 경영을 그에게 맡기려고 했던 것이다. 보성전문학교는 1905년 당시의 거물 정객인 이용익이 설립한 것으로 조선인이 세운 사학으로는 최초의 고등교육기관이었다."라고 하여(재단법인 인촌기념회, 위의 책, 338쪽) 김성수가 보성전문학교의 설립자가 아님을 분명히 하였다. 더욱이 고려대학교 홈페이지 고려대학교 「약사」에서도 "설립자는 이용익이고 김성수는 김기중·김경중이 재단법인 중앙학원에 재산을 기부하여 보성전문학교를 인수케 하였다."라고 공식적으로 밝히고 있다.

이 문제는 마산에서 2008년 '장지연로'를 만들었다가 지역사회의 반발로 철회된 사실에 비추어보더라도 항일운동가단체협의회의 주장은 타당성이 있는 것으로 보인다. 1989년과 2005년에 고대생들이 김성수 동상의 철거를 시도하였다는 사실도 인촌로를 다른 이름으로 바꾸어야 하는 이유이다.

김경중(金曔中)과 고씨 사이에서 넷째 아들로 태어나 세 살 때 큰아버지 김기중(金祺中)의 양자로 들어갔다. 그의 장인 고정주(高鼎柱, 1863~1934)는 1906년 전라남도 창평(昌平)에 한문, 영어, 일어, 산술 등을 가르치는 창흥의숙(昌興義塾)을 설립하였다. 특히 고정주는 월동(月洞)에 영학숙(英學塾)을 열어 그의 둘째 아들 고광준(高光駿, 25세)과 김성수(16세)를 위해 서울에서 영어선생을 초청하였다.[8] 이때 김성수는 송진우(宋鎭禹, 17살, 1890~1945)를 만나게 된다.[9] 송진우는 일본유학을 함께하였고 중앙중학교 교장에 취임하였으며, 『동아일보』의 사장을 맡았다는 사실에서 보듯이 김성수의 최측근 중의 한 사람이었다.

그런데 이 무렵 김성수의 현실인식과 관련하여 송진우는 '비분강개파'이었지만, 김성수는 '냉정한 지성파'라고 평가되고 있다.[10] 이는 이후 송진우와 김성수의 행적에 큰 차이를 보인 원인을 설명할 때 대단히 중요한 대목이다. 즉 송진우가 일제에 저항의식을 깊이 품고 있던 반면 김성수는 저항보다 일제에 순종적인 삶을 살았던 이유를 추적할 수 있는 단서가 되기 때문이다.

양반관료와 지주계급의 착취, 그리고 일제의 침략이라는 이중고 속에서 일어난 농민봉기는 의병전쟁으로 발전하였다. 김기중과 김경중은 군수를 지냈다.[11] 군수라는 경력은 김기중과 김경중의 치재에 큰 도움이 되었던 것으로 보인다.[12] 막대한 재산을 소유하고 대금업을 하던[13] 김성수가문에 대한 지역민들의 인식이 결코 좋았을 리 없었던 것은 당연한 일이다. 이 점에서 군경의 보호를 받기 위해 1907년 도망치듯 인촌리를 떠나 줄포로 옮길 수

---

8 인촌기념회, 위의 책, 49쪽.
9 위의 책, 56쪽.
10 위의 책, 57쪽.
11 에커트는 김성수의 할아버지 김요섭과 양아버지 김기중·친아버지 김경중이 벼슬을 매관매직으로 획득한 것으로 보고 있다(가터 J. 에커트, 위의 책, 57~58쪽).
12 김용섭, 「고부 김씨가의 지주경영과 자본전환」, 『한국근대농업사연구』, 일조각, 1992, 179쪽.
13 인촌기념회, 위의 책, 46쪽.

밖에 없었던 배경을 이해할 수 있을 것이다.[14] 이는 김성수가문의 성격을 단적으로 보여주고 있다는 점에서 주목되는 대목이다.[15]

그런데 여기에서 김성수가문의 성격과 관련하여 당시 줄포의 지리적 특성을 살펴볼 필요가 있다.[16] 줄포는 일본 상인들이 활개를 치던 곳으로 전라도의 쌀을 일본으로 약탈해가는 통로였다. 김성수가문도 줄포의 일본인 상인들과의 거래를 통해 축적된 자금으로 다시 토지를 사들여 1920년대에는 2만 석 이상의 대지주가 되었다. 물론 이는 일제의 협력과 보호로 가능했다.[17] 이러한 점에서 김성수가문의 성격을 파악할 수 있고 또한 이후에 전개되는 김성수가문의 축재와 이를 통한 국내 산업·교육·언론장악의 의미도 추론할 수 있다.

일제의 보호에 있던 줄포에서의 재산 축적과 줄포에 출몰하는 의병에 대한 일제 헌병대의 진압 상황[18]은 김성수의 일본인식에 상당한 영향을 끼친 것으로 보인다. 김성수는 일제를 자신의 가문을 보호해주는 존재로 여겨 일제에 대한 분노보다 동경을 더욱 키웠을 가능성이 크다. 특히 일본인과 가깝게 지낸 박모(朴某)라고 하는 사람이 일본에 대한 환상을 심어주었을 개연성이 농후하다.[19]

1907년 김성수는 내소사(來蘇寺) 청연암(靑蓮庵)에서 송진우·백관수(白寬

---

14 김용섭, 위의 논문, 177쪽.
15 『인촌 김성수전』(58~59쪽)에서는 김성수가문이 향리를 떠나 줄포로 이전한 이유를 당시 전국적으로 일어난 화적떼 때문이라고 설명되어 있다. 하지만 화적떼는 '의병'으로 보는 것이 타당하다. 또한 김성수가문은 군수 등의 관리출신이었다. 동학군이 전국을 휩쓸 무렵의 관리들은 대체로 동학농민군의 봉기에 대해 부정적으로 인식하고 있었고, 김기중·김경중도 여기에서 크게 벗어나지 못한 것으로 보인다. 이러한 면에서 줄포로의 이전은 김성수가문이 인촌리에서 그다지 환영받지 못하고 있었음을 반영하는 것이다.
16 자세한 내용은 김용섭, 위의 논문, 180~185쪽 참조
17 김용섭, 위의 논문, 183~185쪽.
18 『대한매일신보』 1909년 4월 7일자, 「고부의병」; 김용섭, 위의 논문, 177~178쪽; 김중순 지음 / 유석춘 옮김, 위의 책, 38쪽.
19 인촌기념회, 위의 책, 59~60쪽.

洙, 1889~1950)와 함께 공부하였고 목포의 금호학교(錦湖學校)에서도 영어 등을 배웠다. 또한 대한협회에서 후포(後浦)로 파견한 금호학교(錦湖學校) 물리 교사 한복리(韓承履)에게도 영어를 배웠으며, 일본에 유학 중이던 『임거정』으로 유명한 홍명희(洪命憙)[20]에게서 일본의 발전상을 들었다. 특히 홍명희는 김성수의 1908년 10월 일본행에 결정적인 영향을 끼친 인물로 알려져 있다.[21]

결국, 그의 도일은 송진우와는 달리[22] 줄포에서 심어진 일본에 대한 환상 속에서 이루어진 것으로 보인다. 그는 항일의 수단이 아니라 일본에 대한 동경으로 일본행을 결행한 것으로 해석된다. 이는 그의 일본에서의 행적과 관련하여 중요한 의미가 있는 대목이다. 이 점에서 일제의 대한제국 병탄이라는 상황 속에서도 그가 도쿄 유학생들의 반일투쟁 행렬에 동참하지 않은 이유가 바로 드러나기 때문이다.

김성수는 송진우와 함께 부산을 출발하여 시모노세끼(下關)를 거쳐 도쿄(東京) 홍명희의 집에 도착하여 여장을 풀었다. 그런데 홍명희의 안내로 도쿄를 돌아본 김성수는 일본의 모습에 압도되었다.[23] 이때 김성수는 일본을 타도의 대상이 아닌 순응해야 할 '대상'으로 인식하였던 것으로 판단된다.

김성수는 중학교 입학시험을 준비하기 위해 18세가 되던 해인 1908년에 세이소꾸(正則)영어학교에 입학하였다. 이후 1909년 4월 그는 송진우와 함께 긴죠(錦城)중학교 5학년에 편입하여 대학입학을 준비하였다. 그리하여 1910년 4월 와세다(早稻田)대학 예과에 입학하였다.

1910년 8월 22일 일제가 대한제국을 병탄하는 상황 속에서 송진우는 분

---

20 홍명희(洪命憙)에 대하여 다음의 글이 참고 된다. 강영주, 『벽초 홍명희 연구』, 창작과비평사, 1999; 장세윤, 「벽초 홍명희의 현실인식과 민족운동」, 『한국독립운동사연구』 15, 독립기념관 한국독립운동사연구소, 2000.
21 인촌기념회, 위의 책, 57쪽.
22 古下先生傳記編纂委員會, 『古下宋鎭禹先生傳』, 동아일보출판국, 1965, 32쪽.
23 인촌기념회, 위의 책, 69쪽.

노와 울분을 못 이겨 결국 귀국하고 말았다. 또한 홍명희는 철저한 민족주의자의 길을 걷기 시작하였다.[24] 이에 반하여 김성수는 나라가 없어지는 비극에 직면하고서도 어떠한 행동으로도 나서지 않고 끝까지 학업에만 충실하였다. 정치학에 관심이 깊었던 송진우와 달리 그는 경제학에 집중하였다. 이는 일제의 한국침탈이라는 민족의 현실보다는 자신만의 미래설계에 치중했던 그의 현실인식을 반영한 의미로 볼 수 있다.

이러한 맥락에서 현실정치에 전혀 관여하지 않았던 그는 다음에서 보는 바와 같이 1911년 가을 와세다대학 정치경제학교로 진학하여 대학의 낭만을 즐기는 데 열을 올렸던 것이다.

> 그때는 나는 한창 붉은 피에 끌는 청춘이엇다. 早大 本科에 드러간
> 것이 21살때요, 졸업한 것이 23살때이엇스니 내 사지에 흐르는 放奔한
> 정열과 내 五官을 싸고도는 로－맨틱한 정조는 막으내야 막을 수 업섯
> 겟지 안켓느냐. 아마 이 뒤로도 早稻田大學時代는 나의 청춘의 회상
> 과 아울너 영원히 내 가슴에서 사라지지 안을 것이러라.[25]

위에서 볼 수 있는 김성수의 행동과 사고방식은 온갖 어려움을 겪으며 목숨을 걸고 항일독립투쟁을 하던 국내외 민족운동가들의 그것과는 너무나 대조적이다. 이는 그가 제국주의로 무장한 와세다의 교수들[26]의 논리에 빠

---

24 장세윤, 위의 논문 참조
25 김성수, 「大學時代의 學友들」, 『삼천리』 6-5, 1934.
26 김성수는 다음과 같이 일본인 교수의 수업을 들었다고 한다. "大學時代에 내가 가장 흥미와 열심을 기우린 學科는 經濟科엇다. 그때의 교수는 浮田和民氏든가 殖民政策은 지금 拓務大臣으로 잇는 永井柳太郎氏가 가르첫고 高田早苗, 塩澤昌貞, 田中穗積 등 諸博士가 政治史와 其他 各科를 가르첫다."(김성수, 위의 글)
그런데 이들은 대체로 大隈重信와 정치노선을 같이 하는 사람들로 일제의 한국침략을 적극 지지한 제국주의자들로 파악된다. 김성수는 이들의 논리에 저항하거나 하는 모습을 볼 수 없었다는 점에서 이후 그의 행보와 관련하여 살펴볼 때 대체로 이들의 주장을 수용한 것으로 보인다.

져들어 민족현실보다는 일본을 중심으로 사고하였음을 엿볼 수 있는 하나의 증거이다.[27] 특히 제8·17대 일본 총리 2번, 외상을 5번이나 역임하는 등 대외침략의 선봉장에 섰던 와세다대학의 초대 총장인 오쿠마 시게노부(大隈重信)[28]에 대해 그는

> 우리가 학교다닐 때에도 설비와 건물이 빈약하기 그지업섯다. 유지비로는 학생들에게서 바더드리는 월사금 이외에 별로 업섯다. 듯건대 처음에는 대학을 운전식히기 위하야 大隈總長이 매년 1,500원을 보조하엿다는데 이 돈을 가지고 학교를 유지하여 나가든 당시 당로자의 고심은 내가 지금 교육사업에 손을 다어 보면서부터 더욱 절실히 늣기는 바이다.
>
> 早稻田大學은 그동안 500만원의 돈을 밧갓헤서 기부로 거더드리어 금일의 大를 이루어 노앗다. 이 교문에서 뒷날 日本憲政을 운전하든 수백의 유명한 정치가와 또 사회 각 방면의 인재를 배출식히어 日本의 문명을 건설식힌 그 국가적 공로를 생각하면 오직 경복할 뿐이다.
>
> 大隈伯은 모든 政治的 功勞가 埋沒되는 날이 온다할지라도 早稻田大學을 통한 교육사업가로서의 공적은 萬古不朽하리라.[29]

라고 평가하였다는 데 유의할 필요가 있다. 이는 교육사업과 관련된 그의

---

27 에커트, 위의 책, 72~73쪽. 이는 다음에서 엿볼 수 있듯이 친일경력이 있는 인물을 꺼리지 않았다는 데서도 알 수 있다. "崔泰旭군은 지금 滿洲가서 滿蒙日報를 경영하고 있다. 그는 慶南 密陽사람으로 기개도 잇고 經綸抱負도 잇는 분으로 졸업한 후 20년 동안을 서로 音信을 막하여 본 적이 업섯다. 일전에 그는 서울 올너와서 내 집을 차저주엇다. 우리는 녯날 學窓時代와 갓치 서로 숭허물업는 舊情을 이약이하고 갈나젓다. 그리고 金淵穆군으로 말하면 平安道 平原郡 永柔사람으로 지금 昭和水利組合副委員長인지 副組合長인지 한 지위에 잇스면서, 實業界에 활약하고 잇다."(위와 같음)

28 한용진, 「메이지기(明治期) 오쿠마 시게노부(大隈重信)의 한국교육론」, 『교육학연구』 29, 2006 참조.

29 위와 같음.

의식세계를 들여다볼 수 있는 거울이 되기 때문이다. 즉, 그는 오쿠마를 한국침략에 앞장선 침략자로 인식하기보다 본받고 싶고 존경해야 할 인물로 받들었던 것이다. 특히나 그가 오쿠마를 "그 국가적 공로를 생각하면 오직 경복할 뿐이다."라고 평가한 사실에서 그에게 국가란 바로 일본임을 알 수 있다. 무엇보다 중요한 사실은 그가 가치관 형성에 결정적인 시기(18세~24세)를 제국주의를 선(善)으로 강조하는 일본의 분위기 속에서 보냈다는 것이다. 따라서 이러한 환경은 그가 일제의 침략논리에 경도될 수밖에 없었던 원인이 되었을 가능성이 크다.[30]

3. 1935년 이전 친일의식의 전개

오쿠마의 영향을 많이 받은 그는 24세가 되던 해인 1914년 와세다대학을 졸업하고 같은 해 7월 귀국하여 교육사업에 뛰어들었다. 그는 백산학교라는 학교의 설립을 총독부와 교섭하였으나 실패하고 친부와 양부의 도움으로 중앙학교(中央學校)를 1915년 4월 27일 인수하였다. 본과 3년, 교원양성을 위한 특과 1년 6개월인 이 학교는 유근(柳瑾) 교장, 안재홍(安在鴻) 학감, 김성수 평교사(1917년 3월 교장 취임, 1918년 3월 사임)로 시작되었다.[31]

---

30 에커트, 위의 책, 70~76쪽. 김성수는 와세다대학 유학시절 와세다대학 출신 장덕수(張德秀)·현상윤(玄相允)·최두선(崔斗善)·양원모(梁源模), 동경제국대학교 출신 박용희(朴容喜)·김준연(金俊淵), 구라마에(藏前)고공(高工) 출신 이강현(李康賢) 등과 오랫동안 동고동락한 사이였다고 한다(인촌기념회, 위의 책, 79쪽). 그런데 여기에서 김성수와 함께한 이들이 대체로 항일투쟁에 소극적인 인물들이거나 이후 친일경력으로 사회적 지탄을 받는 인물이라는데 주목할 필요가 있다. 이는 김성수의 성향을 파악하는 데 대단히 중요한 의미가 있다. 이러한 맥락에서 김성수는 일제의 논리에 경도되어 독립투쟁보다는 부일 성향을 보인 이유를 이해할 수 있다. 이들은 이후 중앙학교·동아일보·경성방직·한민당의 핵심으로 활동하며 김성수와 깊은 관계를 맺은 인물들이다. 특히 장덕수와 현상윤은 뚜렷한 친일 행적을 남긴 인물들이다(민족문제연구소, 「장덕수」·「현상윤」, 『친일인명사전』 3, 친일인명사전편찬위원회, 2009, 318~322쪽·917~919쪽).

그런데 여기에서 중앙학교의 인수와 관련하여 두 가지 점을 살펴볼 필요가 있다. 하나는 중앙학교 성격의 변화이고 다른 하나는 중앙학교 승계를 인가하지 않던 총독부가 제국주의 성향의 와세다대학의 은사이자 당시 와세다대학 이사와 와세다대학의 제4대 총장(1931~1944년)을 역임한 타나카 보즈미(田中穗積)의 간여로 학교승계를 허가하였다는 것이다.[32]

전자에 대해 살펴보면, 기호학회의 후신인 중앙학회가 중앙학교를 운영하였다. 김성수는 학교와 학회의 관계를 정리하는 조건으로 인수하였다. 물론 어려운 경제사정으로 중앙학교는 더 유지되기 어려운 상태였지만 학회와의 관계단절은 중앙학교의 역사성에 흠집을 내는 것과 마찬가지였다. 말하자면 이는 중앙학교가 이제 더 이상 민족교육에 치중할 수 없는 상황에 직면하게 되었다는 의미이다.

후자의 경우, 중앙학원 운영권 인계 청원을 허락하지 않았던 총독부의 허가를 받을 수 있었던 것은 타나카가 김성수에 대해 일정한 보장을 하지 않았다면 불가능하였을 것이다. 이는 그들이 김성수가 반일성향을 갖고 있지 않았을 뿐만 아니라 일제에 충성스러운 인물이라는 것을 보증했기 때문에 가능하였다는 것이 그 어떤 설명보다도 타당하다.

김성수는 송진우와는 달리, 3·1운동에 적극 참여하지 않았다. 그 이유는 첫째, 105인사건으로 안창호의 대성학교가 폐교되는 전례에 비추어 중앙학교를 지키기 위한 것이고, 둘째, 송진우·현상윤 등이 그를 보호하였기 때문이라고 『인촌 김성수전』에 설명되고 있다.[33]

그러나 국내에서 30여 명의 중앙학교 학생들이 3·1운동에 참여하여 일제에 연행되는 상황 속에서도 그는 심지어 3·1운동 당일 경성을 떠나 줄포로 내려가 있는 등 이렇다 할 움직임을 보이지 않았다. 오히려 그는 독립

---

31 중앙백년사편찬위원회, 『중앙백년사』, 중앙교우회, 2009, 174쪽.
32 인촌기념회, 위의 책, 105쪽.
33 위의 책, 135쪽.

투쟁보다 1919년 10월 경성방직을 시작하는 등 경제활동에 열을 올렸다.[34]

3·1운동으로 압력을 받은 일제는 소위 문화정책으로 전환하게 된다. 『동아일보』와 『조선일보』도 사실 일제의 지배술책 결과로 태어났다. 동아일보사는 1920년 4월 1일에 첫 호를 발행하고 김성수가 1920년 7월 사장으로 취임하였다. 『동아일보』는 기본적으로 일제의 지배체제의 정당성을 한국인에게 심어 넣는 역할을 할 수밖에 없는 구조 속에서 만들어졌다. 탄생 자체가 민족의식의 확장과 독립추구라는 시대적 당면과제와는 거리가 멀었던 것이다.[35]

또한 1921년 3월 25일 중앙학교는 고등보통학교로 인가되어 '중앙고등보통학교'로 교명을 바꿨다.[36] 이는 두 가지 측면에서 살펴볼 필요가 있다. 하나는 일제를 배경으로 한 김성수의 지배력 확대라는 결과를 가져왔다는 사실이다. 김성수가 진정 민족의 미래를 위한 민족교육을 목적으로 학교를 설립하였다면 굳이 일제의 강력한 통제를 받아야 하는 고등보통학교 인가를 요청할 까닭이 없었다. 그런데도 그는 일제의 허가를 받는 데 목을 매었던 것이다. 이러한 이유로 그는 총독부를 배경으로 자신의 입지를 확대하려는 의도에서 고등보통학교의 인가를 신청한 것으로 판단된다.

다른 하나는 고등보통학교의 성격문제이다. 중앙학교도 물론 일제의 통제를 받았지만, 고등보통학교보다는 상대적으로 일제의 감시에서 벗어나 있었

---

34 경성방직에 대해서는 다음의 글이 참고 된다. 특히 에커트는 경성방직을 민족기업으로 보지 않고 일제의 협력자로 보았다(가터 J. 에커트 지음 / 주익종 옮김, 위의 책). 반면 주익종은 에커트의 견해를 반박하여 경성방직을 옹호하였다(주익종, 『대군의 척후―일제하의 경성방직과 김성수 김연수』, 푸른역사, 2008). 이에 대해 정안기는 에커트와 주익종을 비판하는 중간적 견해를 밝혔다(정안기, 「식민지기 조선인 자본의 근대성 연구―경성방직(주)과 조선방직(주)과의 비교 시점에서」, 『지역과 역사』 25, 부경역사연구소, 2009; 「식민지 경성방직의 경영사적 연구 ―초기경영(1919~26)을 중심으로」, 『아세아연구』 126, 고려대학교 아세아문제연구소, 2006).

35 장신은 1937년을 기점으로 민족지에서 친일지로 성격의 변화를 보였다고 주장하고 있다(장신, 「1930년대 언론의 상업화와 조선·동아일보의 선택」, 『역사비평』 70, 역사문제연구소, 2005).

36 중앙백년사편찬위원회, 위의 책, 233쪽.

다는 점에서 어느 정도 교육의 자율성을 확보할 수 있었다. 조선교육령 (1911. 8. 23, 칙령 제229호) 제11조에는 "고등보통학교는 남자에게 고등보통교육을 하는 바인 즉 상식을 양(養)하여 국민 될 만한 성격을 도야(陶冶)하며 그 생활에 유용한 지식기능을 수(授)함."[37]이라고 되어 있다. 따라서 고등보통학교로의 전환은 사실상 민족교육의 불가능함을 의미하는 것으로, 한국어와 한국역사를 경시하는 분위기 속에서 일본어와 일본사를 중심으로 한 교육을 통해 일왕에게 충성하는 '국민'을 기르겠다는 의지의 표출이라고 해석된다.[38]

그런데 여기에서 김성수가 경성방직·동아일보·중앙고등보통학교 등의 사업에 들어가는 막대한 자금의 성격을 살펴볼 필요가 있다. 이는 그의 활동에 대한 성격 규정에 직결되는 문제이기 때문이다. 그 자금은 주로 김경중과 김기중이 제공한 것이다. 김경중은 그 재산을 1918년부터 1924년까지 큰 폭으로 늘려,[39] 마침내 1924년에는 2,000정보가 넘는 대지주가 되었다.

당시 재산을 단기간에 불리는 방법은 일제의 경제정책에 대한 협력과 소작농에 대한 편취를 전제하지 않고 거의 없었다는 것이 상식이라고 할 수 있다. 김성수가문의 재산증식은 줄포항을 거쳐 군포항에서 일본으로 나가는 쌀 판매와 소작농 착취와 관련성이 있다는 것은 대체로 인정되는 바이다.[40] 결국 김성수의 경성방직·동아일보의 창설, 중앙학교 인수에 들어간 돈의 성격은 순수한 민족자본으로만 볼 수 없다는 점을 강조하지 않을 수 없다.

---

37 修文書館 編, 「第八編 敎育 朝鮮敎育令」, 『(朝鮮現行)法規大典』, 修文書館, 1911, 1쪽.
38 일제의 교육정책은 다음의 글들이 참고 된다. 박철희, 「일제강점기 중등교육을 통해 본 차별과 동화교육」, 『일제 강점기 한국인의 삶과 민족운동』, 한일관계사연구논집 편찬위원회, 2005; 강명숙, 「일제시대 제1차 조선교육령 제정과 학제 개편」, 『韓國敎育史學』 31-1, 한국교육사학회, 2009; 장규식, 「제2차 조선교육령기 사립 중등학교의 정규학교 승격운동과 식민지 근대의 학교공간」, 『중앙사론』 32, 중앙사학연구소, 2010; 유봉호, 「일제에 대한 민족적 저항기의 중등교육」, 『한국교육사학』 16, 한국교육학회 교육사연구회, 1994.
39 김용섭, 위의 논문, 194쪽.
40 위의 논문, 193~227쪽; 가터 j. 에커트, 위의 책, 53~55쪽.

1926년 6·10만세 운동이 전국으로 확대되는 가운데 중앙고등보통학교의 학생들이 "조선민족아 우리 철천지원수는 자본제국주의 일본이다! 이천만동포야, 죽음을 결단코 싸우자 만세 만세 조선독립만세! 단기 4259년 6월 10일 조선민족대표 김성수 최남선 최린."이라는 전단을 만들어 뿌렸다. 이 사건으로 자신의 학교 학생들이 구속되는 상황 속에서 김성수는 학생들을 위해 아무런 조치도 취하지 않았고 더구나 전단의 내용을 강력히 부인하였다.

이와 같은 김성수의 경향성은 1927년 2월 '조선민족의 정치적·경제적 해방의 실현'을 기치로 내세운 신간회가 출범할 때 『동아일보』 세력의 불참이라는 형태로도 나타나게 되었던 것이다.

이러한 맥락에서 김성수가 1927년 12월 30일 조선을 떠나는 사이토에게 "각하가 조선에 계실 때 여러 가지 두터운 정을 입고 특히 경성방직회사에 특별한 배려를 받은 것은 감명을 참고 견디지 못하여 깊이 감사의 인사를 올립니다."[41]라는 친일의식이 진하게 묻어나오는 글을 보낸 이유를 이해할 수 있다.

1929년 2월 23일 김성수는 김기중·김경중의 재정지원을 받아 재단법인 중앙학원 설립을 하였다. 그런데 중앙학원 정관에 "본 재단법인은 조선교육령에 의해 조선인에게 교육을 실시함으로써 목적함."이라고 되어 있는 사실을 주목할 필요가 있다. 조선교육령(1911. 8. 23, 칙령 제229호) 제2조에 "교육은 교육에 관한 칙어의 취지에 기초하여 충량(忠良)한 국민을 양성함을 본의로 함."[42]이라고 되어 있다. 여기에서 알 수 있듯이 조선교육령은 일왕에 충성하는 '황민의 양성'이라는 목적을 구현하기 위해 만들어진 것이다.

이러한 점에서 김성수는 재단법인 중앙학원을 조선교육령의 목적인 황국신민 즉 일왕의 신민을 길러 내기 위한 학교로 변모시켰다고 평가할 수 있

---

41 친일반민족행위진상규명위원회, 『친일반민족행위관계사료집』 III, 2008, 423쪽.
42 修文書館 編, 위의 책, 1쪽.

다. 그러므로 김성수의 교육방침은 중앙학원의 민족의식으로 가득 찬 학생들과 접점을 찾을 수 없었던 것이다.[43]

1929년 10월 광주학생운동의 여파로 11월 중앙고등보통학교의 학생들이 동맹휴업을 하는 등 항일투쟁을 전개하며 온갖 고난을 무릅쓰고 있는 상황 속에서 김성수는 12월 서울역을 출발하여 1년 8개월 동안 세계일주 길에 올랐다. 이는 김성수관계 전기류에서 미사여구로 미화되고 있는 실정이다.[44] 특히 이광수는 세계일주에서 돌아온 김성수를 민족주의자로 둔갑시켰다.[45] 이에 대해 유광렬은 이광수의 김성수론의 잘못 9가지를 지적하면서 특히 다음과 같이 반박하였다.

> 7. 「金性洙의 모든 활동은 민족애의 衷情에서 나온 것이요 그 박게 아모 이기적 동기가 업슴을 아마 누구나 承認할 것이다」라 하엿다. 논자의 이 「아마 누구나 승인할 것이다」라는 것을 필자는 그 반대로 「아마 누구나 승인 아니 할 것이다」라고 하려 한다. 모든 생물은 자기의 생명을 표현하려 하고 그 생명의 표현은 물질적이거나 정신상 향락이거나 모다 이기적 동기에서 출발한다는 것은 철학상 생명론의 ABC이다. 그러면 이씨의 말대로 하면 金씨는 무생물이라는 결론에 도달한다.

라고 하는 등 이광수의 김성수론 허구성을 조목조목 반박하였다.[46] 이러한 김성수의 세계일주를 '이기적 동기'에서 출발한 것이라고 한 유광렬의 비판

---

43 "본 재단법인은 조선교육령에 의해 조선인에게 교육을 실시함으로써 목적함. 제19조에 본 재단법인은 제1조의 목적을 달하기 불능하게 되었다고 인정할 시는 이사전원의 일치결의에 의하여 주무관청의 허가를 득하야 해산함을 득함"이라고 한 것을 『인촌 김성수전』에서는 일본인 학생의 입학을 일제가 강제하는 것을 막기 위한 것이라는 엉뚱한 변명을 하고 있다(인촌 기념회, 위의 책, 313쪽).
44 위의 책, 314쪽.
45 이광수, 「人物月旦, 金性洙論」, 『동광』 25, 1931.
46 유광렬, 「李光洙씨의 「金性洙論」을 駁함」, 『삼천리』 3-10, 1931.

은 김성수를 민족주의자로 미화하려는 세력에 일침을 가한 것이라는 점에서 대단히 의미가 있다.

김성수의 이와 같은 행적은 1930~40년대의 그의 친일행위를 평가할 때 중요한 단서가 된다. 여기에서 그가 30~40년대의 국내의 항일민족투쟁의 흐름에서 완전히 벗어나 친일행위와 항일독립투쟁에 대해 부정적인 시각을 드러낸 이유를 찾을 수 있는 것이다. 따라서 김성수의 친일행위는 일제의 압박이라는 어쩔 수 없는 선택의 문제가 아니라, 언론·교육·산업을 장악하려는 권력욕의 필연적 결과라고 할 수 있다.

1932년 3월 26일 김성수는 재단법인 중앙학원의 이름으로 보성전문학교(현 고려대학교)를 인수하였다.[47] 그런데 김성수의 전기류에서는 김성수의 보전인수가 마치 민족교육을 위한 것으로 평가되고 있다.[48] 또한 최근까지도 김성수를 민족주의자로 둔갑시키는 작업이 지속되고 있다.[49]

그러나 김성수의 친일행위를 보건대, 보성전문학교의 인수를 '민족의 미래를 위한 고심에 찬 선택'이라고 평가하기에는 무리가 따른다. 이는 와세다대학을 세워 유명해진 오쿠마를 존경했던 그가 교육권력을 얻고자 했던 욕망의 결과로 보아야 한다. 따라서 김성수가 민족주의 성향을 띤 보성전문학교의 학생·교직원들과 같은 지점을 동시에 응시할 수 없었던 것은 당연한 결과이다. 이러한 측면에서 앞으로 살펴보겠지만 "학도병으로 나가서 일제를 위해 죽으라."라고 선동한 이유의 일단이 설명될 수 있다.

---

47 인촌기념회, 위의 책, 342쪽, 보성학교 재단(천도교)은 학교의 명칭을 고치지 않는 조건으로 김성수에게 학교를 넘겼다. 이는 보성의 역사와 전통을 이어가기를 바라는 천도교 측의 희망이었다. 하지만 이 약속은 1946년 8월 고려대학으로 교명을 바꾸어 지켜지지 못했다.
48 위의 책, 341쪽.
49 이현희, 위의 책.

4. 1935년 이후 친일행위와 그 평가

친일성향이 내재되어 있던 김성수가 본격적으로 친일로 전향한 시점을 밝혀내는 작업은 김성수의 친일궤적을 추적하는 데 대단히 중요하다. 이러한 맥락에서 김성수가 소도회(昭道會)의 이사를 맡았다는 사실은 큰 의미가 있다. 소도회는 1935년 11월 경기도청의 주도로 경기도 내의 '사상범(독립운동가) 선도'와 '사상범의 전향지도 보호'를 목적으로 조직되었다.[50] 따라서 김성수가 소도회의 이사를 맡았다는 사실은 김성수가 본격적으로 친일의 길로 들어섰음을 의미하는 것이다.

여기에서 1937년 중일전쟁 발발로부터 친일인사들이 본격적으로 친일의 길로 들어서는 경향이 있었는데 김성수가 중일전쟁 이전에 이미 친일의 길로 들어섰다는 사실을 확인할 수 있다. 그는 일본 유학기에 일본에 압도되어 항일독립 의식을 구체적으로 표출하고 행동으로 옮긴 적이 없다. 오히려 일제와 일정한 협력 속에서 교육사업과 실업을 통하여 자신의 욕구를 실현하는 데 매진하였다.

이러한 행위는 반일성향이 농후한 송진우와 지속적인 마찰을 불러일으킬 수밖에 없었던 원인이 되었다.[51] 또한 바로 여기에 전시체제 속에서 김성수가 어쩔 수 없이 피동적으로 친일을 할 수밖에 없었다는 주장은 성립될 수 없는 이유가 있는 것이다.

김성수는 1936년 일장기가 제거된 손기정의 사진이 『동아일보』에 실린 이른바 '일장기말소사건'에 대해 부정적인 견해를 피력하였다.[52] 『동아일보』

---

50 소도회에 대해서는 홍성찬, 「일제하 사상범보호단체 '소도회'의 설립과 활동」, 『동방학지』 135, 2006 참조.
51 이에 대해 이광수는 "金性洙도 뉘 말을 들을 사람이 아니요 宋鎭禹는 그보다 한층 더 我가 세인 사람이다. 그러므로 時로 충돌이 생기고 雷霆霹靂이 일어날 듯한 대충돌이 생긴다고 한다."라고 지적하고 있다(이광수, 「人物月旦, 金性洙論」, 『동광』 25, 1931).
52 인촌 기념회, 위의 책, 388~389쪽.

는 1936년 8월 27일 제4차 정간을 당하였지만, 김성수가 『동아일보』 사장을 백관수로 교체하고 '언문신문지면쇄신요항'[53]을 받아들여 1937년 6월 3일자부터 속간되었다. 이러한 그의 친일 성향은 1937년 8월 경성군사후원연맹에 국방헌금 1000원을 헌납하는 사태로 이어졌던 것이다.[54] 그는 심지어 주택의 철문 등 약 2백 관을 떼어 마차에 싣고 일해군무관부로 찾아가 '적격멸(敵擊滅)'의 탄환에 보태라고 헌납하는 등 친일행위에 앞장섰다.[55]

이와 같은 김성수의 친일행위는 크게 ① 시국강연회 활동, ② 일제 관변단체 참여, ③ 학병지원 강요·언론활동 등으로 집약된다.

김성수의 대략적인 친일 시국강연회 활동은 다음과 같다. 그는 1937년 7월 중일전쟁의 정당성을 선전하기 위한 일제의 선전활동에 동참하여 경성방송국의 라디오 시국강좌를 7월 30일과 8월 2일에 하였다.[56] 1937년 9월 춘천·철원 등 강원도 일대에서 열린 학무국 주최의 전조선시국강연대회에서 시국강연을 한 사실이 있다.[57]

이와 같은 그의 친일행위는 두 가지 점에서 살펴볼 필요가 있다. 하나는 당시 그가 한국 사람들을 일제의 침략 도구로 전락시키는 데 일정한 역할을 했다는 사실이다. 다른 하나는 그가 이러한 행위를 마다치 않은 이유는 민족독립보다 자신의 사회 경제적 지위를 유지하려는 욕심이 컸기 때문이라는 것이다. 그가 민족을 어떠한 가치보다 앞세웠다면 이러한 행동은 하지 않았을 것이다. 따라서 일각에서 그를 민족주의자로 규정하는 것은 역사를 왜곡시키는 행위로 볼 수밖에 없다.

---

53 이에 대해서는 장신, 「1930년대 언론의 상업화와 조선·동아일보의 선택」, 『역사비평』 70, 역사문화연구소, 2005, 179~182쪽 참조.

54 민족문제연구소, 「김성수」, 『친일인명사전』 1, 425쪽.

55 『매일신보』 1943년 4월 2일자, 「普專金校長의 垂範」.

56 『매일신보』 1937년 8월 6일자, 「全朝鮮巡廻 時局講演會 연사를 각지에 파견키로 되어 社會教育課主催」.

57 『매일신보』 1937년 9월 1일자, 「時局巡廻講演 五十九名演士派遣 九月六日부터 전선각지에」.

김성수의 대략적인 일제의 친일 관변단체 참여와 활동은 다음과 같다. 그는 1938년 7월 국민정신총동원조선연맹 발기인,[58] 같은 해 8월 국민정신총동원조선연맹 경성부방면위원,[59] 10월 국민정신총동원조선연맹이 주최한 비상시국민생활개선위원회의 의례 및 사회풍조쇄신부 위원,[60] 1939년 4월 경성부내 중학교 이상 학교장이 가담한 국민정신총동원조선연맹의 참사,[61] 1940년 10월 국민정신총동원조선연맹이 국민총력조선연맹으로 전환되는데 이때 이사와 평의원,[62] 1941년 8월 흥아보국단준비위원회 준비위원회 위원 및 경기도위원,[63] 1941년 8월 임전대책협의회 실행위원,[64] 1941년 9월 흥아보국단과 임전대책협의회가 통합된 조선임전보국단 발기인[65]과 10월 이사·평의원,[66] 1941년에 들어와서는 조선방송협회 평의원과[67] 조선사회사업협회 평의원[68]으로도 참여하였다.

특히 김성수가 참여한 단체의 성격은 다음과 같은 조선임전보국단의 강령에서 엿볼 수 있다.

　　一, 我等은 皇國臣民으로서 皇道精神을 宣揚하고 思想의 統一을
　　　　期한다.

---

58 민족문제연구소, 위의 책, 426쪽.
59 위와 같음.
60 위와 같음.
61 위와 같음.
62 『매일신보』 1941년 11월 27일자, 「銃後奉公을 强調－磯矢朝鮮軍 參謀講演－國民總力聯盟 理事事」.
63 『매일신보』 1941년 8월 25일자, 「全鮮에서 代表參集 昨日, 興亞報國團準備委員會開催」.
64 장신, 위의 논문, 283쪽.
65 민족문제연구소, 위의 책, 426쪽.
66 『매일신보』 1941년 10월 23일자, 「二千萬總力의 愛國運動 實踐에 歷史的發足 昨日, 빛나는 臨戰報國團結成」.
67 민족문제연구소, 위의 책, 426쪽.
68 위와 같음. 조선사회사업회에 대해서는 다음의 글이 참고 된다. 愼英弘, 「朝鮮社會事業協會の設立に關する一考察」, 『朴鐘鳴先生還曆記念論文集 朝鮮の歷史と現狀』, 綠蔭書房, 1988.

一, 我等은 戰時體制에 卽하고 國民生活의 刷新을 期한다.

一, 我等은 勤勞報國의 情神에 基해서 國民皆勞의 實을 거두기를 期한다.

一, 我等은 國家優先의 井神에 基해서 國債의 消化貯蓄의 勵行物 資의 供出生産의 擴充에 邁進하기를 期한다.

一, 我等은 國防思想의 普及을 圖하는 同時에 一朝有事之秋에 義 勇防衛의 實을 거두기를 期한다.[69]

김성수가 한국 사람들을 죽음의 구렁텅이로 몰아넣는 데 혈안이 된 단체의 이사로 참여하였다는 사실은 그의 참여가 능동이건 피동이건 '반민족행위'임이 분명하다. 이에 반하여 김성수의 최측근이자 『동아일보』의 핵심인사인 송진우는 반민족단체에 전혀 관여한 사실이 없었다는 점은 중요한 의미가 있다. 이는 김성수가 민족의식이 조금이라도 있었다면 이러한 친일행위를 감행하지 않았을 것이라는 사실을 보여주는 증거인 것이다.

학병지원을 강요하는 김성수의 친일 언론활동은 다음과 같다. 그는 1943년 11월 6일 매일신보사가 주최한 「학도출진을 말하는 좌담회」에 참석하여 학도병 지원율이 저조한 원인은 조선인의 문약한 성질에 있다고 강조하였다.[70] 김성수의 적극적인 활동으로 보성전문은 학병지원을 강요하는 집회를

---

69 『매일신보』 1941년 10월 9일자, 「皇道精神을 宣揚 一大愛國運動展開－臨戰報國團의 趣旨書·綱領·規約」; 김동환, 「臨戰愛國者의 大獅子吼!!, 臨戰報國團結成에 際하여」, 『삼천리』 13-11, 1941.

70 『매일신보』 1943년 11월 8일자, 「必勝의 決戰場으로!－學徒出陣座談會－本社主催－②千載一遇의 好機會－學徒보다도 父兄의 奮起促求」, "지금 연맹사무총장도 말씀한 바와 같이 반도청년에게 순국의 길이 열렸는데도 불구하고 왜 학도전원이 용감하게 지원하지 않는가. 그 원인은 여러 가지 있겠지만 그중에서도 가장 큰 원인은 늘 말하는 바와 같이 너무도 문약에 흐른 폐단 때문이 아닌가 생각합니다. 어떤 분은 분개하실지도 모르지만 사실이 그렇습니다. 삼백 년 동안 조선 사람은 전장에 참가한 경험이 없습니다. 우리들이 어려서부터 들어온 말이지만 평시에도 조선 사람은 피난소만을 찾았습니다. 이것은 아무도 부인 못할 사실일 것입니다. 피난에는 지리산(智異) 금상산(金剛山)이 좋다느니 귀에 익도록 들어온 말인데 이것

가장 많이 개최하였다.[71]

김성수는 『매일신보』 1943년 8월 5일자 「先輩의 附託－文弱의 痼疾을 버리고 尙武氣風助長하라」에서 "완전하고 위대한 신민(臣民)이 되어 황도(皇道)를 선양하는 것이 즉 우리들의 최종목적에 도달하는 것이다."라고 선동하였다.

일제는 전쟁수행력을 증강하기 위해 문과를 폐쇄하고 이과로의 전환을 강요한 「교육에 관한 전시비상조치방안」을 1943년 10월 13일 발표하였다.[72] 이에 대해 김성수는 『매일신보』 1943년 10월 14일자 「萬般準備다 할 뿐－金普城學校長談」에서 교육에 관한 '전시비상조치방안'을 옹호하였다.

1943년 10월 20일 육군성령 제48호 「육군특별지원병임시채용규칙」으로 학도지원병제가 실시되는[73] 등 일제의 폭압정치가 극단으로 치닫고 있는 가운데서도 1943년 11월 초순 총독부 경무·학무국장이 김성수를 비롯한 보성전문의 보직교수를 불러 학도지원병의 저조함을 질타하였다.[74] 이러한 상황에서 그는 법문계대학 전문학교 교장 회의에 참석하여[75] 일제의 전시동원

이 제이의 천성으로 되어버린 것 같습니다.

이 말은 조선 사람으로서는 퍽 부끄러운 일이나 사실이 사실인 만큼 안정할 수밖에 없습니다. 국가가 존망을 걸고 싸우는 이때 조선 사람은 냉담하게 이를 보고 있지나 않은지 내지인 측에서는 분개할지도 모르나 사실은 여기에도 원인이 있는 것 같습니다. 또한 병정이 되면 죽는 것인 줄로 알고 겁을 먹는 자도 있는데 결국 이런 것은 모두 문약한 데서 오는 것이므로 먼저 그 의지를 굳게 해줄 필요가 있습니다. 앞서 총독훈시에도 명시된 바와 같이 나는 학생에게 늘 강제된 것이 아니므로 더 분발해서 나가야 된다고 강조해 왔습니다. 그러나 결국 결심을 주저하는 학생이 많아서 시골에 있는 부모에게 협의하도록 돌려보냈습니다.

또한 결점만 말하는 것 같은데 조선 사람은 두뇌와 체력에 결코 내지인에게 뒤지지 않지만 무용정신에는 빠진다고 생각합니다. 이 점 내지인에게 퍽 뒤떨어집니다. 이러한 시국 긴박한 때에 있어서는 제이의 천성이 방해가 되어 실로 곤란한 일이 많습니다."(현대문: 필자).

71 강덕상, 『朝鮮人學徒出陣』, 岩波書店, 1997, 166~170쪽.
72 『매일신보』 1943년 10월 26일자, 「一億必勝의 戰鬪配置 半島學徒蹶起하라 大學, 專門教長會議 小磯總督訓示要旨」.
73 『매일신보』 1943년 10월 14일자, 「半島敵前教育態勢確立－理工界教育擴充－文科界私專 도理科界로 轉換」; 『경성일보』 1943년 10월 14일자, 「敢然, 義務教育實施 半島學徒に軍途開く－學園決戰化方策決る」.
74 장신, 위의 논문, 286쪽.

시책을 적극 지지하였다. 또한 11월 5일 오후 2시부터 조선군사령부 에가미 (江上) 중좌를 초청하여 강연회를 여는 등 학도병 지원을 강요하였다.[76]

무엇보다도 김성수의 친일성향은 『매일신보』 1943년 11월 7일자 「制服이 軍裝으로 凜凜한 姿態-學徒여 聖戰에 나서라(3)-大義에 죽을 때-皇民됨의 責務는 크다」에 잘 드러나 있다.[77] 위의 글을 정리해보면 ① 완전한 인간은 곧 윤리적 인간이고 이는 의무를 다하는 것으로 구현된다. ② 그 의무는 바로 '출전'하는 것으로 구현된다. ③ 교육자의 양심으로 학생들에게 의무를 다하기 위해 출전하여 죽으라고 말하는 것이다. ④ 일본인은 황민으

---

75 위의 논문, 287쪽; 『매일신보』 1943년 11월 4일자, 「하나도 落伍者업게-法文系大學, 專門校長會談開催」
76 『京城日報』 1943年 11月 6日字, 「大東亞의 指導者-江上中佐普成專門で獅子吼」.
77 "평소부터 자주 제군에게 말하여 온 나의 생각을 제군의 출진을 앞둔 오늘날 다시 말하고자 한다. 이를 한마디로 말하면 「의무를 다하라」는 데 그칠 것이다. (중략) 그러면 「義務를 위하여 목숨을 바치라」 하는 나의 말에 대하여 제군은 당연히 어떠한 의무인가를 명시하라고 할 것이다. 나는 교육자의 한 사람으로서 소중한 제군을 제군의 부모로부터 훌륭한 완성된 인간으로 만들어달라는 부탁을 받은 자로서 조금도 허위와 양심에 없는 말을 할 수는 없다. 이러한 중대책임을 가진 나는 이곳에 대담 솔직하게 말하려 한다. 현하 우리가 당면한 의무라고 하면 제군도 이미 잘 알고 있을 것이나 새로운 여명을 맞이하여 인류역사에 위대한 사업을 건설하려는 대동아성전에 대한 제군과 우리 반도동포가 가지고 있는 의무인 것이다. 제군은 이 땅에 생을 받아 이때까지 그만한 인간으로서의 자질과 품격을 갖추기까지는 가지가지 은택을 입고 있다. 국가와 가정과 사회의 은택은 모다 이것이다. (중략) 대동아의 건설은 제군의 사소한 존재를 돌아볼 사이도 없이 매진하고 있는 것이다. 이 매진 앞에 제군이 천재일우의 호기를 잃어버리고 그로 말미암아 반도가 이에 뒤떨어질 때 우리는 대동아건설의 일분자는 그만두고 황민으로서 훌륭히 제국의 일분자가 될 수도 없을 것이다. 제군이 위에 말한 의무를 다할 때에 비로소 제군은 제군이 이 땅에 살아 있을 것이고 제국의 일분자로서 내지와 조금도 다름없는 빛나는 대우 즉 권리를 얻을 수 있는 것이다. (중략) 나는 우리가 황민화를 고창하여온 이래 제군이 자주 자신의 황민으로서의 권리를 일반사회에 대하여 요구하는 것을 들었다. 그러나 냉정히 생각하면 일본은 삼천 년이라는 오랫동안 금일의 제국의 광영을 빛내는 데 온갖 의무를 수행하여 왔다. 그러나 우리는 겨우 그동안 삼십 년밖에 안 된다. 삼천 년과 삼십 년의 차를 가지고 권리에 있어서 평등을 요구할 수 있을까. (중략) 우리는 단시일일지라도 위대한 의무를 수행함으로써 내지인이 오래 동안 바쳐온 희생에 필적할 임무를 수행할 수 없을까. 이 임무를 수행할 절호의 기회가 지금 이 순간에 우리 앞에 열려진 것이다. 제군의 희생은 결코 가치 없는 희생이 아닐 것을 나는 제군에게 언명한다. 제군이 생을 받은 이 반도를 위하여 희생됨으로써 이 반도는 황국으로서의 자격을 완수하게 되는 것이니 반도의 미래는 오직 제군의 거취에 달렸다고 할 수 있다."(현대문 : 필자)

로서 3천 년 동안 의무를 다해왔기 때문에 권리를 주장할 수 있다. 하지만 조선인은 30년밖에 의무를 다하지 않았으므로 일본인과 동등한 권리를 누리기 위해서는 일본인보다 솔선하여 대동아전쟁에 나가서 죽어야 한다.

이처럼 그는 철저하게 '황민'으로서 살려고 하였던 것이다. 이는 바로 '독립불가론'을 받아들인 결과로 보인다. 이에 대해 유진오는 김성수의 글이 아니라고 주장하였다.[78] 하지만 김성수의 친일 행적에 비추어보아 이는 그의 글이라는 사실은 의심의 여지가 없다.[79]

이러한 청년들을 향해 "일제를 위해 죽으라."라는 김성수의 '협박'은 계속 이어졌다. 그 대략적인 내용을 들면 다음과 같다. 그는 『매일신보』 1943년 11월 8일자 「必勝의 決戰場으로!-學徒出陣을 말하는 座談會 本社主催-②千載一遇의 好機會-學徒보다도 父兄의 奮起促求」에서 전쟁에 나가지 않는 이유가 한국 사람들의 문약에 있으므로 그 의지를 굳게 할 필요가 있다고 강조하면서 더 분발해서 전장에 나가야 한다고 청년들을 몰아세웠다.

『매일신보』 1943년 12월 8일자 「絶對로 協力-普專校長金性洙氏談」에서 그는 "이러한 학병들을 위하여 또는 징병제 실시에 따라 금후 출정할 반도출신 장병들을 생각할진대 군의 원호업이 한층 확대 강화되지 않으면 아니 될 것인데 이번 조선 금융단에서 20만 원을 제공한 것은 일개 쾌사가 아닐 수 없다."라고 하여 침략전쟁을 위한 일제의 원호사업을 미화하였다. 뿐만 아니라, 『대한매일』 1944년 1월 22일자 「"徵兵"이 닥쳐온다-軍人援護事業에 한層 奮發하자」에서도 한국 사람으로 하여금 징병에 응하도록 하기 위해서도 원호사업이 중요하다고 강조하였다.

일제의 패색이 짙어가던 1944년에 들어와서도 김성수는 일제가 전쟁을

---

78 유진오, 『양호기, 보전 고대 35년의 회고』, 고려대학교출판부, 1977, 114~115쪽. 유진오의 친일 행위는 김민철, 「유진오, 일본의 '영원한 승리'를 다짐한 한국현대사의 큰 별」, 『청산하지 못한 역사』 3, 반민족문제연구소, 1994 참조.

79 장신, 위의 논문, 290~294쪽.

대비하기 위해 마련한 식량증산 사업 출정식에서 "제군은 오늘까지 귀엽게 자라난 연한 몸이지만 영예로운 증산전사로 나서느니만치 약간의 불편과 피로쯤은 꾹 참고 오로지 입영한 것 같은 생각으로 온갖 정성을 기우려 증산전에 매진하라."라고 훈시하였다. 이에 대해 한 학생이 "형들이 출진하던 그때의 감격을 가슴에 깊이 지니는 한편 오늘까지의 여러 선생님의 간곡한 교훈을 잊지 않고 성심껏 일하고 오겠습니다."라는 답사를 하였다.[80] 이는 바로 김성수가 학생들을 일제의 먹이로 전락시키는 데 일정한 역할을 하였음을 드러내는 증거라는 면에서 주목된다.

이러한 김성수의 친일행위는 1944년 7월 22일 총리에 오른 고이소 구니아키(小磯國昭, 1880. 3. 22~1950. 11. 3)에게 충성을 맹세하는 데서 절정을 이루었다.[81] 더욱이 그는 여러 번 만난 적이 있던 조선총독부 학무국 국장과 중추원 서기관장을 지낸 세키야 데이자부로(關屋貞三郎, 1875~1950)에게 1945년 7월 8일 보낸 편지에서도 보듯이,[82] 김구 등이 일제의 패망을 예견하고서 앞으로 새로운 나라를 만드는 데 집중하던 시점에서조차 일제에 대한 충성의 끈을 놓지 않았다.

이와 같은 친일행적에 대해 해방 후 본격적으로 문제를 제기한 이는 시인 김상훈(金尙勳)이었다.[83] 그는 『문화일보』의 지면을 통해 다음과 같이 본

---

80 『매일신보』 1944년 7월 1일자, 「學徒의 矜持도 굳게 拓植經濟專을 爲始, 各校에서 出陣式」.

81 『매일신보』 1944년 7월 24일자, 「새 決意로 總蹶起 朝鮮統理에도 光明 金性洙氏談」.

82 가터 j. 에커트, 위의 책, 366쪽.

83 김상훈(1919~1987)은 1919년 가야산 근처 일부리에서 가난한 소작농민의 아들로 태어났다. 천석꾼의 양아들로 들어가 18세까지 한학을 공부하였다. 그 후 서울로 와서 중동중학에서 시 공부를 시작하였다. 연희전문학교 문과를 졸업하였다. 학병제도를 거부하며 피하다가 잡혀, 원산 철공장으로 징용으로 끌려가 1년 반을 선반공으로 일하고 돌아왔다. 이때 김상민이 찾아와 항일투쟁대열에 참가하기를 권하였다. 이때부터 이들은 동지적 관계를 맺고 함께 활동하였다. 1946년 김광현(金光現)·이병철(李秉哲)·박산운(朴山雲) 등과 『전위(前衛)시인집』을 발행하였다. 해방 직후 조선문학가동맹에 가담하였으며 6·25 당시 월북하였다. 그는 『전위시인집』(1946)·『대열(隊列)』(1947)·『가족』(1948)·『옥문이 열리던 날』(1948년) 등의 시집에 시를 남겼다. 김상훈에 대한 것은 다음의 논문이 참고 된다. 정영진, 「변신의 일생과 갈등의 詩; 南北韓文學史에서 실종된 월북 시인 金尙勳의 삶과 문학」, 『문학사상』 198, 문학사상사,

격적으로 김성수의 친일행적을 비판하였다.

> 　내가 아니 우리 學兵이면 누구나가 불같이 金性슈를 미워하는 연유
> 를 조선인민은 다 잘 알 고 있을 것이다. 저이놈 一家의 繁榮을 爲해
> 서 우리를 必死의 땅으로 내모리보내고 倭帝에게 犬馬之力을 다해서
> 기름진 고기덩어리를 얻어먹다가 8·15가 다쳐와 日本놈들이 亡하니
> 까 다시 털칼만한 反省도 自己가 責도 없이 거慢스리 回轉椅子 우에
> 어마어마하게 黨首라는 이름을 부치고 다시 朝鮮人民을 搾取 ○○ 彈
> 壓해보려는 이 親日派 民族叛逆者 學兵의 원수 永遠한 人民의 敵인
> 金性수를 내가 끝까지 打倒하고야만구싶어 하는 것이 오로지 義憤
> 과 바른 情熱에서 나온 것이요 털끝만한 無理나 不純이 없다는 것을
> 明確히 公言할 수 있다.[84]

　이처럼 김상훈은 김성수를 '친일파', 민족반역자, '학병의 원수', '영원한
인민의 적'이라고 단죄하였던 것이다. 또한 그는 김성수를 친일토착재벌이
라고 비판하였다. 그러면서 그는 일본인과 매족적인 친교를 맺은 구체적인
예를 들며 "혁명선열들의 피의 투쟁을 팔아서 너의 몇 놈만이 외제의 무릎
아래서 조선인민 착취의 실권을 얻어 보려는 음모가 마침내 우리들의 부형
을 탄압하고 우리를 사지로 내몰아보낸 것을 우리는 똑똑히 보았다."라고
일갈하였다.
　더 나아가 김상훈은 김성수의 친일행위를 드러낸 『매일신보』 기사들의
의미를 "기관총처럼 연발될 때 우리들의 울 수도 없는 억울한 가슴에는 쇠
못처럼 날카로운 것이 박혔다."라고 규정하였다. 더욱이 그는

　1989; 최두식, 「김상훈론」, 『韓國學報』 61, 1990.
84 『문화일보』 1947년 7월 5일자, 「金性洙여 伏罪하라!－生還學兵의 手記－上」.

新嘉坡(필자 : 싱가폴)가 陷落했을 때 너이들이 뭐라고 威脅했는지 아느냐? 나는 구지 避해서 마침내 어느 海邊으로 徵用을 갔었지마는 처음 志願兵 訓鍊所에서 訓鍊을 받을 때 李光洙와 함께 온 것은 金性洙였다. 先輩라는 이름으로 「한번 죽어달라」고 눈물을 흘리며 부탁하든 그 魔鬼같은 징그러운 印象이 兄弟 어쩌면 그렇게 똑같이 叛逆의 피를 논아 朝鮮青年의 必亡을 哀願하는 것이냐……[85]

라고 김성수를 '마귀'로까지 단정하였던 것이다.

김상훈은 김성수에 대한 비판의 강도를 더 높여 다음과 같이 김성수의 친일행위를 강력하게 응징하라고 주창하였다.

三·一運動의 피를 팔아서 社長 校長 言論人이 되고 學兵의 피를 팔아 監事 理事가 되고 民族의 피를 팔아서만 잘되는 놈들아! 다시 君等이 當手니 政堂中心人物이 '反亂'으로 얼마나 人民의 피를 흘리게 하고 (중략) 그리고 또 어느 나라에 祖國을 팔아먹은 다음 自治運動을 합네 하고 人民의 鮮血을 强要할 것이냐! 너희들의 處斷을 爲하야 學兵은 언제나 너이들을 人民裁判場에 끌어가고 말 것이다.[86]

이와 같은 김상훈의 김성수 비판은 해방공간에서 한국 사람들이 김성수를 어떻게 인식하고 있는지를 극명하게 보여주는 의미 있는 증거이다. 물론 이러한 견해에 동의하지 않는 세력은 친일파뿐이었음은 굳이 설명할 필요도 없다. 하지만 1948년에 구성된 '반민족행위특별조사위원회'는 김성수를 조사하지 못했다. 이는 친일세력의 건재와 친일파 창산에 소극적이었던 이승만정권의 한계에 따른 결과이다. 이 문제는 친일인명사전에 그의 이름이

---

85 『문화일보』 1947년 7월 6일자, 「金性洙여 伏罪하라!-生還學兵의 手記-下」.
86 위와 같음.

오른 2009년 11월에 와서야 겨우 극복되었던 것이다.

5. 나오는 말

역사학의 목적은 일차적으로 정확한 사실관계를 밝혀내는 것이다. 그 다음으로 사실관계를 바탕으로 그 사실의 성격과 의미를 부여하는 것이다. 그리고 역사가의 의미부여는 역사의 발전방향과 맞을 때 정당성이 확보되는 것이다.

김성수에 대한 평가는 한국 사람들이 역사를 보는 극심한 시각 차이를 잘 보여주고 있다. 그런데 김성수에 대한 대부분의 긍정적인 시각은 김성수와 특수 관계에 있는 세력을 중심으로 이루어졌다. 이는 처음부터 김성수에 대한 객관적인 평가를 가로막는 한계로 작용되었던 것이다.

필자는 그동안 일각에서 주도되던 김성수연구와 평가를 비판적으로 되짚어 보고 냉정함을 유지하는 가운데 사실을 바탕으로 김성수의 친일의식 형성과 전개를 기술하였다. 김성수는 일제의 논리에 경도된 와세다대학의 초대 총장인 오쿠마를 모델로 교육사업에 매진하였다. 그의 사업자금이 소작농 착취와 일제 협력으로 축적된 것이었다는 점에서 결코 그를 민족자본가라 볼 수는 없다.

김성수가 본격적으로 친일행위를 한 시점은 1935년 소도회 이사로 참여하였을 때부터이다. 이때부터 김성수의 행적은 일제의 침략적 황민화정책과 긴밀히 연계되어 전개되었던 것이다.

누구나 선택에 직면하게 된다. 특히나 역사적으로 주목을 받은 인물의 선택은 그 민족의 미래와 직결된다는 점에서 신중을 기해야 하는 것이다. 김성수는 항일전쟁기 국내의 대표적인 인물이었다. 그러므로 그에 대한 평가는 누구보다 냉정하고 가혹하게 이루어져야 한다. 이러한 시각에서 김성수와 가장 가까웠던 송진우의 행적은 김성수를 평가할 때 하나의 시금석이 된다. 송진우는 김성수와 달리 일제의 탄압을 많이 받았지만, 특히 1940년 8월 『동아일보』가 폐간된 이후 시골로 숨어들어 일제와 협력을 거부하였다.[87]

반면에 김성수의 사회활동 물적 기반을 마련한 그의 동생 김연수는 김성수 이상으로 일제와 밀착된 친일행위를 하였다.[88] 물론 동생 김연수의 친일행위[89]는 김성수의 활동과 깊은 관계 속에서 이루어진 것이다.

그런데 김성수에 대한 미화 작업은 여전히 진행되고 있고 앞으로도 계속될 전망이다. 김성수의 존재는 단순히 역사청산의 문제로만 그치는 것이 아니다. 김성수와 관련하여 지적해야 할 핵심적인 문제는 친일파로 죽은 김성수를 살려내어 민족의 영웅으로 만들어야만 자신들의 기득권을 유지할 수 있다고 여기고 있는 세력이 여전히 한국사회에 존재하고 있다는 것이다.

---

87 송진우는 1940년 1월 1일 이후 『매일신보』의 친일 관련 기사(『매일신보』 1945년 1월 6일자, 「運動推進委員」와 1945년 6월 9일자, 「總力戰에 先驅된 思想戰士必勝의 陣 昨日, 言論報國會 感激의 發會式-役員」)에서 두 번 나온다. 그런데 전자의 기사에서 여운형과, 후자의 기사에서 안재홍·홍명희·여운형과 함께 나온다. 안재홍·홍명희·여운형의 경력으로 볼 때 송진우가 친일했을 가능성은 거의 없다. 이 경우 송진우의 이름을 일제가 도용한 것으로 보는 것이 타당하다. 반면 김성수의 이름은 1936년부터 1945년 8월까지 『매일신보』에 무려 46여 회나 등장하고 있다. 이 중에서 김성수의 직접 쓴 글로 보인 것은 3편이 보이고 인터뷰와 언급을 보도한 기사는 8회 정도 보인다.

88 이에 대해 반민특위는 다음과 같이 김연수의 죄상을 기록하였다. "피의자 김연수는 단기 4266년(필자 : 1933년)도에 관선 도평의원 임명을 계기로 단기 4272년(필자 : 1939년)경 만주국 명예총령사에 임명되고 단기 4272년 중추원 칙임참의에 임명되었으며 단기 4274년경 국민총력맹 후생부장에 임명된 자임. 또 학병권유연설, 국방헌금 등 일본 침략전에 협조한 것은 부인 못할 사실로 반민법 제4조 2항, 3항에 해당하는 자이다(정운현 편역, 「김연수(金秊洙)」, 『풀어서 본 반인특위 재판기록』Ⅰ, 선인, 2009, 109~110쪽).

89 수당 김연수 선생 전기편찬위원회는 "수은(필자 : 김연수의 회)의 온 생애를 통한 경제활동의 목표에는 언제나 민족의 자존과 민족경제의 자립이 있었다."라고 평가하였다(수당 김연수 선생 전기편찬위원회, 「수당을 다시 생각하는 까닭」, 『한국 근대기업의 선구자 : 수당 김연수 선생 일대기』, 주식회사 삼양사, 1996, 7쪽). 이처럼 김연수에 대한 미화 작업수도 지속적으로 진행되었다. 김연수의 친일행위는 윤해동, 「김연수 '민족자본가'의 허상과 친일 예속자본가의 실상」, 『친일파 99인』, 1993 참조.

연표로 본 안중근의 삶과 사상

1세 1879년
* 9월 2일　　　　　안중근, 황해도 해주부 수양산 아래에서 부 안태훈과 모 조마리아 사이에서 출생함.

6세 1884년

안태훈, 박영효의 70명 유학생 중에 선발되었으나, 갑신정변으로 유학 못 감.

둘째 동생 안정근(1884~1949), 태어남.

7세 1885년
* 7, 8세 무렵　　　안중근 일가, 청계동으로 이주함.[1]

8세 1886년
* 6월 4일　　　　　한불조약, 체결됨.

11세 1889년
* 7월 11일　　　　막내 동생 안공근(1899~1939), 태어남.

12세 1890년
* 9월 21일　　　　뮈텔 신부(Journal de Mgr. Mutel, 閔德孝, 1854~1933), 제8대 조선 교구장으로 임명되어 파리에서 주교 서품을 받음.

13세 1891년

안태훈, 과거에 합격하여 진사가 됨.

　　　▶ 해설
　　　안태훈이 진사인 사실은 공문서와 다른 사료에서도 알 수 있듯이 분명한 것 같다. 문제는 그 시기가 언젠가 하는 것인데 과거합격자를 기록한 『사마방목』의 안태건이 안태훈이라면[2] 1891년에 진사병과에 합격

---

1 안태훈은 갑신정변 이후 정치적 핍박과 아울러 경제적 타격으로 해주를 떠나 청계동으로 들어가 자연을 벗삼고 세속과 거리를 두며 일생을 보내려고 하였다(안중근, 「안응칠역사」, 132쪽; Weber Norbert, 『Im Lande der Morgenstille : Reise-Erinnerungenan Korea』, Missionsverlag St. Ottilien, 1923. p.319; 「안중근義士의 故鄕 淸溪洞(1)」, 『조선일보』 1979년 9월 2일자).

한 것이 사실이다. 하지만 이에 대한 보다 정밀한 연구가 요구된다.

14세 1892년

　　　　　　　　　안중근, 조부 안인수 별세로 정신적 충격을 받음.

15세 1893년

• 9월 25일　　　　종현성당(명동성당), 완공됨.

16세 1894년

　　　　　　　　　안중근, 김아려와 결혼함.

• 6월　　　　　　청일전쟁, 발발함.

　　　　　　　▶ 해설
　　　　　　　　　안중근은 청일전쟁을 침략전쟁으로 규정하였다.[3]

• 11월 13일　　　안중근 일가, 동학과 충돌함.[4]

　　　　　　　▶ 해설
　　　　　　　　　안중근은 동학에 대해 끝까지 부정적으로 평가하였다. 물론 이는 안중
　　　　　　　　　근의 가문이 지주계급이라는 측면에서 설명될 수 있지만 무엇보다 동학
　　　　　　　　　을 일진회와 같은 무리로 본 그의 동학관과도 밀접한 관련이 있는 것으
　　　　　　　　　로 보인다.
　　　　　　　　　안중근, 소년시절 "친구와 의를 맺는 것", "술 마시고 노래하고 춤추는
　　　　　　　　　것", "총으로 사냥하는 것", "말 타고 달리는 것"을 즐겨함.

17세 1895년

• 2월경　　　　　김구, 안태훈의 배려로 청계동으로 이전함.[5]

• 2월~7월　　　　안태훈, 천주교를 종교적으로 신봉.[6]

　　　　　　　▶ 해설
　　　　　　　　　안태훈이 천주교를 받아들인 시점은 『안응칠역사』를 근거로 어윤중이
　　　　　　　　　죽고서 민영준이 다시 군량미문제를 제기한 이후 천주교 명동성당으로
　　　　　　　　　피신하여 몇 달을 머물면서 천주교의 보호를 받고 교리를 공부하면서
　　　　　　　　　천주교를 받아들였다는 것이 통설이었다.[7] 그러나 김구는 『백범일지』

2　오영섭, 「개화기 안태훈의 생애와 활동」, 『한국근현대사를 수놓은 인물들』(1), 경인문화사,
　　2007, 231쪽.
3　국사편찬위원회, 「피고인 제6회 신문조서 피고인 안응칠」, 『한국독립운동사』 자료 6, 171쪽.
4　정현석, 「甲午海營匪擾顚末」, 『동학난기록』 하, 국사편찬위원회, 1971, 773~774쪽.
5　김구, 『金九自敍傳 白凡逸誌』, 나남출판사, 36~37쪽.
6　김구, 『金九自敍傳 白凡逸誌』, 44~45쪽.

에서 "지금 왜놈의 세력이 전국에 횡일하고 궐내까지 침입하여 대신을 적의 의사대로 출척하고 만반시정이 제이의 왜국이 아닌가 …… 내가 (필자—고능선) 안진사의 의향을 짐작하는 바 천주학을 하여 볼 마음이 있으니"[8]라고 기록하고 있다. 그런데 이는 김구가 청국시찰을 위해 1895년 7월경 갑산에 도착하기 이전의 일이라고 『백범일지』에 기록되어 있다. 그러므로 안태훈이 천주교에 관심을 갖게 된 시점은 동학 군량미 문제로 서울로 피신한 1895년 7월 이전의 일로 보는 것이 타당하다. 그러므로 안태훈은 이미 천주교를 종교적 차원에서 받아들인 상태에서 자신의 종교적 열정과 현실 도피처로써 천주교를 선택하였다고 보아야 할 것이다.[9] 따라서 안태훈의 천주교 입교가 종교적인 목적보다 양대인으로 표현되는 천주교 세력에 의탁하기 위해서였다고만 평가하는 것은[10] 안태훈의 천주교 입교 동기를 종합적으로 설명할 수 없다. 아울러 안태훈은 천주교에 입문하기 전에는 김종한 등의 개화인사와 교류를 하였으나 일면에서는 고능선 등의 위정척사파와 반일사상을 공유하였던 것이다. 그러나 적어도 1895년 7월 이전에 드러냈던 천주교와 개화에 대한 안태훈의 관심은 1896년 1월 단발령을 계기로 더욱 분명히 드러나 김구·고능선 등의 위정척사파와 분리되는 현상을 보인다.

- 4월   청일전쟁, 끝남.
- 4·5월   안태훈, 동학당으로부터 빼앗은 군량미에 대해 그 절반은 어윤중의 것이고 나머지 절반은 민영준의 것이라고 하여 반환을 요구받음.[11]
- 5월·6월   김종한, 안태훈 구명운동을 전개함.[12]
- 7월 9일   군량미문제, 택지부의 유권해석으로 해결됨.[13]

---

7 노길명, 「안중근의 가톨릭 信仰」, 『敎會史硏究』 9, 10쪽.
8 金九, 『金九自敍傳 白凡逸誌』, 나남출판사, 2002, 44~45쪽.
9 천주교 측의 기록에 안태훈이 천주교에 대해 문교(聞敎)한 것이 그가 과거를 치르기 위해 信川사람인 閔泳龜와 함께 上京하여 어느 가톨릭 신자 대감댁에 유숙하게 되었을 때부터였다는 내용도 있다(황해도천주교회사간행위원회, 『황해도천주교회사』, 1984, 191쪽). 이는 전적으로 믿을 수 없지만 종교적 열망이 그의 입교 동기라는 것은 분명한 사실로 보인다. 이점은 Weber Norbert 신부가 "안태훈의 천주교 입교 동기는 명예나 지배욕 등 개인적인 필요성에 두어졌지만 근본적인 동기는 그의 자유의지에서 우러나온 것이다"라고 한데서도 엿볼 수 있다 (Weber Norbert, Im Lande der Morgenstille: Reise-Erinnerungenan Korea, p.319; 『조선일보』 1979년 9월 2일자, 「安重根義士의 故鄕淸溪洞(1)」).
10 윤선자, 「안중근의 애국계몽운동」, 『한국근대사와 종교』, 국학자료원, 2002, 172쪽.
11 서울대규장각, 『공문편안 요약』, 1999. 322, 325쪽. 자세한 내용은 오영섭, 「개화기 안태훈의 생애와 활동」, 239~240쪽, 참조.
12 안중근, 「안응칠역사」(윤병석 역편, 『안중근 전기전집』, 국가보훈처, 1999), 135~136쪽, 참조

- 10월   안중근, 을미사변을 통해 일본의 침략성을 인식함.[14]

    ▶ 해설

을미사변과 단발령에 대해 의병을 일으켜 동도를 수호하고자 한 고능선과 김구[15]와 같이 이 무렵 안태훈과 안중근은 일본의 침략성을 인식하고 있던 것으로 보인다. 이러한 일본인식을 바탕으로 안중근은 이토를 저격한 첫 번째 이유로 명성황후시해사건을 들었던 것이다. 이러한 측면에서 안중근이 일본에 대한 지지와 신뢰가 러일전쟁을 겪으면서 반일노선으로 완전히 전환하였다는 주장은[16] 그의 대일인식 과정을 지나치게 단순화시킨 분석이다. 그리고 천주교에서는 명성황후를 일본인들이 시해했다는 사실을 인식하고 있었으며[17] 필시 이는 안중근을 비롯한 천주교인들에게 전파되었던 것이다.

18세 1896년

- 1월경   안태훈, 천주교를 신봉하겠다는 의지를 김구와 고능선에게 거듭 표출함.[18]
- 2월 11일   아관파천.
- 17일   전 탁지부 대신 어윤중, 용인에서 백성들에게 피살됨.

    ▶ 해설

탁지부(1895년 7월 9일)의 명령으로 군량미 문제는 해결되었으나 민영준의 압박은 계속되었다. 그리하여 종현(명동)성당으로 피신하였다. 물론 안태훈이 명동성당으로 피신한 것은 민영준의 추적을 피하기 위한 측면도 있으나 천주교 교리에 대한 깊이 있는 성찰을 위한 선택이었다는 점도 안태훈이 종현성당으로 들어간 중요한 이유이다.

- 10월   안태훈, 『교리문답』 등 120권의 천주교 서적을 가지고 귀향함.[19]
- 12월   빌렘 신부(Wihelm, Nicolas Joseph Mare, 洪錫九, 1860~1938), 안태훈의 요청으로 청계동을 방문함.[20]

---

13 서울대 규장각, 「全國 各道觀察府, 各郡과 度支部간의 훈령과 보고」, 『公文編案 要約』 1, 1999, 335쪽.

14 신운용, 「안중근의 대일인식」, 『한국민족운동사연구』 60, 한국민족운동사학회, 2009, 참조.

15 김구, 『金九自敍傳 白凡逸誌』, 59쪽.

16 신용하, 「安重根의 思想과 義兵運動」, 『한국민족독립운동사연구』, 을유문화사, 1985, 157쪽; 장석흥, 「安重根의 대일본인식과 하얼빈의거」, 『교회사연구』 16, 2001, 45쪽.

17 명동천주교회, 「민비의 시해와 일본의 야욕」・「1896년도 보고서 3명의 방인사제탄생」, 『명동천주교회200년사 자료집 1 서울 敎區年報(I)』, 한국교회사연구소, 1984, 163~168・183쪽.

18 김구, 『金九自敍傳 白凡逸誌』, 59쪽.

19 황해도천주교회사간행위원회, 『황해도천주교회사』, 1984, 191쪽.

20 차기진, 「안중근의 천주교 신앙과 그 영향」, 『교회사연구』 16집, 13쪽.

19세 1897년

- 1월 11일경   빌렘 신부, 안중근을 비롯한 안태훈일가에 세례를 줌.[21]

> ▶ 해설
> 안중근은 안태훈의 영향 아래 자연스럽게 천주교를 수용하였고 천주교 포교에 진력하였다.[22] 동시에 이는 안태훈가문의 세력확대와 지역사회의 지배력 강화를 의미하는 것이었다.

- 4월 22일   빌렘 신부, 청계동에 공소를 설치하고 7월 오(oudot paul, 吳保祿, 1865~1913) 신부가 안악군 용문면 매호동 공소에 부임할 때까지 두 공소를 관할함.
- 4·5월   안태훈일가, 지방관리·민과 충돌함.[23]
- 11월   뮈텔 주교, 청계동 방문함.[24]
- 12월 1일   안중근, 뮈텔이 청계동에서 해주로 갈 때 안내를 함.[25]

20세 1898년

- 2월   빌렘 신부, 안태건을 구하려다 투옥된 안태훈을 해주감사에게 항의하여 구함.[26]
- 4월 하순   빌렘 신부, 청계동에 본당을 세우고 부임함.

21세 1899년

- 2월   안중근 일가, 지방민과 충돌함.
- 3월 9일   천주교, 교민조약 체결로 선교자유 획득.
- 4월   빌렘 신부, 황해도 재령본당에 부임함.[27]
- 이 무렵   안중근, 금광감리 주가와 충돌함.
  안중근, 만인계 채표회사 사장으로 피선됨.[28]

---

21 Weber, Norbert, 『Im Lande der Morgenstille : Reise-Erinnerungenan Korea』, Missionsverlag St. Ottilien, 1923, p.323; 『조선일보』 1979년 9월 4일자, 「안중근의사의 고향청계동(2)」.
22 안중근, 「안응칠역사」, 137~141쪽, 참조.
23 오영섭, 「개화기 안태훈의 생애와 활동」, 248~249쪽.
24 교회사연구소 역, 『뮈텔 주교 일기』 2, 233~235쪽.
25 교회사연구소 역, 『뮈텔 주교 일기』 2, 235쪽.
26 최석우, 「해서교안연구」, 『한국교회사의 탐구』 II, 한국교회사연구소, 1991, 416~417쪽.
27 교회사연구소 역, 『뮈텔 주교 일기』 4, 21쪽.
28 독립신문 1897년 7월 4일자에 만인계 기사가 보이는데, 주가와 충동사건과 만인계 사장피선은 대학설립 건의 무렵의 일로 안중근은 설명하고 있다. 이것이 사실이라면 안중근이 만인계 사장이 된 시점은 1899년 4월 이후 1899년 10월 이전의 일로 보는 것이 타당하다.

- 10월 이전　　　　　안중근, 뮈텔 주교에 천주교대학 건립 건의함.

　　　　　　　　　▶ 해설
　　　　　　　　　안중근은 뮈텔 주교에게 대학설립을 건의하였으나 받아들여 지지 않자
　　　　　　　　　프랑스 신부들을 불신하면서 프랑스어 학습도 단념하였다.[29] 이는 안중
　　　　　　　　　근이 서양 신부들의 제국주의적인 속성을 새롭게 인식하는 계기가 되었
　　　　　　　　　다. 그러나 천주교 그 자체를 부정한 것은 아니었다. 안중근의 천주교대
　　　　　　　　　학 설립건의와[30] 관련하여 학계의 논쟁이 되고 있는 부분은 그 시점이
　　　　　　　　　다. 안중근이 뮈텔 주교에게 대학설립을 건의한 시기에 대한 주장은
　　　　　　　　　1900년설(최석우), 1902년설(원재연·윤선자·장석흥), 1907년설(조광)
　　　　　　　　　이 있다. 그러나 안중근이 공판과정에서 대학설립 주장시기를 '10년 전
　　　　　　　　　쯤'이라고 한 기록을 보면[31] 적어도 1907년설은 그 가능성이 없는 것
　　　　　　　　　으로 보아야 한다. 그런데 안중근이 「안응칠역사」를 대체로 연대기순으
　　　　　　　　　로 서술하였다는 것을 인정한다면, 그 시점은 홍 신부가 청계동에 본당
　　　　　　　　　이 완공되고 부임한 1898년 4월 이후 1899년 10월 이경주사건 이전의
　　　　　　　　　일이다. 따라서 1900년설보다는 앞선 시기로 보는 것이 타당하다고 생
　　　　　　　　　각된다. 또한 1897년 12월 1일 안중근은 뮈텔 주교의 길 안내를 한 인
　　　　　　　　　연으로 뮈텔 주교에게 대학건립을 건의할 수 있었던 것으로 보인다.

- 10월경　　　　　　안중근, 김중환의 웅진군민의 오천 냥 갈취사건[32]과 한원교가 이경
　　　　　　　　　주(이경룡, 안중근 친구)의 처와 재산 취한 사건[33]의 해결을 위한
　　　　　　　　　총대로 피선됨.

　　　　　　　　　▶ 해설
　　　　　　　　　안중근의 민권사상은 "천명의 본성이란 천주가 태중에서부터 붙어넣은
　　　　　　　　　것"[34]이라는 '천부인권론'에 근거한 것으로 볼 수 있다. 이처럼 그의 민
　　　　　　　　　권론에는 만민평등을 주장하는 천주교 교리가 깔려 있었던 것이다.[35]

22세 1900년

　　　　　　　　　이경주, 출옥함.[36]

---

29 국사편찬위원회, 「피고인 안응칠 제8회 신문조서 피고인 안응칠」, 『한국독립운동사』 자료 6,
　　233쪽.
30 위와 같음.
31 국사편찬위원회, 「피고인 안응칠 제8회 신문조서 피고인 안응칠」, 『한국독립운동사』 자료 6,
　　233쪽.
32 안중근, 「안응칠역사」, 145쪽, 참조.
33 『司法稟報』 갑 제82권(규장각 소장 문서번호 : 규 17278);『독립신문』 1899년 1월 3일자, 「필
　　무시리」; 안중근, 「안응칠역사」, 146~147쪽, 참조.
34 안중근, 「안응칠역사」, 138쪽.
35 신운용, 「안중근의거의 사상적 배경」, 『한국사상학』 25, 한국사상학회, 2005, 참조.

23세 1901년

• 3월 25일   문화 군수 민영석, 뮈텔 주교를 방문하여 안태훈과 접촉을 하여 천
주교인사들과 지방민의 충돌을 막기 위해 빌렘 신부에게 편지 한
장을 써줄 것을 청함.[37]

24세 1902년

• 1월   영일협약, 체결됨.[38]

• 5월   김구, 신환포사건으로 일본인 응징.

• 10월 26일   이경주, 한원교의 살인교사로 사망함.[39]

25세 1903년

• 1월   해서교안.

이응익, 빌렘 신부는 프랑스인으로 행정에 간여하지 않음이 없고 소
송을 받아 재판을 하고 수갑을 채우고 함부로 백성들에게 형벌을
가한다고 보고함.[40]

• 4월 7일   빌렘 신부, 서울에 도착함.

• 5월 28일   빌렘 신부, 두세 신부를 통해 소환에 불만을 표시함.[41]

해서교안으로 신자들이 불안해지면 본국에 군함을 요청하여 모든 교
인을 프랑스로 실어갈 것이라고 언급함.[42]

• 9월 19일   천주교인들, 이경주 전답소송 승소함.[43]

안중근, 이 무렵 관료들의 폭압으로 인한 교인의 인권문제를 해결하
기 위해 적극적으로 황해도 지역 교인대표로 활동함.

---

36 안중근, 「안응칠역사」, 149쪽.

37 교회사연구소 역, 『뮈텔 주교 일기』 3, 43쪽.

38 안중근은 영일동맹에 대해 다음과 같이 평가하고 있다. 즉, 일본이 英國과 동맹하고 있다고
말하나 그것은 英國 自身의 利益으로 하고 있으므로 決코 依賴하기에는 不足한 일이다(국
사편찬위원회, 「피고인 제6회 신문조서 피고인 안응칠」, 『독립운동사자료』 6, 175쪽.).

39 국사편찬위원회, 『각사등록』 제26권(황해도편5), 1987, 329~330쪽; 日本 外交史料館, 「陸軍
步兵副尉 韓元教履歷書」, 『倉知政務局長統監府參事官兼任中ニ於ケル主管書類雜纂(來住
公信)』(문서번호 : 7.1.8, 21).

40 『해서사핵사보고서』; 윤선자, 「한일합방전후 황해도 천주교회와 빌렘 신부」, 『한국근대사와
종교』, 216쪽.

41 교회사연구소 역, 『뮈텔 주교 일기』 3 , 225~226쪽.

42 『The Korea Review』 Vol.3, 1903, 171쪽.

43 국사편찬위원회, 『각사등록』 제26권(황해도편 5), 1987, 329~330쪽.

- 11월 4일 　　　　　　　해서교안, 타결됨.[44]

  ▸ 해설

  해서교안으로 인해 황해도 천주교의 교세는 1903년 4·5월에 1/3로
  급락하였다. 이러한 교세의 급락은 천주교뿐만 아니라 안태훈 세력의
  약화를 의미하는 것이었다. 세력의 약화는 러일전쟁 이후 일본의 본격
  적 침략이라는 시대상황 속에서 해외로 본거지를 이전하려는 계획으로
  나타나게 된다.

- 11월 24일 　　　　　　빌렘 신부, 청계동으로 귀환함.

26세 1904년
- 2월 23일 　　　　　　제1차 한일의정서, 체결됨.
- 2월 8일 　　　　　　안중근, 러일전쟁 개전과 동시에 일본의 침략을 걱정함.[45]

  ▸ 해설

  안중근은 러일전쟁을 청일전쟁과 더불어 침략전쟁으로 규정하였다.[46]

- 6월 　　　　　　　　선교조약, 체결됨.
- 4월~7월 　　　　　　청국의사 서원훈과 안태훈·안중근 충돌사건.[47]

  ▸ 해설

  이때 안중근은 "청국의사의 소행이 이러한 진데 우리 백성의 생명을 어
  찌 유지할 방도가 있겠는가"[48]라고 서원훈과의 대립과정에서 느낀 바
  를 소장에 기입하기도 하였다. 이는 안중근이 중국을 비롯한 외세의 압
  제에 처한 조선의 현실을 개탄하는 민족의식의 발로이다.

- 7월경 　　　　　　　안중근, 보안회를 방문하여 하야시 처단을 제안하였으나 보안회의
  거부로 실행에 옮기지 못함.[49]

  ▸ 해설

  이는 네 가지 측면에서 그 의미를 부여할 수 있다. 첫째 천주교인들의
  문제 해결에 진력하던 사적 영역에서 민족문제의 구체적인 해결방법을
  강구하는 공적 영역으로의 전환을 의미하는 것이다. 둘째, 학계에서는
  대체적으로 의열투쟁의 효시를 1907년 나철 등의 을사오적 처단시도로
  부터 잡고 있는 것 같다. 그보다 약 3년 전인 1904년의 하야시와 부일

---

44 「법안」, 1817호, 1903년 11월 4일; 「법안」, 1821호, 1903년 11월 10일.
45 안중근, 「안응칠역사」, 152쪽.
46 국사편찬위원회, 「피고인 제6회 신문조서 피고인 안응칠」, 『한국독립운동사』 자료 6, 171쪽.
47 서울대규장각, 『外部訴狀』, 2002, 551~552쪽; 국사편찬위원회, 『각사등록』 제25권(황해도편
　　4), 1987, 427쪽; 국사편찬위원회, 「헌기 제2634호」, 『한국독립운동사』 자료 7, 243쪽.
48 서울대규장각, 『外部訴狀』, 552쪽.
49 『대한매일신보』 1909년 12월 3일자, 「안중근리력」.

세력 처단 구상을 보건대 그의 민족 운동사상의 위치를 의열투쟁사의 효시로 볼 수 있다. 그의 의거도 바로 이러한 의열투쟁 구상의 연결선상에서 이루어진 것이라고 할 수 있다. 셋째, 안중근의 일본인식은 러일전쟁을 전후하여 변한 것이 아니라고 볼 수 있다.[50] 넷째, 해외이주와 무력투쟁을 이 무렵부터 고려한 것으로 보인다.

27세 1905년

- 5월 19일   안중근, 개간한 장토(庄土)의 수침문제로 제소함.[51]
- 6월 중순   안중근, 해외이주추진과 독립기지 건설을 모색하기 위해 상해를 방문하여 민영익을 만나지 못하고 서상근을 만났으나 실망만 함.[52]

     ▶ 해설

     안중근의 근거지 이전계획은 의병전쟁준비론에 입각하여 추진된 것으로 보인다.[53] 그러나 이는 즉각적인 의병투쟁을 염두에 두고 추진된 것이 아니라, 애국계몽주의적 준비론이라고 할 수 있을 것이다. 안중근이 애국계몽주의의 한계를 인식하고 무력투쟁으로 전환한 것은 1907년 8월 만주에서 비참한 한국인의 생활을 목격하고 나서부터라고 할 수 있다. 그리고 국외독립기지건설론이 1907년경부터 논의되었다고 한다면 국외독립기지건설론의 시원은 안중근으로부터 잡는 것이 타당하다.

     이때, 르각 신부(Le Gac, Charles Joseph Ange, 郭元良, 1876~1914)에게서 애국 계몽운동에 입각한 교육사업에 헌신하라는 충고를 들음.

- 9월 5일   러일강화 조약, 조인됨.
- 11월 16일   을사늑약, 체결됨.

     ▶ 해설

     안중근은 을사늑약의 성격을 "거의 형제 동지 간에 있어 한편의 사람이 다른 한편의 사람을 먹이로 한 것"이라고 규정하였다.[54]

- 12월   안중근, 귀국함.

     안태훈, 사망함.

     안중근, 이때 독립이 될 때까지 '술을 끊겠다'는 맹세를 함.

- 25일   이토 히로부미, 한국통감에 임명됨.

---

50 신운용, 「안중근의 대일인식」, 『한국민족운동사연구』 60, 한국민족운동사학회, 2009, 참조.
51 규장각, 「黃海道信川郡所在庄土安重根提出圖書文績類」, 『黃海道庄土文績』(19303-v.60).
52 안중근, 「안응칠역사」, 153~156쪽.
53 안중근, 「안응칠역사」, 154쪽.
54 위와 같음.

28세 1906년

- 1월 19일 르각(곽) 신부, 홍콩에서 돌아옴.[55]
- 3월 28일 통감부, 업무시작.
- 3월 안중근일가, 진남포 억양기에서 용정동으로 다시 이사함.
- 3월~10월경 안중근, 삼흥학교 설립 운영하고, 돈의학교 운영함.[56]
  정대호·김문규·오일환 등과 교류함.

  ▶ 해설

  이때 상무정신을 강조하던 안중근은 오일환에게 "한국의 장래를 위해서 공부해야 한다"고 학문의 중요성을 강조하기도 하였다. 여기에서 그의 학문자세를 알 수 있다. 말하자면 그는 문무의 구비를 강조하면서 학문의 목적을 개인이 아니라 국가발전에 두었던 것이다.

29세 1907년

- 3월경 안중근, 미곡상과 삼합의(한재호·송병운과 평양에 설립한 석탄판매회사) 운영계획을 세웠으나 일제의 방해로 실패함.

  ▶ 해설

  안중근은 애국계몽운동에 입각하여 구국운동을 전개하였으나 그 한계성을 인식하였다. 그리하여 새로 모색한 것이 노령으로 망명하였다. 해외 망명자금 마련을 위해 삼합의를 설립하였으나 실패하고 서울로 올라가 3월경부터 서울에 머문 것 같다.[57]

  간도행에 대한 백 신부(Bret, Louis Eusébe Armand, 白類斯, 1958~1908)의 편의제공을 요청하는 서한을 써줄 것을 빌렘 신부에게 요청하면서[58] 간도망명을 알림.

  이때, 망명을 만류하는 빌렘 신부에게 '국가 앞에는 종교도 없다'고 선언함.

- 3월~7월 안중근, 경성에 머물며 김달하·안창호·이동휘·김종한 등과 교류하면서 향후 계획을 세움.[59]
- 4월 경 안중근, 간도행에 대한 브레 신부(Bret, Louis Eusébe Armand, 白類斯, 1858~1908)의 편의제공을 요청하는 서한을 홍 신부에게 받아 서울로 올라감.

---

55 교회사연구소 역, 『뮈텔 주교 일기』 4, 21쪽.
56 국사편찬위원회, 『한국독립운동사』 자료 7, 201쪽; 『대한매일신보』 1907년 5월 31일자, 「賣土寄校」.
57 국사편찬위원회, 「헌기 제2634호」, 『한국독립운동사』 자료 7, 243쪽.
58 위와 같음.
59 위와 같음; 「황경고발 제2호」, 『한국독립운동사』 자료 6, 58쪽.

• 5월	안중근, 서북학회에 가입함.[60]
	이 무렵, 안창호·김종한·김달하·김동억 등과 교류함.
• 7월경	안중근, 국채보상운동에 참여함.[61]
	삼합의는 실패하였지만 계획대로 간도행을 결심함.
	안정근, 노모를 두고 노령으로 망명하면 안 된다고 안중근의 망명계
	획을 반대함.[62]
• 7월 18일	고종, 강제 퇴위당함.
• 7월 24일	정미7조약, 강제 체결됨.
• 7월 27일	일제, 보안법을 공포하여 결사를 금지함.
• 8월 1일	안중근, 군대해산을 목격하고 김동억과 함께 경성을 떠남.
• 8월 초	안중근, 부산 도착, 1·2일 머뭄.
• 8월 15일경	안중근, 원산 도착, 6·7일간 머뭄.
	이때, 백 신부를 누차 방문하여 만주행을 고했다. 그러나 안중근의
	구국 활동을 못마땅하게 여긴 브레 신부는 성모승 천축일성사요
	청도 거부[63]하고 안중근의 동향을 홍 신부에게 알렸다.[64]
• 9월 10일경	안중근, 간도에 도착함.
	이 무렵, 주로 불동(佛洞, 敎村) 남 회장(천주교)댁에 기숙하면서 서
	전서숙을 방문하고 불동과 용정촌 등으로 동포들의 상황을 시찰
	하고,[65] 의병투쟁을 전개하기로 결심하였다.[66]

> ▶ 해설

안중근이 의병전쟁으로 노선을 변경한 것은 두 가지 측면에서 의미가
있다. 첫째, 이 시기의 의병전쟁 결심은 이전 시기의 그것과 성격을 달
리하고 있다는 것이다. 즉, 그가 이전에 고려한 하야시와 부일세력 처단

---

60 『西友』, 「第八回新入會員受納報告」, 光武十一年七月一日 發行, 48쪽; 국사편찬위원회, 「境
경시의 신문에 대한 안응칠의 공술 제1호」, 『한국독립운동사』 자료 7, 397쪽.

61 『대한매일신보』 1907년 5월 29자, 「國債報償義捐金收入廣告」.

62 국사편찬위원회, 「境경시의 신문에 대한 안응칠의 공술 제1호」, 『한국독립운동사』 자료 7,
394쪽.

63 천주교정의구현사제단, 『조선교구통신문』 1909년 11월 7일자, 『안중근(도마)의사 추모자료집』,
1990, 174쪽.

64 국사편찬위원회, 「복명서」, 『한국독립운동사』 자료 7, 337쪽.

65 국사편찬위원회, 「境경시의 신문에 대한 안응칠의 공술 제1호」, 『한국독립운동사』 자료 7,
395쪽.

66 국사편찬위원회, 「境경시의 신문에 대한 안응칠의 공술 제1호」, 『한국독립운동사』 자료 7,
394쪽.

계획은 개별적인 협력을 전제로 한 것이었다. 또한 해외망명 후 거병하려던 안중근의 생각도 계획에 그치고 말았다. 이에 반하여, 간도에서의 의병전쟁 결심은 '현실타개책으로 거병밖에 없다'는 자각 위에서 노령지역의 의병세력과 포괄적인 연대를 상정하여 이루어진 것이다. 둘째, 안중근이 의병전쟁에 투신했다는 것이다. 1904~1905년 러일전쟁·1905년 을사늑약·1907년 고종의 퇴위·한일신협약·군대해산 등 일제의 침략정책이 표면화되자, 계몽운동가들 사이에서 운동노선을 둘러싸고 좌우 분화현상이 나타났다. 말하자면 대한협회를 중심으로 한 계몽주의의 전통을 계승한 우파세력과 대일 강경론에 입각한 신민회를 중심으로 한 좌파세력으로 분화되어 갔다. 신민회로 대표되는 계몽운동의 좌파세력이 무력투쟁을 본격적으로 고려한 시점은 신민회 간부회의가 있었던 1910년 4월로 보인다. 이에 반해 한때 학교설립 등의 계몽운동을 통하여 구국을 실현하려고 하던 안중근은 계몽운동가들과 다른 노선을 걷고 있었다. 즉, 그는 1904년 하야시와 부일세력 처단계획과 1905년 거병을 목적으로 한 해외이주계획의 연장선에서 1907년 9월경 이미 계몽운동 방식의 한계를 직시하고 의병전쟁으로 전환하였던 것이다. 물론 이는 반일투쟁이라는 일관된 그의 의식 흐름 속에서 나온 것이다. 따라서 계몽운동계열 인사 중에서 그에게 독립 전쟁론의 '주창자'라는 위치를 민족운동사에 부여할 수 있다.

- 10월 말경   안중근, 종성·경흥을 거쳐 포세트에서 블라디보스톡에 도착함.[67]

  블라디보스톡의 청년회에 가입하여[68] 임시사찰로 활동하다가 누군가와 충돌하여 귓병을 얻음.[69]

30세 1908년

- 겨울   안중근, 수청에서 엄인섭·김기용과 의형제를 맺음.[70]

  ▶ 해설

  이들은 의리와 정을 두터이 하고 향후 거사를 모의하면서 노령 각지를 다니며 한인들에게 독립운동 참여를 호소하였다.[71] 이때 그는 노령의 한인들에게 ① 고향을 떠나온 자에게 고향집에서 사람이 와서 강도가 부모를 내쫓고 집을 강탈하여 살며 형제들을 죽이고 재산을 약탈하였다고 하는 데도 무관심하다면 이는 사람이 아니고 짐승이나 하는 짓이다.

---

67 국사편찬위원회, 「境경시의 신문에 대한 안응칠의 공술 제1호」, 『한국독립운동사』 자료 7, 395쪽.
68 국사편찬위원회, 「전보 제82호」, 『한국독립운동사』 자료 7, 231쪽.
69 안중근, 「안응칠역사」, 157~159쪽.
70 안중근, 「안응칠역사」, 159쪽.
71 안중근, 「안응칠역사」, 159~161쪽.

② 이런 사람은 친구와 친척으로부터 배척당할 것이므로 무슨 면목으로 살겠는가라고 비유하여 조국의 현실을 설명하면서 의병을 일으켜야 하는 당위성을 역설하였다.

이범윤과 회담하여 거병을 건의함. 이범윤, 이를 거절함.[72]

• 3월 21일 안중근, 『해조신문』에 「긔서」 인심결합론을 발표함.[73]

▶ 해설

「긔서」는 이 시기 안중근의 시대인식과 그 해결책을 다음과 같이 엿볼 수 있는 중요한 사료이다. 첫째, 안중근의 현실인식이다. 즉, 그는 대한제국이 일제의 침략을 당하는 이유를 개인·가족·국가의 단결력 부족과 교만함에 있다고 진단하고 있다. 결국 그는 대한제국이 단결된 일본을 이기기 위해서는 '불합' 두 자를 거두어내고 단합할 때만이 가능하다고 판단하고 있는 것이다. 이러한 인식은 미국 한인사회의 운동노선과도 일정한 관련성이 있는 것으로 보인다. 이를테면 공립협회는 국권회복운동의 선결과제로 '국민단합론'을 제기하면서 한인단체의 '통일연합론'을 주창하는 등 한인사회의 통합운동을 전개하였다. 이러한 운동방략은 러시아 한인사회와 연동되어 있었고 미주에서 발행된 한인신문을 읽고 있던 안중근도 이에 공감하는 위에서 '인심단합론'을 주장하였던 것으로 보인다. 둘째, 러시아 한인사회를 어떻게 바라보고 있는가 하는 문제를 엿볼 수 있다. 그는 한인사회의 분열양상을 정확히 인식하였고 그 해결책으로 단합론을 제시했다. 러시아 한인사회는 지방색에 따른 분열양상을 보이고 있었다. 특히 의병세력은 최재형 등을 중심으로 토착세력과 이범윤 등을 중심으로 한 이주세력으로 양분되어 있었다. 이는 대일투쟁의 걸림돌로 작동되었다. 따라서 그의 인심단합론은 본토와의 관계를 깊이 생각하지 못하고 분열되어 있는 러시아 한인사회에 대한 안중근의 안타까움의 표현이며 단결을 촉구한 호소문이라고 할 수 있다. 이러한 주장은 「동의회 취지서」의 단합론과 맥락을 같이 하는 것이다. 셋째, 「동양평화론」의 근간이 이미 이 무렵에 성립되었음을 알 수 있다. 즉, 그는 「동양평화론」에서 일본이 러일전쟁에서 승리한 원인을 단결에 있다고 보았다. 반면 청국이 청일전쟁에서 패한 이유를 교만에 있다고 주장하였다. 또한 죽음을 앞둔 국왕의 왕자들처럼 단결해야 한다는 논리는 서양세력의 침략을 막기 위해 한·청·일 삼국의 단결이 절대적이라는 「동양평화론」과 궤를 같이하는 것이다. 넷째, 안중근이 러시아 한인사회의 여론형성에 일정한 역할을 하고 있다는 사실을 이를 통해 알 수 있다. 뿐만 아니라 이는 안중근이 한인사회의 지도자로 성장하였음을 보여주는 증거이다. 이러한 면에서 안중근이 동의회 참여와 국내진입작전을 이끌 수 있었던 배경을 이해할 수 있다.

---

72 안중근, 「안응칠역사」, 158~159쪽.
73 『해조신문』 1908년 3월 31일자, 「긔서」.

• 3월 23일	장인환·전명운, 부일미국인 스티븐스 처단함.
• 5월경	안중근, 동의회(총장 최재형·부총장 이범윤·회장 이위종·부회장 엄인섭)에 평의원으로 참여함.[74]
• 6월	안중근, 홍범도를 만남.[75]
• 6월~8월	안중근, 연합의병부대(김두성 총독, 이범윤 대장) 중에서 최재형 부대(도영장 전제익, 참모 장봉한·지운경, 참모장 오내범, 좌영장, 엄인섭)의 우영장으로 국내진공작전을 이끌었으나[76] 실패함.[77]

▶ 해설

안중근이 의병전쟁을 수행할 수 있었던 원동력이 무엇인지에 대해 몇 가지 측면에서 살펴볼 필요가 있다. 첫째는 안중근에게 통솔력이 있었다는 점이다. 그는 국내진격 출정식에서 ① 한 번의 의거로써 성공할 수 없으니 백 번을 실패하여도 굴하지 말고 싸워 백년토록 이 전쟁을 계속해야 한다. ② 이 전쟁을 우리 시대에 못 끝낸다고 하더라도 손자 대까지 지속한다면 독립을 회복할 수 있을 것이다. ③ 목적을 달성하려면 지속적인 교육과 사회를 조직하고 실업에 힘쓰고 민심을 단합해야 한다라고 역설하였다. 그러나 그의 권위를 존중하는 분위기는 아니었다. 왜냐하면 그는 권력과 재산이 있는 것도 아니고, 나이도 많지 않았기 때문이다. 그럼에도 부대를 독자적으로 운영하였다는 사실은 그에게 특별한 통솔력이 있었기 때문에 가능하였던 것이다.[78] 둘째, 안중근은 의병전쟁의 목적과 대상을 분명히 하였다는 점이다. 그는 전쟁 중에 사로잡은 일본인 포로들을 한국인들과 같이 이토를 '적'으로 여긴다는 이유로 풀어주었다. 이에 대해 장교들 사이에서 불만이 나오자, 그는 일본 국민 전부를 상대로 하는 전쟁은 불가능하며, 충성된 행동과 의로운 거사로 이토의 포악성을 세상에 알리고 열강의 동정을 얻은 뒤에 독립을 쟁취할 수 있다고 의병들을 설득하였다.[79] 이는 전쟁의 대상이 일본의 일반 국민이 아니라, 일본인들을 위험에 빠뜨린 이토와 같은 침략세력임을 분명히 하였음을 의미하는 것이다. 말하자면 그는 의병전쟁을 통하여 이토가 한일 양국의 공적이라는 확신을 더욱 굳히게 되었던 것이다. 셋째, 안중근의 의병활동은 종교성을 바탕으로 하고 있다는 점이다.

---

74 日本 外交史料館, 「排日鮮人退露處分ニ關スル件」, 『在西比利亞』 第5卷(不逞團關係雜件-朝鮮人ノ部, 문서번호 : 4.3.2, 1-2-2).
75 국사편찬위원회, 『한국독립운동사』 자료 7, 434쪽.
76 日本 外交史料館, 「排日鮮人退露處分ニ關スル件」, 『在西比利亞』 第5卷.
77 국사편찬위원회, 「境경시의 신문에 대한 안응칠의 공술 제9회」, 『한국독립운동사』 자료 7, 434~438쪽.
78 안중근, 「안응칠역사」, 161~162쪽.
79 안중근, 「안응칠역사」, 163쪽.

그는 의병 전쟁을 '천명'으로 여겼다. 이러한 의미로 그는 국내에서 간도로 출발하기 전에 빌렘 신부와의 의견충돌 과정에서 "국가 앞에는 종교도 없다"고 선언했다. 이는 안중근이 국가·종교·민을 분리할 수 없는 삼위일체로 보았음을 뜻하는 것이다. 이러한 종교관이 의병전쟁 중에도 발휘되었다. 예컨대 그는 의병전쟁 동안 일병에 쫓기며 굶주림과 죽음의 공포로 삶의 의지마저 잃어가는 동지 두 사람에게 "천주님을 믿어 영생하는 구원을 받는 것이 어떻소"[80]라고 하여 천주교에 귀의하기를 권하였다. 이 두 사람은 그의 대세를 받고 천주교에 입교하였다. 이들은 이로써 삶의 희망을 갖게 되었을 것이고 전쟁의 의미를 되새기게 되었을 것이다.

- 9월경 　　　　안중근, 이강이 설립한 블리디보스톡 공립협회의 회원으로 활동함.

　　　　▶ 해설

　　　　안중근이 블라디보스톡 공립협회지부에 참여하였다는 사실은 블라디보스톡 공립협회 지부 명부인 「아령해삼위지방회원명록속」에 우덕순과 함께 안중근의 이명인 안응칠이 기록되어 있는 것에서 확인된다.[81] 이는 안중근이 우덕순과 더불어 공립협회와 연결고리를 유지하면서 독립투쟁의 방략을 다양하게 모색하고 있었던 것으로 해석된다.

겨울~1909년 봄

　　　　안중근, 민지개발을 역설하면서 이지미·시지미·소왕령 지방으로 탐방하며 지냄.

31세 1909년

- 2월 15일 　　일심회(一心會), 발기됨(아편금지, 사망시 상호부조를 목적으로 함).[82]

　　　　▶ 해설

　　　　안중근은 연추한인일심회에 평의원으로 활동하였지만, 일제는 안중근과 김기룡이 연추한인일심회를 주도한 것으로 보고 있다. 이는 그만큼 그의 지위가 한인사회에 확고히 뿌리내리고 있었음을 의미하는 것이다.

- 3월 2일 　　안중근, 황병길 등 11인과 정천동맹(正天同盟, 단지동맹)을 결성함.[83]

---

80 안중근, 「안응칠역사」, 167쪽.
81 이상봉·이선우 편, 『李鎭龍 義兵將 資料全集』, 국학자료원, 2005, 68쪽.
82 국사편찬위원회, 『한국독립운동사』 자료 13, 157쪽.
83 국사편찬위원회, 「피고인 안응칠 제8회 신문조서 피고인 안응칠」, 『한국독립운동사』 자료 6, 246~248쪽; 계봉우, 「만고의사 안중근전」(윤병석, 『안중근전기전집』), 525쪽.

▶ 해설

안중근은 단지동맹의 명칭을 '정천동맹'이라고 하였다. 그가 회명을 '정천'이라고 한 것은 그의 종교사상이 반영된 결과로 추정된다. 말하자면 안중근은 한국의 독립과 동양평화의 유지라는 천명을 실천하리라는 그의 의지를 회명에 투영하고 있는 것으로 보인다. 정천동맹은 몇 가지 측면에서 분석할 필요가 있다. 먼저 정천동맹 회원들은 공통적으로 의병출신이라는 사실이 주목 된다. 황병길·조응순의 경우를 보아도 알 수 있듯이, 이들은 1908년 7·8월 의병전쟁 때 함께 했던 안중근 세력으로 보인다. 정천동맹 이후 이들은 행동을 같이하는 모습을 보였다. 그 구성에 있어서도 함경도 출신이 7명, 평안도 출신이 3명, 황해도 출신 1명이, 강원도 출신이 1명으로 전체적으로 함경도 출신과 평안도 출신의 연합으로 주로 20대 중후반 혹은 30대 초반의 젊은이들로 이루어져 있다. 이것이 의미하는 바는 안중근이 소장층의 지지를 받고 있었다는 것이다. 또한 정천동맹은 안중근이 친로파로 단정한 이범윤·최재형파와 결별을 선언하는 동시에 대내외에 안중근 세력의 건재함을 선포하였다는 점에서 의미가 깊다. 이러한 측면에서 연추한인일심회는 정천동맹을 결성하기 위한 하나의 포석으로 그의 정치적 역량이 노령사회에서 확고하게 인정받는 시금석이 되었던 것이다. 그러므로 일심회에서 정천동맹으로의 전환은 그의 정치적 지도력이 러시아 한인사회에 깊이 뿌리를 내리고 있었다는 증표로 해석될 여지가 충분하다.[84] 아울러 그가 주도한 정천동맹은 구체적으로 계획된 행동을 하지 못하였다고 하더라도 동지들의 대일투쟁 의지를 다지는 원동력이 되었다. 특히 정천동맹 회원들은 백규삼·황병길·조응순의 경우에서 보듯이 이후 한국독립운동의 한 부분을 담당할 정도로 성장하였다. 이처럼 안중근이 한국독립투쟁의 밑거름을 주체적으로 만들어 냈다는 점에서 그의 한국독립운동사상의 위치를 평가해야 한다.

- 3월 5일 　안중근, 총기를 휴대한 약 300명의 의병을 이끌고 수청방면으로부터 합십마(哈什媽) 부근으로 이동하는 등 의병활동을 계속함.[85]

- 3월 6일 　안중근, 일진회 회원 박모를 응징함.[86]

1909년 봄~여름

　안중근, 국내의 동정을 살피려는 계획을 하는 등 활로를 모색하였으

---

84 이는 "應七은 非凡한 腕力을 가졌으며 平安 黃海 및 露領에서도 日常 腕力에 依해 勢力을 가지고 大衆에 畏敬받고 있다"는 일제의 기록에서도 엿볼 수 있다(국사편찬위원회, 「헌기 제2634」, 『한국독립운동사』 자료 7, 244쪽).

85 국사편찬위원회, 『한국독립운동사』 자료 13, 808쪽.

86 국사편찬위원회, 『한국독립운동사』 자료 13, 803~804쪽.

	나[87] 경비부족으로 실행에 옮기지 못함.[88]
• 4월 10일	이토, 레이난자카 회담에서 한국병탄을 찬성함.
• 7월 6일	일본각의, 한국병탄을 의결하고 일본 천황은 그날 재가함.[89]
• 9월경	안중근, 활로를 모색하기 위해 연추에 머물며 최재형에게 지원을 요청하였으나 실패함.
	이 무렵 연추에서 이석산을 만남.
• 10월 9일	이토, 일본 천황과 만나 3~4주간 예정의 만주여행을 알림.
• 10월 10일	카와카미(川上) 하얼빈 총영사, 시베리아·북만여행에서 돌아옴.
• 10월 12일	카와카미 하얼빈 총영사, 한국문제를 건의함.
• 10월 14일	이토, 오이소(大磯) 출발함.
• 10월 16일	이토, 철령환(鐵嶺丸)으로 출발함.
• 10월 17일	청국, 이토 환영을 위해 조여림(曺汝霖)을 파견함.
• 10월 18일	이토, 12시 대련에 도착함.
• 10월 19일	안중근, 저녁무렵 불라디보스톡 숙소 이치권 집에 도착하여 그로부터 이토의 만주방문 사실을 들음.
• 10월 20일	안중근, 대동공보사와 이치권의 집에서 정재관 등에게서 이토의 만주방문 사실 확인함.
	블라디보스톡의 우덕순의 숙소인 고준문집에서 우덕순을 만나 안중근의 숙소로 함께 돌아와 이토 처단계획을 합의함.
	우덕순과 이치권 집에서 1박 함.
• 10월 21일	안중근, 우덕순과 함께 8시 30분발 3등 우편열차를 타고 하얼빈으로 출발함.
	우덕순을 데리고 오후 3시 6분 소왕령에 도착하여 비용절감과 검문을 피하려고 삼등열차로 갈아타고서 소왕령에서 30분간 정차. 통역으로 유동하를 데리고 하얼빈으로 가기로 함.
	7시 51분경에 뽀그라니치아에 도착하여 유동하의 부 유경에게 유동하의 대동을 허락받아 세 사람 10시 34분에 하얼빈으로 출발함.
• 10월 22일	안중근, 우덕순·유동하와 함께 9시 15분경 하얼빈에 도착하여 유동하의 친척 김성백집에서 숙박함.

---

87 안중근, 「안응칠역사」, 169쪽.
88 안중근은 노령으로 망명한 이후 1908년 10월 1일 수원에서 빌렘 신부에게 엽서(안의사기념관 소장)를 보낸 것으로 보아 이 무렵 국내에 한 차례 들어온 것으로 여겨진다. 그러나 이는 좀 더 검토해야 할 부분이다(윤병석, 『대한국인 안중근 사진과 유묵』, 안중근의사기념관, 2001, 198쪽).
89 日本 外務省 編纂, 『日本外交年表竝主要文書』上, 原書房, 1965, 315쪽.

	이토, 아침 여순을 출발하여 저녁에 봉천(심양)에 도착함.
	청국 총독순무, 이토를 환영함.
• 10월 23일	안중근, 김성백의 집에서 이토의 만주방문기사가 게재된 원동보를 읽음.[90]
• 23일 오전	안중근, 우덕순과 이발을 하고 나서 우덕순·유동하와 함께 사진을 찍음.[91]
	이때 우덕순과 통역교체를 상의한 결과 (1) 장춘까지 남행하고 (2) 조도선을 통역으로 대동하며 (3) 유동하를 통하여 의거자금을 융통하기로 함.[92]
	김성옥댁에 머물던 조도선을 방문하여 정대호가 가족을 대동하고 오므로 가족을 맞이하러 가는 데 통역이 필요하다는 구실로 조도선과 함께 6시경 김성백의 집으로 돌아옴.
	김성백의 집에 머뭄.
	저녁에 거사자금 차용문제로 유동하를 시켜 김성백에게 50원 차용을 부탁을 하였으나 유동하가 갚을 방법을 강구해줄 것을 요구하여 이강에게 거사계획 통지와 차용금을 갚아달라는 부탁의 편지를 썼으나 보내지 않음.[93]
	우덕순과 더불어 이토 처단의 결의를 다지는 시를 씀.
	유동하, 김성백으로부터 50원 차용 불가함을 안중근에게 통보함.
	안중근, 9시경 취침.
	이토, 환영답례로 봉천성 공서(奉天省 公署)를 방문하여 약 2시간 회담.
• 10월 24일	
9시 9분	안중근, 유동하에게 가족을 마중하러 남행하지만 이토도 보고 싶으므로 이토가 도착하면 전보하라는 말을 남기고 우덕순·조도선과 함께 우편열차를 타고 채가구로 출발함.
12시 13분	안중근 일행, 채가구역에 도착함.
1시경(오후)	안중근, '유동하에게 채가구에 도착했다 일이 있으면 전보처라는 내

---

90 국사편찬위원회, 「피고인 안응칠 제9회 신문조서」, 『한국독립운동사』 자료 6, 264~265쪽.

91 『滿洲日日新聞』 1910年 2月 4日字, 「兇行三日前哈爾賓支那人寫眞館にて撮影せし紀念寫眞」.

92 국사편찬위원회, 「피고인 안응칠 제9회 신문조서 피고인 안응칠」, 『한국독립운동사』 자료 6, 264~266쪽.

93 국사편찬위원회, 「피고인 안응칠 제9회 신문조서 피고인 안응칠」, 『한국독립운동사』 자료 6, 268~269쪽.

	용으로 유동하에게 타전함.[94]
7시경(오후)	안중근, 유동하로부터 "내일 아침 도착한다"는 내용의 전보를 받음.[95]
저녁	안중근, 우덕순과 자금마련과 상황파악을 위해 하얼빈으로 귀환하는 문제를 상의하고 우덕순에게 26일 오후까지 통지할 것이니 통지가 없으면 하얼빈으로 귀환하라고 함.[96]

• 10월 25일

9시경	안중근, 채가구로 출발함. 기차 안에서 원동보를 보고 26일 이토가 6시 30분 내지 7시경에 도착한다는 정보를 얻음.[97]
12시경	안중근, 하얼빈에 도착하여 유동하에게 전보내용이 무슨 뜻인지 추궁함.[98]
	그날 밤, 김성백의 집에서 1박 함.

• 10월 26일

6시경(오전)	우덕순, 오전 6시경 채가구역에서 이토가 탄 열차소리를 듣고도 그대로 잠.
6시 30분	안중근, 새 양복과 모자를 쓰고 김성백의 집을 나옴.
7시경	안중근, 하얼빈역에 도착함.
9시	이토, 하얼빈역에 도착함.
약 15분간	이토, 까깝쵸프와 환담함.
9시 15분	이토, 하차함.
9시 30분	안중근, 의거단행. 러시아 의장대 사열을 마친 후 일본인 환영단으로 향하려던 이토에게 3발을 발사하여 즉석에서 처단하고 그 수행원 네 사람을 응징함. 이때, 러시아 병사가 안중근을 덮치자 쓰러지면서 권총을 땅바닥에 떨어뜨리고 '코레아 우레'를 세 번 목 놓아 외침.
10시	이토, 절명함.

▶ 해설

일본의 많은 이토관계 전기에 이토가 "자신을 저격한 사람이 한국인임을 알고서 '바보 같은 놈'이라고 하면서 다른 수행원들의 안부를 물어

---

94 위와 같음.
95 만주일일신문사, 『안중근사건공판속기록』, 69쪽.
96 국사편찬위원회, 「공판시말서」, 『한국독립운동사』 자료 6, 322쪽.
97 만주일일신문사, 『안중근사건공판속기록』, 23쪽.
98 국사편찬위원회, 「공판시말서」, 『한국독립운동사』 자료 6, 324쪽.

보았다고 하는데, 이는 위인의 면모를 보인 것이다"는 식으로 기술되어 있다.[99] 그러나 이러한 기술은 전혀 사실이 아니다. 즉, 이토는 곧바로 절명했기 때문에 아무런 유언도 남기지 못하였다.

안중근, 하얼빈역 구내 숙직실에서 러시아 관헌의 조사를 받음.[100]

11시 35분	러시아 당국, 안중근을 일제에 인도하기로 결정함.
	일제, 명치 41년 법률 제52호 제3조를 안중근에게 적용하기로 불법적으로 결정함.
11시 55분	우덕순·조도선, 피체.
	일제, 법률 52호 3조에 입각하여 관동도독부 지방법원에서 안중근을 재판하기로 불법적으로 결정함.
	하얼빈으로 헌병사관 1명, 헌병 10명을 급파함.
8시 30분(오후)	안중근, 러시아 관헌의 취조를 받음.
	러시아 당국, 안중근이 한국인으로 판명되어 일본 측에 인도하기로 결정함.[101]
10시 10분(오후)	안중근, 하얼빈 일본총영사관으로 인계됨.
	한국에서 발행되던 일본어 신문『경성신보』와『조선신문』, 안중근의 거를 호외로 보도함.

• 10월 27일   고무라 쥬타로(小村壽太郞) 외상, 안중근재판관할을 관동도독부로 결정하였음을 카와카미 도시히코(川上俊彦) 하얼빈 총영사에게 통보함.[102]

▶ 해설

일제는 한인에 대한 재판을 나가사키(長崎)지방법원에서 관할한다는 불법적인 결정조차 스스로 무시하고, "만주에 주재하는 영사관의 관할에 속하는 형사(刑事)에 관하여 국교상 필요가 있을 때는 외무대신은 관동도독부 지방법원으로 하여금 그 재판을 시킬 수 있다"는 법률 제52호 제3호를 내세워 안중근재판을 관동도독부 지방법원으로 하여금 관할하도록 하였다. 이에 대해서는 세 가지 측면에서 살펴볼 필요가 있다. 첫째, 국제적 여론이 안중근재판에 미칠 영향이다. 즉, 일제는 일본 내에

99 中村吉藏, 『伊藤博文』, 大日本雄辯會 講談社, 1936, 306쪽.
100 日本 外交史料館, 「露國官憲取調飜譯文」, 『伊藤公爵遭難關倉知政務局長旅順出張並ニ犯人訊問之件(聽取書)』第二卷(문서번호 : 4.2.5, 245-4).
101 日本 外交史料館, 「露國官憲取調飜譯文」, 『伊藤公爵遭難關倉知政務局長旅順出張並ニ犯人訊問之件(聽取書)』第二卷.
102 국사편찬위원회, 「전보 제153호」, 『한국독립운동사』자료 7, 472쪽; 신운용, 「일제의 국외한인에 대한 사법권 침탈과 안중근재판」, 『한국사연구』146, 한국사연구회, 2009, 참조.

서 안중근을 재판할 경우 일본뿐만 아니라, 세계적 관심이 안중근재판에 집중되어 재판을 일제의 의도대로 이끌고 가지 못할 수도 있다고 판단하여 그 재판지를 관동도독부 지방법원으로 결정한 것 같다. 둘째, 정치범에 대한 일본 외무성의 경험을 들 수 있다. 예컨대, 1891년 5월 러시아 니콜라이 황태자가 시베리아철도 기공식에 참석하러 가던 중 일제 현역 경찰관 쓰다(津田三藏)에 의해 오오쓰(大津)에서 피격당한 이른바 '오오쓰사건'이 일어났다. 이 사건으로 공경에 처한 귀족원 의장이자 궁중 고문관이었던 이토가 사법대신에게 쓰다를 사형에 처하도록 지시하였다. 그리고 일본 정부도 적극적으로 나서 사형을 선고하도록 나가사키 지방재판소의 판사들에게 압력을 가하였다. 그러나 대법원은 파렴치범이 아니라, '정치적 확신범'이라는 이유로 무기형을 선고하였다. 그 이유는 행정부의 요구를 수용하면 사법부의 독립성을 훼손하게 될 것이고, 또한 내외국인을 불문하고 법 앞에 평등하기 때문이라는 것이었다. 이러한 경험으로 인해 외무성은 정치범으로 취급하여 일본 국내에서 재판을 한다면 외무성의 의도대로 안중근에게 사형을 구형할 수 없을 것이라고 우려하였다. 셋째, 일본 국내에서의 재판은 재판관들의 합의제로 운영되는 반면, 관동도독부에서의 재판은 재판관 한 사람에 의해 이루어진다는 점도 고려되었던 것이다. 이러한 맥락에서 외무성이 히라이시(平石) 고등법원장을 일본으로 소환하여 안중근재판에 대한 외무성의 방침을 전하였고, 외무성 정무국장 구라치가 히라이시와 안중근재판에 대해 구체적으로 협의한 배경을 이해할 수 있다.

『대한매일신보』, 「이등 총마졌다」라는 기사로 안중근의거를 국내에 소개함.

• 10월 28일   고무라 외상, 안중근의 경력, 소속 당파, 종교, 정치상의 의견, 생활비의 출처, 사건의 경로, 교사자의 유무, 교사자와 피교사자의 관계 등을 조사하여 보고하라는 명령을 구라치 정무국장에게 내림.[103]

3시   순종, 통감부 위문방문함.

3시경   뮈텔 주교, 이토를 죽인 사람이 천주교신자라는 내용이 일본신문에 실려 있는데 그 사실여부를 알려달라는 일본 요코하마(橫浜)뮈가뷔르(Mugabure) 신부의 요청을 받음.

8시   뮈텔 주교, 뮈가뷔르 신부에게 사실이 아니라는 전보를 보냄.[104]

뮈텔 주교, 이토를 죽인 사람이 천주교인이라는 일본발 전보를 보도

---

103 국사편찬위원회, 「전보」, 『한국독립운동사』 자료 7, 145~146쪽.
104 교회사연구소 역, 『뮈텔 주교 일기』 4, 414쪽.

한 『서울프레스』 기사를 부정하며 항의서한을 보냄.[105]

• 10월 29일　　부일세력, 일본에 국민사죄단 파견을 본격적으로 거론한 「고급서(告急書)」를 각도·각군에 발송함.[106]

• 10월 30일　　김려수·방사담·이진옥·정대호·김성엽, 피체됨.

이갑, 피체됨.

일제, 안중근 여순감옥 구류 결정함.

미조부치 검사, 하얼빈에 도착하여 제1회 안중근 신문을 함.[107]

이때 안중근, 미조부치 검사에게 이토 죄상 15개조를 진술함.

　　1. 한국 민황후를 시해한 죄요.

　　2. 한국 황제를 폐위시킨 죄요.

　　3. 5조약과 7조약을 강제로 체결한 죄요.

　　4. 무고한 한국인들을 학살한 죄요.

　　5. 정권을 강제로 빼앗은 죄요.

　　6. 철도, 광산, 산림, 천택을 강제로 빼앗은 죄요.

　　7. 제일은행권 지폐를 강제로 사용한 죄요.

　　8. 군대를 해산시킨 죄요.

　　9. 교육을 방해한 죄요.

　　10. 한국인들의 외국유학을 금지시킨 죄요.

　　11. 교과서를 압수하여 불태워 버린 죄요.

　　12. 한국인이 일본인의 보호를 받고자 한다고 세계에 거짓 말을 퍼뜨린 죄요.

　　13. 현재 한국과 일본 사이에 경쟁이 쉬지 않고 살육이 끊이지 않는데, 한국이 태평무사한 것처럼 위로 천황을 속인 죄요.

　　14. 동양평화를 깨뜨린 죄요.

　　15. 일본 천황폐하의 아버지 태황제를 죽인 죄.[108]

• 10월 31일　　구라치 외무성 정무국장, 일본 도쿄를 출발함.

미조부치, 우덕순 제1회 신문.

조도선 제1회 신문.

유동하 제1회 신문.

---

105 위와 같음.
106 국사편찬위원회, 「헌기 제2216호」, 『한국독립운동사』 자료 7, 52~53쪽.
107 국사편찬위원회, 「피고인 신문조서 피고인 안응칠」, 『한국독립운동사』 자료 6, 1~13쪽.
108 국사편찬위원회, 「피고인 신문조서 피고인 안응칠」, 『한국독립운동사』 자료 6, 3~4쪽.

정대호 제1회 신문.

정서우 제1차 신문.

안창호, 피체됨.

- 11월 1일

  11시 25분　　안중근 외 한인 연루혐의자 9명, 11시 25분발로 여순으로 출발함.

- 11월 2일　　　미조부치 검사, 방사담·이진옥 2차 신문함.

- 11월 3일

  10시　　　　　안중근, 연루 혐의자 9명과 함께 여순감옥에 도착 수감됨.[109]

- 11월 4일

  8시　　　　　뮈텔 주교, 이토 추모식에 '천주교회(天主敎會)'라고 쓴 화환을 보냄.

  10시　　　　　고종, 통감부를 방문하여 이토의 죽음에 대해 애도를 표시함.

  2시(오후)　　뮈텔 주교 외 세 명의 신부, 이토추모식에 참석함.[110]

  　　　　　　　순종, 이토 장례식에 원로대표 김윤식·창덕궁대표 민병석·덕수궁
  　　　　　　　대표 박제빈·국민대표 유길준·실업대표 조진태·일진회대표
  　　　　　　　홍긍섭·종교대표 정병조·유세대표 고의준·신문대표 정운복·
  　　　　　　　정부대표 조중응·궁내부대표 최석민을 각각 이토 조문사로 파
  　　　　　　　견함.[111]

- 11월 5일　　　미조부치 검사, 정씨(안중근의 처) 제1회 신문.

  　　　　　　　　　　　　　김씨(정대호의 처) 제1회 신문.

  　　　　　　　　　　　　　김씨(정대호의 모) 신문.

  　　　　　　　　　　　　　정서우 제2회 신문.

  　　　　　　　구라치, 여순에 도착함.

  　　　　　　　이토, 장례식 일본에서 거행됨.

- 11월 6일

---

109 국사편찬위원회, 「전보 제28호(哈爾賓)·第一六七號(京城) 無號(旅順)」, 『한국독립운동사』
자료 7, 332쪽.

110 천주교정의구현전국사제단, 「조선교구통신문」 1909년11월 3일자, 『안중근(도마)의사 추모
자료집―서거 80주년을 맞아하여』, 1990. 172~173쪽.

111 국사편찬위원회, 「전보」, 『한국독립운동사』 자료 7, 34쪽.

2시 30분(오후)   안중근, 안중근소회 제출함.
- 11월 7일   미조부치 검사, 안중근 장남 신문함.
- 11월 8일   미조부치 검사, 김성백 신문.
              고무라, 안중근에게 일본형법을 적용하라고 지시함.
              부일세력, '대한국민추도회'를 발기함.
              한성부민회 제9회 위원회에서 유길준·윤효정·오세창 등이 이토를
              추모하기 위해 소위 '대한국민추도회'를 발기하였다. 이 추도회는
              관주도로 565원이라는 거금을 들여 같은 날 오후 2시부터 3시 45
              분경까지 한성부민회의 주최 아래 장충단에서 열렸다. 이토 추도
              회에 황실·정부·민간 등 각계에서 위원장 한성부민회 부회장
              윤효정을 필두로 총리대신 이완용, 내부대신 박제순, 탁지부대신
              고영희, 학부대신 이용직, 친위부장관 이병무, 종원경 윤덕영, 내
              각서기장관 한창수, 한성부윤 장헌식, 황성신문사 사장 유근 이
              외에 권중현, 이지용, 이하영, 이근택, 임선준, 민영기, 이근상, 윤
              웅열, 윤치호, 남궁억, 이재만, 이재원, 이재극, 이준용 등 당시 기
              회주의적 부일성향의 인사가 위원으로 대거 참석하였다. 그리고
              이토 추도회는 대신과 민간대표의 제문낭독, 군대와 여러 학교의
              학생들의 참배 순으로 진행되었다.

- 11월 9일   미조부치 검사, 정씨(안중근의 처) 제2회 신문.
              김씨(정대호의 처) 제2회 신문.
- 11월 10일   유치 중인 하얼빈 한인 5명, 석방됨.
- 11월 13일   미조부치 검사, 정대호 제3회 신문.
              유동하 제2회 신문.
- 11월 14일   미조부치 검사, 안중근 제2회 신문.[112]
- 11월 15일   미조부치 검사, 안중근 제3회 신문.[113]
              유동하 제3회 신문.
- 11월 16일   미조부치 검사, 안중근 제4회 신문.[114]
              우덕순 제2회 신문.

---

112 국사편찬위원회, 「피고인 제2회 신문조서 피고인 안응칠」, 『한국독립운동사』 자료 6,
     54~73쪽.
113 국사편찬위원회, 「피고인 제3회 신문조서 피고인 안응칠」, 『한국독립운동사』 자료 6,
     73~83쪽.
114 국사편찬위원회, 「피고인 제4회 신문조서 피고인 안응칠」, 『한국독립운동사』 자료 6,
     116~122쪽.

- 11월 17일 　　　　미조부치 검사, 조도선 제2회 신문.
　　　　　　　　　　유동하 제4회 신문.
　　　　　　　　　　정대호 제3회 신문.
- 11월 18일 　　　　미조부치 검사, 안중근 제5회 신문 및 우덕순·유동하 대질신문.[115]
　　　　　　　　　　유동하 신문 제5회.
- 11월 19일 　　　　미조부치 검사, 조도선 신문 제3회.
　　　　　　　　　　안정근 신문.
　　　　　　　　　　안공근 신문.
- 11월 21일 　　　　일제, 안중근 단독거사로 결론을 내림.[116]
- 11월 22일 　　　　통감부, 사카이(境)경시를 여순감옥에 파견하여 신문을 개시함.
- 11월 24일 　　　　미조부치 검사, 안중근 제6회 신문.[117]

　　　　　　　　　　이때, 미조부치는 한국의 진보를 위해 일본이 한국을 보호하고 있다
　　　　　　　고 주장하였다. 이에 대해 안중근은 다음과 같이 반박하였다. ①
　　　　　　　일본이 위생·교통시설의 완비, 학교의 설립 등을 내세워 한국의
　　　　　　　진보를 돕고 있다고는 하나 이는 일본을 위한 것이지, 한국을 위
　　　　　　　해 진력한 것이 아니다. ② 명치 초년의 일본은 문명하지도 진보
　　　　　　　하지도 않았다. 이에 대해 미조부치는 일본이 진보하였으므로 한
　　　　　　　국을 보호하는 것은 당연하다는 논리로 일관하였다. 그러자 안중
　　　　　　　근은 "나는 전혀 그렇게 생각하지 않는다"[118]고 단언하여 미조부
　　　　　　　치의 입을 막아버렸다. 미조부치는 타국이 독립할 능력이 없는
　　　　　　　한국을 점령하면 일본은 매우 불리해지므로 청일·러일전쟁을
　　　　　　　일으킨 것이며, 또한 청일·러일전쟁은 청러로부터 한국의 독립
　　　　　　　을 지키기 위한 불가피한 선택이었다는 식민사관을 드러냈다. 이
　　　　　　　에 대해 안중근은 "수많은 인명을 살상하면서도 이를 한국을 위
　　　　　　　한 것"이라며 거짓 선전을 일삼고 있다고 일제를 비판하면서 청
　　　　　　　일·러일전쟁의 성격을 침략전쟁으로 규정하였다. 미조부치는 한
　　　　　　　국의 독립과 문명개화(진보)를 가능케 한 이토를 죽인 것은 오해
　　　　　　　에서 비롯된 것이라고 주장하였다. 이에 대해 안중근은 한국의

---

115 국사편찬위원회, 「피고인 제5회 신문 및 안응칠 우연준 유동하 대질 신문조서」, 『한국독립
운동사』 자료 6, 136~153쪽.
116 국사편찬위원회, 「전보 제26호」, 『한국독립운동사』 자료 7, 389~390쪽; 신운용, 「일제의 국
외한인에 대한 사법권 침탈과 안중근재판」, 『한국사연구』 146, 한국사연구회, 2009, 참조
117 국사편찬위원회, 「피고인 제6회 신문조서 피고인 안응칠」, 『한국독립운동사』 자료 6,
165~182쪽.
118 위와 같음.

독립과 동양의 평화를 파괴한 이토를 단죄함으로써 일본을 각성시키고 침략행위를 중지시키려고 하였다는 반침략논리를 내세웠다.

이때, 안중근과 정대호를 대질신문함.

- 11월 25일   미조부치 검사, 우덕순 제3회 신문.
                   유동하 제6회 신문.
                   조도선 제4회 신문.
            사카이 경시, 우덕순 제1회 신문.
                   조도선 제1회 신문.

- 11월 26일   미조부치 검사, 안중근 제7회 신문.[119]
            사카이 경시, 안중근 제1회 신문.[120]
                   우덕순 제2회 신문.
                   조도선 제2회 신문.

- 11월 27일   사카이 경시, 안중근 제2회 신문(정천동맹에 대해 진술함).[121]

- 11월 29일   사카이 경시, 안중근 제3회 신문.[122]
                   우덕순 제3회 신문.

- 11월 30일   구라치, 안중근 처벌수위에 대해 일본정부에 질의함.

- 12월 1일
      2시(오후)   미하일로프 변호사, 안중근과 면담하고 변호계 제출함.
            사카이 경시, 안중근 제4회 신문.[123]
                   정대호 제3회 신문.
                   우덕순 제4회 신문.
            고무라, 안중근을 사형에 처하라고 구라치에게 지시함.

- 12월 2일   사카이 경시, 안중근 제5회 신문(독립운동가들에 대한 안중근의 인물

---

119 국사편찬위원회, 「피고인 제7회 신문조서 피고인 안응칠」, 『한국독립운동사』 자료 6, 203~206쪽.
120 국사편찬위원회, 「境경시의 시문에 대한 안응칠의 공술(제1회)」, 『한국독립운동사』 자료 7, 394~397쪽.
121 국사편찬위원회, 「境경시의 시문에 대한 안응칠의 공술(제2회)」, 『한국독립운동사』 자료 7, 398~403쪽.
122 국사편찬위원회, 「境경시의 시문에 대한 안응칠의 공술(제3회)」, 『한국독립운동사』 자료 7, 403~408쪽.
123 국사편찬위원회, 「境경시의 시문에 대한 안응칠의 공술(제4회)」, 『한국독립운동사』 자료 7, 410쪽.

론).[124]

우덕순 제5회 신문.

부일세력, 오전 10시 중부 대사동 회의소에서 회의를 갖고 도일 각 도대표 사죄단위원으로 경기도 대표 조달원, 충청남도 대표 이상철, 충청북도 대표 장사국, 전라남도 대표 윤승혁, 전라북도 대표 정인창, 경상남도 대표 정병식, 경상북도 대표 황응두, 황해도 대표 정정조, 강원도 대표 황종남, 평안도 대표 김태환을 각각 선정함.[125]

• 12월 3일   사카이 경시, 안중근 제6회 신문(정천동맹, 불가사의한 사건 피력).[126]

구라치, 히라이시(平石) 고등법원장과 안중근 등의 처리방향에 대해 상의함.

히라이시, 일본정부의 지시대로 미조부치 검사에게 사형을 구형하도록 하고 상고하면 고등법원에서 처리하고 우덕순으로 하여금 사건가담 사실을 부인 못하도록 공작을 한다는 방침에 동의함.

• 12월 4일   사카이, 안중근 제7회 신문(연추 출발에서 블라디보스톡을 떠나기까지의 행적을 진술함).[127]

우덕순 제6회 신문.

• 12월 5일   사카이 경시, 안중근 제8회 신문.[128]

• 12월 6일   사카이 경시, 안중근 제9회 신문(국내진공작전을 진술함).[129]

• 12월 9일   사카이 경시, 안중근 제10회 신문.[130]

안중근・유동하 대질신문.

• 12월 10일   사카이 경시, 김형재 제2회 신문.

---

124 국사편찬위원회, 「境경시의 시문에 대한 안응칠의 공술(제5회)」, 『한국독립운동사』 자료 7, 413~419쪽.

125 국사편찬위원회, 「경비 제4231호의 1」, 『한국독립운동사』 자료 7, 61쪽.

126 국사편찬위원회, 「境경시의 시문에 대한 안응칠의 공술(제6회)」, 『한국독립운동사』 자료 7, 421~426쪽.

127 국사편찬위원회, 「境경시의 시문에 대한 안응칠의 공술(제7회)」, 『한국독립운동사』 자료 7, 427~429쪽.

128 국사편찬위원회, 「境경시의 시문에 대한 안응칠의 공술(제8회)」, 『한국독립운동사』 자료 7, 431~433쪽.

129 국사편찬위원회, 「境경시의 시문에 대한 안응칠의 공술(제9회)」, 『한국독립운동사』 자료 7, 434~438쪽.

130 국사편찬위원회, 「境경시의 시문에 대한 안응칠의 공술(제10회)」, 『한국독립운동사』 자료 7, 438~440쪽.

	탁공규 제2회 신문.
• 12월 11일	사카이 경시, 안중근 제11회 신문.
	조도선 제4회 신문.
• 12월 13일	안중근, 『안응칠역사』 집필 시작함.
• 12월 14일	두 동생, 뮈텔 주교를 방문함.[131]
	대련으로 출발함.[132]
• 12월 16일	일본인 기시(紀志), 변호 신청함.
	사카이 경시, 안정근·안공근 신문.
• 12월 20일	미조부치 검사, 안중근 제8회 신문.
• 12월 21일	사카이 경시, 안중근 제9회 신문.[133]
• 12월 22일	미조부치 경시, 안중근 제10회 신문.[134]

이때, 안중근은 이토의 행위를 "적을 경계하러 온 자가 도리어 도적질을 일삼는 격"이라고 주장하면서 을사늑약 강제, 한국황제 폐위 등 일제의 침략정책 때문에 한국민이 분개하고 있다고 미조부치의 식민사관을 반박하였다. 또한 미조부치는 살인행위를 금하고 있는 천주교 교리를 들어 안중근의거의 정당성을 훼손하려고 하였다. 이에 대해 안중근은 "남의 나라를 탈취하고 사람의 생명을 빼앗는 자가 있는 데도 수수방관하는 것은 더 큰 죄이다"라고 하여 결코 교리에 반하지 않음을 밝히면서 일제의 한국침략이야말로 인도에 반한 행위라고 반박하였다.

이때, 천주교대학건립 건의 경위를 진술함.

32세 1910년

• 1월 14일	안유족구제공동회, 블라디보스톡 한인촌에서 개최됨.[135]
• 1월 17일	안병찬 변호사, 대련에 도착함.
• 1월 18일	안병찬 변호사, 고등법원 방문함.
• 1월 25일	미조부치 검사, 우덕순 제4회 신문.

---

131 교회사연구소 역, 『뮈텔 주교 일기』 4, 431쪽.
132 위와 같음.
133 국사편찬위원회, 「피고인 안응칠 제9회 신문조서 피고인 안응칠」, 『한국독립운동사』 자료 6, 251~274쪽.
134 국사편찬위원회, 「피고인 안응칠 제10회 신문조서 피고인 안응칠」, 『한국독립운동사』 자료 6, 274~285쪽.
135 국가보훈처, 「기밀 한 제2호」, 『아주제일의협 안중근』 3, 1995, 541~542쪽.

조도선 제5회 신문.

- 1월 26일 　미조부치 검사, 안중근 제11회 신문.[136]

　　　　　　　 유동하 제7회 신문(안중근과의 관계를 전면적으로 부정함).

- 1월 27일 　히라이시 고등법원장, 도쿄에서 귀임함.
- 2월 1일 　사카이 경시, 안중근 신문(~6일).

　　　　　　 안병찬, 정근·공근과 함께 안중근을 면회함.

　　　　　　 일제, 외국인 변호사는 불가하다는 결정을 함.

- 2월 2일 　정대호, 석방됨.

　　　　　　 안병찬, 토혈함.

- 2월 4일 　안중근, 안병찬의 변호불허로 함구함.
- 2월 5일 　사카이 경시, 우덕순 신문.
- 2월 6일 　사카이 경시, 조도선 신문.

　　　　　　　 유동하 신문.

- 2월 7일 　제1회 공판.[137]

　　　　　　 이때 안중근은 의거의 이유에 대해 잘못된 일본의 대한정책이 그 원인임을 밝혔다. 그러면서 그는 대동공보사와의 관계를 전면적으로 부인하면서 우덕순과 공모하여 의병 참모중장으로서 이토를 처단하였다고 주장하였다.

　　　　　　 일제, 안병찬·안정근·안공근 제1회 공판방청 허용함.

- 2월 8일 　제2회 공판.[138]

　　　　　　 이때 안중근의 두 동생과 안병찬 변호사도 방청하였다. 일제의 재판을 받고 있는 안중근의 모습을 보았을 이들의 심정이 어떠하였으리라는 것은 짐작하고도 남는다. 안병찬도 불법적인 재판을 보고 분에 못 이겨 토혈까지 할 정도였다.[139] 제2회 공판의 주된 내용은 우덕순에 대한 신문을 중심으로 안중근·우덕순·조도선·유동하의 관계와 이토 처단 과정에 대한 것이었다. 이때 우덕순은 이토를 처단한 이유를 일본 천황을 속이고 한국인을 기만한 것이라는 안중근의 주장과 같은 논리를 내세웠다. 이는 안중근과 우

136 국사편찬위원회, 「피고인 안응칠 제11회 신문조서 피고인 안응칠」, 『한국독립운동사』 자료 6, 303~306쪽.

137 국사편찬위원회, 「공판시말서 제1회」, 『한국독립운동사』 자료 6, 306~334쪽.

138 국사편찬위원회, 「공판시말서 제2회」, 『한국독립운동사』 자료 6, 335~365쪽.

139 『대한매일신보』 1910년 2월 9일자, 「안병찬씨의 토혈」.

덕순의 대일인식이 같은 선상에 있었음을 증명하는 것이다.

• 2월 9일　　　　제3회 공판.[140]

이때 안중근은 의거의 정당성을 다시 한 번 강조하였다. 특히 이토가 일본 효명 천황을 시해했다고 언급한 부분에 이르자, 재판부는 공공질서의 방해가 된다는 이유를 들어 그의 진술을 중지시키고 방청객을 모두 퇴정시켰다.[141] 이때 유동하는 그와 안중근이 처음부터 공모하였다는 검찰관의 주장이 조작되었다는 사실을 폭로하였다.[142]

더글라스 변호사, 야마토(大和)호텔에서 재판의 부당성에 대한 기자 회견을 함.

안병찬, 일본육법전서를 안중근에게 전함.

• 2월 10일　　　제4회 공판.[143]

이때 미조부치는 이토의 대한정책을 옹호하면서 그가 '오해'하여 이토를 죽였다는 논리를 전개하였다. 또한 안중근과 우덕순은 공모하였고 조도선과 유동하도 통모하였다고 재차 강조하였다. 더욱이 미조부치는 소송법상의 문제를 지적하면서 재판 관할권이 일본에 있음을 주장하는 등 공판의 정당성을 강조하였다. 더욱이 실제법상 문제를 거론하며 "행위에 대한 법률적 응보"에 따라 안중근을 정치범으로 인정할 수 없으므로 사형을 구형한다는 논리를 내세웠다. 이에 대해 안중근의 일본인 변호인들은 재판 관할권은 한국에 있으나 한국 형법의 결함으로 안중근은 무죄라는 법리를 펼쳤다. 그러나 안중근은 "사실관계가 조작되었으며 재판관·검찰관·변호인·통역관 모두 일본인으로 공판을 진행한 것은 국제적 재판임을 본다면 '편벽된 재판'임을 면할 수 없다"고 하여 일제를 신랄하게 비판하였다. 아울러 그는 "의거는 오해에 따른 것이 아니라, 이토의 정책을 간파하고 행한 정치적 사건"이라고 강변하였다. 또한 그는 재판 관할권은 한국에 있으나 한국 형법의 결함 때문에 무죄를 선고해야 한다는 변호인들의 주장을 심히 못마땅한 변론이라고 비판하면서 의병으로서 이토를 총살

---

140 국사편찬위원회, 「공판시말서 제3회」, 『한국독립운동사』 자료 6, 365~388쪽.
141 국사편찬위원회, 「공판시말서 제3회 피고 안응칠이라하는 안중근 외 3명」, 『한국독립 운동사』 자료 6, 388쪽.
142 滿洲日日新聞社, 『安重根事件公判速記錄』, 71~106쪽.
143 국사편찬위원회, 「공판시말서 제4회」, 『한국독립운동사』 자료 6, 389~390쪽.

했기 때문에 국제공법에 의해 처리해야 한다고 강조하였다. 미조
부치는 안중근에게 사형을, 우덕순·조도선에게 징역 2년을 유동
하게게 징역 1년 6개월을 각각 구형했다. 안중근은 미조부치의
구형을 듣고서 감옥으로 돌아와 "모레면 일본의 4천 7백만의 인
격의 근수를 달아보는 날이다. 어디 경중 고하를 지켜보리라"라
고 일제의 재판에 분노하였다.

• 2월 12일	제5회 공판.[144]
	이때 안중근, 이토의 죄악을 진술함.
	일제 재판부, 공판을 임시 중지시킴.
• 2월 13일	안명근, 여순에 도착.
• 2월 14일	제6회 공판.[145]
	안중근에게 사형, 우덕순에게 징역 3년, 조도선·유동하에게 징역 1 년 6개월 언도함.
	뮈텔 주교, 전보를 받음(안중근 사형언도를 받았다 신부 한 명을 보 내달라).[146]
• 2월 15일	안중근, 안병찬을 통해 동포에게 유언을 남김.
	안세화(Demange Florian, 安世華, 1895~1938) 신부, 빌렘 신부를 보 내달라는 동생들의 전보에 대해 보낼 수 없다는 회신을 보냄.[147]
• 2월 16일	안병찬, 귀국함.
	우덕순·유동하·조도선, 공소를 포기함.
5시경(오후)	뮈텔 주교, 여순지방법원이 빌렘 신부와 안중근의 면회를 허가했다 는 전보를 받음.[148]
• 2월 17일	안중근, 3시 히라이시 고등법원장과 면담하고 동양평화론을 설파 함.[149]

> ▶ 해설
> 1910년 2월 17일 고등법원장 히라이시와 면회를 하였다. 그가 히라이시를
> 만난 이유는 다음과 같다. 첫째, 재판의 불법성을 항의하는 것이었다. 둘째,
> 「동양평화론」을 완성시키기 위한 시간을 벌기 위해서였다. 셋째, 재판의 부
> 당성을 항의하면서 동양평화론의 내용을 일제의 상층부에 알려 대한정책을

144 국사편찬위원회, 「공판시말서 제5회」, 『한국독립운동사』 자료 6, 390~396쪽.
145 국사편찬위원회, 「공판시말서 제6회」, 『한국독립운동사』 자료 6, 396~397쪽.
146 교회사연구소 역, 『뮈텔 주교 일기』, 447쪽.
147 교회사연구소 역, 『뮈텔 주교 일기』, 448쪽.
148 위와 같음.
149 국가보훈처·광복회, 「청취서」, 『21世紀와 東洋平和論』, 1996. 51~71쪽.

수정시키기 위한 최후 수단이었다. 그리고 안중근은 2월 7일 공판이 시작되기 전에 이미 상고를 포기할 뜻을 갖고 있었으나, 이때 히라이시에게 상고를 하지 않겠다는 뜻을 공식적으로 알리면서 3월 25일 예수 승천일에 자신의 사형집행을 하도록 요청하였다.

안명근, 귀국하여 빌렘 신부에게 여순으로 가도록 부탁하였으나 홍 신부는 확답을 하지 않음.

- 2월 17일 이전   「동양평화론」집필 시작함.

           ▶ 해설

안중근의 동양평화론이 갖는 특징은 다음과 같이 규정될 수 있다. 첫째, "구체적이다"는 것이다. 즉, 안중근은 근대 한국사의 궤적 위에서 형성된 삼국공영론·삼국동맹론의 관념적 한계를 넘어 민족주의와 연결된 실천성을 담보로 하면서도 공동의 은행과 군대창설이라는 구체적 방안을 제시했다. 둘째, "주체적이다"는 것이다. 즉, 안중근은 삼국공영론·삼국동맹론자들처럼 일본맹주론을 주장하지만 이는 어디까지나 한국의 독립과 동양의 평화를 담보하는 위에 일본의 침략을 저지하는데 그 목적을 둔 것이다. 따라서 일본의 침략에 소극적으로 대응한 문명개화론자들의 그것과는 성격을 달리하는 것이다. 셋째, "종교적 평화 지향성과 도덕성을 바탕으로 하고 있다"는 것이다. 즉, 안중근의 동양평화론은 천주교의 '천명론'을 근간으로 한 것이다. 말하자면 이는 한국독립과 동양평화의 유지라는 천명을 구체적으로 실천하기 위한 방법론이었던 것이다. 이러한 면에서 그는 현실의 모순을 물질문명에 따른 것으로 보고 '도덕세계'가 구축될 때만이 평화가 이루어진다고 보았던 것이다. 넷째로 "인종론에 집착하지 않았다"는 것이다. 즉, 안중근이 서양(러시아)의 침략세력에 대해 적대적 태도를 취한 근본적인 원인은 인종문제라기보다 동양 침략이라는 도덕성의 결여에 있었다. 아울러 그가 동양평화론의 대상을 동남아시아까지 확대시킨 것은 삼국동맹론자들이 동양삼국만을 고려한 것과 대조를 이룬다. 이는 민에 대한 그의 인식확대에 따른 것이다. 상대적으로 열악한 동남아시아까지 동양평화론의 범주에 포함시킨 것은 한국인과 같은 인권이 동남아인에게도 있음을 인식한 결과로 보인다.

- 2월 19일   안중근, 항소를 포기함.
- 2월 21일
  8시(오후)   안명근, 빌렘 신부를 여순에 보내도록 뮈텔 주교에게 간청하였으나 뮈텔 주교 거절함.[150]
- 3월 2일   빌렘 신부, 출발한다는 내용의 서신을 재령의 우체국에서 여순으로 보내고 출발함.

---

150 교회사연구소 역, 『뮈텔 주교 일기』4, 448~449쪽.

• 3월 4일	뮈텔 주교, 빌렘 신부가 보낸 서신을 받고서 빌렘 신부 파송 전제조건으로 안중근이 거사이유를 취소한다면 허락할 것이라고 회답함.[151]
• 3월 5일	뮈텔 주교, 여순으로 출발을 알리는 빌렘 신부의 서신을 받음.[152]
• 3월 7일	
9시 55분	빌렘 신부, 여순에 도착함.
3시(오후)	빌렘 신부, 마나베(眞鍋) 지방법원장 방문함.
• 3월 8일	
2시	안중근, 빌렘 신부와 첫 번째 면회.[153]

이때, 빌렘 신부는 그 자신이 여순감옥에 온 이유를 다음과 같이 들고 있다. 즉, 첫째, 교자인 그를 끝까지 인도하는 것이고, 둘째 그의 이토 처단을 '뉘우치도록 하는' 것이며, 셋째 그를 선량한 교도로 복귀시키기 위해서였다. 이처럼 이때까지만 해도 홍 신부는 안중근의거를 부정적으로 보고 있었다. 특히 그는 안중근이 간도로 떠날 때 "국가 앞에서는 종교도 없다"고 한 말을 교리에 반한 행동이라고 단정하면서, 안중근이 자신의 말을 들었다면 이와 같은 어려움에 처하지 않았을 것이라고 책망하였다. 그러면서 빌렘 신부는 안중근에게 "일각이라도 빨리 선량한 교도로 귀복한다면 하느님은 반드시 너의 대죄를 용서해 주실 것"이라고까지 하였다.

• 3월 9일	
2시	안중근, 빌렘 신부와 두 번째 면회함.[154]

이때 안중근은 빌렘 신부에게 의병전쟁에 투신한 그날 밤의 기몽을 소개하였다. 즉, "성모마리아가 나타나 그의 가슴을 위무하면서 놀라지 말라 염려해서는 안 된다"는 분부를 남기고 사라졌다는 것이다. 이는 그가 의병전쟁을 앞두고 느낄 수 있는 두려움을 종교의 힘으로 극복하고 있음을 의미하는 것이다.

• 3월 10일	
9시(오전)	안중근, 빌렘 신부와 세 번째 면회함.

이때, 안중근은 그전과 달리 수갑과 오랏줄을 풀고서 빌렘 신부와

151 교회사연구소 역, 『뮈텔 주교 일기』 4, 450쪽.
152 교회사연구소 역, 『뮈텔 주교 일기』 4, 451쪽.
153 국사편찬위원회, 「보고서」, 『한국독립운동사』 자료 7, 533~536쪽.
154 국사편찬위원회, 「보고서」, 『한국독립운동사』 자료 7, 536~537쪽.

만났다.[155] 이 날 빌렘 신부는 접견실 한구석에 임시제단을 설치하고서 '종부성사'를 행하였다. 그는 이때부터 매일 아침 식사도 하지 않고 오로지 기도하며 돌아갈 준비를 하였다.

- 3월 11일

  2시   안중근, 빌렘 신부와 마지막 면회함.[156]

이때 안중근은 정근에게 자신의 유해를 하얼빈에 묻어달라고 유언하였다. 빌렘 신부가 1907년 출국한 이후의 일들을 말해 줄 것을 청하였다. 이에 그는 기뻐하며 의거에 이르기까지의 과정을 고백성사하듯이 풀어놓았다. 그의 이야기를 다 듣고 난 후, 홍 신부는 크게 탄식하며 "국사를 우려한 나머지 나온 거사라면 왜 흥행에 앞서 나 또는 다른 신부와 일단 상의하지 않았느냐"며 안중근의거를 일면 이해하는 태도를 보였다. 이러한 빌렘 신부의 태도는 그가 1912년 "이토가 죽은 것은 잘된 일이다"라고 하여 안중근의거를 적극 옹호한 발언을 할 수 있었던 단서가 된다는 면에서 주목되는 대목이다. 이러한 맥락에서 빌렘 신부가 안중근의거를 지지하기 시작한 시점은 바로 이 무렵으로 보인다. 말하자면 이때부터 빌렘 신부는 안중근이 국권회복운동에 투신하게 된 이유가 한국의 독립과 동양의 평화 유지라는 천명을 실현하기 위한 것임을 이해하기 시작한 것으로 보인다. 이처럼 그는 정교분리의 원칙에 따라 안중근의거를 긍정하지 않았던 빌렘 신부의 마음을 바꾸어 놓았던 것이다. 이때 그는 교우에게 전하는 말이라고 하여 "인생이 있는 이상 죽음 또한 면치 못하는 바이라. 교자는 먼저 성단에 오르니 교우의 힘에 의해 한국독립의 길보를 가져다주기를 기다릴 뿐"이라는 최후의 유언을 남기었다. 그리고 안정근에게 한복을 넣어줄 것을 청하였다. 이후 빌렘 신부는 1909년 3월 12일에 여순을 출발하여 한국으로 향하였다.

- 3월 12일   빌렘 신부, 안동환(安東丸)으로 대련을 출발함.
- 3월 15일   안중근, 『안응칠역사』를 탈고함.

  뮈텔 주교, 빌렘 신부에게 명령을 따르지 않았다는 이유로 2개월간 미사 집전금지라는 징계처분을 내림.[157]

---

155 국사편찬위원회, 「보고서」, 『한국독립운동사』 자료 7, 537~538쪽.
156 국사편찬위원회, 「보고서」, 『한국독립운동사』 자료 7, 538~539쪽.
157 교회사연구소 역, 『뮈텔 주교 일기』 4, 452쪽.

- 3월 24일   안중근, 유서 6통 남김.[158]
- 3월 25일
  12시 40분   안중근, 안정근·공근, 미즈노(水野)·카마다(鎌田) 변호사와 면회함.[159]

이때, 일본인 변호사들은 그에게 "그대의 행동은 후세에 영원히 전해질 것이고 자신들도 그 뜻을 전할 것"이라고 하며 천국에서 만나자고 하였다. 이에 그는 천국은 천주교 신자만이 갈 수 있다며 개종을 권하는 등 죽는 순간까지도 천주교 신자로서의 책임을 다하였다.

수의, 밤늦게 고향에서 도착함.

- 3월 26일   안중근, '동양평화'를 유언으로 남기고 여순감옥 공동묘지에 묻힘.

이에 대해 『만주일일신문』은 다음과 같이 전하고 있다.

오전 10시 안중근의 사형은 여순감옥에서 행하였다. 당시의 상황을 들은 바에 따르면 안은 예정시각보다 일찍 어젯밤 향리에서 온 수의를 입고 간수 4명이 앞뒤에서 경호하여 형장의 교수대 옆에 있는 대기실로 우선 끌려갔다. 당일의 수의는 겉옷과 속옷 모두 순백의 조선 명주복으로 바지는 흑색의 같은 조선명주로 만들어 흑백이 선명하게 나뉘어져 있는 바, 아무리 봐도 수분 후에 명(이 세상)에서 암(저 세상)으로 가야할 사형수의 신상과 상응하여 보는 사람으로서 일종의 감에 젖게 된다. 드디어 미조부치(溝淵) 검찰관 구리하라(栗原) 전옥 소노키(園木) 통역 기시다(岸田) 서기 등은 교수대의 전면에 있는 검시실에 착석하였다. 이후 안을 대기실에서 끌어내어 구리하라 전옥은 안에게 올 2월 14일 여순지방법원에서 재판언도 확정명령에 의해 사형을 집행한다는 취지를 알리고 소노키(園木) 통역의 통역이 끝나자 안은 아무 말하지 않은 채 알았다는 듯이 고개만 끄덕였다. 전옥은 재차 안에게 뭔가 유언하고 싶은 말이 없느냐고 하였다. 그 말에 안은 아무것도 없다 다만 자신의 범죄는 동양평화를 위해서 한 것이니 자신의 사후에도 한일 양국인이 서로 일치 협력하여 동양평화의 유지를 꾀하기를 바란다고 하였다. 이때 간수가 반지 두 장을 접어 안에게 씌우고 그 위에 백포를 씌워 눈을 가린 안의 최후는 시시각각 다가왔다. 재판 당초부터 판결언도에 이르기까지 제반취급에 정

---

158 국사편찬위원회, 「보고서」, 『한국독립운동사』 자료 7, 528~531쪽.
159 국사편찬위원회, 「보고서」, 『한국독립운동사』 자료 7, 540~543쪽.

중하고 시종 친절하게 대한 관헌은 안이 최후의 순간에 이르자 한층 관대한 대우를 하여 우선 그에게 마음대로 최후의 기도를 하라고 허가하였다. 안은 전옥의 말에 따라 수분간 묵도를 하고 나서 몇 명의 간수의 부축을 받아 교수대에 올랐다. 교수대의 구조는 마치 중 2층과 같은 것으로 작은 계단 7개를 오르면 그 위에 화덕만 한 크기로 잘라 판자를 덮었다. 안은 조용히 한 계단 한 계단 죽음의 길로 다가가는 그 찰나의 감인가 아마도 얼굴색은 백의와 대조적으로 한층 창백해진 것 같다. 드디어 사형대 위에 책상다리를 하고 밧줄이 조용히 그의 목에 걸렸다. 한 사람의 옥리가 그 한쪽 끝을 밟자 판이 꿈틀거리며 뒤집힘과 동시에 교수형은 아무 일 없이 끝났다. 10시 15분 안은 완전히 숨이 끊어졌다. 그 시간은 불과 수분간이었다.[160]

일제, 안정공·공근의 안중근 유해인도 요구를 거부함.

> ▶ 해설
> 안중근의 죽음으로 모든 문제가 끝난 것이 아니었다. 일제는 안중근의 주검이 몰고 올 제2의 폭풍을 의식하지 않을 수가 없었다. 말하자면 일제는 그의 유언에 따라 유해를 하얼빈 공원묘지에 묻었다가는 감당할 수 없는 사태가 유발되리라고 여기고 있었다. 또한 일제는 한인들이 그의 묘비와 기념비를 세운다면, 이는 국외 한인들의 독립운동 성지가 되리라는 것을 너무나 잘 알고 있었다. 때문에 일제는 감옥법 제74조 마저 어기면서 동생들에게 유해를 인도하지 않았던 것이다.

- 3월 28일　뮈텔 주교, 일본인들이 안중근의 유해를 가족에게 인도하지 않을 것은 극히 당연한 일이라고 함.[161]

　　　　　　 만주일일신문사, 『안중근사건공판속기록』을 발행함.

- 4월 2일　블라디보스톡 한인, 안중근추도회 개최.[162]

　　　　　　 합성회사 사장 김인환·거류민회 회장 김학만·동양학원 강사 김현토·조창호·이치권·장명은·이성화·이중익 등 독립운동을 이끌고 있던 주요인사와 학생 80여 명 총 200여 명이 참석하였다.

- 4월 15일　작자미상, 『근세역사』 출간됨.

1911년
- 2월 2일~4일　안중근 연극.

---

160 『滿洲日日新聞』 1910年 3月 27日字, 「安重根の最後」.
161 교회사연구소 역, 『뮈텔 주교 일기』, 453쪽.
162 국가보훈처, 「기밀한 제14호」, 『아주제일의협 안중근』 3, 752~754쪽.

블라디보스톡 개척리 한민학교에서 한인들이 연예회를 개최하였다. 특히, 2월 3일에 러시아 한인들은 의거와 신문상황, 「이토 히로부미 죄상」 15개조를 상술하는 장면, 빌렘 신부의 최후기도 장면 등으로 구성된 안중근 연극을 공연하였다.

• 3월 26일	블라디보스톡 한민학교, 안중근추도회를 개최함.
• 8월	홍종표(홍언), 『대동위인안중근전』을 발간함.

안정근, 안중근의 손가락을 안중근의 유언에 따라 1911년 백삼규에게서 태극기와 함께 넘겨받았음.[163]

1914년

빌렘 신부, 프랑스로 귀국함.

1915년

박은식, 『안중근』 간행함.

1916년

김택영, 『안중근전』 간행함.

1917년
• 3월 25일   김하구, 『애국혼』 「만고의사 안중근전」 출간함.

1918년
• 8월 28일   안중근 연극.

연추(크라스키노)에서 민회장 최재형·알마스학교 교사 정남수·니콜스크 『청구신보』 기자 정안선 등의 노력으로 결실을 맺게 되었다. 이 연극은 1918년 8월 28일부터 4일간 오후 5시부터 11시까지 공연되었다. 그 주된 내용은 안중근의거를 중심으로 소위 매국 5족·7족의 행동 및 일본 최고위층의 언동을 풍자한 것이었다.[164]

163 日本 外交史料館, 「大正元年十一月調 在外不逞鮮人ノ言動」, 『在西比利亞』 第4卷.
164 日本 外交史料館, 「煙秋在住鮮人ノ排日的演劇擧行ノ件」, 『在西比利亞』 第7卷.

1923년
• 3월 2일   한중호조사, 상해 사천로 중국기독교청년회당에서 안중근 연극을 공연함.

1928년
          감독 정기탁·시나리오 정찬근, 안중근영화 애국혼을 만듦.[165]

---

165 任范松 主編, 『中國朝鮮民族藝術論』, 遼寧民族出版社, 1991, 161쪽.

참고문헌

1. 한국

1) 1차 사료

(1) 일반 사료

국가보훈처 광복회, 「청취서」, 『21세기와 동양평화론』, 1996.

국가보훈처, 『아주제일의협 안중근』 1・2・3, 1995.

국사편찬위원회, 『要視察韓國人擧動』 3, 2002.

_____, 『각사등록』 제25권(황해도편 4), 1987.

_____, 『滿蒙各地의 農業關係資料』(문서번호: MFC 일외 712).

_____, 『요시찰한국인거동』 3, 2002.

_____, 『주한일본공사관기록』 24, 1998.

_____, 『주일일본공사관기록』 39, 1994.

_____, 『통감부문서』 10, 2000.

_____, 『통감부문서』 7, 1999.

_____, 『한국독립운동사』 자료 6・7・11・12・13・15・34(1976・1977・1982・198
3・1984・1986・1997).

김구 저 / 도진순 주해, 『백범일기』, 돌베개, 1997.

김하구, 『만고의사 안중근전』(윤병석, 『안중근전기전집』, 국가보훈처, 1995).

박강성, 『안중근선생공판기』, 경향잡지사, 1946.

박성강 편, 『獨立運動 先驅 安重根先生 公判記』, 경향잡지사, 1946.

동국대학교부설동양학연구소, 『朴殷植全書』 上・下, 단국대학교출판부, 1975.

독립기념관 한국독립운동사연구소, 『안중근의사자료집(독립운동사 영인교양총서 5)』, 국학자료
원, 1999.

_____, 『일본신문 안중근의거 기사집』 I・II, 국학자료원, 1999.

_____, 『중국신문 안중근의거 기사집』, 국학자료원, 2010.

민족문제연구소, 『친인인명사전』 1, 친일인명사전편찬위원회, 2009.

_____, 『친일인명사전』 3, 친일인명사전편찬위원회, 2009.

신운용 편역, 『러시아 관헌 취조문서』(안중근 자료집 2), 안중근의사기념사업회 안중근연구소,
2010.

_____, 『안중근 신문기록』(안중근 자료집 3), 안중근의사기념사업회 안중근연구소, 2010.

_____,『안중근·우덕순·조도서·유동하 공판기록-안중근사건 공판속기록』(안중근 자료집 10), 안중근의사기념사업회 안중근연구소, 2010.

_____,『안중근·우덕순·조도선·유동하 공판기록-공판시말서』(안중근 자료집 9), 안중근의사기념사업회 안중근연구소, 2010.

_____,『우덕순·조도선·유동하 신문기록』(안중근 자료집 4), 안중근의사기념사업회 안중근연구소, 2010.

안현생,「독점특종 安重根의사 따님의 手記」,『實話』四月特輯號, 단기 4289년(1956년).

안중근의사숭모회,『안중근의사자서전』, 1979.

유진오,『양호기, 보전 고대 35년의 회고』, 고려대학교출판부, 1977.

윤병석,『안중근전기전집』, 국가보훈처, 1999.

이상봉·이선우 편,『李鎭龍 義兵將 자료全集』, 국학자료원, 2005.

정교 저 / 조광 편 / 김우철 역주,『대한계년사』, 소명, 2004.

중앙백년사편찬위원회,『중앙백년사』, 중앙교우회, 2009.

한국교회사연구소 편,『황해도천주교회사』, 황해도천주교회사간행사업회, 1984.

한국교회사연구소,『뮈텔주교일기』, Ⅱ·Ⅲ·4, 1993·1993·1998.

천주교정의구현전국사제단,『안중근(도마)의사 추모자료집-서거 80주년을 맞이하여』, 1990.

최이권 편역,『애국충정 안중근의사』, 법경출판사, 1990.

최종수,『재판장 마음대로 하시오』, 역민사, 1993.

최홍규,『안중근사건공판기』, 정음사, 1975.

친일반민족행위진상규명위원회,『친일반민족행위관계사료집』Ⅲ, 2008.

_____,『1,005명의 친일반민족행위 결정을 담은 친일반민족행위 진상규명 보고서발간』, 2009.

(2) 신문 사료

『경향신문』,『공립신문』,『국민보』,『국민일보』,『권업신문』,『대동공보』,『대한매일신보』,『대한협회회보』,『독립신문』,『동광』,『동아일보』,『매일신보』,『문화일보』,『삼천리』,『신한민보』,『신한국보』,『중외일보』,『황성신문』.

2) 단행본

강덕상,『朝鮮人學徒出陣』, 岩波書店, 1997.

국사보훈처,『안중근의사 유해발굴』(DVD), 2009.

국가보훈처 광복회,『21세기와 동양평화론』, 1996.

김삼웅,『안중근평전』, 시대의 창, 2009.

김우종·리동원 편저,『론문·전기·자료 안중근의사』, 흑룡강조선민족출판사, 1999.

김중순 지음 / 유석춘 옮김,『문화민족주의자 金性洙』, 일조각, 1998.

김호일 엮음,『대한국인 안중근』 안중근의사숭모회, 2010.

나명순·조규석 외,『대한국인 안중근』, 세계일보사, 1993.

동아일보사,『仁村 金性洙의 愛族思想과 그 實踐』, 1982.

_____,『評傳 仁村金性洙』, 삼화인쇄주식회사, 1991.

박보리스 지음 / 신운용·이병조 옮김,『하얼빈 역의 보복』, 채륜, 2009.

반민족문제연구소,『청산하지 못한 역사』 2, 청년사, 1994.

신운용,『안중근과 한국근대사』, 안중근의사기념사업회 안중근연구소, 2009.

안중근의사기념사업회 편,『안중근과 동양평화론』, 채륜, 2010.

_____,『안중근 연구의 성과와 과제』, 채륜, 2010.

_____,『안중근과 그 시대』, 채륜, 2009.

_____,『안중근연구의 기초』, 채륜, 2009.

안중근의사숭모회,『대한국인 안중근 학술연구지』, 2004.

_____,『민족의 얼 안중근의사 사진첩』, 1979.

안학식 편저,『의사안중근전기』, 만수사보존회, 1963.

에커트 지음·주익종 옮김,『제국의 후예』, 푸른역사, 2008.

(Cart J. Eckert, OFFSPRING OF EMPIRE: The Koch'ang Kims and the Colonial Origins of Korean Capitalism, 1876-1945, University of Washington Press settle and London, 1991.)

예술의 전당,『안중근』, 2010.

운노 후쿠쥬 지음 / 정재정 옮김,『한국병합사연구』, 논형, 2008.

윤병석,『대한국인 안중근 사진과 유묵』, 안중근의사기념관, 2001.

_____,『안중근 연구-하얼빈의거 100주년의 성찰』, 국학자료원, 2011.

이태진 외, 안중근·하얼빈학회,『영원히 타오르는 불꽃』, 지식산업사, 2010.

_____,『한국병합 성립하지 않았다』, 태학사, 2001.

이현희,『대한민국부통령 인촌 김성수』, 나남, 2009.

장석흥,『안중근의 생애와 구국운동』, 독립기념관 독립운동사연구소, 1992.

주익종,『대군의 척후-일제하의 경성방직과 김성수 김연수』, 푸른역사, 2008.

최서면,『大韓國人 안중근』, 문화체육부·한국문화예술진흥원, 1993.

_____,『새로 쓴 안중근의사』, 집문당, 1994.

황재문,『안중근평전』, 한겨레출판, 2011.

황종렬,『신앙과 민족의식이 만날 때』(안중근 토마스의 이토 히로부미 저격에 관한 신학적 응답), 분도출판사, 2000.

3) 논문

강동국, 「동아시아의 관정에서 본 안중근의 동양평화론」, 『안중근과 그 시대』(안중근의거 100주년기념 연구논문집 1), 안중근의사기념사업회, 2009.

강명숙, 「일제시대 제1차 조선교육령 제정과 학제 개편」, 『韓國敎育史學』 31-1, 한국교육사학회, 2009.

강창일, 「흑룡회와 일진회의 '한일합방운동'」, 『근대일본의 조선침략과 대아시아주의』, 역사비평, 2002.

김길룡, 「동양평화론에 나타난 안중근의사의 미래지향 정신」, 『순국』 139, 순국선열유족회, 2002.

김동원, 「안중근의 천주교 신앙과 사상적 성격」, 『안중근 연구의 성과와 과제』(안중근의거 100주년기념 연구논문집 3), 안중근의사기념사업회, 2010.

김민철, 「유진오, 일본의 '영원한 승리'를 다짐한 한국현대사의 큰 별」, 『청산하지 못한 역사』 3, 반민족문제연구소, 1994.

김수환, 「안중근의사의 참사랑」, 『우리가 서로 사랑한다는 것』, 사람과 사람, 1999.

김영숙, 「열렬한 반일 애국렬사 안중근의 생애와 그의 옥중 투쟁」, 『력사과학』 3, 평양사회과학원 력사연구소, 1965.

김옥희, 「안중근의사의 자주독립운동과 동양평화사상」, 『안중근의사 순국87주년기념 국제학술회의 안중근과 동양평화』, 재단법인 여순순국선열기념재단, 1997.

김용섭, 「고부 김씨가의 지주경영과 자본전환」, 『한국근대농업사연구』, 일조각, 1992.

김용희, 「아동문학에 나타난 안중근 의사」, 『안중근과 동양평화론』(안중근의거 100주년기념 연구논문집 4), 안중근의사기념사업회, 2010.

김윤희, 「한국에서 바라본 안중근의거」, 『21세기 동아시아 평화와 안중근』.

김진욱, 「안중근 의거를 통한 중국 지식인의 조선인식 연구」, 『중국인문과학』, 중국인문학회, 2005.

김창수, 「안중근의거의 역사적 의의」, 『한국민족운동사연구』 30, 한국민족운동사학회, 2002.

김춘선, 「안중근 의거에 대한 중국인의 인식」, 『한국근현대사연구』 33, 한국근현대사학회, 2005.

김춘호, 「안중근의거는 정당한가?-사회윤리학적 관점에서」, 『신학과 철학』 2, 서강대학교 비교사상연구원, 2000.

김현철, 「20세기초 한국인의 대외관과 안중근의 『동양평화론』」, 『안중근과 그 시대』(안중근의거 100주년기념 연구논문집 1), 안중근의사기념사업회, 2009.

_____, 「개화기 한국인의 대외인식과 '동양평화구상'」, 『평화연구』 11, 고려대학교 평화연구소, 2002.

김형묵, 「안중근의 동양평화구상」, 『안중근과 동양평화론』(안중근의거 100주년기념 연구논문집 4), 안중근의사기념사업회, 2010.

김호일, 「구한말 안중근의 '동양평화론' 연구」, 『중앙사론』 10 · 11, 중앙사학연구회, 1998.

김홍수, 「안중근의 생애와 동양평화론」, 『논문집』, 공군사관학교, 2002.

노길명, 「안중근의 신앙」, 『교회사연구』 9, 한국교회사연구소, 1994.

노명환, 「유럽통합사상과 역사에 비추어 본 안중근 동양평화론의 세계사적 의의」, 『안중근과 동양평화론』(안중근의거 100주년기념 연구논문집 4), 안중근의사기념사업회, 2010.

도진순, 「안중근 가문의 백세유방과 망각지대」, 『안중근의 동양평화론과 동북아 평화공동체의 미래』, 안중근 하얼빈학회 · 동북아역사재단, 2010.

도츠카 에츠로, 「안중근재판의 불법성과 동양평화론」, 『안중근의 동양평화론과 동북아 평화공동체의 미래』, 안중근 하얼빈학회 · 동북아역사재단, 2010.

따찌야나 심비르체바, 「러시아의 안중근인식」, 『안중근 연구의 성과와 과제』(안중근의거 100주년기념 연구논문집 3), 안중근의사기념사업회, 2010.

류부곤, 「안중근 재판에 대한 법리적 검토」, 『한국 사법 정치의 근대화, 그리고 이토 히로부미』, 성균관대학교 법학연구소, 울산대학교 인권 · 법학연구센터, 2011.

명순구, 「안중근과 이토 히로부미의 접점에 대한 법적 평가」, 『고려법학』 34, 고려대학교 법학연구회, 2004.

문성진, 「중국 근대소설과 안중근」, 『안중근 연구의 기초』, 안중근의사기념사업회, 2009.

문우식, 「안중근의 동양평화론과 아시아 금융통화협력」, 『안중근과 동양평화론』(안중근의거 100주년기념 연구논문집 4), 안중근의사기념사업회, 2010.

문준영, 「이토 히로부미의 한국 사법정책과 그 귀결」, 『한국과 이토 히로부미』(이성화 · 이토 유키오 편저), 선인, 2009.

미야자키 요시노부, 「일본천주교회의 안중근인식」, 『안중근의사 순국 102주년 학술대회』, 안중근의사기념사업회 · (사)안중근평화연구원, 2012.

박 벨라 보리소브나, 「안중근 의거에 대한 조선과 해외의 반응-러시아, 조선 및 일본 사료를 중심으로」, 『안중근 연구의 기초』, 안중근의사기념사업회, 2009.

박걸순, 「연해주 한인사회의 갈등과 정순만의 피살」, 『한국독립운동사연구』 34, 독립기념관 한국독립운동사연구소, 2009.

박기서, 「일제의 조선경찰권 침탈 과정에 대한 연구」, 『경희사학』 19, 경희대학교 사학회, 1995.

박명림, 「안중근의 동양평화론의 현대적 의의」, 『21세기 동아시아 평화와 안중근』.

박민영, 「러시아 연해주지역의 의병」, 『대한제국기 의병연구』, 한울, 1998.

박보리스 드미트리예비치, 「국권피탈 전후시기 재소한인 항일투쟁-러시아 망명 한인들의 항일투쟁 참가」, 『수촌박영석교수화갑기념 한민족독립운동사논총』, 탐구당, 1992.

박보리스 드미트리예비치 · 박 벨라 보리소브나, 「안중근 의사의 위업에 대한 러시아 신문들의 반응」, 『안중근 연구의 기초』, 안중근의사기념사업회, 2009.

박성수, 「1907~1910년간의 의병투쟁에 대하여」, 『한국사연구』 1, 한국사연구회, 1968.

_____, 『알기 쉬운 독립운동사』, 국가보훈처, 1995.

박영준, 「러일전쟁 이후 동아시아 질서구상-야마가타 아리토모(山縣有朋)의 전후경영론과 안중근의 동양평화론 비교」, 『안중근과 그 시대』(안중근의거 100주년기념 연구논문집 1), 안중근의사기념사업회, 2009.

박종효, 「안중근(安重根)의사의 하얼빈(哈爾賓)의거 진상(眞相)과 러시아의 대응」, 『안중근의사의 위업과 사상 재조명』, 안중근의사숭모회·안중근의사기념관, 2004.

_____, 「안중근의사의 하얼빈의거 진상과 러시아의 반응」, 『안중근의사 의거 제95주년 국제학술회의-안중근의사의 위업과 사상 재조명』, 안중근의사숭모회·안중근의사기념관, 2004.

박창희, 「안중근의 동양관과 아시아의 어제와 오늘」, 『안중근의사 연구의 어제와 오늘』, 안중근의사기념관, 1993.

박철희, 「일제강점기 중등교육을 통해 본 차별과 동화교육」, 『일제 강점기 한국인의 삶과 민족운동』, 한일관계사연구논집 편찬위원회, 2005.

박 환, 「구한말 러시아 연해주 최재형의병 연구」, 『한국독립운동사연구』 13, 독립기념관 한국독립운동사연구소, 2000.

_____, 「대동공보의 간행과 재러한인 민족운동의 고조」, 『러시아한인 민족운동사』, 탐구당, 1995.

_____, 「러시아 소재 한인독립운동 자료현황」, 『재소한인민족운동사-연구현황과 자료해설』, 국학자료원, 1998.

_____, 「러시아 연해주에서의 안중근」, 『한국민족운동사연구』 30, 국학자료원, 2002.

반병률, 「안중근(安重根)과 최재형(崔在亨)」, 『역사문화연구』 33, 한국외국어대학교 역사문화연구소, 2009.

변기찬, 「안중근의 신앙과 현양에 대한 비교사적 검토」, 『교회사연구』 16, 한국교회사연구소, 2001.

서 용, 「안중근의 동양평화론의 역사적 의의」, 『안중근과 동양평화론』(안중근의거 100주년기념 연구논문집 4), 안중근의사기념사업회, 2010.

_____, 「일본의 확장주의와 안중근의 동양평화론」, 『안중근의 동양평화론과 동북아평화공동체의 미래』, 안중근 하얼빈학회·동북아역사재단, 2009.

_____, 「중국에서의 안중근 의거에 대한 반응과 그 인식」, 『안중근 연구의 기초』, 안중근의사기념사업회, 2009.

손 열, 「동아시아협력과 한일관계」, 『안중근과 동양평화론』(안중근의거 100주년기념 연구논문집 4), 안중근의사기념사업회, 2010.

손염홍, 「안중근 의거와 중국의 반제민족운동」, 『안중근의거의 국제적 영향』, 독립기념관 한국독립운동사연구소, 2009.

송우혜, 「독립운동가 안정근의 생애」, 『수촌박영석교수화갑기념 한민족독립운동사논총』, 탐구당, 1992

신용하, 「안중근의 사상과 의병운동」, 『한민족독립운동사연구』, 을유문화사, 1895.

신운용, 「안중근 가문의 천주교 수용과 향촌사회」, 『남북문화예술연구』 8, 남북문화예술학회,

2011.

_____, 「안중근 관계자료와 『滿洲日日新聞』」, 『남북문화예술연구』 2, 남북문화예술학회, 2008.

_____, 「안중근 세력형성과 정천동맹」, 『안중근과 한국근대사』(안중근의사기념사업회 안중근 연구소 편), 채륜, 2009.

_____, 「안중근 의거에 대한 국내의 인식과 반응」, 『한국근현대사연구』 33, 한국근현대사학회, 2005.

_____, 「안중근과 우찌무라 간조의 평화론 연구」, 『신학전망』 176, 광주가톨릭대학교, 2012.

_____, 「안중근유해의 조사발굴 현황과 전망」, 『역사문화연구』, 한국외국어대학교 역사문화연 구소, 2010.

_____, 「안중근의 군인관의 형성과 전개」, 『군사연구』 129, 육군본부, 2010.

_____, 「안중근의 동양평화론과 이등박문의 극독평화론」, 『역사문화연구』 23, 한국외국어대학 교 역사문화연구소, 2005.

_____, 「안중근의 생애와 사상에 대한 일고-그의 군주관과 동양평화론을 중심으로」, 한국외국 어대학교 대학원 석사학위논문, 1993.

_____, 「안중근의거 관련 『노국관헌취조번역문』의 내용과 그 의미」, 『한국민족운동사연구』 63, 한국민족운동사학회, 2010.

_____, 「안중근의거에 대한 국외 한인사회의 인식과 반응」, 『안중근과 한국근대사』(안중근의사 기념사업회 안중근연구소 편), 채륜, 2009.

_____, 「안중근의거와 대동공보사의 관계에 대한 재검토」, 『한국사연구』 150, 한국사연구회, 2010.

_____, 「안중근의거의 국제 정치적 배경에 관한 연구」, 『역사문화연구』 33, 한국외국어대학교 역사문화연구소, 2009.

_____, 「일본의 안중근연구에 대한 비판적 검토-제3의 저격설을 중심으로」, 『한국민족운동사연 구』 71, 한국민족운동사학회, 2012.

_____, 「한국가톨릭계의 안중근 기념사업 전개와 그 의미」, 『역사문화연구』, 한국외국어대학교 역사문화연구소, 2012.

_____, 「한국의 안중근연구에 대한 비판적 검토(하나)-십자가총알설, 의거성공·감사기도설 등 을 중심으로」, 『남북문화예술연구』 10, 남북문화예술학회, 2012.

_____, 「한국의 안중근연구에 대한 비판적 검토(둘)-안중근장군설·김두성실존설·고종배후설 을 중심으로」, 『남북문화예술연구』 11, 남북문화예술학회, 2012.

신주백, 「한일 역사교과서는 안중근을 어떻게 기술해 왔는가(1945~2007)-伊藤博文과 '韓國倂 合'과의 관계를 중심으로」, 『안중근연구의 기초』, 안중근의사기념사업회, 2009.

신준영, 「김성수의 친일행각」, 『월간 말』 53, 1990.

안천, 「침략원흉 이등박문처단」, 『신흥무관학교』, 교육과학사, 1996.

오영섭, 「간도지역 독립운동과 안중근이 지도한 의병전선」, 『동북아 평화와 안중근 의거 재조명』

(안중근 의거 99주년 기념 국제학술회의), 안중근 하얼빈학회 · 동북아역사재단, 2008.

_____, 「개화기 안태훈의 생애와 활동」, 『한국 근현사를 수놓은 인물들』, 경인문화사, 2007.

_____, 「안공근의 항일독립운동」, 『안중근과 그 시대』(안중근의거 100주년기념 연구논문집 1), 안중근의사기념사업회, 2009.

_____, 「안중근 가문의 독립운동」, 『한국민족운동사연구』 30, 2002.

_____, 「안중근의 정치사상」, 『안중근과 그 시대』(안중근의거 100주년기념 연구논문집 1), 안중근의사기념사업회, 2009.

_____, 「安泰勳(1862~1905)의 생애와 활동」, 『한국근현대사를 수놓은 인물들』(Ⅰ), 경인문화사, 2007.

_____, 「일제시기 안정근의 항일독립운동」, 『남북문화예술연구』 2, 남북문화예술학회, 2008.

_____, 「한국 근현대 민족운동가 전집간행 현황과 "안중근의사전집"」, 『안중근 연구의 기초』, 안중근의사기념사업회, 2009.

_____, 「후기의병운동에 미친 고종세력의 역할」, 『고종황제와 한말의병』, 선인, 2007.

원재연, 「안중근연보」, 『교회사연구』 9, 1994.

유병호, 「대련지역 소재 한인민족운동자료 탐색」, 『대련, 여순지역과 한인민족운동가』, 2007.

유봉호, 「일제에 대한 민족적 저항기의 중등교육」, 『한국교육사학』 16, 한국교육학회 교육사연구회, 1994.

유진오, 『양호기, 보전 고대 35년의 회고』, 고려대학교출판부, 1977.

유한철, 「연해주 십삼도의군의 이념과 활동」, 『한국독립운동사연구』 11, 독립기념관 한국독립운동연구소, 1997.

윤경로, 「사상가 안중근의 생애와 활동」, 『한국근대사의 기독교사적 이해』.

_____, 「안중근 사상연구-의병론과 동양평화론을 중심으로」, 『민족문화』 3, 한성대민족문화연구소, 1985.

_____, 「안중근의거 배경과 「동양평화론」의 현대사적 의의: 동아시아의 평화와 미래를 전망하며」, 『안중근의거의 국제적 영향』, 독립기념관 한국독립운동사연구소, 2009.

윤경섭, 「북한에서 본 안중근」, 『21세기 동아시아 평화와 안중근』.

윤병석, 「안중근 의사의 하얼빈 의거의 역사적 의의」, 『한국학연구』 21, 인하대학교 한국학연구소, 2009.

_____, 「안중근의 사진」, 『한국독립운동사연구』 37, 독립기념관 한국독립운동사연구소, 2010.

_____, 「안중근의 연해주 의병운동과 동의단지회」, 『한국독립운동사연구』 14, 독립기념관 한국독립운동사연구소, 2000.

_____, 「안중근의사의 하얼빈 의거와 '동양평화론'」 (1) · (2), 『순국』 166 · 7, 순국선열유족회, 2004.

윤선자, 「'한일합방'전후 황해도 천주교회와 빌렘신부」, 『한국근대사와 종교』, 국학자료원, 2002.

_____, 「해방 후 안중근 기념사업의 역사적 의의」, 『안중근의사 하얼빈의거 100주년기념 국제

학술대회』, 안중근의사기념사업회, 2009.

윤효정, 「'하얼빈 사건'에 대한 『대한매일신보』의 여론 형성 연구」, 『한국사학보』 42, 고려사학회, 2011.

_____, 「하얼빈 사건에 대한 국내언론지의 인식-『황성신문』과 『대한매일신보』의 비교를 중심으로」, 『안중근(토마스)의사 하얼빈의거 102주년 기념미사 및 학술대회』, 안중근평화신학연구원, 2011.

이규수, 「안중근 의거에 대한 일본 언론계의 인식」, 『안중근의거의 국제적 영향』.

이규태, 「안중근 의거를 둘러싼 일본의 인식과 대한정책」, 『안중근과 동양평화론』(안중근의거 100주년기념 연구논문집 4), 안중근의사기념사업회, 2010.

이동언, 「안명근의 생애와 독립운동」, 『안중근과 그 시대』(안중근의거 100주년기념 연구논문집 1), 안중근의사기념사업회, 2009.

이동호, 「안중근의 시복시성 가능한가: 안중근 생애에 관한 재인식(의병기와 수인기의 목적 을 중심으로)에 대한 논평」, 『서울대교구 시복시성을 위한 심포지엄』, 서울대교구 시복시성 준비위원회, 2011.

이명화, 「안중근의거와 이강의 독립운동」, 『안중근의거를 도와준 인물』(안중근의거 99주년 기념 학술회의), 안중근의사숭모회, 2008.

이 범, 「안중근 의거가 보여준 민족정신과 중국에 대한 영향」, 『안중근 연구의 기초』, 안중근의사기념사업회, 2009.

이상일, 「안중근의거에 대한 각국의 동향과 신문논조」, 『한국민족운동사연구』 30, 한국민족운동사학회, 2002.

이승희, 「2009년, 다시 보는 안중근-1909 하얼빈대첩과 동양평화의 선구자 안중근 장군」, 『안중근, 將軍인가 義士인가』, 안중근평화재단청년아카데미, 2009.

이장희, 「안중근재판에 대한 국제법적 평가」, 『외법논집』 33-2, 한국외국어대학교 전문분야연구센터 법학연구소, 2009.

이재호, 「안창호와 안정근·공근 형제」, 『도산학연구』 10, 도산학회, 2004.

이주호, 「신앙인 안중근론-평신도사도직운동의 선구자」, 『최석우신부회갑 논총』, 1982.

이태진, 「안중근(安重根)-불의·불법을 쏜 의병장」, 『한국사시민강좌』 30, 일조각, 2002.

_____, 「안중근의 '하얼빈 대첩'과 평화주의」, 『동북아평화와 안중근 의거 재조명』, 안중근 하얼빈학회·동북아역사재단, 2008.

이태진·사사가와 노리가츠 저, 『한국병합과 현대-역사적 국제법적 재검토』, 태학사, 2009.

장규식, 「제2차 조선교육령기 사립 중등학교의 정규학교 승격운동과 식민지 근대의 학교공간」, 『중앙사론』 32, 중앙사학연구소, 2010.

장석흥, 「백범과 안중근집안의 인연과 독립운동」, 『백범과 민족운동』 2, 백범학술원, 2004.

_____, 「안명근(安明根)선열: 15년 옥고 치른 군자금 모집의 전설, 1879. 9. 17.~1927. 7. 7.」, 『순국』 225, 대한민국순국선열유족회, 2009.

_____, 「안중근의 대일본인식과 하얼빈 의거」, 『교회사연구』 16, 한국교회사연구소, 2001.

_____, 「한국 학계의 안중근 연구 쟁점과 과제」, 『안중근 연구 100년의 쟁점과 과제』, 안중근 기념관 건립위원회·한국근현대사학회, 2010.

장세윤, 「벽초 홍명희의 현실인식과 민족운동」, 『한국독립운동사연구』 15, 독립기념관 한국독립 운동사소, 2000.

장 신, 「일제말기 김성수의 친일 행적과 변호론 비판」, 『한국독립운동사연구』 33, 독립기념관 한국독립운동사연구소, 2009.

장화방, 「민국시기 중국문예작품과 안중근의 형상」, 『안중근과 동양평화론』(안중근의거 100주 년기념 연구논문집 4), 안중근의사기념사업회, 2010.

전수홍, 「안중근 사건의 신학적 고찰」, 『안중근 연구의 성과와 과제』(안중근의거 100주년기념 연구논문집 3), 안중근의사기념사업회, 2010.

정안기, 「식민지 경성방직의 경영사적 연구-초기경영(1919~26)을 중심으로」, 『아세아연구』 126, 고려대학교 아세아문제연구소, 2006.

_____, 「식민지기 조선인 자본의 근대성 연구-경성방직(주)과 조선방직(주)과의 비교 시점에서 」, 『지역과 역사』 25, 부경역사연구소, 2009.

정양모, 「안중근의사와 프랑스 선교사들의 관계-안중근의사에 대한 선교사들의 인식과 평가」, 『안중근의사 순국 100주년 학술대회』, 안중근의사기념사업회·(사)안중근평화연구원, 2012.

정영진, 「변신의 일생과 갈등의 詩; 南北韓文學史에서 실종된 월북 시인 金尙勳의 삶과 문학」, 『문학사상』 198, 문학사상사, 1989.

정인상, 「안중근의 신앙과 윤리」, 『교회사연구』 16, 한국교회사연구소, 2001.

정현기, 「북한의 안중근인식-림종상의 『안중근 이등박문을 쏘다』를 중심으로」, 『안중근 연구의 기초』, 안중근의사기념사업회, 2009.

_____, 「안중근의거와 한국소설」, 『안중근과 동양평화론』(안중근의거 100주년기념 연구논문집 4), 안중근의사기념사업회, 2010.

조관호, 「안중근의사의 신앙과 민족의 제단에 바친 삶」, 『안중근(도마)의사추모자료집-서거 80 주년을 맞이하여』, 천주교정의구현전구사제단, 1990.

조 광, 「안중근연구 백년: 현황과 과제」, 『안중근 연구의 성과와 과제』(안중근의거 100주년기 념 연구논문집 3), 안중근의사기념사업회, 2010.

_____, 「안중근을 어떻게 볼 것인가」, 『제10회 가톨릭포럼 안중근과 동양평화사상』, 천주교 서 울대교구 매스컴위원회, 2010.

_____, 「안중근의 애국계몽운동과 독립전쟁」, 『교회사연구』 9, 한국교회사연구소, 1994.

_____, 「안중근의거 이후 그 가문의 동향」, 『안중근 연구의 성과와 과제』(안중근의거 100주년 기념 연구논문집 3), 안중근의사기념사업회, 2010.

조동걸, 「安重根義士 裁判記錄上의 人物 金斗星考-舊韓末 沿海州地方 義兵史의 斷面」, 『春 川敎育大學論文集』 7, 1969.

_____, 「안중근의사 재판기록상의 인물 김두성고-구한말 연해주지방 의병사의 단면」.

조현범, 「안중근 의사와 빌렘 신부」, 『안중근 연구의 성과와 과제』(안중근의거 100주년기념 연구논문집 3), 안중근의사기념사업회, 2010.

조홍식, 「유럽통합과 동양평화론」, 『안중근과 동양평화론』(안중근의거 100주년기념 연구논문집 4), 안중근의사기념사업회, 2010.

차기진, 「安重根의 천주교 신앙과 그 영향」, 『교회사연구』 16, 한국교회사연구소, 2001.

차선혜, 「대한제국기 경찰제도의 변화와 성격」, 『역사와 현실』 19호, 한국역사연구회, 1996.

최기영, 「안중근의 『동양평화론』」, 『한국근대계몽사상연구』, 일조각, 2003.

최두식, 「김상훈론」, 『韓國學報』 61, 1990.

최문형, 「전후의 정황과 일본의 한국병합」, 『(국제관계로 본) 러일전쟁과 일본의 한국병합』, 지식산업사, 2004.

최봉룡, 「역사기억과 해석의 만남: 안중근 동양평화론의 현대적 의미」, 『안중근과 동양평화론』(안중근의거 100주년기념 연구논문집 4), 안중근의사기념사업회, 2010.

최서면, 「안중근 묘역 추정의 결과」, 『한국근현대사연구』 46, 한국근현대사학회, 2008.

_____, 「안중근자전고」, 『淸坡盧道陽博士 古稀紀念文集』, 청파노도양박사고희기념문집간행위원회, 1979.

최석우, 「安重根의 義擧와 敎會의 反應」, 『교회사 연구』 9, 1994.

최태욱, 「동양평화론의 21세기적 계승」, 『안중근과 동양평화론』(안중근의거 100주년기념 연구논문집 4), 안중근의사기념사업회, 2010.

프랭클린 라우시, 「종교와 폭력의 정당성-안중근 의거의 종교적 의미에 관한 논쟁」, 『안중근 연구의 성과와 과제』(안중근의거 100주년기념 연구논문집 3), 안중근의사기념사업회, 2010.

한상권, 「안중근의 국권회복운동과 정치사상」, 『한국독립운동사연구』 21, 한국독립운동사연구소, 2003.

_____, 「안중근의 하얼빈거사와 공판투쟁(1)-검찰관과의 논쟁을 중심으로」, 『역사와 현실』 54, 한국역사연구회, 2004.

_____, 「안중근의 하얼빈거사와 공판투쟁(2)」, 『덕성여대논문집』 33, 덕성여자대학교, 2004.

_____, 「안중근의거에 대한 미주한인의 인식」, 『한국근현대사연구』 33, 한국근현대사학회, 2005.

한상권·김현영, 「안중근 공판 기록 관련 자료에 대하여」, 『안중근연구의 기초』.

한성민, 「일본정부의 안중근 재판 개입과 그 불법성」, 『사학연구』 96, 한국사학회, 2009.

한시준, 「안공근의 생애와 독립운동」, 『교회사연구』 15, 2000.

_____, 「중국 학계의 안중근 연구 쟁점과 과제」, 『안중근 연구 100년의 쟁점과 과제』, 안중근기념관 건립위원회·한국근현대사학회, 2010.

_____, 「중국인이 본 안중근-박은식과 정원의 안중근을 중심으로」, 『충북사학』 11·12, 충북대학교 사학회, 2000.

한용진, 「메이지기(明治期) 오쿠마 시게노부(大隈重信)의 한국교육론」, 『교육학연구』 29, 2006.

한철호, 「1910년 한국병탄-한국근현대사 모순과 파행의 원인」, 『20세기 한국·한국인의 역사와 기억의 변용』, 한국근현대사학회, 2010.

_____, 「일본 학계의 안중근 연구 쟁점과 과제」, 『안중근 연구 100년의 쟁점과 과제』, 안중근 기념관 건립위원회·한국근현대사학회, 2010.

현광호, 「안중근의 동양평화론과 그 성격」, 『아세아연구』 46, 고려대학교 아세아문제연구소, 2003.

홍성찬, 「일제하 사상범보호단체 '소도회'의 설립과 활동」, 『동방학지』 135, 2006.

홍순호, 「안중근의 『동양평화론』」, 『교회사연구』 9, 한국교회사연구소, 1994.

홍웅호, 「안중근의 이토사살 사건과 러일관계」, 『사학연구』 100, 한국사학회, 2010.

황종렬, "안중근편 교리서"에 나타난 천·인·세계 이해」, 『안중근과 그 시대』(안중근의거 100 주년기념 연구논문집 1), 안중근의사기념사업회, 2005.

_____, "천명"인식 살기의 두 유형: 통합형과 분열형」, 『신앙과 민족의식이 만날 때』(안중근 토마스의 이토 히로부미 저격에 관한 신학적 응답), 분도출판사, 2000.

_____, 「정양모 신부의 "안중근 의사와 프랑스 선교사들과의 관계-안중근 의사에 대한 선교사들의 인식과 평가"에 대한 응답」, 『안중근의사 순국 102주년 학술대회』, 안중근의사기념사업회·(사)안중근평화연구원, 2012.

2. 일본

1) 1차 사료

(1) 일반 사료

金正柱, 『朝鮮統治史料』 5, 韓國史料研究所, 1970.

日本 公文書館, 『韓國警察報告資料』 卷ノ三(內務省警保局).

日本 外交史料館, 『伊藤公爵遭難ノ際倉知政務局長旅順へ出張並ニ犯人訊問ノ件』 第3卷(문서번호: 4.2.5, 245-1~4).

_____, 『不逞團關係雜件-朝鮮人之部-在西比利亞』(문서번호: 4.3.2, 2-1-2).

_____, 『不逞團關係雜件-朝鮮人之部-在滿洲』(문서번호: 4.3.2, 2-1-3).

_____, 『不逞團關係雜件-朝鮮人之部-在支那各地』(문서번호: 4.3.2, 2-1-6).

_____, 『不逞團關係雜件-朝鮮人之部-在上海朝地方』 第4卷(문서번호: 4.3.2, 2-1-7).

_____, 『不逞團關係雜件-朝鮮人之部-朝鮮人ト過激派』 第1卷(문서번호: 4.3.2, 2-1-11).

_____, 『在外韓國民保護並ニ同國民ニ對スル帝國領事ノ職務執行方關係一件』(문서 번호: 6.1.2-47).

            _____, 『倉知政務局長統監府參事官兼任中ニ於ケル主管書類雜纂(來住公信)』 第
      一 卷(문서번호: 7.1.8-21).

            _____, 『朝鮮倂合の經緯』(문서번호: N.2.1.0.4-1).

            _____, 『淸國ニ於ケル韓國臣民治外法權享有ニ關シ在哈爾賓帝國總領事露國總領
      事 ト交涉一件』(문서번호: 4.1.2. 39).

日本 外務省 編, 『日本外交文書』第四十二卷 第一冊, 原書方, 1961.

            _____, 『日本外交年表竝主要文書』, 原書方, 1975.

室田義文, 「伊藤博文公ハルピン驛頭の凶變」, 『あの事件の思出を語る』(森田英亮 編), 金星堂,
      1939.

田谷廣吉・山野辺義智 編纂, 『室田義文翁譚』, 常陽明治記念會東京支部, 1938.

(2) 신문 사료

『東京朝日新聞』, 『京城日報』, 『朝鮮新聞』, 『滿洲新報』, 『滿洲日日新聞』.

2) 단행본

齋藤泰彦, 『わが心の安重根』, 五月書房, 1994.

齋藤充功, 『伊藤博文を擊った男』, 中公文庫, 1994.

佐木隆三 著, 『伊藤博文と安重根』, 文藝春秋, 1993.

大野芳, 『伊藤博文 暗殺事件』, 新潮社, 2003.

上垣外憲一, 『暗殺・伊藤博文』, 筑摩書房, 2000.

中野泰雄, 『安重根-日韓關係の原像』, 亞紀書房, 1984.

市川正明, 『安重根と日韓關係史』, 原書房, 1979.

3) 논문

姜德相, 「安重根の思想と行動」, 『朝鮮獨立運動の群像』, 靑木書店 東京, 1984.

古街初一, 「旅順監獄回顧」(姜曄 編著, 『旅順日亞監獄揭秘』, 大連出版社, 2004).

木村孝子・增本寬, 「故伊藤公爵遭難時の肌着に就ての法醫學的考察」, 『犯罪學雜誌』 26-3,
      日本犯罪學會, 1960.

若狹和朋, 「伊藤博文暗殺 安重根は犯人ではない」, 『歷史通』(特集 韓國倂合100年目の眞實)
      2010年 7月号.

平川綺一, 「伊藤博文ノ暗殺をめぐって」, 『工學院大學硏究論叢』 5, 工學院大學, 1966.

齋藤充功,「"新發見"寫眞六十点の檢討と安重根の眞筆, 處刑の謎迫」,『寶石』 4月號, 1994.
藤田幸男,「伊藤博文暗殺事件犯人は安重根でない」,『文藝春秋』 1966年 4月號.
全日本新聞聯盟,「犯人は安重根か」,『近世日本世上史』, 全日本新聞聯盟新聞時代社, 1971.

3. 중국

1) 1차 사료

徐明勛,『中國人心目中的安重根』, 黑龍江教育出版社, 2009.
金宇鍾・崔書勉 主編,『安重根 論文・傳記・資料』, 遼寧民族出版社, 1994.
周祥令,『旅順日俄監獄舊址』, 大連出版社, 1990.

2) 단행본·논문

유병호 主編,『東北亞平和与安重根』, 万卷出版公司, 2006.
梁貴淑・金喜成・蔣曉君,「中國近代關於安重根形象的文學作品分析」,『中國人文科學』 39, 2008.
楊南邨,「韓國義士小 傳-安重根傳」,『世界亡國稗史』, 上海交通圖書館, 1917.
崔洪斌, 「抗日獨立斗爭義士安重根」(通化市政協文史委員會編),『朝鮮獨立軍在中國東北活動史略』, 遼宁民族出版社, 1993.

4. 러시아

1) 1차 사료

РГВИА(러시아국립군역사자료보관소), фонд No.150, опись No.493, дело No.1379.
РГВИА фонд No.2000, опись No.1, дело No.4107.
РГВИА фонд No.2000, опись No.1, дело No.4134.
РГИА(러시아국립역사자료보관국), фонд No.2000, опись No.1, дело No. 41349.
РГВИА, фонд: No.2000, опись: No.1, дело: No.4107.

2) 단행본

Графъ В.Н. Коковцов, 『Из Моего прошлого воспоминания 1903~1919гг』 Книга 1, МОСКВА, 1992.

찾아보기

『안중근과 한국근대사』 2 차례

안중근과 한국근대사 2

1판 1쇄 펴낸날 │ 2013년 3월 26일

지은이 │ 신운용
엮은이 │ 안중근평화연구원

펴낸이 │ 서채윤
펴낸곳 │ 채륜
책만듦이 │ 정나영
속글꾸밈이 │ design O₂(ahha02@hanmail.net)
겉장꾸밈이 │ 디자인 창(66605700@hanmail.net)

등록 │ 2007년 6월 25일(제25100-2007-000025호)
주소 │ 서울 광진구 군자동 229
대표전화 │ 02-6080-8778
팩스 │ 02-6080-0707
이메일 │ book@chaeryun.com
홈페이지 │ www.chaeryun.com

책값은 뒤표지에 있습니다.
ISBN 978-89-93799-68-2 94910
ISBN 978-89-93799-69-9 (세트)